S

Elsemarie Maletzke

Miss Burney trägt Grün

Roman

Schöffling & Co.

Erste Auflage 2001

Satz: Reinhard Amann, Aichstetten
Druck & Bindung: Pustet, Regensburg
ISBN 3-89561-605-2

Miss Burney trägt Grün

I

Es ist nicht leicht, ein Buch zu verbrennen. Zuerst kräuseln sich seine Ränder dunkelbraun, dann lecken die Flammen einmal über die Seiten, um gleich wieder in einer roten Litze zu verlöschen. Man muß die Toastgabel holen, um dem Feuer beim Umblättern zu helfen, und die Sache schnell hinter sich bringen. Besser noch: Man reißt die Seiten auseinander. Den Büchern tut das nicht weh; aber denen, die sie geschrieben haben, wird bei dem Geschäft sehr warm.

April 1771. Vor der ausgedienten Waschtonne im Hinterhof eines Hauses in Leicester Fields steht ein junges Mädchen. Sie hat die Kapuze ihres grünen Seidenmantels über den Kopf gezogen und wendet dem Haus den Rücken zu; eine kleine Heimlichtuerin, die eilig ein Dutzend zusammengenähte und in Tapete gebundene Hefte verbrennt. London liegt unter einem fahlen, unbewegten Himmel, aus dem Nässe auf die Dächer und das schmierige Pflaster sinkt; kein Regen, nur beharrlicher Niederschlag, der gesättigt mit hunderterlei Gerüchen die Stadt durchtränkt. Aus der Tonne steigt ihm heller Rauch entgegen, und über den Rand zuckt die Flamme. Zarte schwarze Fetzen gaukeln im Wind über die Ziegelmauer, decken den Holunderbusch im Hof des Perückenmachers; versprengtes Grün zwischen kunstlosen Rückseiten. Putzlappen trocknen an herausgereckten Stielen. Nur bei Burneys sehnen sich ein paar Kübelpflanzen nach Licht.

Blatt für Blatt läßt Fanny ins Feuer gleiten. Jedes ist mit ihrer ordentlichen Handschrift bedeckt, die wie ein brauner Faden noch einmal auf dem leuchtenden Weiß erscheint (»Himmel, wessen Stimme ist das? ... Mylord, ich schwöre, es hat ... hinweg, falsche ...«), ehe das Feuer die

Seiten schwärzt. Es sind ihre Dichtebücher mit Sonetten, einer Komödie und einem angefangenen Roman; Früchte eines langen, frühreifen Selbstgesprächs und die Summe ihrer Kindheit, in denen Fanny Burney die Welt nach ihrem Geschmack inszeniert und literarisiert hat.

Doch Schreiben ist ein gefährliches Laster. Es verführt junge Mädchen zur Vernachlässigung ihrer Pflichten. Es macht sie verstohlen. Es erhitzt die Phantasie. Und es hinterläßt Spuren.

Als sie die Journale in einer zum Sack geknoteten Tischdecke in den Hof getragen und eine Schaufel Glut aus dem Küchenherd darübergekippt, hatte sie sich sicher gefühlt. Ihr Papa wurde nicht vor dem Tee zurück erwartet; ihre Stiefmutter, die zweite Mrs. Burney, absolvierte ihre Morgenbesuche. Aber sie konnte jeden Augenblick zurückkehren, aus dem Treppenhaus das Autodafé im Hof erblicken und Fanny einer weiteren schlechten Angewohnheit wegen auszanken: hinter ihrem Rücken den Trotzkopf zu spielen. Noch einem Zusammenstoß mit Mrs. Burney aber fühlte sich das Mädchen nicht gewachsen.

Rahmenfüllend, in einem kupferroten Kleid war sie an diesem Vormittag in der Tür des Musikzimmers erschienen, die dicken Schultern über der knarrenden Schnürbrust nach unten gedrückt und das Kinn gereckt. So wie ihre Augen funkelten und die Wangen glühten, sah sie aus wie ein Kürbiskopf vor Allerheiligen, dachte Fanny.

»Nun, Miss, was, glaubst du, habe ich zwischen deinen Strümpfen gefunden?«

Was fragte sie noch, da sie die Dichtebücher in der Schürze hereintrug! Mrs. Burney schob ein paar Notenblätter beiseite, kippte die Hefte auf den Tisch, stöberte, griff ein blauweiß gestreiftes heraus, blätterte und begann wahllos, mit übertriebener Betonung vorzulesen, eine Attitüde, die an ihre einzige Zuhörerin verschwendet war. »Der Graben war glücklicherweise trocken; andernfalls hätte die

Witwe D. noch schlimmeres Unglück erlitten. Dennoch: Eine armseligere Figur als sie war mir noch nie begegnet. Ihr Kopfputz war heruntergerissen, ihr Fichu zerfetzt, ihr Mieder von keinem Häkchen mehr zusammengehalten. Mit gerafften Röcken und schlappenden Schuhen rappelte sie sich auf. Hingen ihre Kleider auch schmutzig und in Fetzen, so wog der Schaden nichts gegen die Zerstörung ihres Gesichts. Pomade und Haarpuder hatten sich mit Rouge, Staub und Tränen zu einer scheußlichen Masse vermengt und verkleistert. Sie sah kaum noch menschlich aus ...«

»Auf mein Wort! Was ist denn das für ein Unfug!« rief Mrs. Burney entsetzt und ließ das Heft sinken. Es gab da ein altes Mißgeschick, über das im Hause Burney niemand mehr einen Witz zu reißen wagte, nachdem Sarah Harriet es das Mistkarren-Debakel genannt und von ihrer Mutter eine Ohrfeige eingesteckt hatte, die sie daran erinnerte, daß Mrs. B. keinen Spaß verstand. Es hatte sich vor zwei Jahren zugetragen, als Lady Pophams Phaeton auf dem Weg nach Chessington in den Graben gerutscht und zwei Damen glimpflich gestaucht, aber schwerstens derangiert herausgekrochen waren. Mrs. Burney hatte den Zweispänner kutschiert und Lady Popham neben ihr ... die Verunglückten waren auf die Hilfe eines Bauern angewiesen, der mit seiner stinkenden Fuhre des Wegs ... es war so erniedrigend gewesen! Dr. Burney hatte sein Bestes versucht, sie zu trösten, aber die Stieftochter war hochrot aus dem Zimmer gestürzt – offenbar nicht aus übertriebenem Zartgefühl. Mrs. Burney hatte geglaubt, die Erinnerung mit einem Backenstreich aus der Welt geschafft zu haben. Nun war es ihr gelungen, mit eigener Kraft noch einmal hineinzutreten. Sie klatschte das Heft auf den Tisch.

»Du unterstehst dich, mich ...! Eine solche Tollheit, ungesunde, hitzige Tollheit! Pfui, pfui, schäm dich! Hat dich niemand Respekt gelehrt! Aber das hat ein Ende, Miss! Ich werde dafür sorgen, daß deine Zeit in Zukunft sinnvoller ausgefüllt ist. Du wirst nähen und sticken und deine Grammatik lernen, statt herumzukritzeln, verlaß dich darauf!«

»Ich tue nichts Unrechtes, Madam. Mein Vater hat keine Einwände.«

»Du wirst sofort deinen Vater aus dem Spiel lassen! Dr. Burney ist immer viel zu nachsichtig mit euch Mädchen gewesen, und das hier, dieser ... dieser Schund ist das Ergebnis!« Ohne Fanny anzusehen, schob Mrs. Burney die Journale wie ausgestreute Spielkarten über den Tisch, strich und zupfte die Decke gerade und schabte mit der Handkante darüber, als wolle sie die Kränkung wie Krümel hinwegfegen.

»Das ist unnatürlich, das ist demütigend, kannst du das denn nicht verstehen?« flüsterte sie in aufwallender Schwäche unter sich. »Du nennst diese Frau kaum noch menschlich ...«

Fanny verstand sehr wohl. Aber sie hatte damals, als ihre Stiefmutter mit zerrissenem Kleid und Stroh in der Frisur auf dem Bock der Mistkutsche vorfuhr, nicht widerstehen können, sich die Szene auszumalen. Ihr Vergnügen, Mrs. B. ein zweites Mal durch den Straßengraben gewälzt zu haben, mußte sie nun mit der Entdeckung durch das Opfer und ihrer eigenen Beschämung bezahlen. Sie standen sich wild aneinander vorbeiäugend gegenüber. Mrs. Burneys Gesicht gleißte, als habe sie sich zu tief über den Waschkessel gebeugt. Rouge rann in Tropfen vor ihren Ohren zum Hals hinunter, und sie griff wieder nach dem gestreiften Heft, um sich damit Luft zuzufächeln.

Fanny, in die Ecke hinter den Tisch getrieben, sah es mit dem Unverständnis, das aufzubringen jungen Mädchen vorbehalten ist. Wie konnte eine Frau von vierzig sich so bemalen und in den Vordergrund drängen! Daß Papa ihr das gestattete! Als sie noch die Witwe Dobson war, lief sie geputzt herum wie eins von diesen abscheulichen Weibern, die unschuldige Landpomeranzen frisch vom Postwagen herunter in übel beleumundete Häuser zogen. Fanny erinnerte sich deutlich ihrer ahnungslosen Verwunderung, als Mrs. Dobson zum erstenmal das Haus in Leicester Fields betrat. Ihre gackernde gute Laune, ihr feuchter, mehliger Geruch, ihre Augenbrauen aus Mausefell, die sie hochzog, und die Schultern, die sie herunterdrückte, um von ihrem langen Hals aus die Möbel, die Bilder, die Töchter und das gute Geschirr hinter den Glastüren der Vitrine zu betrachten. Und Mama war erst seit zwei Jahren tot.

Sie hat ihrem Vater die zweite Mrs. Burney nicht verziehen. Wie konnte er zugleich sie, seine Fan, und diese dicke Frau lieben, die sich in ihr Leben gedrängt hatte? Das Rätsel war nicht gelöst, nur übergangen worden, aber es tickte fort, wie eine in die Schublade gesperrte Taschenuhr. Hätte man es hervorgeholt und geöffnet, wäre es nicht nur in seine Teile Schmerz, Trauer und Eifersucht auseinandergefallen, es hätte auch den Charakter eines Kindes offenbart, das geliebt werden wollte, ohne sich dafür anstrengen zu müssen.

Fannys eigener Liebesvorrat war begrenzt; er reichte für Mama und Papa, ihre große Schwester Louise und ihre neue Schwester Sarah Harriet. Die übrige Welt durfte mit Neugierde, aber kaum mit Wohlwollen rechnen. In den Salons hielt man sie für spröde und insgeheim für eine Langweilerin, und deshalb war es auch kein Wunder, daß die kleine Miss Burney in Gesellschaft zugänglicheren jungen Damen unterlegen war und nur die Aufmerksamkeit jener Herren fand, die sich vor diesen fürchteten oder bei ihnen schon einmal durchgefallen waren.

Sie wäre jetzt gern aus dem Zimmer gerannt, aber in der Tür stand ihre Stiefmutter und suchte nach einem siegreichen Abgang.

»Es versteht sich von selbst, daß du mich unter diesen Umständen morgen nicht ins Theater begleiten wirst.« Fanny senkte den Kopf und hielt den Atem an, um nicht laut aufzuseufzen. In Drury Lane gab Garrick *Lethe*, eine Farce, in der er selbst alle möglichen Rollen spielte. Am letzten Sonntag hatte er Mrs. Burney die Freikarten überreicht und ihnen einen großen Spaß versprochen. Fanny liebte das Theater, und sie liebte David Garrick, der wie kein anderer auf der Bühne war – ganz so, als sei er als Prinz oder Tyrann, als Einfaltspinsel, Schurke oder Liederjan schon auf die Welt gekommen.

Seine Gewohnheit, als alter Freund der Familie zu den ungelegensten Zeiten in Leicester Fields einzufallen, wenn der Doktor seine flanellene Nachtmütze trug und die Mädchen in »undress« durchs Haus huschten, hielt Fannys Schwärmerei für diesen sprühenden, buckeligen Herrn mit den dunklen Augen und den zierlichen Händen und Füßen allerdings in familiären Grenzen. Seit sie ein kleines und Louise ein großes Mädchen waren – seit Mama sie auf dem Schoß gehalten hatte –, war David Garrick bei ihnen hereinspaziert, hatte ihnen Rot in die Wangen gekniffen und gedroht, die zwei Süßen zu entführen. Louise und Fanny hatten mit einer Stimme »Oh bitte, ja!« gerufen. Sie fanden ihn beide »schauderhaft gutaussehend«, aber man konnte schwerlich einen Mann anbeten, mit dem man im Musikzimmer um die Möbel herumgekrochen war und Verstecken gespielt hatte, auch wenn er eigentlich Hamlet und Richard III, Don Leon, Abel Drugger, König Lear und Sir Peter Teazle war.

»Das wird dir Gelegenheit geben, endlich den Hohlsaum an deinem Unterrock fertigzunähen.«

»Wie Sie wünschen, Madam.«

»Ich wünsche es allerdings! Und dieses Zeug« – die zweite Mrs. Burney streckte den Arm über die Journale und schnippte mit den Fingern – »schaffst du mir aus den Augen!« Dann raffte sie die Röcke und rauschte hinaus. Es war höchste Zeit, zur Besuchsrunde aufzubrechen. Aber zuerst mußte sie in ihr Zimmer hinaufsteigen, um einen kühlen Schwamm auf Hals und Dekolleté zu drücken.

Sie hatte sich weiß Gott bemüht, Dr. Burneys jüngste Tochter zu lieben, dieses blasse, schmächtige Kind, das sie in drei Jahren noch kein einziges Mal Mama genannt hat! Aber sie hatte sich weder lieben noch lenken lassen – nicht ungehorsam, aber halsstarrig. Ihre kleine Sally hatte den Wechsel von der Dobsonschen Witwen-Ärmlichkeit und den beiden Zimmern über dem Handschuh-Laden in Southwark in das Haus Dr. Burneys in Leicester Fields durchaus als Verbesserung empfunden. Fanny hingegen hatte zur Begrüßung den Kopf abgewendet, und ihr Blick unter halb gesenkten Lidern hatte die zweite Mrs. B. aufs äußerste provoziert. Er war unverzeihlich.

Mrs. Burney hält sich viel darauf zugute, eine aufrichtige Frau zu sein, eine, die ihr Herz auf der Zunge trägt. Gerne hört man sie sagen, ein offenes Wort kläre die Verhältnisse schneller, als umständliche Etikette dies vorsähe. Doch wie die meisten Menschen, die derb auszuteilen belieben, ist auch Mrs. Burney sehr empfindlich im Einstecken von Gegenschlägen. Ihr unsicheres Temperament hat dazu geführt, daß der Doktor und die Mädchen mit ihr einen Kurs vorauseilender Besänftigung steuern, der jedoch keinen wirklichen Frieden, sondern nur Mrs. Burneys schwelenden, rasch aufflackernden Ärger hervorgerufen hat. Die Ausbrüche ihrer Stiefmutter läßt Fanny mit gesenktem Kopf über sich ergehen; eine Duckmaus, wie es Mrs. B. zornig entfährt, die in die Gaube unterm Dach flüchtet, um sich heimlich auszuweinen.

Dr. Burney hängt einer ganz anderen Philosophie als seine Gattin an. Als 15. Kind eines Provinz-Schauspielers hatte er – begabt und biegsam – viele Formen der Knechtschaft und des Mäzenatentums kennengelernt, ehe er sich als Organist von St. Martin's in the Fields, Chor-Repetitor für Maestro Händel, Konzertmeister und schließlich als Komponist und Doktor der Musik in London etablieren konnte. Auf seinem Weg hatte er erfahren, daß die Welt ein angenehmerer Ort ist, wenn nicht jeder durch den Mund entläßt, was ihm soeben durch das Hirn geschossen. Und da er ein harmoniebedürftiger und beschäftigter Mann ist, pflegt er sich bei drohenden Anzeichen vom Krisenherd zurückzuziehen und die Türe seines Arbeitszimmers leise hinter sich zu schließen.

So herrscht im Hause Burney oft eine unbehagliche Ruhe, und Mrs. B., die glaubt, ein Anrecht auf Bevorzugung zu haben, zählt mit den Jahren ihrer Ehe und wachsender Erbitterung die Portionen Aufmerksamkeit, die der Doktor verteilt: Fannikin hier und kleine Fan da; selten ein demonstrativer, warmer Strahl, der sie selbst trifft: liebste Margaret ... Sie weiß, daß sie nicht langmütig ist; daß sie sich nicht versagen kann, schwächere Naturen zu maßregeln, um ihren eigenen Stand zu festigen. Sie weiß auch, daß sie dies ihrer uneleganten Herkunft schuldet, aber sie hat nicht verdient, daß dieses verdruckste, boshafte kleine Ding sie unter ihrem eigenen Dach zum Gespött macht.

Über die Hofmauer des Perückenmachers zieht der Geruch nach verbrannten Haaren, mischt sich mit dem Rauch von Fannys Opferfeuer und dem Gestank aus den Aborten im Nachbarhof. Alles, was sie seit dem Tod ihrer Mutter geschrieben hat, ist schwarzes Geknister geworden: Gedichte, Szenen und die ersten Kapitel eines Romans. Ihren Clarissen, Evelinen und Melinden hatte sie die klare, von der Schwindsucht gezeichnete Schönheit und die heitere Geduld der ersten Mrs. Burney gegeben, die auf diese Weise noch immer im Haus weilte, ohne daß die zweite Mrs. Burney es bemerkt hätte. Ausgerechnet diese Frau mußte sie nun bestehlen, das Innerste nach außen zerren, es mit ihren Augen und Händen beschmutzen! Unmöglich konnte Fanny die Hefte danach wieder in die Lade unter die Strümpfe oder in ein anderes kindisches Versteck schieben. Und da die zweite Mrs. B. nicht zur Verfügung stand, mußten die Clarissen, Evelinen und Melinden an ihrer Stelle brennen.

Dann gibt es eben kein Gekritzel mehr, dann wird genäht und gestickt und französische Grammatik gelernt. Und doch, als sie die schwarzen Flocken in den Kübel mit dem Feigenbäumchen kehrt, sieht sie sich schon wieder in der Gaube sitzen und die Feder eintauchen:

»Heute habe ich alle meine Dichtebücher verbrannt, in der alten Waschtonne im Hof. Es war schrecklich, ein Mord! Aber wie sollte ich sie denn anders vor Mrs. B. schützen?! Papa war unterwegs zu seinen Musikschülern. Die Köchin hatte ihm in einer Schachtel Brote mit kaltem Braten und Wein mit Wasser in einer kleinen Korbflasche zurechtgemacht; so ißt und trinkt er immer, während die Kutsche ihn durch London trägt. Mrs. B. war auf ihrer Besuchsrunde. Sie hatte Sarah Harriet mitgenommen, um sie bei Damen ›von Einfluß‹ vorzustellen. Sie nennt es ›wertvolle Verbindungen knüpfen‹, und es läuft darauf hinaus, für Sally einen wünschenswerten Mann aufzuspüren. Ich hoffe, sie finden so bald keinen, denn Sally ist mir so lieb wie eine wirkliche Schwester geworden. Außerdem hätte Mrs. B. dann nur noch mich, und der Gedanke, von ihr wie ein Lotterielos herumgereicht zu werden, ist mir entsetzlich peinlich.

Welchen von diesen Tagedieben, deren Mütter sie so unermüdlich besucht, sollte ich wohl heiraten!? Mr. Barley, der, obwohl er selbst nur über eine begrenzte Auswahl an Themen verfügt, keiner Dame gestattet, ihre Sätze zu vollenden? Den ehrenwerten Charles Appleby, der im Handumdrehen sein Erbe verspielt hat? Dr. Hay, der schon betrunken vom Frühstückstisch aufsteht? Nein, dreimal nein, lieber sterbe ich als alte Jungfer!

Mrs. B. hat mir eine solche Szene gemacht! Zur Strafe darf ich morgen abend nicht mit ins Theater: Garrick in *Lethe*! Ich will nicht daran denken, sonst fange ich gleich wieder an zu weinen. Als sie endlich ging, schwor ich mir, daß sie keinen Grund mehr finden sollte, mich zu beschämen, aber nun sitze ich doch wieder hier und schreibe und schreibe.«

*

Das Haus der Burneys in Leicester Fields hatte Sir Isaac Newton 50 Jahre zuvor für sich erbauen lassen, ein schmales, senfgelbes Gebäude mit hohen Fenstern und drei Stufen zur Eingangstür, die von einem kleinen Baldachin überwölbt war. Nur ein schwarzer Staketenzaun trennte die Front vom Bürgersteig, und Vorübergehende konnten durch die Gitterroste im Pflaster der Köchin im Souterrain beim Zwiebelschneiden auf die Hände schauen. Es war keine feine Gegend, so nahe an der alten Londoner City, aber das hatte Sir Isaac kaltgelassen. Solange er in Ruhe arbeiten konnte, mochte die Straße stinken und von frechen Huren bevölkert sein. Nach ihm lebte ein Mr. Lewes dort, dessen Leidenschaft die Anatomie war. In Newtons Observatorium, einer verglasten Gaube im Dachgeschoß, sezierte er alles, was ihn interessierte, Mollusken und Maulwürfe, Frösche, Ferkel, schwangere Katzen und menschliche Fehlgeburten. Seine Besucher wichen vor den Geschöpfen zurück, die ihnen im Zustand der Unvollkommenheit auf der Bodentreppe entgegengehinkt kamen, und Mr. Lewes zog aus, als er in ganz inner London keine Aufwartefrau mehr fand, die hinter ihm herwischte.

Der kleine Raum im Dach mit den erbsgrün gestrichenen Paneelen ist leer bis auf einen Wandschrank, Tisch und Hocker und einen offenen Kamin mit eisernem Kohlenrost. Durch seine großen Scheiben fällt so viel Licht, daß Fanny selbst an den Tagen, wenn der schwefelige Nebel die Häuser wie dichter Rauch einhüllt, ohne Kerze dort oben schreiben kann. Kerzen sind teuer. Im Sommer stemmt sie den Fensterflügel hoch und blickt nach Osten über die große graue Stadt, ihr Gerassel und Geschrei, zur Kuppel von St. Paul's, die über dem Dunst zu schweben scheint.

Die Straße ist seit Sir Isaacs Tagen weder reinlicher noch

reputierlicher geworden. Noch immer schlendern unbegleitete Frauenzimmer in weißen Zwirnstrümpfen die Bordsteinkante entlang: »Sir, trinken Sie ein Glas Wein mit mir!?« Die Oper in Haymarket und das Drury Lane Theater sind ganz nahe – zwei, drei Kaffeehäuser und Tavernen – das Marktgetümmel von Covent Garden – im Sommer der Gestank der Kehrichthaufen, Kot, Biermaische und verfaultes Gemüse; im Winter der Kohlenrauch, der Ruß und der Regen. Das Fenster schubbert herunter, schließt den Lärm aus, die gellenden Rufe der Orangen- und Fischhändlerinnen, das Gedengel des Muffin-Manns, die Viehherden, die blökend und brüllend nach Smithfield getrieben werden, die Pauken und Schellen der Straßenmusikanten, die Gesänge der Balladenverkäufer, das Rollen und Knarren der Chaisen, das Trappeln der Hufe und Absätze und die Glokkenschläge aus den vielen Kirchtürmen, die spitz durch das Gefältel der Dächer ragen. In der Abenddämmerung wogen die Stare wie schwarze Bienenschwärme über Leicester Fields, fallen in die Baumkronen, spritzen wieder daraus hervor; ihr tausendfaches Schwirren und Schrillen und einmütiges Verstummen kündigen die Nacht an. Seit Fanny sich erinnern kann – und nur einmal war sie für ein paar Sommerwochen an der See –, ist sie jeden Tag zu diesem Spektakel aufgewacht, dem Spektakel der größten Stadt der Welt.

Eine Mietkutsche hält, wartet, das Pferd schlägt mit den Hufen aufs Pflaster, dann trägt es die zweite Mrs. Burney und ihre Tochter Richtung Westminster davon, wo nun überall Teewasser siedet, Glocken gezogen, Karten abgegeben, Stühle gerückt und Schnäbel gewetzt werden. In der Gaube aber ist eine wunderliche halbe Stunde angebrochen, in der nichts mehr zu Ende gedacht wird, der Kopf sich zur Seite neigt und die Feder nachlässiger übers Papier schurrt. »Werde ich mich dieses Gefühls erinnern, wenn ich alt bin«, schreibt Fanny, »dieses Gefühls, daß ich noch viel erfahren werde, aber eigentlich schon alles über mich weiß?« Die Sonne ist in ihren Rücken gewandert, Staub flimmert in Balken aus Licht. Es riecht nach warmen Dielen. »Ich wünschte, ich wäre verliebt; nur um zu wissen, wie es ist; ein Gefühl, das weder von Respekt noch von Hochachtung und gar nicht von materiellen Interessen diktiert sein dürfte, sondern nur von Laune und Spleen. Und natürlich dürfte es nicht erwidert werden; das würde alles verderben.« Sie schließt die Augen, streicht sich mit dem Gänsekiel über die Wange, zurück über den gespitzten Mund, lächelt, tippt die Feder wieder ins Glas. »Ja, ich werde eigensüchtig sein und das Beste für mich behalten.«

Die Treppe zur Gaube ist eng und steil. Die zweite Mrs. B. findet es nicht der Mühe wert, hinaufzusteigen. Wenn Fanny liest oder aus dem Fenster träumt, liegt das neue Journal, eingewickelt in einen Spitzenschal ihrer Mutter, zwischen unklaren Gerätschaften aus dem Nachlaß von Mr. Lewes auf dem Schrankbord.

»Fanny!«

»Ja, Papa.«

»Komm herunter, ich brauche dich hier!«

Dr. Burney steht am Fuß der Bodentreppe in seinem guten Rock, das Haar gepudert, fertig zum Ausgehen.

»Ich habe dir den Entwurf für das fünfte Kapitel auf den Tisch gelegt. Schreib ihn ab und schlage noch einmal die Daten nach!«

Er hebt ihr Kinn mit gerundetem Zeigefinger, als sie vor ihm steht: so klein ist sie für ihr Alter, so zart, so schnell errötet sie. Ihre grauen Augen, in die ein Spritzer Grün eingeflossen ist, und ihr bernsteinblondes Haar hat sie von Frances geerbt; ihren lächelnden Mund von ihm, die schön geschwungene Oberlippe, Amors Bogen. Bisher hat sie ihm nur Freude gemacht.

Nicht, daß Dr. Burney viel von seinen Töchtern erwartete, und diese hier war weder besonders aufgeweckt noch ausgesprochen populär. Natürlich liebte er sie, aber er fragte nie, was sie wünschte und erwartete, um so weniger, da er keinen Anlaß hatte, sich über Unwillen und Trägheit zu beschweren. Leider schien sie über wenig brauchbare Talente zu verfügen, war zum Verzweifeln unmusikalisch, und auf seinen Abendgesellschaften irritierte sie die Gäste, wenn sie versäumte, über Komplimente zu lächeln und über Dinge, die sie nicht ganz verstand, zu schweigen. Eine Transuse hatte ihre große Schwester sie genannt, als sie mit neun Jahren noch immer nicht lesen konnte, aber Frances hatte ihre Kleine in Schutz genommen: Fannikin fehlt nichts. Sie braucht ein bißchen länger, aber sie merkt sich alles ...

Die zweite Mrs. Burney hatte einen Versuch unternommen, die Stärkung von Fannikins delikater Konstitution mit ihrer geistigen Erziehung zu verbinden. Sie wurde in ein Stahlkorsett geschnallt, das ihre Schulterblätter so weit zusammenzog, bis sie sich berührten. Durch seine vordere Mitte führte eine Stange mit einer kleinen Tasse am Ende bis unter das Kinn und drückte es nach oben. Diese Stellung, in der sie jeden Tag eine Seite aus Dr. Johnsons Wörterbuch auswendig lernen mußte, hatte bereits der zweiten Mrs. Burney in ihrer Jugend nicht geschadet, vielmehr der kleinen Margaret Flanaghan zu ihrer vorbildlichen Haltung und vermischten Kenntnissen verholfen.

An diese Tochter schien der Apparat jedoch verschwendet. Sie steckte darin wie ein flügellahmer Vogel. Dr. Burney erbarmte sich schließlich, befreite sie aus den Stäben und leitete so lange persönlich ihre Unterweisung, bis Fanny den Kopf oben behielt und ordentlich die Feder führte. Inzwischen weiß er ihre Handschrift ebenso zu schätzen wie ihren Eifer und all die kleinen Privatscherze und Anspielungen, die sie miteinander treiben, um sich die Mühsal des Schreibens zu versüßen. In seiner Gesellschaft erscheint sie ihm niemals transusig. Da er ihr keine Mitgift geben kann, wird sie wohl bei ihm bleiben, Trost und Stütze seines Alters sein. Dr. Burney ist noch nicht fünfzig, aber er plant gerne voraus.

»Was machst du da oben, Fannikin?«

»Ich schreibe.«

»Das ist recht. Aber nun zur deutschen Musik, mein kleiner Amanuensis. Ich komme erst nach dem Tee zurück.«

Fanny ist gerne Papas Gehilfin. Schon sein Buch über die Geschichte der Musik in Frankreich und Italien hat sie ins reine geschrieben und die Druckfahnen korrigiert. Er braucht sie, und deshalb wird er sie nicht so leicht wegverheiraten wie Schwester Louise an Mr. Featherstone, der reizend ist, aber uralt und von der Gicht geplagt. Jetzt war Sarah Harriet dran, elegant frisiert herumgezeigt zu werden. Ein Friseur kam eigens ins Haus und verbrachte Stunden damit, ihre Haare mit Hilfe von Werg, Nadeln, Pomade und Puder zu einem ordentlichen Horst aufzurichten, der, mit Federn, Bändern und Spitzen garniert etliche Abende in Folge überstehen mußte. Auf einem Subskriptionsball hatte sie bereits einen Verehrer gefunden, einen jungen Arzt. Aber ein Arzt war kaum ein Gentleman zu nennen. Dafür mußte Sally sich nicht eigens die Haare verbrennen lassen.

Nicht, daß man Dr. Burney einen Gentleman nennen könnte. Er spricht, er bewegt, er kleidet sich wie ein solcher, aber für die jungen Damen, die er das Cembalo- und Harfenspiel lehrt, steht er gesellschaftlich nicht besser da als ein Tanzmeister. Er hat ernste Musik für Kirchenorgel geschrieben und Schmissiges für die Orchester in den großen Lustgärten. Als Kritiker sucht man ihn zu beeindrucken, aber er bleibt ein Mitglied der unterhaltenden Klasse. Auf dem Kaminsims liegt die halbe Guinee, die er nach der Stunde einsteckt. Anschließend ist er zum Dinner bei Lady Cholmondeley oder Admiral Kemble geladen. Er lächelt und plaudert gewitzt; er gefällt; er darf sie in Maßen necken; keiner kann das so nett wie Dr. Burney, mein lieber Burney, lieber Freund, so ein drolliger, geistreicher Mann, ein bedeutender Musiker, aber kein Gentleman, natürlich nicht.

Das Arbeitskabinett des Doktors liegt im ersten Stock, als letzter von drei Räumen in einer Flucht. Die beiden größeren, Salon und Musikzimmer, sind durch eine Falttür voneinander getrennt, die zu den Sonntagssoireen aufgezogen wird, um den Gästen einen Blick auf Dr. Burneys Bibliothek und seine erlesenen Instrumente – ein Clavichord, eine Harfe und mehrere Violinen – zu gestatten. In das Arbeitskabinett aber, das einen Zugang zum Treppenhaus hat, können Besucher ganz unzeremoniell eintreten. Vor ihnen spricht Dr. Burney gern von »Sir Isaac Newtons Studierzimmer«, das seine bescheidene Person nun okkupiere; für Vater und Tochter ist es »Das Chaos«.

Fanny schiebt die losen Blätter auf dem Schreibtisch, die mit Dr. Burneys schweifender Schrift bedeckt sind, mit Streichungen, Verweisen und Korrekturzeichen, auf die sich beide wie auf eine Geheimschrift geeinigt haben, zu einem Stoß zusammen. Noten, Manuskripte, Briefe, Visitenkarten und Einladungen zu längst verflossenen Ereignissen, die wegzuwerfen Papa noch keine Gelegenheit hatte, säumen als geschuppte Tafelberge die Ränder des Kirschbaummöbels. Ein Türmchen silberner Kronenstücke hindert einen Stapel Notizen am Davonflattern; Bücher liegen aufgeschlagen mit dem Rücken ineinander. Darüber, an der Wand, präsidieren Dr. Burneys Hausgötter: Mr. Händel, dick wie ein Brauer und mit einer ehrwürdigen Allongeperücke; das weiche, ein wenig schläfrige Gesicht von Signor Scarlatti; der große Garrick als Richard III; und daneben der Doktor selbst, von seinem Freund und Nachbarn, Sir Joshua Reynolds, gemalt. Eine Bereitschaft zu lächeln liegt um den vollen Mund und die leicht vorstehenden blauen Augen. In der rechten Faust hält er ein zusammengerolltes Notenblatt, als wolle er den Takt damit schlagen. Oder eine Fliege an der Wand erlegen.

Fanny zieht Tintenfaß und Streusandbüchse heran und schneidet sich einen frischen Federkiel zurecht. Eine Hackney-Droschke hält vor dem Haus, die Türe knallt, und gleich darauf ist die aufgebrachte Stimme von Mrs. Burney im Treppenhaus zu hören. Also war der Ausflug kein Erfolg.

»Ich wünsche, daß dieses Thema von dir nie wieder angeschnitten wird, Miss Sarah Harriet! Du wirst dich in Gesellschaft nicht noch einmal über deine Familie verbreiten!«

»Ja, Mama.«

»Es ist schnippisch und ungezogen, deine Tante Dobson eine alte Elster zu nennen! Lady Popham war entsetzt. Ich habe mich für dich geschämt. Wo hast du nur dieses Wort her?!«

»Ich glaube, ich habe es gelesen, Mama.«

»Gelesen? Wo? Es klingt mir eher wie ein Wort, das du von Fanny gelernt hast.«

Ihre Stimme, laut vor der Tür des Arbeitszimmers, wandert weiter in den zweiten Stock.

»Du glaubst, ich merke nicht, wie ihr zwei hinter meinem Rücken miteinander tuschelt? Ich bin im Bilde über diese nächtlichen Konferenzen, wenn zwei junge Damen in ihrem Zimmer noch einmal Kohlen aufschütten und sich Toast rösten. Und ich dulde nicht, daß du als die ältere mit deiner Stiefschwester eine Kabale gegen mich ausheckst! Habe ich mich deutlich ausgedrückt!?«

»Aber Mama, Sie mißverstehen ...«

»Papperlapapp, ich verstehe sehr gut. Wofür hältst du mich? Für eine alte Elster? Untersteh dich, Miss! ... Was ist mit deinem Saum passiert? Ich habe dir gesagt, du sollst beim Aussteigen aufpassen! Seit Wochen liegt dieser Dreckhaufen vor der Tür ...«

Mrs. Burneys Schlafzimmertür klappt zu. Fanny tunkt lächelnd die Feder ein.

*

Auf Burneys Sonntagsgesellschaften trifft sich alles, was in London »ton« ist. Oft gelingt es dem Doktor, vor den anderen prominenten Gastgeberinnen der Stadt, Lady Cholmondeley, Mrs. Montague oder Mrs. Thrale, eine außergewöhnliche Erscheinung für seinen Salon zu sichern; als erster eine neue italienische Diva, einen gefeierten Kastraten, einen soeben von den Quellen des Nils heimgekehrten Forscher, einen braunen Gentleman, den Kapitän Cook aus Tahiti mitgebracht hat, oder einen interessanten Verbrecher zu empfangen. Es werden Menschen geladen, die kein Englisch verstehen, deren Geschlecht zweifelhaft und deren Verhältnis zueinander vermutlich anstößig ist. Aber selbst wenn man nicht mit ihnen sprechen kann, darf man anschließend über sie reden, und sollten sie auch unpolierte Diamanten sein, werden sie von Dr. Burney mit unverbrüchlich guter Laune, vortrefflicher hausgemachter Musik und sämiger Schokolade bewirtet.

Dr. King, der Kaplan der englischen Gemeinde in St. Petersburg, führt Prinz Grigorij Orlow von Rußland ein. Seit Seine Hoheit bei der Zarin Katharina in Ungnade gefallen ist, befindet er sich auf Europareise. Der Ruf, daß er einer der Meuchelmörder des Zaren gewesen sei, macht ihn zur ersten Wahl auf jeder Gästeliste. Dr. King ist so stolz auf ihn, daß er sich nicht zu setzen wagt, hin- und herfahrend an den Stuhllehnen rückt und droht, die Gäste zu verscheuchen. Prinz Orlow könnte ja hier, nein dort, am Feuer... nein, doch zu warm, in der Nähe des Clavichords oder hinter der Schokoladenkanne Platz nehmen wollen. Fanny sieht neben ihrem Vater eine Gestalt in Rot und Gold in der Falttür zum Musikzimmer stehen, aber die breite Erscheinung Sir Walter Pophams versperrt ihr die Sicht auf Einzelheiten.

»Wie sieht er aus?« wispert sie in Sarah Harriets Ohr.

»Er ist magnifique«, zischt diese zurück, »dunkle Augen, Haare schwarz, wahrscheinlich gefärbt, Hakennase, gerade

Schultern, an die fünf Pfund Tressen auf Manschetten und Rockschößen und seine Orden – heiliger Strohsack! Die Diamanten sind mindestens so groß wie Muskatnüsse. Er hat ein Medaillon mit dem Bild der Zarin an einem blauen Band um den Hals hängen, oval, drei Reihen Rubine. Meine Güte, wie schrecklich indiskret! Kannst du's denn nicht glitzern sehen?« Fanny reckt sich ein wenig über Sir Walters Schulter.

»Doch, jetzt seh' ich's auch«, sagt sie nicht ganz überzeugt. »Er ist riesig, nicht wahr? Ich hasse solche monströsen Männer. Entweder fangen sie an, mich wie ein Kind zu behandeln, und wollen mich auf den Schoß nehmen, oder sie setzen sich gleich selbst auf mich drauf.«

»Und stell dir doch mal vor, seine Hände!« wispert die andere. »Die langen Finger! Die hat er dem armen Zaren um den Hals gelegt und zugedrückt. Möchtest du ihm etwa die Hand geben?«

»Sally, sei doch still! Er kann dich hören!«

»Kann er nicht. Paß auf, ich werde in Ohnmacht fallen, wenn Papa ihn uns vorstellt.«

Doch der schreckliche Mann ist schon anderswo verpflichtet. Die Hausherrin klopft einladend auf den Platz neben ihr, Prinz Orlow wirft die Rockschöße wie zwei purpurrote Flügel zurück und nimmt auf dem Sofa Platz. Eine Art stille Post weniger wichtiger Gäste hat Mrs. Burneys Ohr erreicht.

»Hoheit, die Damen sterben, das Bildnis der Zarin sehen zu dürfen.« Der Prinz verbeugt sich lächelnd, und Dr. King wird gebeten, das Band im Nacken aufzuknüpfen.

»Die Damen können mich von allem befreien, wenn sie es wünschen,« erwidert Prinz Orlow auf französisch, läßt seine Blicke schweifen und schaut dann direkt in Mrs. Burneys blanke Kastanienaugen. Sie schwitzt und knattert mit dem Fächer; möchte ihm gefallen. Er errät sofort etwas vage Unenglisches, das nicht ganz comme il faut erscheint – wie sie die Augen aufreißt, mit der Zunge am Gaumen schnalzt, ehe sie zu sprechen anhebt, die Finger durchbiegt und lebhaft, ja, geradezu kontinental gestikuliert. Zusammen mit ihrem hochgepferchten weichen Brustansatz in dem tief ausgeschnittenen Seidenkleid und ihrem ein wenig ungewaschenen Duft findet er dieses Benehmen sehr einladend, spitzt den Mund und raunt ein Kompliment, das diesmal nur für die Ohren seiner Nachbarin bestimmt ist. Sie versetzt ihm einen Klaps mit dem Fächer, und Fanny hört sie ihr keckerndes Lachen anstimmen.

Obwohl Mrs. Burney bei den Nonnen in Athlone und nicht zuletzt mit Hilfe des stählernen Korsett-Apparats so etwas wie eine bessere Erziehung genossen hat und dank einer belegten, aber nicht oft erwähnten Frankreich-Reise passabel über das Wetter, die Gesundheit und das Theater plaudert, springt gelegentlich wie ein kleiner Kastenteufel ein Rest Margaret Dobson geborene Flanaghan aus der gut bewachten Vergangenheit ans Licht, Tochter eines irischen Gastwirts, Witwe eines Handschuhmachers in Southwark. Meist geschieht es, wenn sie mehr als zwei Gläser Punsch getrunken hat, aber ein galanter Zarenmörder scheint gleichermaßen wirksam zu sein. Fanny findet sein Geschäker ihrem Keckern an Gewöhnlichkeit nahezu ebenbürtig.

Unter dem Orlowschen Adlerauge und vielen bewundernden Seufzern der Betrachter geht die Miniatur von Hand zu Hand. Lady Popham würde dem Besitzer gern ein unbedachtes Wort über die Zarin entlocken, aber sie weiß nicht, wie sie es anstellen soll.

»Oh, wie herrlich! Wie stattlich, eine wahre Juno!« ruft sie schließlich. »Welch ein Privileg, einer solch aufgeklärten Monarchin dienen zu dürfen! Hoheit, Sie müssen uns unbedingt etwas über den Hof und alles über seine geheimen Ränke erzählen!« Prinz Orlow beugt das dunkle Haupt, lächelt fein und entschuldigt sich mit diplomatischer Geheimhaltung.

Sein Blick wandert von der korpulenten kleinen Dame zu den beiden jungen Mädchen, die neben ihr auf dem Sofa sitzen und entschlossen in ihren Täßchen rühren. Einen Wimpernschlag zu lange hatten sie zu ihm herübergeäugt. Nun sind die Lider züchtig gesenkt. Beider Haar ist in Locken zurückgebürstet, nur leicht gepudert und von Seidenbändern durchflochten, die unter dem Kinn zur Schleife gebunden sind. Beide tragen schlichte goldbraune Kleider und cremefarbene Musselinfichus; die Brünette mit den dunklen Augen, offener Stirn und dem schmalen langen Mund einer Schnattergans hat ihr Tuch kokett im Ausschnitt geplustert, die Blonde fest überkreuz gesteckt. Ihr hellgrauer Blick unter den fragenden Brauen scheint jedem Wort, jedem Lachen, jedem Gang im Musikzimmer zu folgen, während ihr rechtes Ohr – und Orlow wäre bereit zu wetten, daß es gespitzt aus den Löckchen ragt – der anderen zugeneigt bleibt. Mit Ausnahme eines hessischen Spions am Zarenhof, der sich allerdings besser zu tarnen verstand, glaubt seine Hoheit, noch nie einen neugierigeren Menschen erblickt zu haben.

Die Dunkle ähnelt ihrer Mutter wie ein junges Pferd einem älteren. Der Prinz sieht sie bereits auf ebenso strammen Beinen ein großes Hinterteil spazierenführen, reizvoll und weich, schwarz und weiß, der lange Mund vom vielen Reden und vielleicht vom Trinken ein wenig verwaschen. Die Helle gibt ihm größere Rätsel auf, ohne daß er genug Interesse aufbrächte, sie lösen zu wollen: eine halbe Portion, flachbrüstig, nicht wirklich hübsch in ihren unklaren Farben, spöttisch und schüchtern zugleich und, siehe da, doch recht niedlich, wenn sich ihre Mundwinkel zu einem Lächeln kräuseln.

»Ihre Schwestern, Madame?«

Mrs. Burney errötet. Sie fühlt die Niedertracht seines Kompliments, aber sie lächelt scheinbar geschmeichelt darüber hinweg.

»Meine Töchter Sarah Harriet und Frances, Hoheit, siebzehn und sechzehn, sehr liebe Mädchen, Sarah Harriet überaus begabt. Sie werden sehen, wenn sie für uns spielt.«

Eine Bewegung ist im Salon nebenan entstanden, die den Doktor hinaustreibt und die Gespräche im Musikzimmer verebben läßt. Man hört Ausrufe des Entzückens, Grußworte, Lachen und Scharren, dann erscheint er, rot vor Freude, wieder im Durchgang.

»Signor Millico gibt uns die Ehre. Signor Millico ist soeben eingetroffen.« Er tritt beiseite und bittet seinen Gast mit einer Geste herein.

»Wer ist es?« flüstert Lady Popham, die immer noch nichts verstanden hat, Sarah Harriet zu. Die muß einen kleinen Juchzer hinter der Hand verbergen.

»Signor Millico, Madam. Der neue italienische Virtuose. Er singt die Hauptrolle in Sacchinis Oper *Il Cid.*«

»Oh, gewiß, gewiß, gewiß – Millico? Aber das ist ja himmlisch! Seit Wochen versuche ich, Karten für Haymarket zu bekommen. Es ist absolut unmöglich. Er ist hier?« Sie richtet ihr Lorgnon auf die Falttür und sieht einen großen jungen Mann in einem engen Rock aus hyazinthroter Ripsseide eintreten, der in seinen gleichfalls rosaroten, hochhackigen Schuhen einen artigen Kratzfuß zu der Gesellschaft hin vollführt. Er richtet sich auf, wirft die langen Spitzenmanschetten zurück und wünscht mit Knabenstimme allen einen guten Abend.

Lady Popham hat sich bei der enthusiastischen Berichterstattung, die über diesen Mann in London unterwegs ist, etwas anderes unter Signor Millico vorgestellt. Das Publikum sei jede Nacht in Ekstase, er sei einfach überirdisch, unwiderstehlich, eine toskanische Nachtigall, ein Engel, ein Gott! Selbst Damen höherer Stände riefen ihm, dem Kastraten, aus den Logen Schmachtworte zu; von den Geschöpfen auf der Galerie ganz abgesehen. Niemand hat ihr gesagt, wie ungeheuer häßlich er ist, mit seinem geschminkten gelben Gesicht, dem großen Mund, schrägen Augen und einer Perücke, die ihm fast auf den Augenbrauen sitzt. Er trägt eine unmögliche, mit rosa Vögeln bestickte silberne Weste, bunte Karfunkel an jedem Fingerglied und unter dem linken Mundwinkel ein schwarzes Samtpflaster, das Lady Popham am wenigsten gefällt.

Sie wendet sich, wie um Bestätigung suchend, an Sarah Harriet, aber diese blickt verzaubert zu der Gruppe an der Tür, wartet auf die kleine Geste des Erkennens, des Einvernehmens, seinen Blick, sein Lächeln, die sie mit einem kaum bemerkbaren Neigen des Kopfs zu erwidern gedenkt. Zweimal war sie mit Dr. Burney bei den Proben von *Il Cid* gewesen; sie hatte Millico gesehen und gehört, hatte mit ihm gesprochen, und wenn ihr Vater es nicht wagen sollte, so würde sie ihn selbst bitten, heute abend zu singen. Bei dem Gedanken wird ihr so warm, daß sie sich strecken und ihr Fichu ein wenig weiter aus dem Mieder ziehen muß.

Sarah Harriet, in deren Ahnenreihe von Gastwirten und Handschuhmachern kein einziges künstlerisches Talent geglänzt hatte, war mit so viel Stimme und Musikalität gesegnet wie keine von Dr. Burneys leiblichen Töchtern. Louise hatte es als kleines Mädchen zu einigen frühreifen Auftritten an der Harfe gebracht; Fanny fehlt es an jeglicher Begabung, und ihre Art, sich schleichend durch die schwierigen Passagen eines Stücks zu tasten, um die leichten im Galopp zu nehmen, hat Dr. Burneys Geduld schnell erschöpft. Kein Auftritt vor seinen Gästen! Bei den Soireen läßt Sarah Harriet die Saiten trillern, und Fanny hört zu. So ist es befohlen, und so ist es ihr recht. Später, wenn sie und Sally sich vor dem Zubettgehen die Haare lösen, spielt Fanny für ihre Schwester dann die Konversation des Abends nach, bis die andere lachend mit der Bürste nach ihr schlägt. Sie flötet und lispelt, stammelt und schnurrt erfundenes Tahitianisch, Ägyptisch oder Sächsisch; memoriert Zweier-, Dreier-

und Selbstgespräche, aber sie bringt keine vier Takte Musik korrekt zustande.

Dr. Burney stellt Signor Millico dem russischen Prinzen vor; er führt ihn herum und zerbricht sich dabei den Kopf, wie er den Star dazu bringen könnte, für seine Gäste zu singen. Ist er bei Stimme? Wird er womöglich 50 Guineen für eine Arie fordern? Er beugt sich zu Sarah Harriet hinunter; die beiden tauschen ein paar leise Worte, sie nickt lächelnd, steht auf und geht zum Clavichord.

Das neue Rondo aus der Ouvertüre von *Il Cid* war bisher nur einmal aufgeführt worden, aber Sarah Harriet hatte es bei den Proben oft genug gehört, um es aus dem Gedächtnis nachspielen zu können. Nun setzt sie sich zurecht, erwartet mit offenem Blick die Aufmerksamkeit des Publikums und hebt die Hände. Allora! Die Finger fallen, sie springen und trommeln über die Tasten; ihre Augen suchen den hyazinthroten Rock in der Menge. Signor Millico fährt herum. Es wirkt. Das Gemurmel verstummt. Man lauscht. Und Sarah Harriet spielt. Vivace assai, das Instrument klirrt und braust; noch eine Strophe und Schlußakkord. Signor Millico tritt heran, neigt den Kopf und applaudiert, daß die herrlichen Manschetten fliegen. »Ah brava, brava!«

Nun muß er gar nicht mehr gebeten werden. Er streift die Ringe von den Fingerspitzen, läßt sie mit einem koketten Schnörkel der Augenbraue in Sarah Harriets offene Rechte fallen und nimmt ihren Platz ein.

»Händel!« verkündet er, »*Rodelinda*, 3. Akt, Arie des Bertarido«, beginnt in strammen Schritten zu präludieren, dann hebt er an: »Vivi, tiranno! Vivi, tiranno! Io t'ho scampato ...!« Und Lady Popham versteht alles: So singen Engel. So vollkommen, so leicht, so lieblich und scharf zugleich, mit dem Schillern grüner Seide und der harten Empörung kriegerischen Metalls in der Stimme. So etwas ist ihr schon lange nicht mehr zugestoßen. Nicht in der Oper und nicht mit Sir Walter Popham. Eine wundervolle Flamme zuckt aus ihrem Schoß und glüht hinauf bis in die Brust. Sie schließt die Augen, atmet tief, um sich ganz von dieser Wonne durchströmen zu lassen. Plötzlich bricht die Stimme ab; der Sänger entschuldigt sich, er sei ein wenig indisponiert, also – encore une fois, aber es ist vorbei, der Zauber gebrochen. Schurke! Lady Popham entfaltet ihren Fächer.

»Weißt du, daß er von einem Schwein angefallen und verletzt worden ist?« fragt Sarah Harriet, als sie Fanny vor dem Spiegel das Korsett aufschnürt.

»Nein, du schwindelst, woher willst du das wissen?«

»Ich habe es auf der Probe gehört, von der Celestini. Das Schwein hat ihn in die Seite gebissen und angefressen. Seitdem hat er einen silbernen Mechanismus in der Hüfte.« Sie reckt ihren Kopf über Fannys Schulter. Ihre Blicke treffen sich in dem hellen Oval. Wange an Wange. Glänzende Augen.

»Ich schwör's. Auf einem Bauernhof in der Toskana. Er war noch ein Kind.«

Die Kerzen sind gelöscht, die Mädchen liegen nebeneinander im Bett; Fanny flüstert:

»Sally, hör mal, glaubst du, das Schwein hat auch – auch sein Dings gefressen? Daß er jetzt Sopran singt?« Von der anderen Seite kommt ein Glucksen, dann beginnt das Bett zu beben, als Sarah Harriet grunzend durch die Decken heranpflügt.

»Caro mio porco, bitte tu mir nichts!« quiekt Fanny, strampelt und flieht, aber die Größere ist schon über ihr, wälzt sie herum, packt ihre Schulter mit den Zähnen.

»Ah, che bel mangiare!«

»Sally, nicht, laß das! Mrs. Burney wird uns hören!«

»Was tut's! Erst wirst du mir schmecken, mein Goldrübchen, mein Bettkohlräbchen!« Sie prustet an Fannys Hals, zwickt sie fest in den Hintern. Fanny schnellt herum, ein Griff ins Delikate, ein Druck, ein Fingerzucken, ein Atemholen, ein langes Aneinanderstrecken.

»Oh, Sally, hör auf!«

»Ich tu' doch gar nichts.« Sie kichern und stupsen sich, tauchen warm und aufgelöst aus den Laken auf, liegen schließlich still, die Kleine in den Schoß der Großen geschmiegt.

»Sally?«

»Hmm?«

»Ich hoffe, sie finden so schnell keinen Mann für dich.«

Sarah Harriet atmet zweimal ein und aus, dann sagt sie: »Schäfchen, ich habe schon einen.«

*

Das graue Sandsteinhaus, das Samuel Featherstone von seinem schwindenden Vermögen gekauft hatte, als er sich verheiratete, stammt aus einem vergangenen Jahrhundert, und obwohl er seine junge Frau Louise sehr verehrt, sieht er sich außerstande, ihren Wünschen nach modernem Komfort und ein wenig mehr Licht nachzukommen. Die Balkendecken, schwarzen Täfelungen und schmalen Fenster, durch deren Rauten der Blick auf weitere Mauern oder die bleiernen Grate des steinernen Dachs fällt, sind Chessington Hall erhalten geblieben, nicht weil es Mr. Featherstone an Folgsamkeit, sondern an den Mitteln fehlt, sie durch große Scheiben, weißen Stuck und helle Tapeten zu ersetzen. Ständig streicht ein Luftzug durch die Räume, bläht die Vorhänge, schlägt die Türen und sträubt die Flammen auf dem Kaminrost in der gepflasterten Diele.

Früher mochte sich die Familie dort in der Nische unter dem weiten Mauerbogen mit dem Zinngeschirr auf dem Sims versammelt haben, eine warme Zelle in der kalten Schale, den Rücken gegen die Backsteine, die Sohlen gegen den Rost gestemmt, aber nun glost meist nur ein Scheit vor der rußigen Wand, als wolle das Ehepaar Featherstone zeigen, daß zumindest noch ein Funken Leben im Haus stecke.

Ein Vorbesitzer hatte halsbrecherische Wendeltreppen und fensterlose Flure durch Chessington Hall getrieben; Baumaßnahmen, die viel zu seinem vernachlässigten Eindruck beitrugen und wenig zu seiner Bewohnbarkeit. Mr. Featherstone hatte als Antwort darauf den Nordflügel abgeschlossen und den Tunnel zwischen Küche und Speisezimmer stillgelegt. Das Essen wurde nun durch die windige Diele getragen. So schlug nicht jede Veränderung zum Nutzen aus. Und trotz der neuen Öllampen haftet dem Haus unverbrüchlich etwas Steifledernes und Dunkelfaltiges an, verstärkt durch den strengen Geruch nach altem Hund und unbeherrschtem Kater, Gefährten, die Samuel Featherstones Leben lange vor Louises Eintritt geteilt hatten und von denen er sich auch im Ehestand nicht zu trennen gedenkt.

Es gibt nur ein Zimmer im ersten Stock, das Louise ihr Boudoir nennt, in dem es ihr gelungen ist, eine heikle und dekorative feminine Unruhe zu schaffen, mit weiß-grün gestreiften Chintz-Vorhängen, einem kleinen Spieltisch aus Rosenholz, ihrer Harfe, Blumenständern, aufgeschlagenen Büchern, getrockneten Sträußchen, ihrem Stickrahmen und zahllosen Porzellangegenständen, die der Pflege des Hausmädchens entzogen wurden, nachdem Betty ein Sèvres-Henkelkörbchen mit einer Besenstiel-Rückhand zu Fall gebracht hatte.

Betty, rotblond und stämmig, war erst zwölf und kam aus Killiney, und weil sie, der Konsequenzen gewiß, so laut und haltlos heulte, daß es nicht mehr mit anzuhören war, schickte Mrs. Featherstone sie in die Spülküche und verzichtete auf Schadenersatz. Denn von den Sixpence, die das Mädchen jede Woche sparte und alle Vierteljahre nach Irland schickte, lebte eine ganze Sippschaft, die ins Armenhaus gewandert wäre, wenn das schusselige Ding das Körbchen hätte ersetzen müssen. Louise Featherstone kannte sich aus mit den Preisen.

An einem frischen, sonnigen Morgen im Juni steht sie bedrückt am Fenster ihres Boudoirs und schaut die Auffahrt mit den gestutzten Linden hinab. Unter dem Fenster breitet sich die lange Rabatte in einer Fülle von Rosen, Lavendel, Fingerhut, Päonien und Rittersporn. Das bunte Gewühl verlangte dringend nach einer ordnenden Hand. Die Löwenmäulchen sind bereits ausgebrochen und sprießen zwischen den großen Granitplatten der Terrasse, aber der Gärtner, der sie wieder einfangen könnte, ist im Gemüsegarten unabkömmlich. Sie sieht das Gig am Ende der Allee durch das Tor biegen und das Pferd langsam herantraben.

Vor zwei Sommern hatte Mr. Featherstone sie so über den Hügel und durch die Lindenallee kutschiert, auf das graue Haus mit den Tudor-Schornsteinen zu. Natürlich hatte es ihr gefallen. Was hätte sie sonst sagen sollen? Das ist ja ruinös, Sir? Wird das Dach den Herbst überstehen? Sie war schon fünfundzwanzig, und Papa konnte sie nicht versorgen. Mr. Featherstone war so überaus freundlich darüber hinweggegangen, daß Miss Burneys Geburtstag zwei Monate vor der Hochzeit ihrer Eltern lag. Papa hatte ihr taktvoll klargemacht, daß nicht sehr viele Bewerber diesen Makel übersehen würden, und Louise erinnert sich sehr gut ihres Ärgers, den sie schnell hinuntergeschluckt hatte. Warum war das ihre Schande? Sie hatte gedacht, Papa sei stolz auf sie gewesen; auf ihr Talent, ihren kecken Mut – wie sie auf dem Maskenball als Schäferin in den Saal getreten und dabei die umgehängte Drehleier gespielt hatte! Die Menge hatte sich vor ihr geteilt, und sie war durch ein Spalier der Masken geschritten, zu ihrer eigenen Musik tanzend, einen Korsaren, einen Türken und zwei Dominos im Gefolge ...

Papa war sehr erheitert, als er davon erfuhr. Seine Louise! Seine lustige, blonde Louise mit den Apfelwangen! Er hörte gerne, daß seine Älteste sich in Gesellschaft hervortat, aber er hatte sie nie auf einen Ball begleitet. Musik war sein Brot und seine Leidenschaft, aber Tanzen langweilte ihn – wie ihn das meiste, was seine Töchter trieben und sofern es kein unliebsames Aufsehen erregte, im Grunde nichts anging. Er eskortierte sie ins Theater. Auch dort erklang Musik – seine Musik, und wenn David Garrick die Hauptrolle spielte, hatten sie Freiplätze in dessen Loge. Was die Mädchen auf der Bühne sahen, sollte sie hinreichend auf die Fallstricke vorbereiten, die für junge Damen bei ihrem Eintreten in die Gesellschaft gespannt waren. Das Theater schrieb Lektionen für die Schule des Lebens, und Dr. Burney sorgte dafür, daß sie gehört wurden. Aber auf die Bälle und Redouten, auf denen der Stoff dann geprüft wurde, schickte er seine Töchter unter den Fittichen von Lady Popham und sagte, er vertraue ihnen vollkommen.

Louise hatte seit Mamas Tod dem kleinen Haushalt in Leicester Fields vorgestanden, und bis die Witwe Dobson in ihrer aller Leben getreten, war Dr. Burney auch mit keinem Verehrer einverstanden gewesen. Nicht mit dem blonden Korsaren, der in Wirklichkeit ein Leutnant zur See war, und nicht mit Mr. Kirby, dem Zeichenlehrer. Auf Mr. Kirby konnte sie verzichten; dem Korsaren hatte sie drei Wochen lang hinterhergeweint. Er trug einen kleinen goldenen Ring im Ohr und hatte Augen wie das blaue Meer.

»Überstürze nichts, liebes Kind! Prüfe dich! Ich möchte nicht, daß du ohne Neigung deine Hand vergibst!« Und natürlich nicht an einen Luftikus! Mr. Featherstone hingegen war ein alter Freund, eine gediegene Persönlichkeit, kultiviert und warmherzig, ein gereister, ein gebildeter, kurzum, ein Mann von Konsequenz. Ein wenig Geld war wohl auch noch da.

»Ich bitte dich, Louise, weigere dich nicht so entschieden! Das ist im allerhöchsten Maße albern. Gib ihm eine Chance!«

»Papa, er ist über fünfzig!«

Dr. Burney war kein Tyrann. Seine Tochter möge doch nicht glauben, daß er sie nicht liebe oder daß er sie loswerden wolle. Er bitte sie lediglich, ihm, der über bedeutend mehr Lebenserfahrung als sie verfüge und nur ihr Bestes erstrebe, zu gehorchen. Tatsächlich hatte er Tränen in den Augen, als er Louise das Versprechen abnahm, mit Samuel Featherstone glücklich zu werden.

Das Dach von Chessington Hall hatte standgehalten und Louise sich in ihrer Ehe eingerichtet. Mr. Featherstone ist gütig und feinfühlig, und er hat die Gicht. Wenn er ihr in seiner gravitätischen Art beim Abendessen Wein einschenkt und das Brot auf den Teller legt, weiß sie, daß sie ihn anschließend in ihrem Bett erwarten darf. Es geschieht nicht oft, und wenn, bezweifelt Louise, daß ihr Austausch geringer Körpersäfte das Kind hervorbringen könnte, das sie sich wünscht. Behutsam schließt sie ihren Gatten in die Arme, um ihn vor den Pfosten und Kanten des Möbels aus der Zeit König Jakobs I zu bewahren. Er küßt sie auf die Stirn, erhebt sich, ordnet sein Hemd und geht leise in sein Schlafzimmer zurück.

Pferd und Wagen ziehen einen knirschenden Halbkreis vor den Eingangsstufen und halten an. Louise hebt die Hand, als sie die Augen des Mädchens suchend über die Fenster im ersten Stock wandern sieht. Der resedagrüne Hut mit der großen Schleife ist neu, aber das unglückliche Gesicht ist Louise vertraut. Papa hat ihre kleine Schwester nach Chessington Hall in die Verbannung geschickt.

*

Also hatte es doch eine Kabale gegeben, nicht allein gegen die zweite Mrs. Burney, sondern gegen die ganze Familie, einen Skandal, der sie ihre prekäre Stellung am Rand der guten Gesellschaft zu kosten drohte. Sarah Harriet war sofort nach Lyme Regis zu ihrer Tante Dobson expediert worden und sollte nicht wieder in London gesichtet werden. Auch Fanny wollte Mrs. Burney für immer aus ihrem

Leben verbannt sehen, aber in einer letzten Unterredung mit ihrem Vater hatte die Mitsünderin so viel Reue gezeigt, daß sie damit rechnen durfte, nach einer Frist der Buße und des Vergessens in Leicester Fields wieder aufgenommen zu werden. Die Länge dieser Frist sollte allerdings im Ermessen von Mrs. B. liegen.

Im Salon von Chessington Hall sitzt Fanny ihrer Schwester gegenüber. Auch Mr. Featherstone ist bei der Beichte zugelassen. Schließlich ist es sein Dach, unter das man sie geschickt hat. Es gibt keine Teetasse, die sie austrinken, keinen Stickrahmen, über den sie sich beugen, keinen Kater, dessen Nacken sie kraulen könnte. Ihre Arme liegen um den Leib geschlungen, als sei ihr speiübel, ihre Augen werden von Louises Blick festgehalten, und es ist der alte Herr in seinem Polsterstuhl, der von Zeit zu Zeit in halben Sätzen ein wenig Versöhnung beizusteuern versucht: »Auf mein Wort, Mrs. Featherstone, Madam ... sie ist ja gestraft ... freilich, hingegen ... zu jung und unvertraut mit den Finten und Fallstricken eines solchen, eines solchen ... so schlimm hätte es nicht ... nicht die ganze Schuld ...«

»Nein, nicht die ganze Schuld, Sir«, sagt Louise streng, »aber sie hat gewußt, daß Sarah Harriet diesen Mann nachts in Vauxhall Gardens treffen würde. Himmel noch mal, ist er überhaupt ein Mann? Und sie hat ihr den Rücken gedeckt, anstatt meinen Vater zu verständigen. Das ist unverzeihlich, ganz unverzeihlich! Denk doch an die Familien, in denen er verkehrt! Wird man ihn noch empfangen? Wie konntest du's über dich gewinnen, ihm das anzutun, Fanny!«

»Ach Louise, ich weiß. Ich wollte es doch auch nicht. Und ich habe Sally so gedrängt, daß sie bitte, bitte nicht gehen soll. Aber sie hat überhaupt nicht auf mich gehört. Sie hat gesagt, er sei es wert. Und sie hat mich Verschwiegenheit schwören lassen. Sie ist die einzige Freundin, die ich noch habe, seit du fort bist. Ich konnte sie einfach nicht verraten.«

»Aber es war unrecht! Und töricht und gefährlich dazu. Du weißt, wie zerbrechlich der Ruf einer Frau ist. Was soll nur aus ihr werden? Sie wird nie einen respektablen Mann finden.«

»Er hat versprochen, sie im Herbst mit zurück nach Florenz zu nehmen«, sagt Fanny kläglich.

»Nach Florenz?« ruft Louise ungläubig. »Als was, bitte? Als ausgehaltene Frau? Eines Kastraten? Seid ihr beide noch ganz richtig im Kopf?«

Ihr gegenüber, im Polsterstuhl, das ist ein guter, respektabler Mann, mit seinen klugen, braunen Augen in einem Nest zarter Knitterfalten, seinen runden Schultern, krummen Beinen. Louise weiß, daß sie dankbar ist. Sie ist in Sicherheit. Er hat ihr seinen Namen und sein Haus gegeben. Sie darf ihre Stiefschwester bedauern, die ihr Leben nun bei Tante Dobson fristen muß, einer schlechtgelaunten, herrschsüchtigen alten Elster. Wer hat sie nur so genannt? Fanny natürlich. Kein Fehltritt konnte so schwer sein, daß er verdiente, bei dieser Dame abgebüßt zu werden.

»Louise, weißt du denn nicht mehr...«, sagt Fanny schüchtern, als habe sie ihre Gedanken gelesen, »damals in Lyme Regis...?«

»Lyme Regis steht nicht zur Debatte!« erwidert sie schroff.

»Worüber sprechen Sie, meine Liebe?«

»Eben nicht, Mr. Featherstone. Wir wollen nicht darüber sprechen. Meine Schwester erinnert sich an unsere Sommerferien am Meer, vor – nun, ich weiß es wirklich nicht mehr. Aber das hat mit dieser scheußlichen Sache gar nichts zu tun. Es führt uns nur auf Abwege.«

Keineswegs, es führte mitten hinein; in diesen Sommer zu dritt und in Tante Dobsons Bodenkammer, wo sie das Bett teilten. Louise hatte etwas von Mr. Kirby zu erzählen, der ihr beim Zeichenunterricht die Hand geführt und dabei heiß an ihren Hals geschnauft hatte. Mr. Kirby war einfach gruselig! Unvorstellbar! Und dann malte Sally sich ihre Begegnungen mit dem ein und einzigen aus, der es wert wäre; ein Abenteuer, das ihr ganzes Leben überglänzen sollte und nach dem sie, gewappnet mit seiner Herrlichkeit, in die Verbannung gehen konnten – in eine langweilige, unfruchtbare Ehe – oder nach Lyme Regis. Sie hockten auf dem Bett und legten einander die Hände auf die Brust. So fing es immer an. Und wie ging es weiter?

Von den Luken im Dach konnten sie die steile Gasse hinunter bis zum Cobb sehen. Dort lag das weite, stille Meer mit einer schillernden Bahn aus Mondlicht. Die dem Wasser zugewandten Dachseiten glänzten. Ein Mann ging zwischen den Häusern, hob den Kopf nach den Mädchenstimmen. Schnell zurück ins Nest, Louise, Fanny, Sally, aneinandergeschmiegt, so warm, daß sie die Decke wegtraten und in aller Unschuld und Neugier die Hemden hochstreiften; einmal dunkel, zweimal blond. Ging es so weiter? Würde seine Hand sie so berühren? So tasten, suchen und schmeichelnd, zuckend die Finger in die Falten senken ...?

Ihr ist unerträglich warm. Louise steht auf, geht zum Fenster und schiebt den Flügel hoch. Der Mond im Zimmer, ihre Hand in Sallys Haar, der feuchte Atem an ihrem Hals, murmelnd, bis sie mitten im Satz einschlief. Ein Weltumsegler sollte es sein, ein französischer Ballonfahrer, ein Maharadscha auf einem weißen Elefanten. Und nun war sie mit einem italienischen Kastraten beim Feuerwerk in Vauxhall Gardens ertappt worden, auf einem der dunklen Seitenwege, wo sich sonst nur die Dirnen herumtrieben. Und eine von diesen hatte auch zu kreischen und zu zeigen begonnen, als sie den Sänger erkannte, dem sie von der Galerie ihre Fächer mit einer Aufforderung zum Stelldichein zuwarfen. Noch im Schatten widerleuchtend in Hyazinthrosa und Silber und genug Rüschen, um einen Debütantinnenball auszustatten, mit dem Dreispitz auf dem Kopf, aber leider der Hose um die

Knie. Und Sarah Harriet lag zwischen den Hecken, die Röcke hochgeschlagen, das Schnürmieder gelöst.

Bis Mrs. Burney mit Fanny und ihren Freunden eingetroffen war, hatten sich die beiden leidlich zurechtgezurrt und Signor Millico so viel Rückgrat, nicht zu fliehen, bis die Mutter ihre Tochter fortgerissen hatte und, Sally vor sich hertreibend, davongehastet war. Dann hatte er sich nonchalant zu seinen Freunden in einer Laube beim Orchester begeben und den Rest des Feuerwerks mit entzücktem Beifall verfolgt. Ah, bravo, bravo!

Ihre Heimfahrt zu dritt war entsetzlich. Sarah Harriet schluchzte, und Mrs. Burney, die sie hochrot und zitternd in die Kutsche gestoßen hatte, öffnete nur einmal den Mund, um ihre Tochter in einem Ton anzuherrschen, wie er offenbar in den Schenken von Athlone üblich war, und mit einer Grobheit, die selbst für Fanny nach drei Jahren unter den wechselnden Launen ihrer Stiefmutter überraschend kam.

Dr. Burney hatte sich beherrschter im Ton, aber mit gleicher Entschiedenheit von Sarah Harriet losgesagt. Fanny war das Ausmaß ihrer Verfehlung erst klargeworden, als Papa sie kalt und ohne seine Bestürzung mit ihr zu teilen wissen ließ, daß er in dieser verdorbenen Kreatur eine Schlange am Busen genährt habe und daß sie, die einmal seine kleine Fan war, sich einer solch ungeheuerlichen Konspiration gegen ihn schuldig gemacht habe, daß er sie nun ebenfalls fortschicken müsse. Er ordnete an, daß sich die Mädchen nicht mehr sehen durften und daß die eine in ihrem Zimmer blieb, während die andere in das Schlafzimmer ihrer Mutter gesperrt wurde, wo man in einer fensterlosen Abseite ein Reisebett für sie aufschlug. Mrs. Burney ging nicht mehr aus, und es kamen keine Gäste.

Fanny hatte jedoch nach schrittweisem Vermessen des zweiten Stockwerks und Abzählen der Schornsteine einen Weg gefunden, mit Sarah Harriet zu sprechen. Sie war in Sir Isaacs Observatorium hinaufgestiegen, hatte sich auf den staubigen, warmen Holzboden vor den Kamin gelegt und, so laut sie wagte, hineingerufen:

»Sally! – Sally! – kannst du mich hören? Ich bin's, Fanny.« Sie lauschte.

»Fanny – wo bist du?«

»Ich bin hier oben in der Gaube. Was machst du?«

»Nichts. Ich flenne«, kam es hallend mit einem kalten Zug aus dem Schornstein. Und dann: »Hast du etwas von Millico gehört?«

»Nein, nichts. Niemand spricht mit mir, aber er ist noch in London. Ich habe die *Review* gesehen. *Rodelinda* ist wiederaufgenommen. Er singt natürlich den Bertarido. Haymarket ist jeden Abend ausverkauft. Weißt du noch: ›Vivi, tiranno!‹? Das muß er immer wiederholen; wenigstens einmal.«

»Vivi, tiranno!«, sang Sally leise durch den Kamin, »Vivi, tira-hanno! io t'ho scampato; svenami, ingrato, sfoga il furor ...«

»Sally?«

»Ja?«

»Hat das gestimmt mit dem silbernen Mechanismus?« Stille. Der Putz rieselte auf den leeren Kohlenrost.

»Sally?«

»Nein, alles Unsinn, keine Silberteile, und auch sonst alles am richtigen Platz.«

»Du meinst ...?«

»Ja, ja, so, wie wir's uns vorgestellt haben. Aber eher wie bei einem kleinen Buben. Ach, Fanny, ich ... er hat mich gar nicht ... es ist gar nichts geschehen. Er hat ... oh, sei still, es kommt jemand!«

Fanny war lange und mit klopfendem Herzen auf den Dielen liegengeblieben. Sie hatte angestrengt gelauscht, aber keine Stimmen im Zimmer unter sich hören können. Und während sie hoffte, daß Sarah Harriet sie noch einmal durch den Kamin rufen würde, kam an diesem sonnenhellen Nachmittag eine große Traurigkeit über sie. Nie mehr würde sie hier oben sitzen. Sie war verstoßen und freundlos; weggeschickt, weil ihr Vater sie nicht mehr liebte. Alles hatte sie falsch gemacht und beide verloren, Papa und Sally. Worauf konnte sie jetzt noch hoffen? Worüber sich freuen? Leise erhob sie sich, strich die Röcke glatt, nahm ihr Journal vom Schrankbord und stieg hinunter. Niemand hatte sie gesucht. Am nächsten Tag stand Mrs. Burneys Zimmertür auf; Sarah Harriet war verschwunden, unterwegs zu Tante Dobson. Von der Gaube aus sah sie den Wagen davonrollen. Sie hatte ihr nicht Lebewohl sagen dürfen.

Louise lehnt mit dem Rücken am Fensterbrett, ihr Gesicht ist voller Schatten. Fanny hatte gehofft, es wäre ausgestanden. Aber nun hebt sie den Kopf und fängt noch einmal von vorne an.

»Wer war in Vauxhall in Mrs. Burneys Gesellschaft? Wer hat Sally dort gesehen?«

»Der Reverend Mr. Bradshaw, Sir Walter und Lady Popham ...«

»Und du, Fanny! Du hast wieder einmal alles gehört und gesehen und nichts getan! Gütiger Himmel, Dabeistehen und Gaffen ist wirklich deine große Stärke.«

»Nun, nun, Mrs. Featherstone, Madam ... meine liebe Louise, wir wollen nicht allzu streng sein«, sagt Mr. Featherstone und tätschelt dem jungen Mädchen, das weinend die Hände vors Gesicht geschlagen hat, die Schulter. »Du hast einen großen Fehler begangen, mein Kind. Du hast deinen Vater und Mrs. Burney sehr schwer enttäuscht. Es wäre deine Pflicht gewesen, sie zu verständigen, nachdem du deine Schwester nicht zurückhalten konntest, damit sie einschreiten und diese Schmach verhindern ... Das ist nun nicht mehr zu ändern. Es mag nicht allzu verwegen sein, zu hoffen, daß die Freunde von Mrs. Burney Schweigen bewahren. Sie sind gute Menschen. Über die Diskretion des beteiligten Herrn wage ich hingegen keine Voraussagen.« Er nimmt Fannys kalte Finger zwischen seine warmen Hände. »Du wirst bei uns bleiben, bis der Sturm sich gelegt hat.«

Mehr wagt Mr. Featherstone im Angesicht Mrs. Featherstones nicht zu sagen. Nicht, wie sehr er sich über Fannys Kommen freut. Ihr heller Kopf und ihr Talent, über sich und andere zu lachen, haben ihm schon immer ausgezeichnet gefallen. Sobald sie wieder sie selbst ist, wird er mit ihr spazierenfahren und abends Piquet spielen, ein Kartenspiel, das Louise nicht schätzt. Er wird ihr seine Verbesserungen im Park zeigen, die kleine Eremitage am Weiher und das Rosen-Parterre, und sie würde ihm vielleicht eine Vorstellung von Signor Millicos Auftritt geben. Natürlich nur, wenn es ihr nicht zu schmerzlich war. Und Mrs. Featherstone nicht dabei.

»Du bist hier willkommen«, sagt er noch einmal und drückt ihre Hand.

*

Mr. Featherstones Kater Henry ist das einzige Fanny bekannte Tier, das auf dem Rücken schläft. Er hält dabei die Hinterkeulen bis zu den Krallenspitzen durchgestreckt in die Luft und die dicken Vordertatzen über der Brust angezogen, wie ein Hase beim Männchenmachen. Wenn Fanny am Tisch im Morgenzimmer sitzt und schreibt, lagert Henry sich gerne rücklings auf die Eichenbank mit der hohen Lehne, läßt den Kopf zurücksinken, so daß man die Fangzähne unter den Lefzen schimmern sieht, und bald darauf hört Fanny seinem struppigen, scheuerlappengrauen Leib leise Töne äußersten Wohlbehagens entweichen.

Eigentlich ist es nicht zu verstehen, warum der Kater zum Schlafen ihre Gesellschaft sucht. Gegen feindliche Übergriffe wird das Menschenkind ihn nicht schützen. Da vertraut Henry auf seine eigenen, gut geölten Reaktionen, und er ist eher konsterniert, wenn Fanny ihn Junker Heinz nennt und anfängt seinen strammen Bauch zu kitzeln. Dann tatzt er nach ihr und beißt warnend in die freche Hand. Aber das Kratzen des Federkiels besänftigt ihn wieder, und er teilt die Ruhe offenbar gern mit einer Existenz, die gleichfalls Wert auf ihre Ungestörtheit legt und einer ebenso hochbefriedigenden Tätigkeit wie der seinen nachgeht.

Das Morgenzimmer, dessen Fenster auf die Lindenallee und auf die weiche Staffel der Hügel hinter der Auffahrt blicken, ist trotz seines optimistischen Namens so dunkel wie das restliche Haus, mit teppichschweren Vorhängen, deren Säume Henry zu bekämpfen und besudeln liebt. Wegen des Geruchs hält sich Louise selten im Morgenzimmer auf.

Fanny hat sich neue Journale zusammengenäht und schreibt. Der halbe Roman, der mit den anderen Dichtebüchern in der Waschtonne in Flammen aufgegangen war, nimmt neue Gestalt an. *Eintreten einer jungen Dame in die Gesellschaft* – diesen Acker hatten viele vor ihr bestellt, aber anders als Richardson oder Fielding *war* sie eine junge Dame und wußte, was eine junge Dame fühlte, die ihren Fuß in die Gesellschaft setzte – umworben, bedrängt, stehengelassen, nachsichtig belächelt –, und wie schnell sich diese Gesellschaft gegen ein leichtsinniges oder schutzloses Geschöpf wenden konnte. Die Welt dieser jungen Dame war natürlich London: Westend und City, Haymarket und Drury Lane, Theater, Maskenbälle und Redouten, Kaffeehäuser voller zweideutiger Reden, bunt erleuchtete Geschäfte voller Putz, dunkle Kutschen, kerzenbeglänzte Soireen, Freundschaft und Intrige, Musik und Feuerwerk in Vauxhall Gardens, auch das, vielleicht sogar eine verzweifelte Tat und ein Henkerskarren nach Tyburn.

Ihre Heldin – von allen Namen, die sie flüsternd, fragend oder imperativ vor sich hinspricht, erscheint ihr Virginia am passendsten – sollte so grün sein wie sie im letzten Sommer, doch gerne ein bißchen mutiger; mit sechzehn vom Land in die große Stadt verschlagen. Was erwartete Virginia dort? Der Versucher, aber auch ihr Retter, ein gütiger Reverend – nein, lieber kein Reverend, sondern ein Lord mit edlem Profil, feinfühlig, klug, rank und ritterlich. Und der Versucher? Ein lüsterner Roué? Ein Schauspieler? Ein Geck in einem Rock aus hyazinthroter Ripsseide und silberner Weste?

Fanny streicht sich mit der Feder um die Nase – schmeichelt dem Geist, wetzt das Instrument – und sie kommen alle zu ihr zurück mit ihren Eitelkeiten und Tücken, ihrer Beschränktheit und Güte, die Aristokraten und die Künstler, die Witwen, Erbinnen und Friseure, und Sarah Harriet mit ihren Kirschenaugen und dem lachenden, schwatzenden Mund.

In diesem Jahr auf dem Land hat Fanny sich herausgemacht. Zwar ist sie nicht gewachsen, aber ein wenig runder geworden, und ihre Wangen haben sich im lichten Schatten des Maulbeerbaums so zart gerötet, daß Schwester Louise dringend Borretsch-Wasser gegen Sonnenbrand empfahl. Mr. Featherstone hingegen murmelte etwas über die Elfenbeinwangen und Nebelaugen der Königin Guinevra. Mit ihm und seinem alten Hund ist sie durch den Park spaziert, hat gelernt, die Rosen zu unterscheiden und mit ihren Namen anzusprechen: Belle de Crécy, Félicité Parmentier, Pompon de Bourgogne, Maiden's Blush ...

»So schön wie du, liebes Kind«, sagt Samuel Featherstone und schneidet für sie mit dem Okuliermesserchen eine cremeweiße, zartrosa überlaufene Blüte ab. Sie steckt sie an ihr Haarband, aber als sie zurück ins Haus kommen, sind fast alle Blütenblätter abgefallen.

Er möchte, daß sie bei ihm glücklich ist. Zusammen stöbern sie in der Bibliothek, einem schmalen Raum mit bleigefaßten Fensterscheiben und eingebauten Bücherborden bis unter die Decke. Über dem Kamin hängt ein dunkel krakeliertes Bild, das Chessington Hall zu seinen Glanzzeiten, umgeben von einem streng abgezirkelten Garten zeigt, in dem sich Kavaliere in Pumps, Ballonhosen und engen Strümpfen ergehen. Das kleine Feuer, das Mr. Featherstone zu jeder Jahreszeit auf dem Rost schüren läßt, erweist sich als machtlos gegen die Kälte des Gemäuers. Stapel von Defoes *Review*, seit 50 Jahren nicht mehr aufgeschlagen oder umgeschichtet, modern auf dem Tisch. Eine Reihe erstaunlich galanter Kupferstiche schlägt Wellen unter Glas. Auf Popes Marmorkopf liegt Staub. Nur gelegentlich wärmt Mr. Featherstone selbst die Bibliothek mit seinem Kramen, seinen Selbstgesprächen und den schütteren Klängen eines alten Spinetts.

»Ich empfehle dir Cervantes oder hier: Bunyan.« Er blättert. *Des Pilgers Reise* – das wird dir gefallen; schau mal, sehr hübsch illustriert.« Sie geht mit schiefgelegtem Kopf an den Regalen entlang: Griechisch, Römisch, Sophokles, Horaz, Ovid, der ganze Shakespeare, Dr. Johnsons Wörterbuch, Wesleys Hymnen, Lord Chesterfields Briefe und Burkes Parlaments-Reden.

»Aber Mr. Featherstone, Bunyan, das ist doch etwas für Kinder!«

Dort oben, unter der Decke, hinter Messingdraht verwahrt und nur über die an einer Stange laufende Leiter zu erreichen, liegt die Abteilung für Erwachsene: Rousseau, Smollett, Defoe, Fielding, Swift, Sterne und Aphra Behn. Schon rafft sie den Rock und steht auf der Leiter.

»Einen Augenblick bitte, liebes Kind, das ist noch nichts für dich!«

Sie lächelt aus halber Höhe auf ihn hinunter: »Zu risqué, Sir?«

»In der Tat. Ich vertrete ja wohl ein wenig Vaterstelle an dir, und Dr. Burney würde ganz sicher nicht gestatten ...«

»Dr. Burney hat es mir gestattet, Sir, ich habe *Oroonoko* und *Tom Jones* bereits gelesen.«

Er lenkt sofort ein. Sie soll ihn ja gern haben. »So, so, nun gut, dann wird dir der Rest auch nicht schaden«, und reicht ihr die Hand, als sie mit *Moll Flanders* unter dem Arm wieder heruntersteigt. Ein kleiner Fuß im grünen Seidenschuh und ein Stück weißer Strumpf. Nein, kein Kind mehr. Und ihr Teil Welt hatte sie auch schon gesehen. Miss Flanders und ihre Schwestern schwenkten täglich ihre Fächer über Leicester Fields.

So rückt Fanny in diesem Sommer ihren Korbstuhl unter den Maulbeerbaum am Weiher, liest Defoe und Swift, sämtliche Jahrgänge des *Tatler*, nimmt im Herbst in der Kaminnische unter dem Mauerbogen auch noch *Tristram Shandy* und *Yorricks empfindsame Reise* durch und glaubt im Winter, daß sie nun nichts mehr überraschen kann. Henry hat sich rücklings dazugeworfen, und wenn Mr. Featherstone ihn nicht abruft, auch Mulligan, der Hund. Manchmal greift sie mit beiden Händen in seinen Pelzkragen und legt die Stirn zwischen seine gespitzten Ohren.

»Ach, Mulligan, was mache ich bloß hier!« Aber Mulligan, der hier vollkommen zufrieden ist, kann ihr in dieser Sache keinen Trost spenden. Sein Schwanz klopft auf die Dielen. Wie sein Herr ist er gern gefällig, aber nicht immer weiß er, ob er das Richtige getroffen hat.

Die ganze Zeit wartet Fanny auf einen Brief ihres Vaters und – närrische Hoffnung – auf ein Lebenszeichen von Sally. Aber Papa hat ihr noch nicht verziehen. Und Sally darf ihr nicht schreiben. Sie stellt sich vor, wie Dr. Burney in seinem Einspänner durch London rattert, beflissener denn zuvor seinen Pflichten als Unterhalter nicht ganz so amüsanter Menschen nachkommend. Sie hat gehört, daß Mrs. Thrale ihm neuerdings hundert Pfund im Jahr dafür zahlte, daß er nach der Musikstunde mit der Familie dinierte. Fragt man ihn nach seiner Tochter Frances, heißt es, sie weile auf dem Land bei ihrer Schwester Featherstone, des schwachen Appetits wegen. Von selbst spricht er nicht über sie. Sie stellt sich vor, wie er nachts allein zwischen Noten und Notizen im »Chaos« sitzt und schreibt. Wie weit ist er mit der Geschichte der deutschen Musik gekommen ohne ihre Hilfe? Vermißt er sie denn gar nicht, oder wird er von mißgünstigen Mächten aufgehalten?

Es ist so still auf dem Land, so beunruhigend still! Da sind Pfauenschreie, da ist Lämmerblöken, da sind knarrende Dielen – aber selten menschliche Stimmen, keine Musik, kein Räderrollen. Eine Tür fällt zu. Niemand ist gekommen. Sie steckt die Hände unter die Schürze. Das Blut rauscht in ihren Ohren. Keine Nacht ihrer ersten 16 Lebensjahre hat Fanny alleine geschlafen. Erst war Mama bei ihr, dann Louise, später Sally. In Chessington Hall bewohnt sie nun ein eigenes Zimmer, schmal und kunstreich bis zur Decke getäfelt, wie das Innere eines Schranks, und wenn sie abends die Bettvorhänge zuzieht, fühlt sie sich auf ihrer Matratze wie eine Schiffbrüchige.

Sie sehnt sich nach Papa, nach dem stinkenden, krakeelenden London und den Nächten im Theater! Nach Erwartung, Aufruhr und Lachen. In der stickigen Wärme steht der Geruch nach Puder und Pomade, nach unreiner Wäsche, ungelüfteten Kleidern, durchstochen vom metallischen Mief fauler Apfelsinen. Sie ist da ein wenig heikel, aber sie nimmt es in Kauf für die Wonne, gebannt und erlöst zu werden; mitten unter den vielen zu sitzen, die, hochgestimmt wie sie, auf alles gefaßt sind. »Führt ein die Herrn von Frankreich und Burgund ...« Ach, David Garrick, schauderhaft gutaussehend, sogar als zauseliger alter Lear. Fanny wäre jetzt sogar bereit, freundlich von Mrs. Burney zu denken, wenn sie ihr nur erlaubte, in das gelbe Haus in Leicester Fields zurückzukehren.

Nach ihrer ersten Unterredung hat Louise den Anlaß für Fannys Exil nie wieder erwähnt; nicht einmal in einer Anspielung. Es scheint, als meide Schwester Featherstone im Gespräch sogar die Topographie südlich der Themse und beschränke sich ruhig, aber bestimmt auf überschaubare Subjekte, wie die zwei, drei Familien, mit denen sie verkehren, oder die Mohnblumen aus roter Seide, die langsam auf ihrem Stickrahmen wachsen. Bei den Abendgesellschaften in Chessington Hall sitzt sie im Kreis ihrer Nachbarn auf dem Sofa oder spielt Whist mit den anderen verheirateten Damen. Wenn die Gäste sie sehr mit Komplimenten bedrängen, läßt sie von Betty die Harfe holen und spielt eines ihrer alten Kabinettstückchen. Doch die Zeit des Tanzens ist vorbei. Und die Zeit großer Vertraulichkeit auch. Man kann nicht dankbar und glücklich zugleich sein. Wie soll Louise Featherstone das ihrer kleinen Schwester erklären?

*

Als im Frühling noch immer kein Brief gekommen war und sie kaum noch wußte, zu welchem Zweck sie sich am Morgen erheben sollte, hatte Fanny angefangen zu schreiben. Mr. Featherstone bemerkte ihren Stimmungsumschwung und besorgte Federn und Papier. Ob sie wohl gerne in seiner Eremitage schreiben möchte? Ein Architekt, der von Palladio zur neuen Mode des Pittoresken umgeschwenkt war, hatte sie nach seinen Plänen gebaut, eine aus Bruchsteinen gefügte Zelle, über die Geißblatt und Ackerwinde bereits hergefallen waren, mit zwei leeren Spitzbogenfenstern, die auf den Weiher blickten und einer entsprechend gotischen Bank vor der Tür mit einer aus Ästen geknoteten Lehne.

Mrs. Featherstone hatte seufzend die Kosten für ein ruinöses neues Bauwerk verbucht, das ihr in Anbetracht des Zustandes, in dem sich das alte befand, wie ein überflüssiger Scherz erschien. Fanny hingegen begrüßte die gestaltende Hand, die der wirren, wuchernden Natur, von der es auf dem Land doch überreich gab, eine Schranke gesetzt – und für sie ein Refugium geschaffen hatte.

In der Abenddämmerung sieht sie Mr. Featherstone mit Mulligan langsam durch ihr Blickfeld schreiten; manchmal hebt er nur grüßend die Hand, manchmal setzt er sich zu ihr und fragt, wie es vorangehe. Dann liest sie ihm vor, was sie tagsüber geschrieben hat.

»Sehr schön, aber ich vermisse den Schurken Feltrinelli. Hast du ihn aus den Augen verloren?«

»Nein, ich habe ihn nach Bath geschickt. Im nächsten Kapitel ist er wieder da.«

»Ihn schätze ich ganz besonders. Ausgezeichnet in seinen Bemühungen, als Gentleman durchgehen zu wollen. In solchen Westen, ha! Mir scheint, du hast sogar satirisches Talent.«

»Und was halten Sie von meiner Heldin, von Virginia, Sir?« Mr. Featherstone rollt die Schultern unter dem schwarzen Rock und verschränkt steif die großen, kraftlosen Hände.

»Ich glaube, ich durchschaue deine Absichten mit ihr. Du prüfst sie hart, aber ich denke, sie wird am Ende ihren Lord bekommen. Ja, sie gefällt mir, die unschuldige kleine Gans. Wie sie sich auf dem Ball benimmt: lachen und weglaufen! Sie muß noch eine Menge über die Welt lernen, aber du wirst ihr doch nicht die Flügel stutzen, wie? Bezaubernd, ihre naïveté, aber besser noch ist ihre Geistesgegenwart – tatkräftig – couragiert, wenn man das über ein junges Mädchen sagen darf. Treib sie nicht in weitschweifige moralische Überlegungen!« Er lächelt und nickt. »Deine Dialoge sind gut, ganz dem Leben abgelauscht. Schreib weiter frisch drauflos, liebes Kind, nur nicht lange herumdrechseln!« Dann erhebt er sich umständlich. »Komm, laß uns noch einmal nach den Rosen sehen. Abends duften sie besonders lieblich.« Sie nimmt seinen Arm. Mulligan bildet die Nachhut. Es geht langsam voran. »Noch etwas. Du weißt natürlich, daß deine Geschichte gewagt ist, wie? Zwar kennen wir das alte Muster – das Laster stellt der Tugend nach –, aber mir ist kein Werk bekannt, in dem eine Autorin so entschieden für ihre Heldin eingetreten wäre. Du bist selbst eine eifrige Romanleserin; das mag dich zu einigen, mmh, nun ja, sehr niedrigen Charakteren beflügelt haben. Und auch Virginia ist ein ungewöhnliches Geschöpf. Als sie Feltrinelli die Pistole entreißt, handelt sie nicht wie ein Mädchen, sondern wie ein Mann. Solltest du also erwägen, mit diesen Figuren vor ein Publikum zu treten, wirst du dich auf Kritik einrichten müssen.« Sie senkt den Kopf und beißt sich auf die Unterlippe.

»Du hast also schon daran gedacht?« Er lacht. »So ist es recht. Aber als junge Dame bist du natürlich besonders exponiert, du verstehst? Es wird in den Pamphleten nicht folgenlos gegen die Lesesucht der Frauenzimmer gewettert. Romane erhitzten die Phantasie – freilich, freilich. Ich erwarte nichts Geringeres von ihnen. Aber dem weiblichen Hirn sollen hohe Temperaturen nicht zuträglich sein. Und nun hat ein solches sogar einen Roman hervorgebracht, den man dem alten Dean Swift oder einem Fielding kaum nachsähe. Du begibst dich auf umstrittenes Terrain, meine Liebe.«

»Sie raten mir, es lieber nicht zu veröffentlichen?«

»Aber nein. Ich rate dir, *Virginia* anonym oder unter einem nom de plume zu veröffentlichen.« Das schleppende Dreiergespann kommt endgültig zum Stehen. Mulligan nimmt Platz. »Was du geschrieben hast, ist wirklich gut, Fanny. Ich würde dich nicht loben, wenn ich keinen Grund dafür sähe. Ich warne dich nur vor den Folgen.« Sie fühlt die Röte im Gesicht und schaut ihn nicht an.

»Ich weiß, Sie waren immer aufrichtig, Sir – und gütig. Ich werde darüber nachdenken. So, wie es jetzt ist, habe ich die Geschichte nur zu meinem eigenen Vergnügen geschrieben.«

»Na, Fannikin, das glaube ich nicht«, sagt Mr. Featherstone und setzt sich wieder in Bewegung. »Sei du bitte auch aufrichtig zu mir!«

Als es Herbst wird und der Regen Fanny aus der Eremitage zurück ins Morgenzimmer treibt, ist auch Virginia bereit, sich von Lord Orwell retten zu lassen. Louise hat sich Fannys Geschichte in abendlichen Fortsetzungen angehört und ihr Urteil bis zum Ende aufgespart. Nun sitzen sie zu dritt im Salon am sinkenden Feuer. Das Supper ist abgeräumt, die Tischdecke zusammengefaltet. Im Hause Featherstone nimmt man vor dem Schlafengehen gern noch ein wenig Toast, ein Ei und heißen Negus aus Wein, Zucker, Zitrone und Muskat zu sich. Königin Anne hatte diese Mixtur schon vormittags aus Teetassen getrunken. Louise hält das für verfrüht, aber auch sie begrüßt die kleine Betäubung, die Königin Anne die Last ihres kranken Leibs ertragen half und sie durch die Nächte in ihrem kalten Bett bringt.

»Wer hätte gedacht, was in dir steckt«, sagt sie und reicht Fanny ein kleines Glas. »Du warst immer eine solche Transuse. Und nun überraschst du uns mit einem modernen Roman. Woher weißt du das alles? Das sind doch nicht die Kreise, in denen Papa verkehrt. Es scheint mir auch etwas zuviel von dem betrüblichen Salz darin, das den Charakter unserer Stiefschwester Sarah Harriet verdorben hat. Hast du sie dir etwa zum Vorbild für deine Heldin genommen?«

»Ach, Louise, nein!« Das wird sie niemals zugeben. Sie senkt den Kopf, liest nachdrücklich Katzenhaare vom Ärmel, reibt die Finger. »Natürlich habe ich sie erfunden. Ich erlaube der Realität nur vorzuschlagen, nicht zu diktieren.«

»Da hat die Realität aber eine ganze Reihe brauchbarer Vorschläge gemacht, will mir scheinen,« sagt Schwester Featherstone grimmig. »Doch immerhin wird die Geschichte mit der Zeit ja noch phantastisch genug. Des Rätsels Lösung mit den vertauschten Kindern und die glückliche Erbschaft sind für meinen Geschmack reichlich gekünstelt, und ich hätte mir gewünscht, daß du den Erzschurken aufhängst. Auf mein Wort, das wäre der passendere Schluß für das ganze verrückte Durcheinander gewesen. Statt dessen ...«

Fanny wartet und schweigt, aber es kommt nichts mehr.

Louise schenkt sich noch einen Fingerhut voll ein, starrt auf die roten Kohlen. Schon wird es kühl. Sie verspürt den ersten Anflug von Kopfschmerzen. Hat Betty daran gedacht, die Laken zu wärmen? Wird Mr. Featherstone sie heute nacht besuchen? Er war bei Tisch so aufmerksam, hatte ihr das Fleisch kleingeschnitten ... Warum sah Fanny jetzt in ihren Schoß und schob die Unterlippe vor? Ein offenes Wort erfreut den Geist und klärt die Verhältnisse, denkt Louise, ein Merksatz der zweiten Mrs. Burney. Kein Wunder, daß die beiden es nicht miteinander aushielten. Du liebe Zeit, Fanny war aber auch ein Kräutchen Rühr-mich-nicht-an!

»Ach, verzeih mir, kleine Schwester. Du weißt, daß ich es nicht böse meine. Ich bin nur die Praktischere von uns beiden, und es nützt doch nichts, daß ich dir Schmeicheleien ins Ohr blase, wenn ich fürchten muß, daß du dich zu weit vorgewagt hast. Natürlich kannst du stolz auf deinen Roman sein. Was soll damit geschehen? Willst du ihn einem Verleger anbieten?« Im stillen glaubt Louise nicht, daß dies ein guter Plan wäre. »Natürlich wirst du zuerst die Erlaubnis deines Vaters einholen!« Mr. Featherstone, im Hintergrund, rollt mit den Schultern, verschränkt die Hände und nickt zu allem.

»Ja«, sagt Fanny und kann wieder lächeln. »Das will ich. Ich weiß auch schon, wem ich es schicken werde: Lowndes & Newby. Erinnerst du dich? Sie haben bisher Papas Musikgeschichte verlegt.« Sie sagt nicht, daß sie das ganze Manuskript vorher noch einmal in verstellter Schrift kopieren will, damit Mr. Lowndes, der ihre Hand kennt, sie nicht als Autorin entdeckt. Niemand soll ahnen, wer hinter *Virginia* steckt, denn Mr. Featherstone hat recht. Wenn die Kritik über das Buch herfallen sollte, wird sie froh sein, in ihrem Mauseloch geblieben zu sein. Ein Skandal dürfte der Familie Burney genügen. Sie bückt sich, um Henry, der seinen Kopf gegen ihre Beine gerammt hat, hinter den Ohren zu kraulen und ihre Aufregung zu verbergen.

»Aber Papa? Meinst du, er wird es erlauben?«

»Ich werde deinem Vater schreiben«, verspricht Mr. Featherstone. In ihrem kalten Schrankzimmer faltet Fanny die Hände. »Lieber Gott«, sagt sie, »mach, daß ich ein gutes Buch geschrieben habe! Mach, daß Papa stolz auf mich ist! Und mach, daß ich nach London zurück darf!«

*

In dem geschickt ausgedachten, aber riskanten Unternehmen, einen Zeugen von Sarah Harriets Schande am Herumtratschen zu hindern, indem man ihn zu Dank verpflichtete, haben die Featherstones den Reverend Benjamin Bradshaw in ihren Kreis gezogen. Für ihn bedeutet diese Gunst – falls ihm niemand einen Platz in der Kutsche einräumt – eine Fünf-Meilen-Fußreise von Southwark nach Chessington, aber ein junger Kurat, der sein Leben von 54 Pfund im Jahr bestreitet, der an Kohlen und Frühstücksspeck zu sparen gewohnt ist, wird nicht wählerisch sein, wenn ihm ein Dinner am frühen Nachmittag angeboten wird, ein gutes Feuer im Kamin, Geplauder und heißer Negus auf den Heimweg.

Fanny waren seine Besuche zuerst schrecklich gewesen. Niemals sprachen sie über die Szene auf dem dunklen Gartenweg: das derangierte Paar, das von den platzenden Raketen in rotes, gelbes und blaues Licht getaucht wurde, die schamlosen Weiber, die dort zusammengelaufen waren, und die zu Tode erschrockene Mrs. Burney, die so ihre Tochter wiederfand, nach der sie seit geraumer Zeit in den besser beleuchteten Teilen des Parks gefahndet hatte. Sir Walter und Lady Popham und der Reverend Bradshaw hatten sie schützend zum Ausgang begleitet, Sir Walter seinen Kutscher und Lakai instruiert.

»Steigen Sie ein, Madam, steigen Sie ein! Wir nehmen eine Hackney-Droschke.« Der Reverend hatte Fanny als letzter hineingeholfen. Kaum zwei Wochen später stand der junge Mann in seinem besten schwarzen Rock wieder vor ihr und verbeugte sich lächelnd, als habe er vollkommen verstanden, warum die Featherstones ihn zum Dinner eingeladen hatten – eine große, knochige Erscheinung auf dünnen Beinen, die lächelnd ihre schlechten Zähne zeigte. Sein unzureichend gepudertes, sandfarbenes Haar lag in einem festen, runden Wellenmuster um den Scheitelpunkt, und als er sich wieder aufrichtete und ihr ins Gesicht blickte, war sie von seinen eigenartigen gelben Augen irritiert. Augen wie ein Ziegenbock, dachte sie, und dann, von seinem Lächeln besänftigt, Augen wie Pan.

Nicht nur im Fall Sarah Harriet hatte Benjamin Bradshaw es geschafft, zum rechten Zeitpunkt am Ort des Geschehens aufzutauchen. Er war ein findiger Mensch, Sohn eines Tischlers in Whitechapel, der beschlossen hatte, in der Welt voranzukommen, ohne sich dabei großartig abzurackern; ein Vorhaben, bei dem ihm seine Gescheitheit und vermeintliche Offenherzigkeit von Nutzen waren. Er schloß schnell Bekanntschaften, vor allem solche, die vielversprechend schienen, und es genierte ihn nicht, sich bei Leuten von »tip top Qualität« immer wieder in Erinnerung zu bringen.

Als die Bänke in Southwark Cathedral erneuert wurden, war der kleine Benjamin Bradshaw dem Rektor der Kirche, dem Reverend Joseph Pomroy aufgefallen; weniger durch seinen Fleiß, mit dem er dem Vater zur Hand ging, als durch seine klugen Fragen nach den Einwohnern der prachtvollen Gräber in den Seitenschiffen. Auch nach getaner Arbeit war der Knabe mit den roten Haaren und dem verschmitzten Lächeln jenseits der Themse zum Gottesdienst erschienen und wurde dem Reverend Pomroy bald so angenehm, daß er begann, seine Grammatik zurechtzurücken und seinen Akzent zu mildern, ihn in die Geheimnisse des Schachspiels einzuweisen und schließlich zur Schule und aufs College zu schicken.

Cambridge hatte aus dem Handwerkersohn einen Mann der englischen Hochkirche gemacht, aber noch immer schwang in seiner Stimme ein verräterisches leises Quarren aus dem Londoner Osten mit, und anders als die meisten Stipendiaten, die – einmal in die bessere Gesellschaft aufgestiegen – ihre schlichte Herkunft durch Fleiß und Strenge wettmachten, galt dieser Hirte bei seinen Schäfchen als überaus kongenialer Vertreter eines barmherzigen Gottes.

Die Etikette und die Gesellschaft der Featherstones halfen beiden über die ersten Begegnungen hinweg, und der Rest Peinlichkeit, der ihnen geblieben, wirkt nun eher vertrauensfördernd, wie ein geteiltes Geheimnis. Und als sei der Abend in Vauxhall ein schlummernder Schmerz, den man gleichwohl nicht in Ruhe lassen kann, sondern immer wieder anrühren muß, um sich seiner zu vergewissern, drehen sich die meisten ihrer Gespräche um die neue Saison in der Oper und all die kleinen Skandale, die sie begleiten. So erfährt Fanny, daß Signor Millico tatsächlich nach Florenz zurückgekehrt ist und ein neuer Virtuose seinen Ruhm und sein Andenken bereits überschatte; daß zwei Primadonnen sich in Haymarket auf offener Bühne in die Haare geraten seien, ein Zwist, der das Publikum angesteckt und gespalten hatte. Während die Anhänger der einen Hussa schrien und ihre Hüte schwenkten, warfen die der anderen Apfelbutzen von der Galerie. Auf der Bühne kam es zu einem Messerstich, im Parkett zu Stockgefechten und zerschlagenem Mobilar. Der Reverend bedauert, auch nur davon gehört zu haben.

Bei den Spaziergängen im Garten reicht er Fanny seinen Arm, während das Ehepaar Featherstone langsam zurückfällt. Bei den Abendgesellschaften im kleinen Kreis, wenn sich drei oder vier Paare aus der Nachbarschaft einfinden und Louise einen Contertanz spielt, ist er ganz natürlich ihr Partner. Sie hat noch nie mit einem dünneren Mann getanzt, aber auch noch mit keinem, der sich leichtfüßiger gedreht und eleganter verneigt hätte. Seine Beine mögen in Kniehosen nicht viel hermachen, aber er schwingt sie, als steckten ein paar prachtvolle Waden in den Strümpfen. Fanny, die sich in Gegenwart großer Männer oft unbehaglich fühlt, gefällt die Unbesorgtheit seines Auftritts.

Wenn er anschließend neben ihr auf dem Sofa Platz nimmt, ist sein Geplauder ohne Koketterie und angenehm boshaft. Sein leiser Cockney-Akzent scheint sie zu vertraulichen Mitteilungen einzuladen. Fanny ist nicht immer sicher, ob ein Gentleman so mit einer jungen Dame sprechen darf, und manchmal scheint es, als zucke Mr. Featherstones Augenbraue nach oben, wenn er von seinem Platz neben dem Kamin zu ihnen herüberschaut. Dann findet Mr. Bradshaw im fliegenden Wechsel ein neues Thema – die Ereignisse in seinem Sprengel in Southwark zum Exempel und die Person seines Gönners, des Reverend Joseph Pomroy. Er spricht respektvoll, aber seine Nachbarin darf heraushören, daß Mr. Pomroy weder als Theologe noch als Hirte den Ansprüchen von Mr. Bradshaw genügt. Sein Pfarrherr lasse nicht zu, daß die Sorgenvögel der Pflicht in seiner Perücke brüteten, umschreibt er die offensichtliche Saumseligkeit des alten Rektors. Doch auf den Schultern seines Kuraten scheinen sie ebenfalls keine Nester zu bauen. Sie weiß, daß Southwark keine Adresse ist, mit der man sich schmückte, trotzdem fragt sie:

»Ist Ihr Sprengel angenehm, Sir?«

»Angenehm? Ich bitte Sie! Die passende Gegend, um sich erstechen zu lassen. Aber natürlich kennen Sie diese ... diese dunklen Seiten unserer Metropole nicht.«

Fanny schaut ins Feuer und denkt an die Nächte mit Sarah Harriet, wenn sie die Kerzen in ihrem Zimmer gelöscht hatten und, das Hemd über die Knie gestülpt, vor dem Kamin kauerten. Es gab so viel zu lachen, und wenn sie genug hatten, spießten sie Weißbrot und Käse auf die Toastgabeln, um sie über die Glut auf dem Rost zu halten. »Heiliger Strohsack!« Sally aus Southwark war ihre Gewährsfrau, wenn es um das weniger elegante Leben ging. Sie hatte ihr von den Ginbuden und den Schaustellern auf dem Markt erzählt, von Hahnenkämpfen, Bärenhatz und Bullenbeißen und von den Frauen, die in den Hinterzimmern der Kneipen auf den Tisch stiegen und mit gerafften Röcken über einem Metallspiegel posierten. Sally war dabeigewesen, als ein schwarzer und ein weißer Schwertkämpfer einander in der Arena die Backen aufschlitzten. Das Blut floß ihnen über die Brust, und ein Barbier sprang herbei, um die klaffenden Wunden zu heften, während die beiden Kontrahenten auf dem Bretterpodest standen und auf die nächste Runde warteten. Sally hatte sogar zehn Shilling gewonnen, weil sie auf den schwarzen Mann gesetzt hatte, der siegreich geblieben war. Sie wußte nicht, ob der andere überlebt hatte. Die Regeln sahen ein gewisses Risiko vor.

»Sollten Sie von Sport und Ausschweifungen der niederen Klassen sprechen, so habe ich davon durchaus eine Vorstellung« erwidert sie tapfer, und einen Moment lang leuchten auch die Raketen von Vauxhall Gardens vor beider innerem Auge.

»Und das Land?« fragt der Reverend nach kurzem Schweigen. »Wie gefällt es Ihnen auf dem Land, Madam? Ihre Gesundheit scheint sich sehr gekräftigt zu haben.«

»Danke, Sir, es geht mir ausgezeichnet, und Chessington ist natürlich entzückend. Sie müssen wissen, daß ich meine ganze Kindheit in London verbracht habe, und als ich zum erstenmal aufs Land kam, dachte ich, die Schafe beißen.«

»Sehr originell«, sagt der Reverend, »aber hier beißen ja nicht einmal die Köter, nicht wahr, Mulligan?« Mr. Featherstone und sein Hund scheinen zugleich aus einem Dämmer aufzufahren und die Ohren zu spitzen. Fanny – kleine Verräterin – stimmt in Benjamin Bradshaws Lachen ein. Wie sie ist der Reverend ein Londoner, ein Stadtmensch mit Geschmack an dem täglichen Auftrieb der City, und das Land, nun ja, das waren eben die Schafe mit ihrem einfältigen Geblöke und die alten Herren, die vor dem Feuer einnickten. Sie versteht seinen Spott, doch aus seinen Blicken wird sie nicht klug. Ist er vielleicht in sie verliebt? Ist sie es in ihn? Wenn Verliebtsein bedeutete, daß sie in seiner Gegenwart immerfort lachen möchte, daß sie sich schlagfertig und gescheit vorkommt, dann wird sie es wohl sein.

Fühlte es sich so an? War es das, was Sally wider alle Vernunft in Signor Millicos Arme getrieben? Eher erscheint ihr diese gute Laune wie ein lindes Lüftchen, verglichen mit den Stürmen der Leidenschaft, die durch ihre Sommer-Lektüre gebraust waren und die sie selbst um Virginia entfacht hatte. In hochfliegender Unkenntnis hatte sie ihre Heldin durch England, Irland und Frankreich gejagt, durch Salons, Burgverliese und Theaterlogen, hinein in eine weitverzweigte Intrige, eine Entführung, eine Rettung in letzter Minute und ein Duell, ehe Lord Orwells Kuß und ein erfülltes Familienleben auf seinem schönen Besitz die Ärmste für die ganze Aufregung entschädigten.

So liegt der Fall nicht mit Benjamin Bradshaw. Er unternimmt keinen Versuch, sie zu entführen, obwohl er immer öfter den Weg nach Chessington Hall zurücklegt und durchaus Vergnügen an ihrer Gesellschaft zu finden scheint. Vielleicht ist es auch Schwester Featherstones Roastbeef, das ihn herlockt? Ihre Biskuits und Gelees, und sie selbst nur die kandierte Kirsche auf dem Kuchen? Sie geht mit sich zu Rate und hat keine Einwände, der süße Höhepunkt seiner Visiten zu sein. Und da ihr die Metapher gefällt, sucht sie auch eine passende für den Reverend. Was galt er ihr? Sie entscheidet, daß Benjamin Bradshaw einer Nieren-Pastete mit blonder, glänzender Kruste, aber unerforschlichem Inhalt gleiche. Fanny ißt immer nur die Kruste, und auch davon nicht sehr viel.

An einem Nachmittag, als Mr. Featherstone ihn in der

kalten Diele warten läßt, fühlt sich der Reverend frei genug, in den Garten zu schlendern und Fanny in der Eremitage aufzusuchen. Sie sitzt hinter einem der offenen Spitzbogenfenster, den Kopf über ihr Manuskript gesenkt, und schreibt. Mr. Bradshaw, der die Befürchtung, ungelegen zu kommen, nicht kennt, bleibt bei der gotischen Bank stehen und räuspert sich. Wie ist nur dieser Peinlichkeit zu entkommen, nachdem er sich verbeugt und sie einen Gruß gewechselt haben? Ein Herr mit einer jungen Dame allein, und doch scheint er nichts auf dem Herzen zu haben, das er ihr dringend sagen müßte.

»Ich sehe Sie beschäftigt, Madam. Darf ich mich dafür verbürgen, daß Sie Ihrem Herrn Vater Ihren tadelsfreien ländlichen Lebenswandel schildern, oder sind Sie etwa damit befaßt, einen Roman zu schreiben? Romane sind äußerst gefährlich; phantastisches Gaukelwerk, das die Sinne verwirrt und junge Damen ihrer vornehmsten Pflicht entfremdet, nämlich die Pflicht, den Herren zu gefallen.« Sein selbstgewisses Lächeln, die gockelhafte Art, wie er die Daumen unter dem Rock in die Armausschnitte seiner Weste steckt und die Ellenbogen spreizt, machen auf Fanny nicht den gewünschten Eindruck. Könnte es sein, daß der Reverend Bradshaw kein Gentleman ist?

»Sind Sie eigens herausgekommen, um mich über die Pflichten junger Damen zu belehren, Sir?«

»Ah, Sie sind verstimmt, Madam; ich bitte um Vergebung. Ich hatte nicht die Absicht, ohne Erlaubnis auf Ihr Terrain vorzudringen.« Damit nimmt er ohne weiteres auf der Bank vor dem Fenster Platz, lehnt sich zurück und schlägt die langen, dünnen Beine übereinander. »Nur verhält es sich so, daß ich an allem, was Sie tun, lebhaften Anteil nehme« – dies mit einem komplizenhaften Blick über die Schulter –, »und es ist mir nicht entgangen, daß sie häufiger mit der Feder als mit ihrem Fächer herumfuhrwerken. Der Verdacht klandestiner Schreibtätigkeit liegt also nahe. Außerdem bin ich ein entsetzlich neugieriger Mensch. Und Sie, liebe Miss Burney, die Sie sogar Kenntnis von den Zerstreuungen der niederen Klassen haben, sollten, falls Sie des Lebens ganze Fülle darstellen wollen, die Dienste eines Agenten in Kirchenkreisen nicht ausschlagen. Darf ich Ihnen nützlich sein?«

Sie klappt das Heft zu und lacht widerwillig. »Das ist Mr. Featherstones Werk. Er hat Ihnen erzählt, was ich schreibe.«

»Ja, bedauerlicherweise muß ich unseren alten Freund, Mr. Featherstone, hier preisgeben. Er ist viel zu stolz auf Sie, als daß er lange damit hinter dem Berg halten könnte.« Den Kopf senkend und nach Mr. Featherstones Art die Schultern bewegend, beugt sich Mr. Bradshaw vor und raunt aus den Mundwinkeln: »Fielding? Ich bitte Sie! Mindestens so gut, wenn nicht besser! Ich habe Rotz und Wasser geheult. Aber dies natürlich ganz entre nous, mein lieber Sir.« Er richtet sich lächelnd auf. »Nur deshalb bin ich herausgekommen. Verzeihen Sie mir also, Madam, und gewähren Sie mir eine Gunst: Lesen Sie einem glühenden Verehrer der Literatur etwas vor! Vielleicht eine Feltrinelli-Passage? Ich sterbe vor Verlangen.«

Ist dies noch Spott? Angeberei? Oder schon Vorspiel? Unbefugt ist er bei ihr eingedrungen, nur um sie im Zweifel über seine Absichten zu lassen. Eine weniger belesene junge Dame als sie würde sein Gebalze vielleicht als Literatur-Schwärmerei mißverstehen, aber Fanny möchte lieber glauben, daß er damit die Bühne für einen ernsthaften und folgenreichen Auftritt bereitet. Und obwohl sie ihren Ärger über die Dreistigkeit, mit der er sich in ihr Geheimnis gedrängt, noch nicht besiegt hat, fühlt sie sich von dem Wunsch überrascht, den Reverend Bradshaw ihrerseits in Erstaunen zu setzen.

Sie schlägt das Heft wieder auf. Er hat sich vor ihr auf der Bank eingerichtet, einen Arm über die Lehne gestreckt und wendet ihr den Rücken zu. Ein wenig Puder ist aus dem sandfarbenen Haar auf die schwarzen Schultern gefallen. Wie sich diese festen Wellen wohl anfühlten? Drahtig wie ein Hundefell? Federnd wie ein Heidekrautpolster? Seine Nachlässigkeit und aufmerksame Nähe machen sie kühn. Alles scheint plötzlich an Bedeutung zu gewinnen, wie im Theater, wenn sich hinter den Kulissen etwas zusammenbraut, und nun, da sie über Mr. Bradshaws Schulter in den Park blickt, wirken die großen Bäume, der Abhang zum Weiher, selbst der Wind, der eine zinngraue Bahn über das Wasser riffelt, wie eigens bestellt, um ihre Figuren zu umgeben. Am Ufer sitzt Mulligan, als warte er auf den Beginn der Vorstellung. Eine Feltrinelli-Passage? Fanny blättert, überfliegt die Seiten und beginnt zum Fenster hinaus zu lesen. So ist es leichter, denn sein Gesicht möchte sie jetzt lieber nicht sehen.

»Gerade in diesem Augenblick wurde Virginias Hand aus dem Dunkel ergriffen, eine wohlbekannte Stimme rief: ›Mein Engel, dich hier, an einem solchen Ort, zu treffen!‹, und ein Arm umschlang sie. Energisch versuchte sie, sich ihm zu entreißen, und begann auf die Lichter am Ende des Wegs zuzueilen, aber Signor Feltrinelli lief, noch immer ihre Hand pressend, so nahe neben ihr her, daß sie seinen nach Wein riechenden Atem im Gesicht spürte, und sein linkes Bein stieß und drängte zwischen ihre Röcke. ›Mrs. Dubonnet‹! rief sie schwach vor Entsetzen, aber die Dame blieb verschwunden, und sie hörte, wie die Herren seiner Gesellschaft hinter ihr in lautes Gelächter ausbrachen. Ein Ast fegte ihr den Hut vom Kopf, und als sie nach ihm haschte ...«

Im zweiten Winter, nach 17 und einem halben Monat, ist Fannys Exil beendet. Mr. Featherstone hat bewegende Worte über ihr Heimweh, ihre Reife und Einsicht gefunden. »Im übrigen darf ich Ihnen verraten, daß Frances ihre Zeit in Chessington Hall nicht vergeudet hat; sie hat einen famosen Roman geschrieben. Sie sollten ihn lesen, mein lieber Burney, und ihr gestatten, einen Verleger dafür zu suchen.«

Im Januar antwortet Dr. Burney: »Komm nach Hause, Fannikin.«

*

»London, 18. Juni 1773. Sehr geehrter Herr, ich danke Ihnen außerordentlich für Ihre gute Meinung über das Manuskript, das ich Ihnen geschickt habe, aber ich muß gestehen, daß ich mich – obwohl es ursprünglich nur zu meinem eigenen Vergnügen geschrieben worden ist – nicht der Mühe unterzogen hätte, es für den Druck einzurichten, wenn ich geahnt hätte, daß es lediglich 20 Guineen wert zu sein scheint. Bisher waren nur Sie und ich Leser von *Virginia*. Falls Sie tatsächlich der Ansicht sein sollten, daß mein Werk nicht mehr wert sei, möchte ich durchaus keine unvernünftige Forderung stellen. Ich bitte Sie lediglich um die Güte, das Manuskript meinem Agenten, Mr. Grafton, wieder auszuhändigen, der morgen bei Ihnen vorsprechen wird. Ich beabsichtige, es einem Herrn vorzulegen, der in literarischen und verlegerischen Geschäften weitaus erfahrener ist, als ich es bin, und mich seinem Urteil zu beugen. Sollte es sich mit dem Ihren decken, werde ich Ihnen umgehend das MS zurückerstatten und Ihren Konditionen zustimmen. Sollte dies jedoch nicht der Fall sein, werde ich Ihnen keine weiteren Umstände mehr bereiten, außer Sie zu bitten, meine Entschuldigung und meinen Dank für Ihre Mühe entgegenzunehmen. Ich bin, sehr geehrter Herr, Ihr untertäniger Diener F. B.«

Fanny faltet, adressiert und siegelt das Blatt, läutet nach Kate, dem Mädchen, und schickt sie mit zwei Pennys zum Postamt. Wenn Lowndes & Newby glaubten, sie könnten einen Grünschnabel von Autor um ein angemessenes Honorar prellen, hatten sie sich getäuscht. 20 Guineen!

Nachdem die ersten Kapitel von *Virginia* die Erwartungen der Herren noch übertroffen hatten. Mr. Featherstone war so freundlich gewesen, diesen Teil zum Verlagshaus zu befördern, aber Mr. Featherstone war in Chessington und das fertige Manuskript in London. Sie hatte einen neuen Agenten finden müssen.

Natürlich ist der in literarischen und verlegerischen Geschäften bewanderte Herr, dem sie das Werk vorlegen wird, eine Fiktion. Aber sie kennt sich selbst gut genug in dem Gewerbe aus, um diese kleine Täuschung zu wagen. Und deshalb wird der Reverend Bradshaw morgen als ihr Agent »Mr. Grafton« auf seinen dünnen Beinen und herausfordernden Schritts bei Lowndes & Newby in Fleet Street erscheinen, um *Virginia* zurückzuverlangen, falls sich die Herren Verleger nicht zu einer Honorarerhöhung verstehen sollten.

Die Rolle und das Kostüm – ein schwarzer Kutschermantel, Dreispitz und Spazierstock mit Silberknauf – sind Mr. Bradshaws eigene Erfindung und Anlaß zu vielen Scherzen zwischen der Autorin und dem falschen Agenten, denen der Doktor oft nur mit einem halben Lächeln zu folgen vermag. Ist dieses Gegacker noch schicklich? Bahnt sich da etwas an? An einen Mann mit einem derart jämmerlichen Einkommen möchte Dr. Burney seine Tochter nicht verlieren. Und doch kann er ihr die Zerstreuung, die die Besuche des Kuraten darstellen, nicht versagen. Vorzüglich mit seinen eigenen Sorgen und Wünschen befaßt, ist ihm dennoch aufgefallen, daß sie in jüngster Zeit ein wenig einsilbig und appetitlos geworden ist. Pickt in ihrem Essen herum, schiebt den Speck an den Tellerrand ... Gleichwohl beschließt Dr. Burney, ein waches Auge auf den Spaßvogel zu haben. Einmal zu oft hatte er es bereits zugedrückt und darüber fast seinen guten Ruf verloren.

Benjamin Bradshaw, der in kurzer Zeit den Weg von Southwark auf die andere Seite der Themse gefunden hat, platzt für gewöhnlich zwischen drei und vier am Nachmittag herein, wenn sich das Karussell der Besuchsrunden in Bewegung gesetzt hat und man beginnt, einander die Zeit in Viertelstundenportionen zu stehlen. Er hat vorher im Kaffeehaus die Zeitungen gelesen und versteht nun, nachdem er sich aufmerksam nach der Gesundheit aller erkundigt hat, Treffendes über die Debatten in Westminster oder die Rennen in Ascot zu sagen, über eine in Birmingham explodierte Dampfmaschine sowie über neue Karikaturen und Pamphlete, die sich mit dem Teezoll und der Unruhe in der nordamerikanischen Kolonie befassen. In Boston hatten ein paar kostümierte Spinner einen Ostindienfahrer gestürmt und die Teekisten ins Meer geworfen. Lady Popham ist der Ansicht, daß es sich um einen Akt gröbsten Undanks seitens der Kolonisten gehandelt und Seine Majestät recht getan hatte, die Steuern zu verschärfen und weitere Truppen nach Übersee zu entsenden.

»Den amerikanischen Vettern gehört aufs Haupt geschlagen!« empfiehlt Mrs. Burney.

»Verzeihen Sie, Madam«, wendet Mr. Bradshaw ein und verbeugt sich auch gegen Lady Popham, »aber diese Vettern streben vielleicht nicht ganz unberechtigt nach einer Vertretung im Parlament ...«

»Ach, papperlapapp«, fährt Mrs. Burney ihm in die Parade. »Der Krieg gegen Frankreich war kostspielig genug, und sie sollen ruhig ihr Scherflein dazu beitragen. Schließlich hat England diesen Krieg für sie gewonnen.«

»Aber England zieht doch auch großen Gewinn aus den Kolonien«, versucht Fanny Mr. Bradshaws Position zu stützen.

»Davon verstehst du nichts, Miss«, sagt Mrs. Burney. »Diese Leute sind einfach unverschämt in ihren Forderungen. Was wird da wohl als nächstes verlangt? Unabhängigkeit womöglich!«

Lady Popham, ein wenig irritiert von soviel direkter Rede, neigt den Kopf und lächelt strahlend.

»Meiner Treu, mir ist ganz unvorstellbar, wie weit die amerikanischen Kolonien entfernt liegen. Und denken Sie erst an Indien! Das liegt, glaube ich, noch weiter fort, wenn auch in einer anderen Richtung. Dabei ist London schon eine Welt für sich, nicht wahr, ein Universum im kleinen, wie der Dichter sagt. So viel Erstaunliches geschieht in unserer Nähe. Denken Sie doch nur an Drury Lane und das königliche Theater; am Sonntag war ich dort. Was gab es gleich? ... Ich habe es außerordentlich genossen.«

Die heimliche Ehe, schlägt Mr. Bradshaw vor, der ebenfalls dort war. »Es ist ein altes Stück, eine Wiederaufnahme, aber mir scheint, der große Roscius« – und damit ist natürlich David Garrick gemeint – »webt in jeder Saison neue Kapriolen und Scherze ein.«

»Mr. Garrick ist unvergleichlich«, sagt Fanny lächelnd, »so ganz ohne Affekte und Ziererei. Ich glaube, es war im letzten Winter, daß wir *Die heimliche Ehe* sahen.«

»Sollte nicht alle Kunst so sein?« erwidert der Reverend prompt. »Ohne Affekte und Ziererei? Ich für meinen Teil lese wenig schöne Literatur, aber die Romane, von denen ich Kenntnis habe und die mir über alle Maßen gefallen, sind wunderbar ungekünstelt und ganz dem Leben abgelauscht.«

»Nun, was Mr. Garrick angeht«, sagt Lady Popham, die überhaupt nicht verstanden hat, was dieser Schwenk zur Belletristik bedeuten soll, »so wird auch er langsam ein wenig gesetzter. Zu meiner Zeit sprang er noch wie ein junges Füllen durch die Kulissen. In diesem Stück – wie hieß es gleich? War es der *Alchimist*? Gleichwohl, ich erinnere mich, daß er sich in einer Szene mit seinem Gegner boxte, und es war eine Erquickung, diese netten Beine und seine kleinen, kräftigen Fäuste fliegen zu sehen!«

»Gewiß, Mylady, ein einzigartiger Schauspieler in jedem Alter und in jeder Rolle«, gibt Mr. Bradshaw zu und steuert sein Thema unbeirrt um alle Klippen zurück in den angestrebten Hafen. »Aber ewig jung und anmutig ist natürlich die Heldin in der *Heimlichen Ehe*. Sie erinnern sich an ihren Namen, Miss Burney?« Natürlich erinnert sie sich an den Namen, aber sie möchte ihn gern aus seinem Mund hören.

»Nein, in der Tat, ich bedaure, er ist mir entfallen.« Der Reverend rutscht auf die Stuhlkante, stemmt die Fäuste auf die Knie und murmelt in seiner verschwörerischen Art:

»Ihr Name ist Fanny, und ich versichere Ihnen, Madam, sie ist ein anbetungswürdiges Geschöpf, denn sie reicht ihre Hand dem armen Sekretär zum Ehebund und nicht, wie von ihrem Vater vorgesehen, dem reichen Aristokraten. Ist Ihnen auch dies entfallen?«

»Jetzt, da Sie es sagen, will es mir wieder einfallen, Sir. Aber ich glaube mich auch zu erinnern, daß die Tugend dieser Heldin nicht ganz so anbetungswürdig ist.«

Mrs. Burney, von dem Thema sichtlich gequält, erhebt sich und zieht die Glocke. Es ist das Signal für Kate, mit frischem Teewasser zu erscheinen, aber auch ein Fingerzeig für den Reverend, sich langsam zu verabschieden.

»Sie sind offenbar über alles, was sich in London und der Welt zuträgt, gründlich informiert, Sir«, sagt sie grätig, und nachdem er sich verbeugt hat und verschwunden ist, kann es sich Mrs. Burney nicht verkneifen, in die Runde zu fragen, wann dieser Mensch eigentlich seinen geistlichen Pflichten nachzugehen beabsichtigt.

Bei einer seiner Visiten fand Benjamin Bradshaw den Doktor im Arbeitszimmer vor, wo er, im Flanellrock und ohne Perücke auf- und abschreitend, seiner Tochter diktierte. En passant erfuhr er so von ihrer Verlegenheit, wie sie ihr Manuskript an Lowndes & Newby expedieren sollte. Es war natürlich ganz unmöglich, daß sie ihre Verleger persönlich traf; die kannten weder ihren Namen noch ihren Stand. Ihr Briefwechsel hatte sich bisher postlagernd über Griggs Kaffeehaus abgespielt. Mr. Grigg, ein alter Freund

Mr. Featherstones, hatte seine Adresse ohne viel Raten und Fragen zur Verfügung gestellt, und Dr. Burney bestand darauf, daß dieser Umweg auch in Zukunft beschritten wurde. Der Reverend bot sich sofort als Vermittler an und versprühte dabei eine solch ansteckende konspirative Laune, daß weder Dr. Burney noch seine Tochter ihm widerstehen konnten. Auf seinen ausgestreckten Händen und mit Schritten, die große Vorsicht und Heimlichkeit andeuteten, trug er das verschnürte Manuskriptpaket wie einen Säugling zur Taufe davon.

Bisher hatte »Mr. Grafton« seine Sache gut gemacht. Mr. Lowndes schien vollkommen von seiner Seriosität überzeugt; so jedenfalls lautete der Report, und Fanny hofft, daß ihr Trick und die Zuversicht des Bradshawschen Auftretens eine Steigerung des Angebots um mindestens 10 Guineen nach sich zögen. Und falls der Schuß danebenging? Dann müßte sie sich einen anderen Verlag suchen, aber sie glaubt nicht, daß dies nötig sein wird. Mr. Lowndes war leichtsinnigerweise sehr ermutigend in seinem Lob der ersten Kapitel gewesen.

Sie tritt ans Fenster des Arbeitszimmers, stemmt die Hände in den Rücken und beugt sich zurück, um den Krampf in den Schultern zu lösen. An der Straßenecke steht seit dem frühen Morgen eine alte Kuchenverkäuferin in einem schwarzen Cape, schwingt die Glocke und ruft ihre Waren aus: »Puddings und Kuchen, Puddings und Kuchen, zwei Stück für'n Penny, schöne Puddings und Kuchen, 'n Penny für zwei ...« – sie ruft und dengelt und dengelt und ruft, es ist zum Aus-der-Haut-Fahren. Fanny war nahe daran, hinunterzugehen und ihren Korb leerzukaufen, damit sie endlich Ruhe gab und sich davonmachte. Aber natürlich ging sie nicht. Sie stand mit hängenden Armen am Fenster und gaffte. Wie immer. Wie in Vauxhall. Wie an dem Tag, als Sally zu Tante Dobson gebracht wurde. Wie Louise es ihr vorgeworfen hatte: Gaffen und Nichtstun! Was hätte sie tun können?

Es ist zum Heulen; zum Hände-vors-Gesicht-Schlagen. Und es wird immer schlimmer. Nicht nur, was war, sondern auch, was ist, was wird. Eins nach dem anderen, immer mehr, immer schwerer. Mrs. Burneys aufgebrachte Stimme, die durch alle Türen dringt und des Doktors beschwichtigendes Gemurmel. Die stummen Nächte ohne Sally, allein vor dem Feuer, und der Londoner Krakeel, an dem sie 16 Jahre lang nichts auszusetzen gefunden hatte. Doch schon in der ersten Woche glaubte sie, sich nach den Abenden mit Büchern und Piquet, nach Schwester Louise, Mr. Featherstone und der harmlosen, nichts fordernden Gesellschaft ihrer Haustiere zurückzusehnen – und nach den Stunden, in denen sie Virginia vor Signor Feltrinelli gerettet und in Lord Orwells Arme getrieben hatte. Wie leicht war ihr das von der Hand gegangen! War sie in Chessington glücklich gewesen, ohne es bemerkt zu haben? War sie in London unglücklich, ohne es wahrhaben zu wollen? Sie hört Dr. Burney durch den Flur zurückkommen; die Tür öffnet sich.

»Bist du soweit, können wir fortfahren?«

»Ja, Papa.«

»Hier, steck dir ein Kissen in den Rücken, mein Liebes, dann geht es besser.«

»Danke, Papa.« Er nimmt einen Stapel Notizen und klopft ihn auf dem Schreibtisch zu einem Block zurecht. Dann beginnt er im Zimmer auf und ab zu gehen, räuspert sich. Sie sitzt mit gesenktem Kopf, die Feder in der Hand, und wartet auf seinen ersten Satz. Doch er handelt nicht von der deutschen Musik.

»Ich frage mich, was mit dir los ist, Fanny. Beim Jupiter, seit Wochen habe ich kein Lachen mehr von dir gehört!« Er hebt ihr Kinn mit dem Zeigefinger. »Wo ist mein Sonnenschein geblieben?« Sie schlägt die Augen nieder.

»Es ist nichts Papa. Nur mein Rücken.«

»Unsinn, dein Rücken! Du hast immer für mich geschrieben, und es hat dir nichts dabei weh getan. Was fehlt dir? Nur immer heraus damit! Bist du hier nicht glücklich?«

»Oh doch, Papa, natürlich!«

»Dann wüßte ich gerne, warum du immerfort mit so einem unfreundlichen Gesicht herum ... nanu. Was hast du denn, Kind?« Sie ist aufgesprungen und zum Fenster gelaufen. Da steht sie, wendet ihm den Rücken zu und weint laut in ihre Hände. Dr. Burney weiß nicht, warum. Er hatte gehofft, daß diese Tochter ihn nicht noch einmal unangenehm überraschen würde, und nun schien ihm eine weitere peinliche Eröffnung bevorzustehen. Womöglich der Reverend Bradshaw? War denn niemals Ruhe oder wenigstens eine Art von Ruhe? Er würde väterliche Geduld zeigen müssen, sie zum Sprechen ermuntern. Also folgt er ihr zum Fenster, dreht sie zu sich herum, und während er sie ungelenk an sich zieht, nestelt er mit der Linken sein Taschentuch aus dem Rock.

»Meine kleine Fan! Ich bin bestürzt. Was ist los? Mußt du mir etwas sagen? Hast du etwas Unrechtes getan?« Sie schüttelt stumm den Kopf, drückt das Taschentuch vor den Mund. Etwas Unrechtes getan? Ach, was hätte sie Unrechtes tun sollen? Was stellte er sich nur vor? Sie hatte sich geschworen, ihn nie wieder zu enttäuschen, aber er schien ihr immer noch zu mißtrauen. Nichts war, wie es sein sollte. Die Heimkehr eine Enttäuschung. Und am schlimmsten war es mit Papa. Sie hatte ihm so viel zu erzählen. Er sollte sich mit ihr über *Virginia* freuen, so wie sie sein Vergnügen an der italienischen und französischen Musik geteilt hatte. Aber immer war gerade etwas anderes wichtiger: Mrs. Burney oder ein Besucher, das neue Pianoforte, sogar die Lieferung einer Kiste Ceylon-Tee. Als sie mit ihrem Bündel gestreifter und geblümter Hefte vor seinem Schreibtisch erschienen war, hatte er gelacht:

»Gerechter Himmel! Was bringst du mir da, Fan? Ist das dein Roman? Setz dich hin und erzähl' mir davon, aber verschone mich mit zwei Dutzend Kapiteln! Worum geht es?«

»Sir«, hatte sie vielleicht ein wenig leichtsinnig geantwortet, »Sie wollen ihn wohl nicht lesen, damit Sie nicht in die Verlegenheit geraten, mich kritisieren zu müssen ...« Aber er hatte sie wieder fortgeschickt, bevor sie ihm nur die Widmung vortragen konnte, die kleine Ode an ihren Père confident. Nicht einmal nach dem Titel hatte er gefragt. Und als sei die Tochter nur in der Sommerfrische gewesen, nahm er die Diktierstunden in seinem Arbeitszimmer wieder auf. Er hatte keine Seite ins reine gebracht, während sie in Chessington war. Eine Schreibtischlade voller Zettel! Die deutsche Musik. Wieder saßen sie zusammen im »Chaos«.

Nachts, im kalten Schlafzimmer in die Bettdecke gewikkelt, schrieb sie ihre letzte Fassung von *Virginia*; zwei Kerzen, stumpfe, schmierende Federn; 415 Seiten in verstellter Schrift. Sie bekam Krämpfe in der Rechten, und es dauerte fast ein halbes Jahr. Nun faltet sie das Taschentuch zu einem kleinen Päckchen und schaut ihn nicht an.

»Lieber Papa, natürlich bin ich glücklich bei Ihnen. Ich möchte an keinem anderen Ort der Welt leben, das wissen Sie doch. Es ist nur, seit – seit meine Schwester Sarah Harriet fort ist, habe ich keine Freundin mehr im Haus.«

»Dann solltest du dich endlich darum bemühen, Mrs. Burney zu deiner Vertrauten zu machen. Sie erwartet das von dir, und ich glaube, zu Recht.« Er nimmt ihre Hände – »Meine Güte, Fan, warum hast du immer so kalte Finger!« – und schüttelt sie sanft, froh, die Szene elegant beendet zu haben. »Nun, geht es wieder? Nur ein kleiner Schauer?« Sie reicht ihm das Taschentuch und geht zum Schreibtisch zurück.

»Ja Papa, danke Papa, nur ein Schauer.«

*

Eine Woche, nachdem *Virginia* erschienen war, die *London Review* lange Passagen aus dem Roman zitiert und ihn gerühmt, die Leihbüchereien sich seiner bemächtigt hatten und im literarischen London ein langsam anschwellendes Summen zu vernehmen war, liegt in Griggs Kaffeehaus ein verbotener Brief an Miss Burney. Das Hausmädchen muß ihn auslösen und Fanny zustecken.

»Liebste Fanny«, schreibt Sarah Harriet, »ob Du diese Zeilen wohl erhältst? Ich sage nichts über mein Leben in Lyme Regis; Du kannst es Dir sicher vorstellen. Niemand spricht bei uns vor, aber gestern kam *Virginia* mit dem Lesezirkel ins Haus, und ich wußte nach der ersten Seite, daß nur Du es geschrieben haben konntest. Heiliger Strohsack! Ich wette, niemand sonst hat es herausgefunden, und ich bin so stolz auf Dich, meine liebe, süße Schwester! Alle wollen das Buch lesen, und wir haben nur drei Tage Zeit, dann ist die Witwe Pullit dran. Erinnerst Du Dich an sie? Sie hat diesen kleinen Knopfladen in der Hafenstraße.

Deine Virginia ist so töricht, wie ich es damals war. Und Signor Feltrinelli? Oh, Fanny, wie konntest Du! Aber glaube nicht, daß ich Dir böse bin. Er war doch ein Schuft und ein Lügner, nicht wahr, und Du hast es ihm ordentlich heimgezahlt. Ich lese Dein Buch Tante D. abends vor, wenn sie stickt. Ich glaube, sie hört gar nicht richtig zu, denn sie hat nichts gemerkt, die arme Seele, und natürlich sage ich auch nichts. Nun bist Du berühmt, aber niemand kennt Dich. Ich schreibe in Eile, denn ein gewisser Vogel krächzt nach mir. Es ist schrecklich hier, aber ich weiß mir schon zu helfen. Leb' wohl, mein Schäfchen! Ich denke oft an Dich. Immer Deine Dich liebende Schwester Sarah Harriet Dobson.«

Fanny ist in die Gaube hinaufgegangen, um in Ruhe zu weinen, als sie den Brief gelesen hat. Wie sehr sie Sally vermißt! Und nun um so mehr, da sie mit niemand ihr Geheimnis teilen kann. Ganz London spricht von *Virginia* und rätselt über den Autor. Auch Dr. Burneys Sonntagsgäste kennen kein erregenderes Thema. – Welch ein köstliches Buch! Ich habe geweint und gelacht. Oh, ich auch, ich auch! Dr. Johnson soll es so gelobt haben! Er schätze es höher als Fieldings Romane, sagte mir Mrs. Thrale neulich. Die Lebensnähe, nicht wahr! Allein die Witwe Dubonnet! Welch eine Existenz! Ein bißchen gewagt, meinen Sie, satirisch? Oh nein, das hat keine Frau geschrieben! Nein, nein, nein, Verehrtester. Ich versichere Ihnen, keine Dame, die auf ihren Ruf hält, hat Kenntnis von solchen Vorgängen!

Lady Popham hat Fanny den Inhalt erzählt, nicht ohne die Figuren aus der zweiten Reihe gründlich durcheinanderzubringen. Und Fanny hat ihr entzückt zugehört. So ist es ihr gerade recht. Sie will nicht berühmt sein, aber alle sollen *Virginia* lesen und bewundern! Sie fängt die Blicke ihres Vaters auf, der ihr wissend lächelnd zunickt, und ihr wird so warm, daß sie ans Fenster treten und die Stirn gegen die kalte Scheibe lehnen muß.

Es ist wunderbar, unter den Gästen herumzuschwirren und den Honig für ihr Buch einzusammeln, ohne in den Verdacht zu geraten, eine junge Dame zu sein, die nichts auf ihren Ruf gibt. Ihr schwindelt schon bei dem Gedanken, daß nun jede Köchin für drei Penny Leihgebühr lesen kann, was so lange in ihrer Schublade eingeschlossen war. Unvorstellbar, *Virginia* mit Lady Popham zu erörtern! Unerträglich, von Fremden angestarrt zu werden! Aber wieviel Spaß sie und Sally auf einer solchen Gesellschaft gehabt hätten; und vor allem danach! Sie weiß schon, wie sie es ihr erzählen, wie sie es schreiben würde: die kleine dicke Dame, die in ihrem schwachen Kopf nach Worten sucht; ihre mit weißem Tüll geputzte Frisur, die sie wie ein silbrig umsponnener Kaktus um zwei Handspannen überragt; der knatternde Flügelschlag ihres Fächers.

»Also auf diesem Ball lernt sie einen französischen Baron, einen Monsieur de Poussé, kennen, der eigentlich ihr Vater ist, aber das weiß sie natürlich nicht.«

»Monsieur de Poussé?«

»Ganz recht, wie Poussel, nur ohne l ... aber, warten Sie, er ist ja gar kein Franzose und auch nicht ihr Vater. Er heißt ... na, tz, oh weh!«

»Vielleicht Major Bothy aus Irland?«

»Ja, natürlich, Bothy! Wie dumm von mir! Aber wer war denn gleich Poussé. Einerlei, er ... Aber Sie sagten doch, Sie hätten das Buch noch gar nicht gelesen!« Und Fanny, sich das Lachen verkneifend, würde antworten:

»Verzeihen Sie, Madam, ich habe nur geraten. Als Sie mir letzte Woche davon erzählten, war Major Bothy der Galan der Witwe Dubonnet.«

Aber es gibt keinen Postweg zu Sally. Tante Dobson würde die Briefe kontrollieren. Und natürlich darf sie Papas Verbot nicht mißachten. Sie legt den Bogen auf den Kohlenrost und zündet ihn mit der Kerze an. Liebe, tapfere Sally! Wie sie sich wohl zu helfen wußte in Lyme Regis?

Dr. Burney, der nichts zum Gelingen von *Virginia* beigetragen hat, gedenkt gleichwohl von ihrem Erfolg zu profitieren. Nicht nur, daß er Fannys 30 Guineen in seine Tasche einknöpft, auch daß seine Vorstellungen vom Einfahren der Ernte denen seiner Tochter zuwiderlaufen, kostet ihn nur ein Schulterzucken. Schließlich weiß er besser, was in dieser Welt nötig ist – Schüchternheit in keinem Falle – und daß Fanny die goldene Gelegenheit, sich einen Platz in der guten Gesellschaft zu sichern, nicht verstreichen lassen darf.

Nach einer Musikstunde im Haus der Thrales – jener adeligen Dame, die von ihrem Vater, Lord Roxburgh, als sehr junges Mädchen à la mode, nämlich zur Sanierung des Familien-Stammsitzes, an einen steinreichen Bierbrauer verheiratet worden war – Mrs. Thrale, die Dr. Johnson als Dauergast beherbergt und leidenschaftlich die Jagd auf prominente Gäste für ihre wöchentlichen Soireen betreibt; nach dieser Musikstunde, in der sich ihre Tochter Hannah so faul und bockbeinig wie nie zuvor angestellt hat, ist es dem Doktor ein besonderes Vergnügen, die Rede auf *Virginia* zu bringen und die Tatsache, daß keine der literarischen Klatschbasen in ganz London den Autor des Werks – »die Autorin«, wie Dr. Burney seine Mitwisserschaft andeutet – erraten habe. Er hebt die Teetasse und schaut Mrs. Thrale in gespieltem Gleichmut über den Rand an. Das Spiel ist auf.

Um einen Snob wie Mrs. Thrale zu verblüffen, mußte Dr. Burney schon ein sehr gutes Blatt haben. Schließlich ist sie eine Roxburgh und kennt tout London. Das richtige und wichtige London. Eine Einladung zu ihren Dienstagsgesellschaften gilt in intellektuellen Kreisen als überaus schmeichelhaft. Wie ihre Freundin und Rivalin, Mrs. Montague, zählt Mrs. Thrale zu den Blaustrümpfen, einem Kreis von Damen, die seichtes Geplauder, übermäßigen Claret-Genuß und Whist-Partien als Abendunterhaltung verachten und nur qualitätvolle Menschen einladen, die sich mit Genuß und ohne Erbarmen zu streiten lieben. Es gilt als verfehlt, in Abendgarderobe bei ihnen aufzukreuzen; speziell die Herren werden ermuntert, statt der üblichen weißen Seidenstrümpfe schlichte wollene in der Arme-Leute-Farbe Blau zu tragen.

Mrs. Thrale hat Mr. Thrale nie vergeben, daß er ein Bierbrauer ist, wenngleich ein sehr erfolgreicher. Mit »Thrales Ale« spült der gemeine Mann bereits sein trockenes Frühstücksbrot hinunter und der Stadtbummler mittags sein Beefsteak. Mr. Thrale wiederum, ein phlegmatischer, eigensinniger Mann, der unglaubliche Mengen von Speisen in sich hineinschlichtet und gegen den Rat seines Arztes immer trotziger auf seinen ungesunden Gewohnheiten beharrt, bevorzugt Arrak zu jeder Tageszeit.

Hester Thrale hatte ihrem Mann zwölf Kinder geboren, von denen sieben gestorben waren, darunter ihr einziger Sohn, der acht Jahre alt wurde, ehe ihn ein entzündeter

Blinddarm umbrachte. Die Kränkung, an einen so Falschen geraten zu sein, und die nicht enden wollende Trauer über den Tod eines weiteren Kindes haben Mrs. Thrale gegen die Gefühle anderer Menschen gleichgültig werden lassen. Sie ist nun Ende Dreißig und hofft, das rettende Ufer des Klimakteriums bald erreicht zu haben; eine schmale Frau mit einem langen aristokratischen Gesicht, weichen Augenlidern, schadhaften Zähnen und überraschend großen Händen, die, wie ihre überlebenden Töchter bezeugen können, in schnell entflammtem Zorn kräftige Ohrfeigen auszuteilen in der Lage sind.

Hester Thrale hätte gern geschrieben – sie fühlte, es steckte ein ganzer Roman in ihr –, aber sie kam nicht dazu. Ständig hatte sie Gäste, so viele Gäste, bedeutende Männer, denen es ohne Mrs. Thrale – und das krisenfeste Gewerbe Mr. Thrales – an sauberen Hemden, Kohlen, Kerzen und Rosinen im Grießbrei doch deutlich gemangelt hätte. Dr. Samuel Johnson, der Zeilenschinderei von Grub Street zwar entwachsen und zu Englands höchster intellektueller Instanz aufgestiegen, hatte im Laufe seines Lebens nichts an praktischem Sinn hinzugewonnen und verläßt sich nun im Alter in Fragen des täglichen Komforts ganz auf Mrs. Thrale.

Von der Gicht gebeugt und schmerzhaften Tics geplagt, auf einem Auge fast blind, scharrend, zuckend und falsch zugeknöpft, krönt der gelehrte Lexikograph seit Monaten ihre Tafel am Grosvenor Square, schleift seine Manschetten durch die Bratensoße, beleidigt und tyrannisiert die Gäste, bringt Mrs. Thrale zum Lachen und Funkeln. Sie darf vergessen, daß auch Miss Kitty Fisher mit am Tisch sitzt, das nach Goldfischen angelnde Kätzchen, eine junge Dame mit veilchenblauen Augen und einer Vorliebe für Perlen, die immer so besorgt ihren Blick sucht, zuviel lächelt, ihr in allem recht gibt und beim Abschied weinend die Hände drückt – Manöver, die möglicherweise ihrem schlechten

Gewissen entspringen, weil sie das Bett von Mr. Thrale teilt. Vielleicht ist es auch eine besonders gesuchte Art der Verhöhnung. Mrs. Thrale will sich da nicht festlegen.

An dem Nachmittag, als Dr. Burney ihr en passant mitzuteilen versucht, daß er in das Geheimnis um *Virginia* eingeweiht sei, braucht Mrs. Thrale dringend eine kleine Stärkung ihres Prestiges. Drei Tage zuvor war auf Mrs. Montagues Gesellschaft die deutsche Reiseschriftstellerin Sophie La Roche erschienen, deren junger Freund, ein Herr Goethe, kürzlich einen sehr empfindsamen Roman veröffentlicht hatte – Mrs. Montague sprach den Titel bedauerlicherweise mit englischem th aus, aber Mrs. Thrale wußte es besser –, ein Buch, dessen erstaunliche Wirkung auf die sentimentalen Deutschen sich bis nach London durchgesprochen hatte.

»Lassen Sie mich raten«, sagt sie, »eine Autorin also. Ist es eine unserer gelehrten Damen, die ihre Hand der leichten Muse gereicht hat? Mrs. Carter vielleicht?«

»Oh, nein, gewiß nicht gelehrt und jünger, viel jünger.«

»Eine junge Dame, aha. Könnte sie wohl im gleichen Alter wie ihre Heldin sein?«

»Das ist sie«, gluckst Dr. Burney.

Vorwärts, denkt Mrs. Thrale verstimmt, heraus mit dem Namen! Es stand ihm eigentlich nicht zu, sich so wichtig zu machen.

»Sie kennen sie offenbar sehr gut ...«

»Auf meine Ehre, Madam, in der Tat, ich kenne sie, ja!«

Mrs. Thrale schweigt abwartend. Sie gönnt ihm keine weitere Frage, aber Dr. Burney möchte noch ein wenig mitspielen.

»Nun, Sir?«

»Nun, was?« Seine hellen, vorstehenden Augen glänzen vor unterdrückter Lachlust.

»Wer ist sie?«

»Es ist meine Fanny«, sagt er. Der schlichte Name läßt seinen Stolz fast rührend erscheinen. Mrs. Thrale schlägt erwartungsgemäß die Hände zusammen. Gütiger Himmel! Die kleine Burney, die ihr niemals aufgefallen – Pardon, sie hatte sie nur ein- oder zweimal gesehen, und bei keiner Gelegenheit ... zum Kuckuck, es wird ihr doch noch etwas Schmeichelhaftes einfallen! – So viel Talent in einer Familie! Musik und Literatur! War es nicht höchst wunderbar?! Und er, der Père confident, hatte seine Tochter angeleitet? Ja, so mußte es gewesen sein. Er wird Miss Burney am nächsten Dienstag mitbringen. Sie besteht darauf. Mrs. Montague hat ihr Kommen zugesagt, und Garrick – ja, ihn kennt er, selbstverständlich. Der große Schauspieler ist ein alter Freund, der sein Töchterchen schon auf den Knien ... und gerne bei den Burneys vorbeischaut, oft zu unchristlichen Zeiten und noch im Kostüm, mit Schminke im Gesicht ... Richard III auf eine letzte Tasse Kaffee im Musikzimmer ... Mrs. Thrale kennt die Geschichten. Und Dr. Johnson wird hoch erfreut sein; er schätzte *Virginia* außerordentlich und hatte gleich gesagt, daß nur eine Frau es geschrieben haben konnte. Und nun auch noch eine so junge!

Dr. Burney besteigt mit glücklichen Gefühlen seine Kutsche. Er würde zu Hause sofort an Fanny schreiben, die Louise in Chessington Hall Gesellschaft leistete. Arme Louise, ihr erstes Kind hatte nur zwei Tage gelebt. Doch sie war noch jung genug, keine dreißig, oder? Es kämen noch mehr. Er denkt an seine vielen Geschwister, von denen er einen Teil kaum gekannt hatte, stellt seine Recherche nach der verlorenen Verwandtschaft – Wo war James abgeblieben? Wen hatte Susannah geheiratet? Lebte Millie noch? – jedoch gleich wieder ein. Damit konnte er sich jetzt nicht aufhalten. Seine Tochter mußte unverzüglich nach Hause kommen. Dr Johnson schätzte ihr Buch ganz außerordentlich! Und Mrs. Montague, die Königin der Blaustrümpfe, deren Urteil so einflußreich ist, Mrs. Montague, die Witwe des Höchst Ehrenwerten ... die so unglaublich reich ... mit

Verbindungen zu aristokratischen Kreisen von höchster Konsequenz, ja zum Hofe – sie würde seiner kleinen Fan alle Türen öffnen können. Dr. Burney würde nach ihr hindurchschreiten, aber nicht, um Hannah Thrale ihre Musikstunde zu geben.

Fanny hat den Boten durch die Lindenallee heranreiten sehen. Sie hebt Henry von ihrem Schoß, streicht die Schürze glatt und läuft ihm entgegen. Oben in ihrem Boudoir sitzt Louise am Fenster und sieht zu, wie die kleine Schwester unten auf dem Kiesweg das Siegel auseinanderbricht und den Bogen entfaltet, während der Reiter wendet und davontrabt. Sie sieht, wie Fanny die Hand vor den Mund schlägt, ihre Röcke rafft, wie ein Kalb über den Rasen zum Weiher rennt und mit ausgebreiteten Armen, den Kopf hin- und herwerfend, um den Maulbeerbaum tanzt.

*

Mrs. Montague tritt auf, raschen Schritts. Hechtgraue Seide in Falbeln und Rüschen umknistert ihre hohe Gestalt. Im selbstentfachten Wind strömen Bänder und Federn von der aufgekreppten Frisur, fegt die Rückenfalte die Eingangsstufen. Wie Ausflugsboote im Kielwasser eines Linienschiffs segeln Tochter Cecily und ein schwarzbraun gelockter King Charles Spaniel hinterher. Ein Hauch von Veilchenwurzel und gespannter Erwartung weht mit der fürstlichen Erscheinung in den gelben Salon am Grosvenor Square.

Mrs. Thrale hat ihr eine Überraschung versprochen und in einem Nachsatz gefragt, ob sie den neuen Roman *Virginia* bereits gelesen habe. Doch alles, was Mrs. Montague hier, plaudernd, mit dem Fächer schlagend oder auf den Fußballen wippend, erblickt, sind die vertrauten Gestalten von tausendundeiner Soiree: David Garrick – entzückender Mann, langsam rundlich werdend; ein zweites Kinn begann die Kühnheit seines Profils aufzuweichen. Mrs. Robinson mit dem gefährlichen Blick – erst die Liebesbriefe des Prinzen von Wales an den König verkaufen und dann sentimentale Reime schreiben; wurde dafür jedoch außerordentlich bewundert. Auch von ihrer Freundin Thrale.

Dr. Johnson – nahm wie üblich keine Notiz von der sich versammelnden Gesellschaft, sondern hielt schnalzend, murmelnd und kopfschüttelnd das schwere Gesicht tief in ein Buch gesenkt, während er sich in seinem Armstuhl hin- und herwiegte. Blaue Wollstrümpfe, in Ordnung, aber sicher nicht ihr zu Gefallen, und weder Manschetten noch ein reines Halstuch über dem verschossenen Rock. Den unvermeidlichen Boswell geruht Mrs. Montague nicht zu kennen. Der Mann war ein solches Klatschmaul, ein Libertin und eine alberne Figur obendrein. Barmherziger! Eine Perücke wie ein Stück Schmalzgebäck – fehlten nur noch die Rosinen. In kirschroten Culottes, schottisch karierter Weste unter einem blauen Taftmantel mit Fuchspelzbesatz und Knöpfen, groß und glänzend wie frischgeprägte Sovereigns – ein um mehrere Grade zu auffälliges Kostüm für die Gelegenheit. Hoffentlich hatte er seine Flöte zu Hause gelassen!

Sie wartet auf den Gruß Sir Joshua Reynolds', der mit dem Rücken zum Kamin sein aufmerksames Gesicht der Gesellschaft zuwendet. Vor zwei Jahren hatte er sie mit Pluto auf dem Arm portraitiert, aber nun erkennt er sie nicht mehr in dem bewegten Tableau, das der schreckliche Gainsborough ihm vor die Augen geschmiert haben könnte. Der arme Sir Joshua wurde langsam alt, hörte schwer, hatte die Bügel seiner Brille irgendwo in die knollige Perücke gesteckt. Sie tritt auf ihn zu.

»Mrs. Montague? Meine Verehrung! Pluto mit von der Partie? Ah, aha, aha, da ist ja der kleine Racker, brav, brav! Sie kennen Mr. Sheridan, den Direktor des königlichen Theaters in Drury Lane? ...« Natürlich kennt sie den Herrn, auf dessen Arm er sich stützt. Sie hatte nichts gegen die Iren, schon gar nicht, wenn sie amüsante Stücke schrieben.

Daß der Mann sich bereits vor dem Dinner betrinken mußte, war zwar indezent, aber keine nationale Eigenart. Die meisten Herren betrachteten einen Dauerrausch als durchaus angemessenen Zustand für einen Gentleman. Mrs. Sheridan ... das Vergnügen ganz ihrerseits ... seit ihrer Heirat leider nicht mehr auf der Bühne; sehr schade um diese Stimme. Immer noch mit demselben romantischen, wilden Schopf, aber traurigen Augen. Armes Ding, Sheridan betrog sie schändlich und bei jeder Gelegenheit.

Der große, dunkle Herr, der nur sein eigenes Haar zu tragen beliebte, mußte Jean François Loutit, Französischlehrer im Hause Thrale, sein. Bemerkenswert gutaussehend, der etwas korsarenhafte Typ. Kam Hannah nicht bald in ein schwieriges Alter? Keine Schönheit, diese Tochter, wahrlich nicht, mit ihren blaßblonden, dünnen Haaren und den zuckenden Lidern, aber diese Sorte war bekanntlich am anfälligsten für unpassende Gefühle. Mrs. Montague glaubte ihre Cecily bei dem alten Dr. Pinderschloss, der aussah und roch, als wohne er in einer Gruft, besser aufgehoben. Außerdem würde Cecily einmal sehr viel hübscher als Hannah Thrale werden ...

Dr. Burney, natürlich, und noch drei, vier Vasallen der Hausherrin; außerdem ein junges Mädchen in einem weißen, wie ein Märzbecher mit grünen Punkten gesäumten und à la polonaise gerafften Kleid, das der Familienähnlichkeit halber wohl zu Burney gehörte. Diese neuen Röcke nach der natürlichen Mode waren sehr zu begrüßen, auch wenn sich Mrs. Montague in diesem Leben wohl nicht mehr würde entschließen können, ihre Knöchel zu zeigen.

Nicht, daß sie nicht präsentabel gewesen wären. Mrs. Montague, seit einigen Jahren verwitwet, ist eine großrahmige, aber durchaus anmutige Erscheinung, keineswegs zu alt, um auch Verehrer anzulocken, die die Mitte Dreißig gerade hinter sich gebracht haben. Ihre erste Ehe mit dem Vicomte M. hatte sie jedoch nicht so vorteilhaft beeindruckt, daß sie die Erfahrung zu wiederholen wünschte, und sie gedenkt, ihr schönes Vermögen selbst zu genießen und ihrer Tochter Cecily, auch ohne väterliche Unterstützung, so viel Vernunft einzubleuen, daß die junge Dame mit ihrem Erbe einmal gleichermaßen verfahren – zumindest nicht mit dem erstbesten charmanten Windhund durchbrennen würde.

Denn Cecily, ein liebes Kind von sieben Jahren mit gescheiteltem Haar und dicken Backen, versprach alles andere als brillant zu werden. Mrs. Montagues besorgter Blick konnte an ihr keine Anzeichen übermäßiger Klugheit oder eleganten Talents entdecken, außer daß Cecily eine hingebungsvolle und unermüdliche Zuhörerin war. Es wurde ihr sogar hintertragen, daß die Tochter in der Küche gesichtet worden war, wo sie dem Tratsch von Mrs. Finch, der Köchin, lauschte und dabei beim Ausstechen der Pastetchen half. Ihre Mutter, selbst eine leidenschaftliche Sprecherin, die es für ein Naturgesetz hielt, daß man ihr zuhörte, hatte sie zurück an den Stickrahmen und ans Spinett beordert und einen deutschen Tanzmeister engagiert, dessen verschimmelte und sprachunkundige Erscheinung ihr hinreichend Sicherheit vor Abschweifungen vom Unterrichtsstoff zu bieten schien.

Aber obwohl die Tochter nun die Fußspitzen nach außen drehte und artig mit dem Fächer zu schlagen verstand, schien sie in Gedanken noch immer Teig auszurollen, und Mrs. Montague hatte sich entschlossen, sie weit vor dem passenden Alter mit in Gesellschaft zu nehmen, damit die Gespräche, denen Cecily in den Salons zuhören durfte, ihren Verstand in Gang setzen, ihren Geschmack kultivieren und sie innerlich ganz von Mrs. Finch ablösen mochten. Pluto, weit weniger bildsam als Cecily, machte sich unterdessen an Mrs. Thrales Rocksaum zu schaffen, mußte entfernt und zärtlich gescholten werden, sorgte also mit für ein kurzweiliges Entree.

»Nun, Madam«, sagt Mrs. Montague, die sich nicht gerne auf die Folter spannen läßt, als Mrs. Thrale ihr die Tasse reicht, »würden Sie mir bitte erklären, was es mit Ihrer Frage auf sich hat? Ich habe *Virginia* nämlich noch nicht gelesen. Zwar habe ich danach geschickt, aber der Buchhändler hatte es nicht auf Lager. Es scheint vergriffen.«

»Wie bedauerlich«, antwortet Mrs. Thrale und hält die Zuckerzange über die Tasse, »gewiß werden Sie es an anderer Stelle bekommen, und ich hoffe, es wird Ihnen gefallen, denn, ich versichere Ihnen, Madam, es verdient Ihren Beifall – ein Stück, wie immer?« Wie das Signal zum Applaus fällt das Zuckerklümpchen in den Kaffee.

»Oh, wirklich?« Auf Mrs. Montagues weiß geschminkter Stirn erscheint eine kleine Sorgenfalte. »Es ist doch hoffentlich kein Vers-Epos? Ich kann Prosa in jeder Länge vertragen, aber keine epischen Gedichte. Davon bekomme ich Sodbrennen. Besten Dank!« Sie kleppert leise in ihrer Tasse.

»Nein, nein, Madam, seien Sie unbesorgt, alles in Prosa. Es handelt sich um einen Roman und einen ausgezeichneten obendrein. Aber, was sage ich, Dr. Johnson hat die ganze Nacht aufgesessen, um ihn zu lesen. Und Sir Joshua Reynolds hat demjenigen 50 Guineen geboten, der ihm den Autor verraten kann.«

Dr. Johnson, der nicht gut sieht, aber noch alles hört, was ihm von Interesse ist, hält in seinem Wiegen inne und hebt den Kopf mit der schnupftabakfarbenen Perücke, einem übel muffigen, buschigen und zu Teilen versengten Nest, das er nur anläßlich Mrs. Thrales Galadiners gegen die gute weiße Wollperücke, die er sich einmal in Paris hat anfertigen lassen, wechselt. Sie wird ihm bei diesen Gelegenheiten von einem Diener vor Eintritt ins Speisezimmer gereicht. Für heute tut es jedoch die alte.

»So ist es«, ruft er und schüttelt von fern seine teigige Faust, »und ich verspreche Ihnen, Madam, Sie werden es mir gleichtun, denn in keinem anderen modernen Roman werden Sie ein wahrhaftigeres Bild des Lebens und unserer Zeit finden.«

»Nun überraschen Sie mich aber, Sir«, ruft Mrs. Montague über die Köpfe der anderen Gäste hinweg. »Ich habe gehört, *Virginia* sei das Werk einer jungen Dame; also habe ich etwas Leichtes erwartet, nichts Wahrhaftiges.«

Dr. Johnson beginnt seine ruckenden Knie zu massieren, und Mrs. Thrale, die fürchtet, die Regie könne ihr entgleiten, sagt rasch:

»Aber genau so ist es. Ich für mein Teil, und da werden Sie mir sicher zustimmen, Madam, höre gern, daß junge Damen verständige Bücher schreiben. Und dies ist ein verständiges Buch!« Sie hat im Theaterton und mit kunstrichterlicher Autorität gesprochen und fährt nun nonchalant fort, indem sie sich zu dem Mädchen im Märzbecherkleid umwendet: »Aber ich sehe, wir bringen Miss Burney, die es geschrieben hat, in Verlegenheit.«

In dem überraschten Schweigen ist das Klimpern hastig abgelegter Löffelchen und das Scharren von Absätzen zu hören. Miss Burney versucht aus dem gelben Salon zu flüchten, und es wäre ihr wohl auch gelungen, wenn Dr. Burney nicht ihren Arm ergriffen hätte und lächelnd, sich nach allen Seiten verbeugend, einen halben Schritt vorgetreten wäre. Da steht sie wie ein gescholtenes Kind mit brennendem Gesicht. Sie hatte sich diese Party ganz anders vorgestellt. Versprochen war, daß sie Dr. Johnson und Mrs. Montague treffen würde – als Tochter ihres lieben, amüsanten, hochgeschätzten Vaters. Versprochen war, daß Mrs. Thrale ihr Geheimnis respektieren würde. Doch schon, als diese Dame sie augenzwinkernd begrüßte und Fanny die beiden Bände von *Virginia* auf einem Tischchen im Salon ausliegen sah, begann sie zu ahnen, daß sie hier weniger zu ihrem eigenen als zu anderer Menschen Vergnügen eingeladen worden war.

Nun muß sie den Kopf heben, Mrs. Thrale ins Gesicht sehen und all den anderen, die lächelnd einen Halbkreis um sie gezogen haben. Sir Joshua, der ihrem Vater lachend auf die Schulter klopft – »Mein lieber Burney; Sie haben mich ja schön hinters Licht geführt. Beim Jupiter! Ausgerechnet Ihnen empfehle ich, *Virginia* zu lesen!« – Mr. Garrick, der ihre Hände ergreift – »Sieh an, die kleine Lauscherin in der Ecke! Dieser Dialog im ersten Kapitel über die Schauspielerei kam mir doch gleich bekannt vor. Fürwahr, ich hätte es erraten sollen!« – Mrs. Sheridan, die zugleich lächelt und weint – Mr. Boswell, der sich etwas notiert. Auch als man sich wieder beruhigt hat, starrt Mrs. Montagues Kind Miss Burney noch immer wie eine Erscheinung an.

Du bist ja wohl noch einfältiger als ich, denkt Fanny und wendet sich dann Mrs. Thrale zu, die das Zeichen zum Aufbruch ins Speisezimmer gibt. Falls ich denn an Einfalt noch zu übertreffen sein sollte. Wie diese Frau sie hereingelegt hatte! *Virginia* war ein großer Spaß gewesen, ihr Sproß, ihr Geheimnis, das sie nach eigenem Wunsch und Willen verwalten wollte. Statt dessen hatten andere sich ihres Romans und ihrer Person bemächtigt und bestimmten nun die Spielregeln. Und sie selbst eine solche Närrin! Sie hätte das Manuskript verbrennen sollen. In der Waschtonne im Hof. Wie den anderen kindischen Kritzelkram. Der Ärger wärmt sie. Das Fischbein drückt. Es wäre eine große Erleichterung, jetzt die Augen zu schließen und einfach umzusinken, aber dann hielte sie jeder hier im Salon für affektiert, und sie hatte für heute schon genug Aufsehen erregt. So klappt sie den Fächer auf und wedelt sich ein wenig Kühlung ins Gesicht. Dr. Burney nimmt ihren Arm, um sie zu Tisch zu geleiten.

»Sie hatten es versprochen, Papa!«

»Ich weiß, Fannikin«, raunt er zurück und tätschelt ihre Hand. »Schau mich nicht so vorwurfsvoll an. Es geht jetzt nicht mehr nach deinem Kopf. Du kannst keine berühmte

Autorin sein und in Gesellschaft glänzen wollen, ohne die Konsequenzen zu ziehen. Mach das Beste draus. Das hier ist dein Stapellauf. Schwimm los, mein kleiner Schwan!« Und er löst ihren Arm, zieht ihren Stuhl zurück und gesellt sich zu Monsieur Loutit am unteren Ende der Tafel.

Fannys Platz ist zwischen Mrs. Thrale und Dr. Johnson. Noch während sie ihre Röcke glattstreicht, wendet ihr der massige alte Mann langsam den Kopf zu, beugt sich dicht zu ihr hinüber und mustert sie mit seinem besseren rechten Auge. Es geschieht mit so viel Wohlwollen, daß Fanny nicht zurückweicht, sondern seinen forschenden Blick erwidert. Das zerklüftete, blatternarbige Gesicht, der große Mund, der sich, die Worte vorkauend, stumm bewegt, seine fahrigen, weichen Hände mit den Tintenflecken, die nach verbranntem Pferdehuf und ranziger Pomade riechende Perücke, die ganze schlampig gekleidete und ständig in zerrender Bewegung befindliche Person jagen ihr weder Angst noch Mitleid ein. Natürlich sind ihr die boshaften Bemerkungen über Mrs. Montague und die anderen »Blauen« zu Ohren gekommen, als deren Urheber Dr. Johnson zeichnet, aber vor sich sieht sie die Züge eines empfindsamen, schwermütigen Menschen, und obwohl er ein literarischer Stern ist und sie vielleicht nur eine kleine Schnuppe am selben Himmel, fühlt sie, daß sie in der gleichen Rolle an dieser Tafel sitzen – als Trophäe –, daß er unduldsam und verletzend, aber ohne Falsch ist. Überwältigt reicht sie ihm die Hand.

»Fanny Burney«, sagt der Doktor langsam nickend, »Fanny Burney«, legt ihre Hand auf den Tisch und deckt die seine darüber. »Ich bin sehr stolz darauf, neben Ihnen zu sitzen.«

»Vorsicht, Miss Burney!« ruft Mrs. Thrale von links. »Geben Sie auf Ihr Herz acht! Wenn unser Dr. Johnson sich entschlossen hat, es zu erobern, sind Sie verloren. Er ist ein großer Frauenheld.«

»Meine liebe Mrs. Thrale, Sie wissen sehr wohl, daß ich

nichts dergleichen bin«, blafft er zurück. »Hören Sie auf, Unfrieden zwischen mir und dieser jungen Dame zu stiften!« Und an Fanny gewandt: »Sie sehen, Madam, ich bin ein ungeschlachter Bär, und manchmal neige ich dazu, ein wenig zu poltern. Sollte ich es Ihnen gegenüber tun, setzen Sie mich mit einem Runzeln ihrer netten kleinen Augenbraue davon in Kenntnis.«

»Wie könnte Unfrieden zwischen Dr. Johnson und mir herrschen, da wir uns noch gar nicht kennen«, erwidert sie verlegen an Mrs. Thrale gewandt.

»Das ist richtig, aber dem werden wir abhelfen, kleine Burney«, sagt er laut. »Sie werden mich besuchen, und wir werden miteinander streiten! Ich komme zuverlässig darauf zurück.« Er fährt fort, sie ungeniert zu mustern. »Sie sehen aus, als könnten Sie kein Wässerlein trüben, aber ich ahne, daß hinter dieser hellen Stirn eine Menge Bosheit sitzt.« Natürlich protestiert sie, aber er führt ihre Hand zum Mund und küßt sie.

»Still, ich sehe alles!«

»Sie haben Dr. Johnson noch nicht erlebt, wenn er Signor Feltrinelli nachmacht«, schaltet sich Mrs. Thrale wieder ein. Er kann alle Ihre Figuren aus dem Stegreif zitieren, aber Signor Feltrinelli ist sein unbestrittener Favorit. Manchmal spielt er ihn den ganzen Abend und unterhält uns damit prächtig!«

»Oh ja, Feltrinelli, unser Mann aus Florenz!« ruft der Doktor. »Meine herzliche Verehrung!« Mit fliegendem Handgelenk, doch ohne Spitzenmanschette, ahmt er eine gezierte Verbeugung nach. »Vorzüglich gedrechselt! Fabelhaft! Harry Fielding führt nicht seinesgleichen im Repertoire! Madam, Sie haben offenbar gründliche Kenntnis von ihrem Thema und ihren Figuren. Dies ist die erste notwendige Voraussetzung für einen Autor. Nur so vermag er den Weg zu unseren Herzen zu finden. Ich schwöre, ich habe bei der Versöhnungsszene mit dem Vater geheult, und ich kenne einige Damen« – er nickt Mrs. Sheridan auf dem Stuhl gegenüber zu –, »die von ihrer Rührung noch immer nicht genesen sind.«

In ihren grünen Schuhen kneift Fanny die Zehen zusammen, um nicht laut herauszulachen. So also fühlte es sich an; nicht das Verliebtsein, aber etwas, das ihm nahe verwandt zu sein schien; Anerkennung, Bewunderung, ein Lob aus berufenem Munde: wie Schwanendaunen, wie Sonnenschein auf dem Rücken, wie ein Papierballon, der über die Dächer flog.

An diesem Nachmittag ist sie zum erstenmal Zeugin eines Thrale-Dinners und sieht Dr. Johnson seinen legendären Appetit stillen. Obwohl der Hausherr nicht dabei ist, wird ganz nach seinem Geschmack aufgetischt: zwei Dutzend kalte und warme, pikante und süße Gerichte, die von einem Zug livrierter Lakaien um ein gewaltiges Roastbeef in der Mitte der Tafel arrangiert werden. Die silbernen Deckel heben sich auf einen einverständigen Blick – es dampft, es duftet.

Wie immer, wenn ihr Herz schnell schlägt, wird ihr der Hals eng. Sie stochert in der Pastete, zerkrümelt das Brot, kaut langsam, langsam mit geschlossenem Mund ihre Erbsen und lehnt stumm die Platte mit dem Schinken aus Limerick ab, die Dr. Johnson ihr drohend von der Seite reicht. Wie kann ein Mensch, selbst ein sehr stattlicher, eine solch erschreckende Menge von Speisen zu sich nehmen?! Suppe, Fisch und Austern, Braten und Geflügel, Krusten, Füllung, Soße, Senf und Schwarte, Gelee, Pickles und Kompott, Brot und Kuchen, Claret, Madeira und Champagner sieht sie in seinem großen, ruhelosen Leib verschwinden; Walnüsse, Makronen, Baiser, bunte Biskuits und kandierte Kirschen zum Dessert, ehe er sich Mund und Hände am Tischtuch abwischt, sich noch einmal das Glas füllen läßt und mit einem Laut, wie ihn ein Wal beim Auftauchen aus der Tiefe des Meeres ausstoßen würde, in seinen Stuhl zurücksinkt.

Nun fühlt er sich in Form, nun ist er ansprechbar, zu Lob

und Tadel aufgelegt. Fanny beginnt zu verstehen, warum diese Menschen einander fortwährend besuchen, miteinander ausfahren, speisen und in Gesellschaft gehen. Wer nicht dabei ist, wird mit Zungen gedroschen, bis die Erscheinung wie leeres Stroh am Boden liegt. Einige dürfen ausschließlich von Dr. Johnson beleidigt werden, an anderen, deren Namen der Diener vielleicht schon am nächsten Dienstag in ihren Salon rufen würde, läßt sich Mrs. Thrale bevorzugt aus.

»Miss More«, wendet sie sich an ihren Gast zur Rechten, »was halten Sie von ihr? Seien Sie bitte nicht förmlich, Miss Burney, sonst werde ich Sie nicht lieben.«

»Ich glaube nicht, daß Ihnen das gelingen wird.« Mrs. Thrale verfärbt sich ein bißchen.

»Oh, schämen Sie sich! Natürlich werde ich Sie lieben. Aber was Miss More angeht: Ich mag sie überhaupt nicht, das heißt, ich verabscheue sie, und ich hoffe, Sie tun es auch!«

»Oho, Mrs. Thrale!« ruft Mr. Garrick lachend. »Sie suchen schon wieder Freiwillige für Ihre Reihen? Haben Sie Erbarmen mit Ihrem Gast und mit Hannah More. Sie hat ausgezeichnete Theaterstücke geschrieben, äußerst geschickt, und *Percy* war ein großer Erfolg, nicht wahr Mr. Sheridan?«

»32 Abende en suite und eine Wiederaufnahme in der folgenden Saison.«

»4000 Exemplare in vierzehn Tagen über den Buchhandel verkauft«, fügt Mr. Boswell düster hinzu.

»Ihre Stücke, ihre Stücke!« sagt Mrs. Thrale. »Sie mögen höchst annehmbar sein und von erstklassiger Moral, aber die Person! Sie schmeichelt und scharwenzelt, daß einem übel davon werden kann. Und sie sagt, daß sie von keinem Menschen schlecht denken will. Ich bitte Sie, was ist das für eine schreckliche Frau, die von keinem Menschen schlecht denken will!«

Fanny hatte *Percy* aus Mr. Garricks Loge gesehen und sich sehr dafür begeistert.

»Ich habe nur von ihr gehört, aber ich glaube, ich würde sie sehr gerne kennenlernen«, erwidert sie unbeirrt.

»Brav gegeben!« sagt Dr. Johnson. Und da er über Mrs. Thrales Empfänglichkeit für Schmeicheleien besser als sie selbst Bescheid zu wissen glaubt, setzt er zu einer Verteidigung der Miss More an. Sie verbinde aufs schönste ihren weiblichen Liebreiz mit dem Geschick, die richtigen Leute aufzusuchen, um ganz offen und ohne Koketterie von den eigenen Unternehmen und Talenten zu sprechen. Ihre Tugend und Frömmigkeit schließe im übrigen jeden unlauteren Gedanken an Speichelleckerei aus.

Sein Blick streift den alten Freund, Sir Joshua, der zu seinen besten Zeiten zwei Bilder pro Woche herunterpinseln konnte und dem Miss More für ein Portrait gesessen hatte, das niemals fertig zu werden schien, fällt dann auf den gockelbunten Boswell, der wahrscheinlich im Kopf schon wieder mitschrieb. Dieser junge Herr verstand es ebenfalls, mit der nötigen Beharrlichkeit bei den Leuten einzukehren, von denen er sich gesellschaftlichen Glanz versprach und die, wie er hoffte, irgend etwas für ihn tun würden. Die Ergebenheit, mit der er ihn verfolgte und, sein Ohr an die Schulter des Doktors geheftet, jedes seiner Worte notierte, reizte den Alten bisweilen so sehr, daß er ihn wie eine lästige Bremse verscheuchen mußte. Niemals für lange. Vor einigen Tagen hatte er den guten Bozzy dabei ertappt, wie er, in seinem bescheidenen Salon am Gough Square auf ihn wartend, Borsten aus dem Kaminbesen schnitt. Er wolle sie in seinem Tagebuch aufbewahren, hatte er ihm ohne Verlegenheit gestanden, aber Dr. Johnson glaubte eher, daß er versuchen würde, sie zu Geld zu machen.

Denn dieser mäßig erfolgreiche Jurist und Möchtegern-Literat war oft knapp bei Kasse. Auch seinen Platz an Mrs. Thrales Tafel hatte er eher erschlichen denn erstritten. Sich bei seiner alten Freundin Hester Thrale als ein Vertrauter Rousseaus, Voltaires und Winckelmanns auszugeben – ein Belagerer, eine Kröte war er! Wie stand es im übrigen um seine Tugend? Er hatte von gewissen peinlichen Leiden gehört, die seinen Adlatus jüngst ans Untermieterbett gefesselt hatten. Wie kam es, daß er Hannah More verteidigte und James Boswell nicht immer ertrug? Darüber mußte Dr. Johnson gelegentlich einmal nachdenken. Quer über den Tisch ruft er ihm zu: »Mein Bester, ich bewundere Ihren Geschmack in modischen Angelegenheiten; es fehlen Ihnen nur noch ein hyazinthrosa Rock und eine silberne Weste zur Vollkommenheit des Anzugs.« Ein Augenblick der Stille, dann lacht Mrs. Sheridan mit ihrer schönen Stimme. Sie hat verstanden – natürlich, Feltrinelli! Alle werfen sich Blicke zu. Mrs. Robinson zieht die Mundwinkel herunter, als Mr. Boswell ein wenig über seinem Glas einknickt. Die kleine Cecily Montague starrt Fanny mit runden Augen an. Sie lächelt zurück. Papa hatte recht. Dies ist ihr Tag. Wo sie sitzt, ist oben. Am liebsten möchte sie nie wieder aufstehen.

*

In Wirklichkeit hatte Mrs. Thrale *Virginia* noch gar nicht gelesen, und als sie es endlich nachholt, ist sie verständlicherweise enttäuscht. Zuviel Zucker war gestreut worden, zuviel Wesen um eine Autorin gemacht, die weder das intellektuelle Kaliber noch den unfehlbaren Geschmack von – nun ja, zum Exempel, Hester Thrale geborene Roxburgh besaß. Ein recht hübsches Buch mit einigen amüsanten Szenen, aber das Aroma von Gewöhnlichkeit, das die Burneys nun einmal umgab, stieg ihr aus jeder Seite entgegen.

Mrs. Thrale fürchtet, sich bei Mrs. Montague mit ihrer enthusiastischen Empfehlung blamiert zu haben, aber ihre Freundin, die sich den ersten Band frisch aus dem Salon heraus geliehen hatte – und Mrs. Thrale damit zwang, auf die Dienste einer Leihbücherei zurückzugreifen –, läßt sie in dem Billett, mit dem sie das Buch zurückgibt und den zweiten Band erbittet, wissen, daß *Virginia* bisher ihre schönsten Erwartungen erfülle, sie sich glücklich schätze, im Haus ihrer Freundin die Autorin kennengelernt zu haben, und stolz darauf sei, daß eine Frau ein so gescheites und hoch gelobtes Buch geschrieben habe.

Es hatte Mrs. Thrale nicht gefallen, wie diese Autorin sich auf ihrer Party benommen hatte. Erst spielte sie die zimperliche Jungfer, dann gab sie ihr eine freche Antwort, und schließlich flirtete sie mit Dr. Johnson. Als Mrs. Montague von ihrem neuen Cottage an der Kanalküste schwärmte, das sie sich hatte bauen lassen, um, wie sie sagte, in ihrer alten Heimat Dorset während der Sommermonate zu rustizieren, und in einer fliegenden Laune die ganze Gesellschaft zu einer Einweihungsfeier lud, hatten sich fast alle lächelnd verbeugt und zugesagt; selbst Mr. Boswell, an den, so argwöhnte Mrs. Thrale, ihre Freundin Montague nicht im besonderen gedacht hatte. Der närrische alte Mann aber hatte seiner Tischdame auf die Schulter geschlagen, daß sie fast in ihren Teller gefallen wäre, und gedröhnt: »Mit Vergnügen, Madame! Erlauben Sie, daß ich eine junge Dame mitbringe. Kleine Burney, Sie und ich, wir reisen zusammen! In vier Wochen sehen wir uns alle in Lyme Regis!«

Mrs. Montague hatte ihre Einladung herzlich bekräftigt. Es sei ihr eine besondere Ehre, »Virginia« ihr kleines Haus zeigen zu dürfen. Es sei ganz schlicht, ganz ländlich, in der Nähe des Cobb gelegen, ein Plätzchen für die Sommerfrische, die Maler und Stukkateure hätten es soeben erst verlassen ...

Aus den Augenwinkeln hatte Mrs. Thrale eine Wortmeldung am unteren Tischende bemerkt. Dr. Burney schien Einwände vorbringen zu wollen, aber Mrs. Thrale ignorierte seine Unruhe. Oh ja, sie würde ans Meer fahren. Sie würde sogar hineinsteigen! Mr. Thrale war zu Hause unabkömmlich in seinen Biergeschäften. Nur Hannah und Monsieur Loutit würden sie begleiten. Hannah war so eigensinnig und nervös; eine heimliche Nägelbeißerin. Die Luftveränderung würde ihr guttun; ein bißchen Farbe in diese käsigen Wangen bringen. Für Dr. Johnson und Miss Burney wäre ebenfalls Platz im Landauer, wenn man ein wenig zusammenrückte.

So war die Reise beschlossene Sache, alle redeten durcheinander, was sie an der See zu unternehmen gedächten. Mrs. Sheridan, die Lyme Regis bereits kannte, verbreitete sich über seine pittoreske Schönheit und sein bekömmliches Klima: »Der herrliche Wind; ach, ich liebe ihn, er pustet all die kleinen Sorgen hinweg!«

»Und das Wasser!« erinnerte Mrs. Montague. »Im Winter ist es besonders gesund und stärkend, aber wie Sie wissen, ist Seine Majestät im letzten Juli in Weymouth ins Meer eingetaucht. Und nun ist auch die Sommersaison bei uns ›ton‹.«

Mr. Boswell erklärte, daß er noch nie an der Kanalküste gewesen sei, deshalb leider nichts dazu sagen könne, aber die schönsten Erwartungen hege, was die vollständige Wiederherstellung seiner Gesundheit betreffe. Nur die kleine Burney beteiligte sich nicht an diesen Plänen, sondern saß mit rotem Kopf schweigend auf ihrem Stuhl und zwirbelte das Obstmesser zwischen den Fingern. Mrs. Thrale hoffte, daß sie auf der Reise ein wenig mehr zur Unterhaltung beitragen würde.

*

Mrs. Montagues Cottage in Lyme Regis überraschte seine Gäste als ein einstöckiges weißes Haus mit einem von dorischen Säulen getragenen Portikus, einer Empfangshalle, die wie ein Schachbrett schwarz und weiß gefliest war, Speisezimmer, Bibliothek und Salon zu ebener Erde und so vielen Schlafzimmern im ersten Stock, daß es gar nicht in Frage kam, daß Sir Joshua Reynolds und sein Kammerdiener, Mrs. Thrale, Hannah und Miss Burney wie die übrigen in gemieteten Räumen Quartier bezogen. Es hatte nicht im entferntesten Ähnlichkeit mit Tante Dobsons Heim der engen Stiegen oder der reetgedeckten Zeile am Hafen, in der die Fischer wohnten. In der Halle begrüßte der erste von Mrs. Montagues drei stattlichen Papageien seine Herrin: »Guten Morgen, Blaustrumpf!«

»Hallo Coco, mein Bester!«

Und Pluto hetzte die Treppe hinauf, um das übrige Federvieh aufzuscheuchen. Überall im Haus waren die Möbel mit hellgrünem Chintz bezogen; die Wände bedeckt von Aquarellen, die die Schönheiten Dorsets, und Scherenschnitten, die Mrs. Montagues prominente und aristokratische Freunde zeigten. Unter den Zimmerdecken rankten sich gemalte Girlanden aus Rosen und Weinlaub; ein Granatapfelbäumchen, in dessen Zweigen sich grüne Sittiche tummelten, sproß zwischen den Fenstern, und Fannys Alkoven mit dem schmalen Bett aus Kirschbaumholz war wie eine Laube gestaltet. Wenn sie am nächsten Morgen die Augen aufschlagen würde, sähe sie sich einem Pfau gegenüber, der auf einer Quersprosse hockte und seine schimmernden Schwanzfedern wie eine Schleppe um die Pfosten schlang.

Mrs. Montagues Zofe Florence hat den Damen beim Auspacken und Umkleiden geholfen. Nun steht Fanny an einem der hohen Fenster und blickt über die Terrasse auf den Strand und den Cobb, den großen Wellenbrecher, der sich wie ein elegantes Komma ins Meer hinausschwingt. Aus der Ferne kann sie keine Gesichter erkennen, aber sie glaubt in jeder jugendlichen Gestalt, die dort herumspaziert, Sally zu erblicken. Sie würden sich treffen. Lyme Regis war so klein. Ihr Vater hatte sich in Fragen einer solchen Eventualität nicht sehr hilfreich ausgedrückt. Er ließe sie nur reisen, weil sie in Gesellschaft von Mrs. Thrale und Mrs. Montague sicher sei und weil sie sich bei dieser Gelegenheit den Damen von ihrer besten Seite zeigen könne. Er rechne damit, daß ihre Stiefschwester nicht in denselben Kreisen verkehre, und falls ein unglücklicher Zufall sie doch einmal zusammenführen solle, vertraue er auf ihren Gehorsam und ihre Diskretion. Habe er sich klar ausgedrückt? Sie werde Sarah Harriet nicht aufsuchen! Als Fanny sich aus dem Landauer beugte, um ihm Lebewohl zuzuwinken, sah sie ihn ein wenig vergrämt und einsam am Grosvenor Square stehen, und sie erschrak über ihren Verdacht, daß Dr. Burney nicht ganz so hoch geschätzt sein könnte, wie sie geglaubt hatte.

Natürlich war Mrs. Montagues Einladung an alle ergangen, aber niemand hatte ihn gedrängt, niemand aus seinen Verpflichtungen entlassen, als er Aufgaben vorschützte, die ihn in London festhielten. Monsieur Loutit, der nicht mehr oder weniger unabkömmlich war, hatte ohne die geringsten Skrupel zugesagt, und Fannys Aufmerksamkeit war nicht entgangen, daß dies auf Ermutigung von Mrs. Thrale geschah.

In der Kutsche saßen sie und der französische Lehrer einander gegenüber, und einen so großen Vorrat an guter Laune hätte Fanny in dieser Dame niemals vermutet. Sie verkürzten sich die Zeit mit Ratespielen, und zwischen Basingstoke und Salisbury gaben sie jedem ihrer Bekannten eine Farbe und einen Stoff zum Zeichen: Fanny war ein geblümter Musselin; Hannah vielleicht ein Stück zitronengelber Tüll, durch das der Wind pfiff; Dr. Johnson ein Pfeffer-und-Salz-Tweed, Miss Kitty Fisher lachsrosa Bombasin – ein Material, das Mrs. Thrale nicht einmal für einen Unterrock wählen würde, wie sie heiter erklärte –, und Mr. Thrale war etwas Warmes in mausgrauer Wolle. Ihre Freundin Montague erkannte sie in weinrotem Damast; Dr. Johnson, der Blau vorschlug, wurde überstimmt. Blau mochten die Strümpfe sein, aber aristokratisch war das Darüber. David Garrick verband Mrs. Thrale mit eitel Goldbrokat, doch das mochte an seinen Kostümen liegen, und Monsieur Loutit – sie hob das Kinn und lächelte die vorbeiziehenden, von Hecken gesäumten Felder an – mit braunem Samt ... zobelbraun vielleicht.

Er verneigte sich, ohne sein Gegenüber dabei aus den Augen zu lassen, und verglich sie seinerseits mit perlmuttfarbener Seide, einem Stoff, der so brillant und zart sei wie das Innere einer Muschel. Fanny, die eher an etwas Haariges in Gelb und Schwarz gedacht hatte, lächelte verhalten und fragte sich, wieviel Schmeichelei eine Frau in Mrs. Thrales Alter tatsächlich zu sich nehmen konnte, ehe ihr übel wurde.

Mrs. Thrale wirft die Verbindungstür zwischen ihren Zimmern auf.

»Es sieht herrlich aus dort draußen. Kommen Sie, liebe Burney, wir wollen uns ein wenig umsehen! Mrs. Montague sagte mir, es gäbe Badekarren am Strand. Haben Sie davon gehört? Man steigt vorne ein, wird ins Wasser gezogen und schlüpft auf der anderen Seite wieder hinaus und ins Meer.«

»Wie umständlich. Als ich klein war, sind wir einfach so hineingesprungen.«

»Oh, là, là. Dann können Sie also schwimmen?«

»Ein bißchen.«

»Ist es denn nicht gefährlich?«

»Nein, gar nicht, es ist wunderbar. Aber wenn Sie es nicht können, bekommen Sie eine Korkweste umgebunden. Damit gehen Sie nicht unter.«

»Die wird mir ausgezeichnet stehen«, sagt Mrs. Thrale. »Wo haben Sie diese Kunst gelernt?«

So muß Fanny ihr gestehen, daß es in Lyme Regis war, und obwohl sie sich ermahnt hat, vor dieser gefährlichen Dame auf der Hut zu sein, erzählt sie ihr nun doch von Tante Dobson und ihrer geliebten Schwester Sarah Harriet, die bei ihr lebt, denn ein Mensch kann sich nicht immer nur das Herz schwerer machen. Er muß von seinem Kummer reden, sei es auch einer Mrs. Thrale gegenüber, ein paar Tränen wegwischen, und danach geht es ihm wieder besser.

»Nun, da Sie hier sind, werden Sie Ihrer Tante natürlich Ihre Aufwartung machen.« Und Mrs. Thrale, die den Eindruck hat, daß man ihr soeben nicht die ganze Wahrheit über diese vortreffliche Schwester und die Gründe ihres Aufenthalts in Lyme Regis enthüllt hat, wird Fanny freundlicherweise begleiten, um die Situation und die junge Dame in Augenschein zu nehmen.

»Sagen wir morgen gegen drei? Nach dem Baden? Sie zeigen mir doch, wie man schwimmt, nicht wahr, liebste Burney? Mrs. Montague wird uns gewiß das Gig für diesen kleinen Ausflug überlassen. Ich werde Sie chauffieren.«

Eine solche Wendung hatte Fanny nicht vorausgesehen. Unmöglich konnte sie vor Mrs. Thrale zugeben, daß Dr. Burney ihr verboten hatte, Sarah Harriet zu besuchen.

»Sie sind sehr gütig, Madam, aber ich glaube, ich sollte lieber alleine gehen. Miss Dobson ist die Schwägerin der zweiten Mrs. Burney, und es ist wirklich nur ein Cottage, ein ganz kleines Haus«, sagt sie beschämt.

»Liebste Burney, das muß uns doch nicht anfechten. Wir beide können eine Dame überall besuchen. Aber nun kommen Sie! Setzen Sie Ihren Hut auf, und kommen Sie! Ich brenne darauf, das Meer zu sehen.«

Tante Dobson, eine Dame? denkt Fanny, während sie vor dem Spiegel die Hutnadeln durch das Stroh bohrt. Wohl kaum. Und Sally? Arme, liebe Sally... Mrs. Thrale hatte sie wieder einmal überrumpelt und dazu gebracht, auf ihren Vater böse zu sein. »Gehorsam und Diskretion«. War es nicht ganz unnatürlich, ja grausam, am selben Ort zu sein und sich nicht einmal die Hand reichen zu dürfen? Es fehlte nicht viel, und er war selbst daran schuld, daß sie seinen Geboten morgen zuwiderhandeln mußte. Denn ihr fällt kein triftiger Grund ein, der Mrs. Thrale von diesem Besuch fernhalten könnte. Es sei denn, eine von ihnen ertränke morgen nach dem Frühstück im Meer. Aber so unvorsichtig war Mrs. Thrale sicher nicht.

Fanny bangt vor dem, was sie in Tantes Vorderzimmer erwartet; der abgetretene Teppich und die speckigen Sessellehnen, das billige Teegeschirr, die Krümel der letzten Mahlzeit auf dem Tischtuch und Tante D., die in keiner Weise auf einen Morgenbesuch eingerichtet ist. Mrs. Thrale würde sie verachten, und sie würde sich schämen. Das war nicht zu ändern. Aber sie würde Sally wiedersehen.

»Ich bin soweit.«

Erst untergehakt, dann jede für sich, stapfen Fanny und Mrs. Thrale unter einem stahlgrauen Himmel am Strand entlang. Die Brandung zischt über die Kiesel, die hellgrün, blau und gefleckt wie Vogeleier glänzen. Im Zurücklaufen holt das Meer rasselnd Atem und stößt ihn als brechenden Donner wieder aus. Der Wind zerrt an den Hutkrempen, wirbelt die Bänder und plustert die Röcke. Zwei Knaben mit nackten Beinen lassen einen Drachen steigen. So einen Wind gibt es in London nicht. Fanny lehnt sich in seinen Arm und läßt sich schieben, immer weiter, immer schneller auf den Cobb zu. Nur wenige Spaziergänger sind unterwegs; die nächsten vor ihr sind zwei Damen und ein großer Herr in Schwarz, der auf dünnen Beinen zwischen ihnen durchs Geröll storcht. Der Schreck ist ihr schon in die Knie gefahren, ehe ihr Kopf richtig verstanden hat, zu wem diese drei Rücken gehören. Sie bleibt stehen und flüstert der aufschließenden Mrs. Thrale zu: »Das sind sie.« Mrs. Thrale ist sofort im Bilde. Sie hakt Fanny unter und flüstert zurück: »Gemach, liebe Burney, Sie werden nicht hinterherlaufen! Warten Sie, bis sie am Fuß der Kaimauer angelangt sind. Entweder steigen sie hinauf und werden uns dann sehen, oder sie drehen um und kommen auf uns zu.«

Die beiden Damen und der Herr klettern die schmale

Steintreppe zur Mauerkrone des Cobb hinauf, Sarah Harriet voraus, immer zwei Stufen nehmend, Tante Dobson, die linke Hand tastend an der Mauer, und zum Schluß der Reverend Mr. Bradshaw, der seinen rechten Arm wie ein wandelndes Geländer ihr zur Seite hält. Oben angekommen, richtet Sarah Harriet sich auf, dreht sich in den Wind und schaut zurück.

»Heiliger Strohsack! Fanny!«

*

Warum sollte der Reverend Mr. Bradshaw seine Ferien nicht in Lyme Regis verbringen? Warum nicht, in der Tat? Allerdings hatte er, der sonst so gern über jedes Thema unter der Sonne sprach, kein Wort in dieser Angelegenheit verloren, als er vor wenigen Tagen zur üblichen Stunde seine Aufwartung in Leicester Fields gemacht hatte, und natürlich hatte auch ihm niemand anvertraut, daß Fanny verreisen und wohin Mrs. Montagues Einladung sie führen würde, denn in Gegenwart der zweiten Mrs. Burney durfte nicht die leiseste Anspielung auf ihre verstoßene Tochter in Lyme Regis fallen.

Mr. Bradshaw hatte eine Zeitung mitgebracht, aus der er den Damen einen hochspekulativen Artikel über die Urheberschaft von *Virginia* vorlas. Aus informierten Kreisen verlautete, Dr. Johnson sei der Autor. Sein Dementi wurde als Schachzug zur Steigerung der allgemeinen Neugierde abgetan. Sollte es sich jedoch als wasserdicht erweisen, käme als Verfasserin auch eine der kühnen Blaustrümpfe aus dem Kreis um Mrs. Montague in Frage …

Wie angenehm war es, Mr. Bradshaw gegenüber zu sitzen, der das Blatt zwischen seinen spitzen Knien hielt und genüßlich glucksend diesen Unfug vortrug: ihr Agent, ihr Komplize. Als Mrs. Burney eine Bemerkung über die Zunft der Zeitungskleckser und Gehirnspinstler einstreute, die von Literatur so viel verstünden, wie die wirkliche Autorin vom Notenlesen, blinzelte er ihr über den Zeitungsrand zu, und Fanny, die daraufhin beflissen die Krümel des Makronenkuchens von ihrer Schürze pickte, hatte länger als vernünftig einem Bedauern nachgegeben, daß das Schicksal ihr die häusliche Gesellschaft der zweiten Mrs. Burney statt die des Reverend Bradshaw zugeteilt hatte. Aber wie sollte er sie auch von 54 Pfund im Jahr und keiner Aussicht auf eine bessere Stelle erhalten? Sie würde einen neuen Roman schreiben. Sie würde mit seiner Hilfe immer bessere Honorare aushandeln. Sie würde Zugang zu Kreisen finden, die ihn protegierten und in lukrative Pfründen einsetzten. Aber Benjamin Bradshaw, der in diese Gedankenspiele nicht eingeweiht war, unternahm keine Schritte, die ihr erlaubt hätten, sie ihm zu offenbaren. Er schien durchaus zufrieden mit der Unverbindlichkeit der Verhältnisse und verabschiedete sich, ohne seine Ferien auch nur erwähnt zu haben.

Dafür hatte er seine Gründe. Seit Sarah Harriet in Vauxhall seinen Weg gekreuzt hatte – einen unbeleuchteten Weg, aber es war ihm nichts von ihren Reizen entgangen –, beschäftigte sie seine Gedanken, und da der Reverend Bradshaw tatsächlich kein Gentleman war, rechnete er damit, daß eine junge Frau, die sich bereits einmal in eine kompromittierende Situation gebracht hatte, auch seinen eher bescheidenen Verführungskünsten erliegen könnte. Die Vorstellung hatte ihn einen Sommer lang nicht verlassen, und als Miss Burney ihm in der Eremitage von Chessington Hall die pikante Szene zwischen Virginia und Feltrinelli vorlas, war ihm dies wie ein Wink des Schicksals erschienen, nach Lyme Regis zu fahren und sein Glück zu versuchen.

Daß er Miss Burney, die ihm vertraut hatte und auf seinen Antrag zu warten schien, hinterrücks verließ, berührte den Reverend peinlich, aber er kam rasch über seine Skrupel hinweg. Die Nachsicht, die er gegen seine sündige Gemeinde in Southwark übte, galt auch seinen eigenen Schwächen, und er hatte sich davon überzeugt, daß er und Miss Burney kein passendes Gespann ergäben. Er hätte sie gern zum Freund behalten, aber sie um ihre Hand zu bitten, fiel ihm nicht ein. Eine schriftstellernde Person, die ihn und seine Welt aus nächster Nähe beobachtete, um ihre Eindrücke anschließend und nahezu unverrätselt in einem Roman zu veröffentlichen, erschien ihm zum ersten keine glückliche Verbindung. Zum zweiten fühlte er sich außerstande, der jungen Dame bei ihrem gesellschaftlichen Aufstieg zu folgen. Womöglich verlangte sie bald eine Chaise und eine Adresse im Westend. Wovon? Von seinem Gehalt? Es war ja offensichtlich nicht einmal eine Aussteuer vorhanden. Daß sie es unter solchen Umständen wagte, seine Blicke zu erwidern! Nur ein Rest Selbsterkenntnis bewahrte Mr. Bradshaw davor, Miss Burney der Koketterie anzuklagen. Er war zu verschwenderisch mit seiner Aufmerksamkeit gewesen, und je weniger man in Zukunft voneinander sah, um so besser. Der Kurat trat den Rückzug an, jedoch nicht, ohne unterwegs ein kleines Abenteuer zu suchen.

Dazu wandte er sich an den Vikar von Lyme Regis, einen ehemaligen Kommilitonen, mit dem ihn, wie er sich erinnerte, ein wiederholtes und verbotenes nächtliches Streunen außerhalb der Collegemauern verband, und bat um Vermittlung einer preiswerten Unterkunft an der See, wobei er im stillen darauf zählte, in das Haus des Amtsbruders geladen zu werden. Dieser nannte ihm jedoch die Witwe Pullit, die in einer Gasse hinter dem Hafen ein Kurzwarengeschäft betrieb, wo die weiblichen Badegäste Putz für ihre Hüte und die Frauen von Lyme Regis Stopfgarn für ihre Strümpfe kauften, und die unter dem Dach drei Kammern für 1 Shilling 6 Pence pro Nacht und Bett feilbot, nebst einem Feuer am Abend, einer Tasse dünnen Kaffees und einem Stück Haferkuchen zum Frühstück. Dort war Benjamin Bradshaw abgestiegen, hatte sich vor einem Spiegel mit wurmstichigem Rahmen die roten Bartstoppeln geschabt, um sich dann unverzüglich auf den Weg in den höher gelegenen Teil des Dorfs und zur Tür der Misses Dobson zu machen.

Er hatte eine ältere vorgefunden, die ein primelgelbes Häubchen zu einem faltigen, kleinen Mund trug, und eine junge, die sie fast um einen Kopf überragte und bei deren Wiedererkennen dem Reverend eine prickelnde Wärme in die mageren Lenden stieg. Er hatte die erfundenen Grüße von Mr. und Mrs. Featherstone ausgerichtet und durfte am folgenden Abend wiederkommen, um die eine Miss Dobson bei der Farbwahl des Stickgarns zu beraten und der anderen die Noten umzublättern, während sie auf dem Spinett spielte und mit frischer Stimme »Gather ye rosebuds while ye may« sang.

Benjamin Bradshaw war zuversichtlich, diese Rosenknospe bald gepflückt zu haben. In der Woche darauf hatte er bereits eine Haarlocke erbeutet und, als beide das Kätzchen nach einer Garnrolle springen ließen, der jungen Dame ein Briefchen mit einem Zitat aus *Virginia* zugesteckt: »Wenn Dir diese Zeilen übergeben werden, wirst Du wissen, wie sehr mein Herz von Dir besessen ist. Oh, grausame junge Schöne, wann leuchten mir Deine dunklen Augen? Wann darf ich hoffen, erhört zu werden?«

Nun, auf der Treppe des Cobb, an die Mauer gedrückt und im Schritt über zwei Stufen verharrend, fühlt er seine Absichten von Miss Burneys hellen Augen durchschaut. Welche finsteren Mächte hatten sie hierhergeführt? Und welcher Teufel hatte ihn selbst geritten zu glauben, daß er unentdeckt davonkäme? Der empfehlende Arm fällt herunter, das Lächeln erlischt. Und wie es von einem Ertrinkenden heißt, er sähe vor seinem inneren Auge sein Leben in Blitzesschnelle noch einmal vorbeiziehen, erkennt auch Benjamin Bradshaw die mißlichen Zusammenhänge und ahnt, daß ihm, wenn er aus dieser Bredouille herausfinden, seine Stellung und seinen Ruf retten will, nur noch ein Halm bleibt, nach dem zu greifen sich lohne.

Mit einem entzückten Schrei rempelt Sarah Harriet treppab an ihm vorbei; er spürt ihren Ellenbogen im Magen, ihren Fuß auf seinem. Sie überspringt die letzte Stufe, hastet, die Röcke raffend, durch den Kies zu den beiden Damen und ergreift strahlend die Hände ihrer Schwester.

»Liebste Fanny, mein Schäfchen, heiliger ... was machst du hier?« Und Fanny, die eben noch glaubte, der Boden öffne sich unter ihr, drückt Sallys Hände, küßt ihre Wangen, ist so außer sich vor Freude, daß sie die Etikette vergißt. Erst Tante Dobsons Stimme, ihre atemlos gezwitscherten Fragen, zähmen und ordnen die Gefühle, so daß sie Mrs. Thrale ihre Freunde vorstellen kann. Diese weltläufige Dame ist es auch, die, nachdem man ein wenig schafsmäßig zusammengestanden hat, vorschlägt, gemeinsam über die Mauerkrone des Cobb zu spazieren, wobei sich der Reverend Bradshaw und Tante Dobson in die zweite Reihe geworfen sehen. Voraus eilen Fanny und Sally, die Arme einander um die Mitte geschlungen, neben Mrs. Thrale, die notgedrungen Schritt halten muß.

Sie hat sich ihren eigenen Reim auf diese Begegnung voll rustikalen Überschwangs und augenmeidender Verlegenheit gemacht und gehofft, aus dem Geplapper der beiden jungen Dinger mehr zu erfahren, aber Fanny, die Benjamin Bradshaws unlautere Absichten zwar nicht durchschaut, dessen Auftauchen an diesem Ort und in dieser Gesellschaft jedoch einen turbulenten Eindruck hinterlassen hat, ist nicht bereit, Mrs. Thrales Neugierde zu befriedigen. Ein Druck ihres Arms sagt: Jetzt nicht! Ihr Blick: Warte, bis wir allein sind. Sally nickt lächelnd Zustimmung und plaudert über eine Segelpartie, bei der die Punschterrine über Bord gegangen ist, neue Hüte mit grünen Federn, das possierliche schwarze Kätzchen, das ihr zugelaufen. Sie habe es Feli genannt ...

Morgen beim Bad. Die jungen Damen und Mrs. Thrale würden zusammen ins Meer steigen. Aber während die Korkweste im Flachen dümpelnd zurückbliebe, würden Fanny und Sally hinausschwimmen, wo sie niemand belauschen konnte.

*

Die Badefrau, die den Damen am Strand aufwartet, erinnert Fanny an die zweite Mrs. Burney mit ihren dicken, roten Schultern und den kräftigen Beinen. Allerdings hat sie ihre Stiefmutter in der Öffentlichkeit nie in einem derartig barbarischen Deshabillé gesehen: barfuß und nachlässig geschnürt, die Röcke hoch zwischen den Beinen geschürzt und die Zipfel um die Hüften verknotet. Mrs. Thrale benötigt ihre Dienste beim Auskleiden, aber die Mädchen haben sich zusammen in eine der nach Teer und Schweiß riechenden kleinen Hütten gesperrt. Der Boden kippt, als die Badefrau sich wie ein Pferd vor die Deichsel spannt und den rumpelnden Karren in die Brandung zieht. Lachend und stolpernd halten sie sich aneinander fest. Draußen pfeift der Wind, aber drinnen ist es warm. Sie lösen sich gegenseitig die Schnürleibchen, streifen die Petticoats ab, steigen aus den Reifröcken, knüpfen die Strumpfbänder auf und stehen schließlich im dünnen Hemd voreinander.

»Grundgütiger, Fanny, du bist ja immer noch so ein Spatz!«

»Nein, das stimmt nicht! Meine Sommerkleider vom letzten Jahr passen mir alle nicht mehr. Mrs. Montague hat mir neue machen lassen. En fourreau, wie die ihrer Tochter.« Sarah Harriet aber ist wirklich gewachsen und rund; fast eine erwachsene Frau. Fanny fühlt ihre Speckfalten durch den Stoff, als sie ihr die Hand auf den Rücken legt und sie zur Tür schiebt.

»Schnell ins Wasser, ehe sie den Schirm runterklappt!«

Der Wind bläst ihnen entgegen, als Sally die Tür aufstößt und sich am Halteseil die Stufen ins Wasser hinunterläßt.

»Uii, kalt, kalt, kalt!« Dann wirft sie sich pustend mit ausgestreckten Armen nach vorn und teilt hastig die hüpfenden, pitschenden Wellen. Von Mrs. Thrale, deren Badekarren zehn Schritt entfernt in der Brandung lehnt, ist noch nichts zu sehen; so springt Fanny hinterher. Das Musselinhemd klatscht ihr an den Leib, sie rafft es, knäult es unter der Brust zusammen und schwimmt dann hinter Sally hinaus ins Freie. Der Geschmack des Wassers, sein kaltes Strömen zwischen den nackten Gliedern bringen den Sommer zurück, als sie an Louises Hand in die Brandung gelaufen war – »Jetzt schwimm, Fanny! So die Arme vor! Schau, das Wasser trägt dich! Kopf hoch, Kopf hoch!« Ihre neue Schwester hatte es damals ganz schnell gelernt, aber sie brauchte, wie üblich, ein wenig länger. Nun wartet Sally draußen im Tiefen; ihr weites Hemd umwallt sie wie ein Medusenmantel.

»Roll es hoch! Hier sieht uns doch niemand.«

»Dann hilf mir! Ich komme hinten nicht dran.«

Sie zappeln und strampeln lachend umeinander, halten sich an den Schultern fest, stopfen und knoten den nassen Stoff. Steinkalt sind ihre Arme, das Wasser spritzt, Spucke läuft. Sally ist so stramm wie eine Robbe. Fanny fühlt sich neben ihr wie ein weißknöcheliges Seepferdchen.

»Huuuh, Sally, liebe Sally, ich hab' dich so vermißt!«

»Und jetzt, dich hier zu sehen, mein Engel, an diesem Ort!« schreit Sally und packt sie um die Mitte. »Weißt du, wovon ich spreche, mein Engel? Ich geb' dir was, die Röcke hochrollen!« Und sie wirbelt Fanny prustend herum. Fanny wirft den Kopf zurück und lacht; lacht so sehr, daß die Wellen Haare und Häubchen durchnässen. Sie kann gar nicht mehr aufhören, so viel eingesperrtes Lachen steckt noch in ihr. Am Rande bemerkt sie, daß die Badefrau die Plane über Mrs. Thrales Treppe wie einen Reifrock heruntergezogen hat. In seinem Schutz mochte sie nun das Schwimmen praktizieren.

»Ich muß dich so viel fragen, Sally.«

»Und ich habe solche Neuigkeiten für dich. Aber frag mich zuerst!«

»Dann sag mir doch – der Reverend Mr. Bradshaw, wie kommt er denn so plötzlich zu Tante Dobson?« Sally wirft ihr einen überraschten Blick zu.

»Aber weißt du das denn nicht? Er hat ihr doch geschrieben, als alter Freund der Familie, der in den Ferien einen Amtsbruder hier in Lyme Regis besuchen werde. Natürlich hat er nichts über Vauxhall und so weiter gesagt. Zuerst habe ich mich gewundert, denn wir haben ihn in London ja kaum gekannt, nicht wahr, und dann, weißt du, was er gesagt hat, als er kam? Ich fand das wirklich närrisch von ihm, und du darfst mir nicht böse sein, aber es hat mir auch gefallen. Er hat nämlich gesagt, er habe die junge Dame selbst kennenlernen wollen, die das Vorbild für Virginia war.« Fanny schluckt Wasser und spuckt.

»Zu Tante Dobson?«

»Nein, zu mir, ganz schnell und unterderhand, als Tante nach ihrem Stickgarn gesucht hat. Und am nächsten Tag hat er schon wieder vorgesprochen. Daher weiß ich auch, daß er ein guter, alter Freund von Mr. Featherstone ist und daß du ihm das Geheimnis um dein Buch anvertraut hast. Natürlich bewundert er dich sehr.«

»Das hat er gesagt?«

»Ja, und das Buch natürlich auch. Aber, Fanny, du glaubst gar nicht, wieviel Worte er darum macht, daß ich Virginia sei – natürlich nur, wenn uns keiner zuhört; sei unbesorgt. Er ist wirklich diskret und dabei so spaßig. Ich glaube beinahe, er wäre selbst gern darin vorgekommen. Er sagt, er habe mich sofort in der Heldin erkannt, als du ihm deinen Roman vorgelesen hast, und er macht sehr literarische und galante Anspielungen auf meine Kirschenaugen«, Sally kichert, reißt die Augenbrauen hoch und schnalzt mit der Zunge am Gaumen. »Und jetzt paß auf, mein Schäfchen. Ich habe in der Frühe ein Billett von ihm bekommen. Er will mich heute abend am Cobb treffen und ...« Sie hört ein Gurgeln neben sich. »Fanny, was ist los? Gehst du unter?«

»Oh, Sally, oh du meine Güte, nicht schon wieder!«

»Doch, hör mir zu! Fanny, hör doch, diesmal ist es ganz anders! Er sagt, er will an deinen Papa schreiben. Stell dir vor, er will um meine Hand anhalten! Er will mich von hier wegholen! Stell dir vor, ich komme als Pfarrersfrau zurück nach London! Southwark! Du kannst mich besuchen.«

»Nein, Sally, nein, nein, nein!« Fanny schlägt mit den Armen aufs Wasser, aber ihre Schwester, die diesen Schrei als Ausdruck höchsten Staunens verstehen will und glaubt, daß eine Welle Fanny den salzigen, nassen, wehen Mund ins Gesicht geklatscht habe, lacht:

»Oh, doch, doch, doch! mein Schäfchen. Denn dann bin ich ja wieder honett.« Sie schmatzt langsam vier einzelne Worte: »Mrs. Sarah Harriet Bradshaw. Wie klingt das?« Fanny wendet den Kopf ab.

»Laß uns umdrehen, Sally, bitte!«

»Gut, wenn du willst«, sagt Sally ein wenig enttäuscht. »Bist du denn schon müde? Halt dich an mir fest, wenn es nicht mehr geht. Wir sind nicht zu weit draußen, und die Strömung treibt uns rein.« Sie rudert auf der Stelle, grinst. »Aber, sag doch, ist das nicht eine wunderbare Fügung!«

»Ich weiß nicht. Bist du sicher?« erwidert Fanny kläglich. »Ich habe ... er hat eigentlich ...«

»Oh ja, natürlich, er hat nur 54 Pfund im Jahr, aber wenn ich heirate, wird Mama mir vergeben und mir etwas überschreiben, das weiß ich bestimmt.« Sie wälzt sich auf den Rücken, paddelt mit den Füßen, stimmt eine Händel-Arie ins Blaue an: »So stolze Schönheit weckt der Brust Verschmähung – nicht den Reiz der Lust«, dann, sich spreizend und im aufgelösten, wallenden Hemd wiegend: »Sie einzig nimmt das Herz in Haft, die milden Sinns und sanfter Art.« Der Text geht verloren, die Stimme trallitrallat über dem Rauschen der Wellen; bricht dann in einem Räuspern ab: »Hör mal, findest du, daß ich milden Sinns und sanfter Art bin?«

»Ja, Liebste, das bist du.« Fanny stößt kalt und elend neben ihr durch das graue Meer.

»Eine stolze Schönheit jedenfalls nicht«, sagt Sally, hauchfein an der Wahrheit vorbeitreibend: »Vielleicht verschmäht er mich deshalb nicht.«

»Aber du, Sally, kannst du ihn denn achten – und lieben? Ich meine, du kennst ihn doch gar nicht. Wenn Mr. Bradshaw nun auch so ein Lügner und ein ...«

»Ich kenne ihn gut genug, um ihn zu nehmen. Natürlich ist er keine glänzende Partie, aber, schau mich an, ich bin's doch auch nicht.« Sie legt den Kopf zurück, läßt ihr schwarzes Nixenhaar treiben und redet in den mit Streifenwolken bezogenen Himmel. »Ich bin doch nichts mehr wert seit damals in Vauxhall, auch wenn Millico mir gar nichts angetan hat. Glaubst du wirklich, da käme noch ein Lord Orwell in seiner goldenen Kutsche, um mich von Tante Dobson zu erlösen?« Mit einem Ruck hebt sie den Kopf aus dem Wasser und funkelt ihre Schwester an. »Das ist Gefasel. Das gibt's nur im Roman.«

»Bisher hat es dir aber ganz gut gefallen, eine Romanfigur zu sein«, japst Fanny zurück. Sie tastet mit den Füßen nach Grund, aber die Wellen schwemmen sie wie ein Stück Treibgut hoch und nieder. Der Stoffknoten hat sich gelöst, das Hemd wickelt sich um ihre Beine. Wie weh die Kälte tut! Ein Schluchzen:

»Oh, Sally – hilf mir, ich kann nicht mehr!« Die Schwester reicht ihr einen Arm, zieht sie zu sich herüber, und Fanny ruht schniefend an ihrer Schulter aus, während die andere im Wasser stampft.

»Keine Angst, mein Schäfchen, es ist ja nicht mehr weit, und ich stütze dich, so, so, es kann gar nichts passieren; die Flut trägt uns rein ... Siehst du, ich bade eben öfter im Meer als du. Das macht stark. Und erst der Wind!« Sie lacht. »Aber glaub' mir, eine Bruchbude im stinkenden Southwark ist mir lieber als die ganze gute Luft von Lyme Regis.«

Als sie sich langsam schwimmend und wassertretend den Badekarren nähern, sehen sie Mrs. Thrale, die unter der Plane durchgeschlüpft ist und mit über der Korkweste hoch erhobenen Armen in der Brandung auf und ab hüpft. Bei jedem Niedergang erscheint sie wie ein dicker, weißer Pilz, bei jedem Auftrieb wie sein faltiger, dünner Stengel.

»Huhu«, ruft sie und winkt mit beiden Händen, »da sind Sie ja! Wo haben Sie denn die ganze Zeit gesteckt? Das Wasser ist herrlich! So erquickend und belebend! Kommen Sie, liebe Burney, zeigen Sie mir, wie man schwimmt!«

*

An dem Tag, als Sarah Harriet in der Kirche von Lyme Regis den Reverend Benjamin Bradshaw heiratet, liegt ihre Schwester mit Fieber im Bett. Mr. Cox, der Apotheker, der im Auftrag von Mrs. Montague konsultiert wurde und Miss Burney zur Ader läßt, möchte nichts Abträgliches über das Schwimmen im Meer hören, aber auch er rät der Kranken schließlich, das Wasser zu trinken, statt darin einzutauchen. Zuviel kaltes Element von außen dringe durch die Poren und erzeuge zuviel Hitze und Dampf im Innern.

So besteht der Brautzug lediglich aus Tante Dobson in ihrem besten Schal und dem Küster, denn weder Mrs. Burney noch der Doktor konnten sich, trotz ihrer Erleichterung, diese Tochter unter der Haube zu sehen, dazu entschließen, die Reise nach Lyme Regis anzutreten. Statt ihrer traf ein Geschenk in Form von zwölf versilberten Messerbänkchen ein, und das Ehepaar Featherstone schloß sich mit einem gleichermaßen nützlichen Tafelaufsatz an, der einen Faun und eine Nymphe darstellte, die, auf einem geflügelten Roß reitend, in Muschelhörner tuteten und ihre vollen Becher schwangen. Die Braut deutete ihn zu Recht als Ausdruck von Schwester Featherstones grimmigem Humor.

Als Mrs. Bradshaw läßt Sally es sich freilich nicht nehmen, in Mrs. Montagues Cottage vorzusprechen, ehe sie mit Mr. Bradshaw ihren Platz auf einem Rollwagen einnimmt, der Salz nach London befördert. Sie muß der blassen Gestalt in den Kissen ihren Ring zeigen und sie zum Abschied zart auf die nassen Augenlider küssen.

»Es wird alles gut, mein Schäfchen. Mach dir keine Sorgen. Wir werden arm sein, aber wir haben uns lieb. Mr. Bradshaw ist so gut zu mir. Kein Wort über Millico und Vauxhall. Ach, Fanny, ich bin gerettet. Und Mama hat mir 20 Pfund im Jahr ausgesetzt. Meinst du, ich kann davon ein Spinett bezahlen? Freust du dich mit mir? Wirst du mich in Southwark besuchen kommen? Auch wenn wir nur zwei und eine halbe Kammer haben? Du kannst dich auf meine Messerbänkchen setzen. Heiliger Stroh ...! oh je, das muß ich mir jetzt aber wirklich abgewöhnen ... was mache ich mit dem ganzen Klimbim? Sag mir, daß du kommst!«

Fanny bewundert den Ring, auch wenn der Silberdraht nur einen Splitter Rheinkiesel umfaßt, lächelt und verspricht, sobald sie gesund und Mrs. Thrale genug geschwommen sei, nach London zurückzukehren und Sally ihre Aufwartung zu machen. Sie scheiden mit Küssen, Tränen und Versprechungen, und keine ahnt, daß sie einander nicht mehr wiedersehen sollten.

Das junge Paar ist abgereist, Mrs. Thrale jedoch zeigt keine Neigung, ihren Sommer am Meer vorzeitig zu beschließen. Man sieht sie mit Hannah und Monsieur Loutit spazierengehen und ohne Hannah mit Monsieur Loutit in einem Segelboot, die Pinne in der Hand. Daß sie in Mrs. Montagues Haus nicht so schalten kann wie am Grosvenor Square, vermag ihre Ferienstimmung kaum zu trüben. Allerdings hat sie, eine Freundin schneller Entschlüsse und sanfter Manipulation, bald bemerkt, daß ihre Gastgeberin über ein gänzlich anderes Naturell verfügt, mit dem sie ohne böse Absicht, aber in einem fort Mrs. Thrales Gefieder zerrauft.

Denn obwohl Mrs. Montague jeden Gast im Haus behaglich sehen möchte, bestimmt allein sie den Kurs des Tages und duldet weder Beschleunigung noch Abkürzung. Wie ein brütender Vogel ruht sie in ihrem Nest, unbeeindruckt vom Flattern und Scharren der Mrs. Thrale. Die Frühstücksrituale auf dem Land sind ausgedehnt. Statt Verabredungen einzuhalten, liest Mrs. Montague morgens ihre Post, führt lange Gespräche über halbleeren Tellern, interessiert sich für wildfremde Menschen und deren irrelevante Geschäfte und gibt schmuckvoller als Mrs. Thrale Erlebnisse wieder, die diese bereits am Vortag ihren gemeinsamen Freunden geschildert hat. Pferde und Wagen warten in der Auffahrt, der Kutscher zwirbelt seine Peitsche, Mrs. Thrale spannt die Gesäßmuskeln an, aber Mrs. Montague läßt sich noch ein wenig Weißbrot bringen oder ein verlorenes Ei, teilt eine Portion Lammkoteletts mit Pluto, der zu ihren Füßen von seiner eigenen Tischdecke futtert, kämmt seine seidigen dunklen Ohren mit den schwer beringten Fingern und gibt sich Spekulationen über einen Patienten von Mr. Cox hin, dem es gelungen war, sich auf der Jagd selbst durch die Wade zu schießen; eine Herausforderung an Mr. Cox' chirurgisches Geschick und ein Gegenstand großer Sorge für seine Familie, denn der Mann konnte als Maat einer Brigantine, die in drei Wochen mit Stückgut nach Westindien auslaufen sollte, kaum auf ein halbes Bein verzichten.

Unter Mrs. Montagues Regie erreicht die Gesellschaft die Rennen in Dorchester beim letzten Einlauf. Die Ausfahrt nach Weymouth führt geradewegs in die Nacht hinein –

eine liebliche Vollmondnacht; so klar und schön, wie sie in London niemals zu erleben wäre. Das muß selbst Mrs. Thrale zugeben.

Dennoch beklagt sie im stillen diese schreckliche Saumseligkeit, und mehr noch, daß ihre Freundin, die sich aus der Hauptstadt eine Entourage der geistreichsten Menschen mitgebracht hat, bei ihren Dinnergesellschaften auf völlig unerwünschte Gestalten »aus der alten Heimat« zurückgreift, die nach Hester Thrales Meinung in keiner Weise dem Anspruch genügen, den die Blaustrümpfe an ihre Gäste zu stellen gewohnt sind. Dem schwach nach Schwefel duftenden Mr. Cox oder Mr. Keenan, dem irischen Wein-Importeur, pflegt sie Miss Burney als Tischdame zuzuteilen. Sollte Mrs. Montague auf diese Weise ihre Netze nach einem Heiratskandidaten für die junge Dame auswerfen, so offenbart die Auswahl einen volkstümlichen Geschmack, den Mrs. Thrale nicht bewundert. Andererseits, was konnte die kleine Burney, die sich so weit aus dem Fenster gelehnt hatte, Besseres erwarten?

Der kleinen Burney hingegen ist die Tischordnung noch gar nicht aufgefallen, und wenn, wäre es ihr nicht in den Sinn gekommen, Mrs. Montague einer so geringen Meinung von ihr zu verdächtigen, daß sie ihr allen Ernstes einen Mann wie Mr. Keenan anbieten würde. Fanny hat weder eine Aussteuer noch eine begehrenswerte Familie. Dies hindert sie jedoch nicht, wie ihr Vater, Hoffnungen an höher gestellte Kreise zu heften, ohne daß sie über seinen Charme und seine Biegsamkeit verfügt hätte – nützliche und wünschenswerte Talente im Umgang mit Leuten von Konsequenz. Sie versteht, daß sie als Dr. Burneys Tochter nicht nach Lyme Regis eingeladen worden wäre, aber ihr Staunen darüber, daß sie diese neuen Freundschaften dem Umstand verdankt, daß sie ein erfolgreiches Buch geschrieben, hat sich noch nicht ganz gelegt.

Mrs. Thrale mochte sie für einen Parvenü halten, Mr.

Garrick noch immer für ein halbes Kind, mit dem er im Haus in Leicester Fields Schokolade getrunken und Possen gerissen hatte. Ganz geheuer ist ihr nur Dr. Johnsons Gesellschaft, obwohl dessen Nähe für eine junge Dame, die morgens Gebrauch von Seife, Schwamm und Lavendelwasser macht, bisweilen eine Prüfung darstellt. Als schlurfe er von seinem Bett an seinen Schreibtisch am Gough Square, geht der Doktor unbefestigt und unbelästigt von Hemd- und Kniehosenbünden durch Mrs. Montagues Haus und tritt dabei die Lederschuhe an den Hacken nieder. Niemand kann das gutheißen, aber Fanny liebt ihn dafür. Wenn ihm die schwarze Galle steigt und er, mit aller Welt überworfen, in schwermütiges Schweigen zu versinken droht, bringt sie das Gespräch auf seine Lieblingsfeinde, bis er schnaubend und zuckend zu deren Hinrichtung schreitet. Wenn er mit sich im reinen ist, lehrt er sie Latein.

»Dafür sollte Platz in diesem hellen Kopf sein!« sagt er und klopft mit dem Knöchel an ihre Stirn. Sie nimmt es hin. Er ist der einzige, der ihre Empfindlichkeiten versteht, und er scherzt mit ihr, als seien er und sie Verbündete; Freibeuter zwischen Handelsschiffen.

Denn trotz der Komplimente, die man ihr spendet, fühlt sie, daß sie nicht wirklich dazugehört und sich ihren Platz immer wieder neu würde verdienen müssen. Nichts war abgemacht; das gute Leben nur geliehen. Gab es Geschenke, oder mußte sie dafür bezahlen? Für die Sommerkleider, die Hüte, den neuen Schirm? Mrs. Montague erscheint die kleine Burney gelegentlich als ein etwas schwieriger Gast, der sich und andere mit seinen allzu zarten Saiten plagt. Jeden Mangel an Aufmerksamkeit deutet sie als Vernachlässigung und jeden Gefallen als Affront. Konnte sie sich nicht einfach freuen, wenn man für sie auf ein Pferd setzte und ein Pfund gewann? Konnte sie nicht einfach ihre Wünsche äußern, statt sich zweimal bitten zu lassen?

Natürlich hätte Fanny beim Dinner lieber neben Dr. Johnson oder Sir Joshua Reynolds gesessen, aber da auch die klügste Gastgeberin keine Gedanken lesen kann, landete sie ebenso oft neben Mr. Cox oder Mr. Keenan. Ein Dorf-Apotheker, der sich selbst nicht im Traum als elegante Erscheinung bezeichnet hätte, und ein alter Weinhändler, der den Roué spielte, schienen in den Wochen, als sie mundfaul und unleidlich auf dem Sofa saß und die Geduld ihrer Freunde auf die Probe stellte, kongeniale Gesellschaft genug. Was war los mit Miss Burney? Nichts, nichts! Ein wenig nervös, indisponiert. Das Supper zu spät. Die Ente zu fett. Ein kalter Luftzug. Ein falscher Ton. Ein schlechter Traum. Es hatte nie ein Heiratsversprechen gegeben; also konnte es auch kein Verlassen und keine Tränen geben. Sie durfte sich und ihren Liebeskummer niemandem mitteilen. Mr. Cox und Mr. Keenan waren so gut wie niemand.

Glücklicherweise hatte sie jedoch nicht viel Talent, sich selbst zu betrügen, und nachdem sie genug gelitten, erkannte sie, daß der Reverend Bradshaw ihr eine Kränkung zugefügt hatte, die sie leichter verschmerzen konnte als den Abschied von Sally. Sie verstand noch immer nicht, mit welchen Absichten er nach Lyme Regis gekommen war, aber nach allem, was sie von seinem Liebeswerben gehört hatte, schloß sie, Benjamin Bradshaw könne kein Hauptgewinn in der Lotterie des Lebens sein. Es gab da etwas Unklares in seinem Wesen, ein Wichtigtun und Geheimnissen, das noch kein Betrug, aber auch nicht mehr ganz Wahrheit war und das sie Sally nicht weitersagen konnte. Aber auch ohne ihn zu durchschauen, ahnte sie, daß ihrer geliebten Schwester an der Seite dieses Mannes härtere Zeiten als drei Tante-Dobson-Jahre bevorstanden.

In dem Maße, wie Fanny ihren Kummer bewältigt hatte, war sie auch aus dem Windschatten der Herren Cox und Keenan getreten und hatte sich in die intellektuell besser durchlüfteten Teile des Salons begeben. Wenn sie nun nachts im Hemd, die Bettdecke über den Schultern, beim Licht der

Kerze an ihrem Toilettentisch sitzt, mustert sie die beiden nicht als Heiratskandidaten, sondern als Quelle, aus der eine Schriftstellerin gratis das Salz für ihre Figuren löffelt.

»Er ist zwischen fünfzig und sechzig«, schreibt sie über Mr. Keenan, »würde aber gerne für Mitte Dreißig durchgehen, ein kleiner Mann mit einem Mopsgesicht und krummen Beinen. Statt einer Perücke trägt er seine Haare in wenigen, aber akkuraten Locken auf die Stirn geklebt. Dies geschieht wohl, um zu zeigen, daß sie noch vorhanden sind und ihre ursprüngliche Farbe, ein grünliches Blond, aufweisen. Im Umgang mit dem schwachen Geschlecht ist er sehr galant und von ausgesuchter Dienstbarkeit. Spricht er jedoch mit anderen Herren, klingt seine Stimme zänkisch und auftrumpfend, und von Respekt gegenüber den Damen kann keine Rede mehr sein. Das Gespräch würzt er gern mit französischen Wendungen, die er als Weinhändler in Paris aufgeschnappt hat, und Anekdoten, die mehr über sein Alter verraten, als ihm lieb sein dürfte.« Fanny kennt inzwischen jede Wort für Wort.

»Obwohl es spät geworden, die Gäste schon dabei waren, sich zu zerstreuen, und die Diener mit Fackeln vor der Tür standen, ließ Mr. Keenan es sich nicht nehmen, den Abend einem Rückblick zu unterwerfen. Er lobte die ausgezeichneten Bratäpfel, und er lobte Dr. Johnson (der sich an den Dorseter Heimatabenden gerne etwas früher zurückzieht), der ihm gleichermaßen gut gefallen hatte. ›Kein besonders feiner Herr, aber ein verd ... Pardon, Pardon, die Damen ... ein schwer gelehrtes Haus; weiß ein' Haufen Zeug und so weiter.‹ Dann kam er auf ›die alten Zeiten‹ zu sprechen.

›Ah, Madam‹, sagte er zu Mrs. Montague. ›Sie erinnern sich gewiß, als wir tol-de-rol, tol-de-rol ...‹, dabei erhob er sich von seinem Platz und wiegte sich mit erhobenen Armen ein paar Schritte weit in den Knien, ›tol-de-rol, es mit den besten Tänzern aufnehmen konnten, les très bon danceurs, haha. Aber nun, da ich mich den Vierzig nähere, tol-de-rol, ja, das waren Zeiten!‹

›Das ist richtig‹, sagte Mrs. Montague, ihn freundlich neckend, ›aber Sie und ich, wir waren beide schon damals würdige Erscheinungen, Mr. Keenan.‹

›Ganz gewiß nicht, Madam‹, erwiderte er entrüstet. ›Sie waren eine der entzückendsten Debütantinnen, gerade bei Hofe eingeführt, Federn im Haar und so weiter. Ah, und Bath erst! Ihre erste Saison! Erinnern Sie sich an diesen Ball in den Rooms, als ich mich aufgefordert sah, mit einer der elegantesten jungen Damen der Stadt zu tanzen? Ah, les charmantes! Ich war bereit, mein Bestes zu geben und so weiter, als ein Freund mir ins Ohr flüstert: Keenan, flüsterte er, Keenan, die Augen von ganz England und Irland ruhen auf Ihnen! Sie müssen sich daran erinnern, Madam, es war von solch ausgesuchter Grausamkeit! Ich schwöre, es brachte mich zum Zittern. Ich, tol-de-rol, tol-de-rol, mit den Augen von ganz England und Irland auf mir; ah, das hätte einen Meister aus dem Takt geworfen ...‹«

Ein Regenschauer prickelt gegen die Scheiben. Das Feuer ist niedergebrannt, und Fanny zieht die Decke um die Schultern. Sie hat keine festen Absichten mit Mr. Keenan; sie glaubt nicht einmal, daß sie einen zweiten Roman schreiben würde. Papa hatte sie in seinem letzten Brief danach gefragt. Nun sei sie doch so schön im Schwung; das Glück läch'le ihr. Das Publikum und er, der Père confident, verlangten nach einem neuen Werk. Er schrieb von der Gunst der Stunde, von Ruhm, Einfluß und weiteren 30 Guineen, und wenn sie ihn nicht besser gekannt und nicht gewußt hätte, daß er scherzte, hätte sie womöglich ein wenig Stahl aus seinen Worten herausgelesen. Aber Papa würde sie niemals zu etwas drängen, das sie nicht wünschte und nicht erfüllen konnte.

Dennoch und weil sie das Hinschauen, das Einfangen und das Festhalten nicht lassen kann, weil das Gekritzel eine Freude und ein Zwang zugleich ist, fährt sie jeden

Abend die Früchte des Tages ein; die Farben des Meeres, die Gerüche des Hauses, die Gespräche und Stimmungen, Mr. Keenans schwarze Fingernägel und wippende Rockschöße – die Badefrau am Strand, die stärker als ein Mann ist – die Jockeys in Dorchester in ihren glänzenden tulpenroten und fliederfarbenen Reitkamisölchen und die Pferde, denen der Schaum in Flocken vom Maul fliegt – Mrs. Thrales Marotte, mit der Zunge in den Zahnlücken zu rumoren und sie wie ein winziges, feuchtes, rosa Kissen hindurchzustecken – Dr. Johnson, wie er sich so tief und abfällig schnaufend über das Notenblatt auf dem Clavichord beugt, daß Hannah zu zittern beginnt und zu spielen aufhört – Hannah mit den flatternden Augenlidern und der hochgezogenen Oberlippe, wie ein kleines Tier, das immer nur Unrat wittert und darum immer zuerst schnappt. Keine sehr populäre junge Dame. Ihre Fingerkuppen sind wie von blutigen Stichen punktiert; die Seeluft bekommt ihr nicht. Mrs. Thrale wirft ihr vor, sie atme nicht richtig. – Die brav gescheitelte Cecily Montague, deren grüne Sommerkleider nach demselben Schnitt wie ihre sind und die zustimmend lacht, wenn Fremde sie deshalb für Miss Burneys jüngere Schwester halten, hopst ganz allein durch die Kreidekästchen auf der Terrasse und stößt dabei mit der Schuhspitze einen Kiesel vor sich her. Sie hat ihr ein Herz aus Himbeeren auf den Teller gelegt und wird mit einer Geschichte über einen schwarzhaarigen Knaben mit schrägen Augen belohnt, der auf einem Bauernhof in der Toskana von einem Schwein überfallen wurde ...

Irgendwann mochten sich die Ereignisse und Figuren zu einem neuen Bild fügen, und deshalb erscheint es ratsam, sie nicht entwischen zu lassen. Dr. Johnson hatte sie ausdrücklich dazu ermuntert.

»Auf ihn, Burney!« hatte er so beiläufig geschnarrt, als spräche er noch immer zu Mrs. Montagues Papagei, der leise gackernd auf seinem rechten Ärmel saß und dessen blaue Brustfedern er mit dem dicken Zeigefinger glattstrich. Keiner dieser bunten Vögel war friedfertig, wie Gäste, die sich ihnen mit neckenden Lauten genähert, zu ihrem Schaden erfahren hatten. Mr. Sheridan war sehr hart gepickt worden, als er an Coco eins, zwei oder drei vorbei nach der Brandy-Karaffe langte. Nur Dr. Johnson, dessen Zerren und Zucken sich im Umgang mit Tieren besänftigte, durfte wagen, mit ihnen zu tändeln.

An diesem Abend waren die Blicke aller drei auf Mr. Keenan gerichtet, der am anderen Ende des Salons einen Vortrag über die gaunerhafte Natur der französischen Ärzte hielt und damit, wie Fanny nicht entging, eine schmale Nase und angespannte Wangen bei Monsieur Loutit verursachte.

»Oh, die Dr. Gallipots – oh, oh, oh, die Halunken! Tausend blaue Teufel peitschen meinen Kopf, glühende Lava rollt durch meine Adern, und die Füße sind so dick angeschwollen wie zwei Pferdeköpfe, aber was tut Dr. Gallipot, statt mich zur Ader zu lassen? Er verschreibt mir Seltzerwasser! Er verschreibt mir Brotkrusten! Oh, und dann die Rechnung, oh, oh, oh!«

»Barmherziger Himmel, hören Sie dieses Gewäsch?« ächzte Dr. Johnson. »Sehen Sie den Schaum in seinen Mundwinkeln?« Er begann sich heftig im Stuhl hin und her zu werfen und dabei sein linkes Knie zu streichen. Der Vogel breitete nervös die Flügel aus und sagte »Ga!«

»Sie staunen, Burney? Oh ja, ich sehe alles sehr wohl, auch ohne Brille. Es sind die Blasen, die ein leeres Hirn schlägt. Merken Sie sich den, packen Sie ihn! Lassen Sie ihn nicht entkommen! Er gibt einen fabelhaften dummen Kerl ab. Hören Sie nur! Ah, zu meiner Zeit hätte ich mir den Mann selbst vorgeknöpft. Jetzt sind Sie dran!« Er stieß sein walartiges Schnaufen aus, als wolle er Mr. Keenan kraft seines Atems aus dem Salon vertreiben: »Runter vom Roß mit diesem Wicht! Und auf ihn, Burney!«

*

Die kleine Haus-Feier, die Anlaß für die Reise ans Meer war, entspricht ganz Mrs. Montagues Vorstellung von einem schlichten ländlich-sommerlichen Vergnügen. Von der Schwelle bis zum Giebel strahlt Kerzenlicht aus allen Fenstern. Silberne Schalen voller Rosen, Granatäpfel und Trauben schmücken unter ihren farbigen Abbildern die Konsolen. Es duftet und dampft, es glänzt und klirrt. In der Küche hat Mrs. Finch Unterstützung von drei Frauen aus dem Dorf erhalten und ist seit Tagen damit befaßt, Perlhühner zu schlachten und Hummer am Leben zu erhalten; zu brühen und zu stopfen, anzubraten und abzustechen, Fisch zu pochieren, Erbsen zu palen, Knochen zu knacken, Saucen zu reduzieren und Geleespiegel über Terrinen zu breiten. Unter ihrer scharfen Messerklinge öffnen sich Haut und Schwarten, Eiklar fegt in Zyklonen um Schneebesen, Mehl geht in Schneestürmen nieder, Lavendelkrokant kracht und splittert unterm Marmorstößel, gelbe Butterbäche schäumen, Rosenwasser spritzt. Mrs. Finchs Hände kneten und klatschen, spicken, stäuben, reiben, rollen und kneifen. Festes wird verflüssigt, Flüssiges aufgeschäumt und abgekühlt.

Der Sommer scheint kein Ende zu nehmen; das Gras vergilbt, die Engelstrompeten in den eisernen Kübeln auf der Terrasse verströmen abends ihren süchtig machenden Duft – kein Wetter für Austern, Eierschaum und Lamm-Nieren, aber im Eishaus lagert unter Stroh und Sackleinen noch genügend gestampfter Schnee vom letzten Winter. Also gibt es auch Zitronensorbet für 25 Gäste.

»Oh, Sorbet im September!« lobt Mr. Boswell und verdreht die Augen.

»Genießen Sie es!« erwidert Mrs. Montague schlicht und wendet sich wieder Sir Joshua zu, um unbeirrt weiterzuplaudern.

»Es handelte sich um ein Experiment mit der Kolbenluftpumpe zur Unterrichtung der Damen, und ich hatte mich dazu überreden lassen, meinen kleinen Coco in den Glaszylinder einschließen zu lassen, denn Mr. Walker, der das Experiment leitete, hatte mir versichert, daß nicht die geringste Gefahr für den Vogel bestünde. Wir waren alle aufs höchste erregt, als er die Luft aus dem Zylinder entweichen ließ und der arme Coco in dem Vakuum zuerst noch schwach mit den Flügeln schlug und dann reglos auf der Schwelle des Todes liegenblieb.« Die Erinnerung an ihren Schreck läßt Mrs. Montague dezent aufstoßen. Sie hebt die Hand zum Mund und atmet einen warmen Duft nach Wein und Selleriesalat aus.

»Aha, soso«, erwidert Sir Joshua, der begrüßt hätte, wenn wenigstens einer von Mrs. Montagues lästigen Vögeln den Weg zu Ende gegangen wäre, »wie ich sehe, hat das Tier jedoch überlebt. Ich verehre Ihren Optimismus, Madam, und den Glauben an die höhere Macht der Physik, der sie, wenn mir die blasphemische Bemerkung erlaubt sein darf, bewogen hat, Coco auf den Altar der Wissenschaft zu werfen, wie dereinst Abraham seinen Sohn Isaak.«

»Ist es möglich, daß Sie meine Ansichten über die Frauenbildung ein klein wenig belächeln, Sir Joshua?«

»Das würde ich mir niemals erlauben, Madam.« Er beugt sich tief über seinen frostigen Kristallkelch.

»Und wenn ich hundert Jahre alt werden sollte«, seufzt Mrs. Montague mit theatralischer Verzweiflung und schiebt den ihren von sich, »werde ich wohl kaum einem Mann begegnen, der einer Frau freiwillig eines seiner Privilegien abtreten würde. Bildung! Reisen! Einkommen! Unabhängigkeit! Vielleicht ist's meiner kleinen Cecily vergönnt.« Sie lehnt sich vor und schaut zum Tischende, wo ihre Tochter mit großem Fleiß Zitronensorbet löffelt. »Nun ja, vielleicht auch nicht.«

Nach dem Dessert begibt sich die Gesellschaft in den Salon, wo David Garrick auf einer aus Vorhängen und einem Paravent improvisierten Bühne die Wandschrank-Szene aus

Die Lästerschule deklamiert, und zwar alle fünf Rollen im fliegenden Wechsel. Es geschieht zur Erheiterung der Gäste und um dem Autor, Mr. Sheridan, zu schmeicheln. Doch als sich die Herren die Hände drücken und Seite an Seite verbeugen, bemerkt Fanny, daß der Beifall nicht einmütig ist. Mrs. Thrale wendet sich brüsk ab, nachdem sie nur zögernd und schwach zweimal mit ihrem Fächer in die Hand geklopft hat. Was war ihr ärgerlich? Die Szene? Der Darsteller? Nun spreizt sie den Fächer, verbirgt ihren Mund dahinter und spricht zu Hannah, ohne sie dabei anzusehen, und obwohl Fanny die Worte nicht hört, schließt sie aus Hannahs flatternden Lidern, daß es wieder einmal etwas an der Tochter auszusetzen gegeben hat.

Ein unschlüssiges Schweigen wird von Mr. Boswell genutzt, vor den Paravent zu treten und völlig ungebeten seine Flöte an die Lippen zu setzen. Wie er dabei den Kopf neigt, die Beine in den kornblumenblauen Kniehosen kreuzt und seinen rechten Fuß geziert auf die Zehen setzt, erinnert er Mrs. Montague an das Bild eines Hindugottes; eine Gedankenverbindung, die beim ersten Ton verfliegt. Sie hat nichts gegen die Schotten, aber ihre Musik ist entschieden unterirdisch; ein teuflisches Getriller, mit dem sie ihre Feinde in die Flucht schlagen, aber doch nicht ihre Gäste erschrecken durften! Es ist Dr. Johnson, der ihn mit einem ungewöhnlich sanftmütigen »Mein guter Bozzy, wir hören bisweilen gerne Ihrem Vortrag zu. Heute wollen wir davon Abstand nehmen und statt dessen diesen superben Queens-Küchlein die Ehre erweisen!« zum Schweigen bringt. Es mußte die Wirkung des Essens sein. Sein übliches »Ruhe, Sir!«, auf das Mrs. Montague sich regelmäßig freut, hätte ihr auch als Antwort auf die schottischen Weisen deutlicher aus dem Herzen gesprochen.

Deshalb nickt und lächelt sie besonders wohlwollend, als nach einer Pause, in der die kleinen Kuchen und die Port-Karaffe herumgereicht werden, Monsieur Loutit in einem dunkelbraunen Rock ans Clavichord tritt, um begleitet von Mrs. Sheridan Arien von Gluck anzustimmen. Dieser Herr, obwohl ebenfalls kein Engländer, mußte nicht fürchten, vertrieben zu werden. Man schätzte seine Stimme, seine Manieren, die weder unterwürfig noch anmaßend waren, und seine Erscheinung, die im Salon zwischen englischen Rosen, Weinlaub und Pfirsichen wie eine frisch aus ihrer Hülle geschälte Kastanie wirkte. Die Damen sahen ihn gerne an: ein Hauslehrer, wie bedauerlich! Er hielt sich wie ein Gentleman. Hätte er nicht ebensogut ein geheimnisvoller Weltreisender sein können? Oder ein aristokratischer Sproß aus dem falschen Bett? Fanny hat ihn noch nie so gelöst, so animiert gesehen. Als er sich nun zu seinem Einsatz sammelt und den Blick über ihre Köpfe hebt, fühlt sie, wie sie errötet. Schauderhaft gutaussehend; nein, dazu war sie nun wirklich zu vernünftig!

Sie wendet die Augen ab und fängt dabei noch einen anderen Blick auf. Mrs. Thrale ist selig. Wie ist das möglich? Mrs. Thrale, gerade noch so übel gelaunt, ist selig. Mr. Garrick hatte sie provoziert, und Monsieur Loutit sollte sie wieder versöhnt haben? Da Fanny die einzige ist, die von ihrem Platz aus den Sänger und die Zuhörer zugleich beobachten kann – denn Sir Joshua auf dem Sofa neben ihr, der die Brillenbügel aus der Perücke genestelt und Daumen und Mittelfinger der Linken in die Winkel seiner müden Augen gedrückt hat, zählt nicht wirklich als Zeuge –, bemerkt sie auch den Blick und die kleine, wie beiläufig wirkende Kopfbewegung, die Monsieur Loutit der lächelnden Dame im Publikum zurückgibt.

»J'ai perdu mon Eurydice ...« War es möglich, daß Mrs. Thrale, eine verheiratete Frau, eine Frau von vierzig, den Hauslehrer ihrer Tochter anschmachtete? Und daß dieser Mann, der noch alle seine Zähne hatte und durch dessen Haar sich kein Faden Grau zog, sie dazu ermutigte? Ein Ausländer, ein Papist, ein Abhängiger, gut anzuschauen, aber ein gesellschaftliches Nichts? Fanny spürt eine Peinlichkeit, als habe sie einen nackten Menschen vor dem Spiegel ertappt, aber diesmal schlägt sie die Augen nicht nieder.

Verliebtsein, so hatte sie geglaubt, konnte nur jungen, anmutigen und zueinander passenden Menschen zustoßen; Virginia und Lord Orwell zum Beispiel, aber keiner verwelkten Gestalt wie Mrs. Thrale, die durch Gesetz und heiligen Schwur an Mr. Thrale gebunden war. Hatte sie das Versteckspiel der Gatten in der Wandschrank-Szene deshalb so wenig amüsiert? Und nun wagte sie die Maske distinguierter Reserve abzulegen und Monsieur Loutit, wenn auch nur für ein paar Takte und im Schutz der ihm zugewandten Gesichter, selbstvergessen anzustrahlen. Und er? Streckte seinem Publikum die Hände entgegen. Orpheus, der Eurydike verlassen mußte, oder Jean François Loutit, der Hester Thrale zu sich heranzog?

Fanny fühlt die Erinnerung mit unerwünschter Klarheit aufsteigen. So albern und exaltiert hatte sich auch die zweite Mrs. Burney betragen, als sie in Leicester Fields erschienen war, und Fanny hatte sie in Gestalt der Witwe Dubonnet nach Strich und Faden heruntergeputzt. Sie hatte es nicht über sich gebracht, dem Werben ihres Vaters, seinem Anteil an törichtem Lachen und linkischer Zärtlichkeit auch nur mit einem Wort zu gedenken. Weil er nicht er selber war. Weil sie sich für ihn geschämt hatte. Und weil sie eifersüchtig war. Nun beginnt sie zu verstehen, daß sich zwischen dem Sänger und der Dame etwas rührt, das sich um Alter und Stand nicht schert. Und während sie verstohlen das Spiel ihrer Blicke und Gesten beobachtet – seine Arme, die sich öffnen, seine flehende Stimme: »Eurydice! Eurydice! … réponds moi!« und dieses Gesicht, dieses dumm-selige Gesicht im Publikum –, spürt sie eine wohlbekannte Wut in sich wachsen, diesmal auf Mrs. Thrale:

Diese Frau, die sie vieler falscher Gefühle verdächtigte, hatte in Monsieur Loutit eine völlig unstandesgemäße und schockierende Leidenschaft erzeugt. Sie war im Unrecht – und selig. Und er? Heiliger...! Wie er sang! Dieses Rufen, dieses Drängen! Durfte man das in aller Öffentlichkeit? »Je suis pourtant ton fidèle amoureux ...« Fanny hingegen war kein Orpheus nachgestiegen. Benjamin Bradshaw hatte sie ohne ein Wort verlassen. Er hatte Sally mitgenommen, und sie war allein zurückgeblieben. Nicht gerade im Reich der Toten, aber ein Entkommen gab es ebensowenig.

»So, das war sehr bewegend!« sagt Sir Joshua, der kunstversunken oder halb im Schlaf, mit dem Kinn auf der Brust neben ihr gesessen hatte und sich nun, da der Beifall einsetzt, langsam wieder zurechtfindet. »Ich höre ihn zum erstenmal. Eigentlich eine Sopran-Partie, aber ich gestehe, daß eine Tenor-Stimme auf mich überzeugender wirkt. Was meinen Sie, Miss Burney?« Er wendet ihr sein suchendes, helles Gesicht zu.

»Ja, das finde ich auch«, sagt Fanny halb erstickt. »Schließlich ist es ja ein Mann, der Eurydike verliert, und kein ... kein Knabe.« Sir Joshua öffnet den Mund, als müsse er noch etwas fragen, doch dann besinnt er sich anders.

»Ächh – es ist heiß hier drinnen, nicht wahr? Ich glaube, ein wenig frische Luft täte uns beiden gut. Wollen Sie mich auf die Terrasse begleiten? Man hat uns noch ein Feuerwerk mit Musik versprochen.« Sie nimmt seinen Arm und dirigiert ihn durch die Sprossentüren, über die eine gemalte Palme ihre sparrigen Wedel breitet.

Die kleine Gesellschaft versammelt sich an der Steinbrüstung. Wind zaust Haar und Musselin und verweht die warme Wolke aus Parfüm, Pomade und Schweiß. Die Damen frösteln. Nur Mrs. Sheridan hebt wie befreit ihren Spitzenschal von der Frisur, reckt das Kinn und schüttelt die Locken. Mr. Sheridan hatte wieder zuviel getrunken und sich Miss Thrale lästig gemacht. Fanny, die mit Raketen keine schönen Erinnerungen verbindet, wünscht sich in die Hitze des kerzenbeglänzten Salons zurück. Sir Joshua würde das

Feuerwerk nicht sehen können. Doch dann, als rote, grüne und gelbe Kugeln mit einem ploppenden Laut aufsteigen, als man spratzelnde Sterne und silberne Kaskaden mit bewundernden Rufen und Beifall empfängt, darf auch sie, auf seinen Arm gestützt, endlich ihren Gefühlen nachgeben, stumm und schutzlos geradeaus blickend ein bißchen weinen. Eine Kapelle treibt in von Fackeln erleuchteten Booten vorüber und gibt eine etwas zerrissene und entfernte Darbietung von Händels *Wassermusik*.

Das Fest ist zu Ende. Der neue Tag würde sie finden, wie der alte sie verlassen hat: allein, ohne Erwartung und ohne Ziel.

*

Wenn Fanny gedacht hatte, ihre Tränen seien unbemerkt geflossen, so hatte sie nicht mit Mrs. Montague gerechnet, der so schnell nichts entging und die gern gründlich über alles unterrichtet war, was sich in ihren konzentrischen Kreisen abspielte. Sie hatte während des Feuerwerks hinter ihr gestanden und im Licht der Raketen die nassen Spuren auf Fannys Wangen glänzen sehen. Daß diese junge Dame – ihre »Virginia«, der sie so viel Freundlichkeit erwiesen hatte – in ihrem Haus und nach einem solchen Fest zu weinen wagte, gab Mrs. Montague einen kleinen Stich. Und da sie nichts Kränkendes auf sich beruhen läßt, nimmt sie am nächsten Morgen nach einem bemerkenswert kurzen Frühstück und ohne ihre Posttasche geöffnet zu haben Fannys Arm und bittet sie, ihr und Pluto auf einem Gang zum Geschäft der Witwe Pullit Gesellschaft zu leisten, wo nun endlich, im September, die wollenen Kirschen eingetroffen sind, die in dieser Saison auf den Damenhüten de rigueur sind.

»Haben Sie Nachrichten von zu Hause, meine liebe Miss Burney?« leitet sie ihr sanftes Verhör ein, als sie zum Hafen hinuntersteigen und über die Mauerkrone schlendern, unter der die Fischerboote auf den Strand gezogen liegen. Große Wolken schieben wie Fregatten über den Himmel. Das Meer schaufelt und wälzt die kollernden Steine über den Brandungssaum. Am Cobb steigen Gischtfontänen auf. Der Wind treibt Pluto wie eine braune Schaumflocke vor sich her und dreht aus Mrs. Montagues Schal ein Fahnentuch, das ihnen voranflattert. »Wie geht es dem verehrten Dr. Burney?«

»Danke, Madam, meinem Vater geht es gut. Er ist sehr beschäftigt. Sie haben sicher gehört, daß *Die Geschichte der deutschen Musik* vor vier Wochen erschienen ist, und er schreibt, die Kritik habe das Buch günstig aufgenommen.«

»Ah, das große Werk! Nein, davon haben Sie mir noch gar nicht berichtet. Das sind ja exzellente Neuigkeiten. Wir sind hier in den Ferien wirklich ganz aus der Welt.«

»Er hat mit allerhöchster Erlaubnis Seiner Majestät das Buch der Königin gewidmet«, setzt Fanny mit leisem Stolz hinzu.

»Wie durchaus passend!« ruft Mrs. Montague. »Die deutsche Musik! Sie wissen natürlich, wie musikalisch Königin Charlotte ist. Sie spielt – nun, nicht gerade meisterhaft, aber doch ganz entzückend – Cembalo. Und der König ist, wie Ihr Herr Vater, ein großer Verehrer von Mr. Händel. Ich hatte einmal die Ehre, mit der Herzogin von Portland, einer sehr lieben Freundin, Ihrer Majestät zuhören zu dürfen. Doch, ganz entzückend, zumindest ordentlich! Obwohl – immer nur Händel – ich habe nichts gegen Händel, aber da gibt es doch auch den jungen Bach – gleichwohl ...« Sie weichen einem hochbeladenen Karren aus; Pluto muß vor den Nachstellungen des begleitenden Köters beschützt werden.

»Vielleicht kennen Sie die Geschichte, daß die Prinzessin Charlotte von Mecklenburg-Strelitz, als sie vom Kontinent anreiste, um unseren König zu heiraten, auf der ganzen wilden Überfahrt Cembalo spielte, während ihre Gesellschafterinnen aufs erbärmlichste von der Seekrankheit überwältigt wurden.« Mrs. Montague lacht. Solche Festigkeit freut sie. Über den Geschmack und die intellektuellen Gaben der Gattin Georges III schweigt sie jedoch lieber. Stundenlang nichts anderes als ›God save the King‹! Das mußte einen Kap Hoorner umwerfen. Insgeheim hält sie es mit den Whigs oder, eher noch, mit den amerikanischen Kolonisten. Wenn die den König hinschicken konnten, wo der Pfeffer wächst, warum konnten seine Landeskinder das nicht ebenfalls? Wohin? Notfalls zurück nach Hannover...

Fanny, die nie etwas anderes als Monarchistin war, erblaßt vor Bewunderung. Sie hält ihre Hutkrempe gegen den zappelnden, zerrenden Wind fest, als sie sich Mrs. Montague zuwendet.

»Sie waren bei Hofe geladen, und die Königin hat musiziert?«

»Ach, Sie wissen doch, wie häuslich die königliche Familie ist«, antwortet Mrs. Montague leichthin. »Ich nehme an, das ist ein deutscher Brauch. Das königliche Paar und seine Kinder treffen abends immer in der Upper Lodge von Schloß Windsor zusammen, spielen Backgammon, plaudern, und die Königin spielt ein wenig. Zu diesen Soireen sind gelegentlich Gäste geladen.«

Es war eine jener geisttötenden Versammlungen, wie die Blaustrümpfe sie herzlich verachteten; selbst der Prinz von Wales hatte in einem fort gegähnt, aber wer konnte sich einer königlichen Einladung entziehen? Mrs. Montague erinnert sich besser ihrer schweren Beine und ihres schmerzenden Rückens als der Sätze, die gewechselt wurden. »Man steht natürlich die ganze Zeit in ihrer Gegenwart«, setzt sie erklärend hinzu. Ihre Freundin, die Herzogin von Portland, hatte öfter das Vergnügen. Sie, Mrs. Montague, von der alle Welt und natürlich auch der Hof wußten, daß sie gefährliche Gedanken im Kopf hatte, was den Sklavenhandel oder die Frauenbildung anging, war mit einer Audienz davongekommen.

Aber all dies führte ja weit von dem Thema ab, das Mrs. Montague eigentlich anschneiden wollte. Und ohne ihrer Begleiterin Gelegenheit zu weiterem Nachfragen zu geben, steuert sie nun direkt darauf zu:

»Meine liebe Miss Burney, darf ich hoffen, daß Sie sich in meinem schlichten Haus wohlfühlen?« Und Fannys Beteuerungen mit einer Geste Einhalt gebietend: »Oder sehe ich dieser Tage eine kleine Unruhe in Ihren Augen? Ist es das Heimweh? Drängt es Sie zurück nach London?«

»Liebe Mrs. Montague, daran habe ich noch gar nicht gedacht. Ich bin ganz überrascht. Werden Sie denn so bald zurückfahren wollen?«

»Ich habe mich nach *Ihren* Wünschen erkundigt, Miss Burney. Denn ich frage mich manchmal, ob Sie des Müßiggangs überdrüssig sind. Denken Sie wieder an ein tätiges Leben? Planen Sie vielleicht einen neuen Roman? Sprechen Sie ganz offen mit mir, meine liebe Virginia. Ich versichere Ihnen, daß Sie auf meine Unterstützung zählen können. Vertrauen Sie einer Freundin!« Fanny, die nichts dergleichen plant, meint trotzdem Mrs. Montague eine anderslautende Antwort geben zu müssen.

»Es sind nur Notizen, Madam, kleine Skizzen, gar nichts Rechtes. Ich schreibe gelegentlich ein wenig nach dem Supper und nur zu meinem eigenen Vergnügen.«

»Aha, soso, auf mein Wort, das wird aber nun ein Ende haben!« sagt Mrs. Montague und drückt ihre Hand. Sie hatte sich doch gleich etwas Derartiges gedacht. Diese Tränen waren Ausdruck einer künstlerischen Verstopfung, und es lag in ihrer Macht, Erleichterung zu schaffen. »Meine liebe Virginia, ich werde Sorge tragen, daß Sie von nun an Zeit und Muße zum Schreiben finden werden. Wir haben Sie schändlich mit unseren trivialen Zerstreuungen beansprucht, während Sie mit Ihren Gedanken in ganz anderen Sphären weilten, nicht wahr? Nun, es ist ja noch nicht zu spät. Schluß mit dem Baden und den Ausflügen!« Sie lacht.

»Oh, ich bin so glücklich! Bitte schenken Sie uns bald ein neues, wunderbares Buch!«

Sie biegen in die Hafenstraße ein und bleiben vor der Ladentür stehen. Mrs. Montague hat keine Augen für die kleine Auslage, die Handschuhe, Federn, Bänder, Knöpfe und Stoffblumen. Da ganz Lyme Regis inzwischen weiß, daß die wollenen Kirschen eingetroffen sind, hat die Witwe Pullit sich nicht die Mühe gemacht, sie auch noch ins Fenster zu legen.

»Sie sind sehr gütig«, erwidert Fanny, »aber ich bin wirklich ganz zufrieden mit den späten Stunden. Ich brauche nicht mehr.«

»Sie brauchen Ihren Schlaf! Sie sehen tatsächlich ein wenig spitz um die Nase aus. Sind Sie ganz wohlauf, liebe Virginia? Sie werden mir doch nicht wieder krank werden wollen? Trinken Sie denn auch das Meerwasser, wie unser Mr. Cox es empfohlen hat?«

Fanny lacht, aber obwohl es ihr gefällt, Mrs. Montague so besorgt zu finden, stört sie dieses Virginia hier und Virginia da. Sie war es nicht. Virginia konnte nicht schreiben. Das konnte nur sie. Aber sie wollte nicht. Nicht jetzt. Und nicht, wenn man sie bedrängte.

Sie hatte kein Heimweh nach London. Sie konnte Sally nicht begegnen, ohne nicht auch auf Mr. Bradshaw zu stoßen. Auf sie warteten nur das Haus in Leicester Fields und sein kalter, nervöser Frieden. Und natürlich Papa. In Mrs. Montagues Gesellschaft gab es Wärme und Funkeln und London genug, aber der Sommer ging zu Ende, die Ferien waren vorbei, und Mrs. Montague wollte belohnt werden.

»Lassen Sie uns hineingehen, Madam«, bittet sie, »ich bin ganz durchgeweht.«

Die Witwe Pullit und ihre einzige Kundin haben ihr Gespräch vergessen und beobachten schon seit geraumer Zeit aus dem Dunkel heraus die beiden Damen, die mit fliegenden Bändern und gehißten Pelerinen vor dem Fenster ausharren. Als die Türglocke ihren Eintritt meldet, wenden sie sich wieder beflissen einander und einer Schachtel mit Wäscheknöpfen auf der Theke zu. Aber Mrs. Montague ist nicht die Sorte Kundin, die hinter einer schmächtigen kleinen Frau mit einem billigen Schal und primelgelber Haube zu warten gedenkt.

»Guten Morgen, Mrs. Pullit, guten Morgen!« ruft sie. »Eine nette Brise haben wir heute, nicht wahr? Ja, es geht auf den Herbst zu, der Sommer hat einen Knacks weg. Wie ich höre, sind die wollenen Kirschen eingetroffen.«

Die kleine Frau scheint jedoch nicht bereit, ihren Platz kampflos zugunsten einer großartig hereinsegelnden Erscheinung zu räumen; sie fährt herum, starrt Mrs. Montague aus glänzenden Vogelaugen an, öffnet den Mund und erkennt erst dann die Gestalt in deren Gefolge. Die scheint von der Begegnung ebenso unangenehm überrascht.

»Oh, Tante Dobson, guten Morgen, wie geht es Ihnen heute?«

»Es geht mir heute, wie es einer alten Frau geht, die von ihrer Familie respektlos behandelt wird«, schnappt die Dame in der primelgelben Haube zurück. Mrs. Montague fragt sich, wer ihr zu einer derart ungesunden Farbe geraten hat.

»Es tut mir sehr leid, Madam«, murmelt Fanny verlegen. »Ich hatte in der letzten Woche so viele Verpflichtungen.«

»Oh ja, gewiß, du liebe Güte!« sagt Miss Dobson schrill und kümmert sich nicht im geringsten um Mrs. Montagues hochgezogene Augenbrauen. »Die Rennen in Dorchester, ein Ausflug nach Weymouth, Tee trinken, spazierengehen, einkaufen, Feste feiern.« Sie ist, wie alle in Lyme Regis, vollkommen im Bilde über das Treiben der Londoner Badegäste. Seit die eine Nichte sie mit lautlosem Triumphgeschrei verlassen hat, ist es der anderen nur zweimal eingefallen, einen Morgenbesuch zu absolvieren und sich ihre Klagen über Sarah Harriets Undankbarkeit anzuhören. Über das

Durcheinander, das sie hinterlassen, und die Katze Feli, die sie nun statt ihrer auf dem Hals hatte.

»Vergeben Sie mir, Tante«, stammelt Fanny errötend, »aber ich bin nicht immer Herrin meiner Zeit. Ich will versuchen, es wiedergutzumachen.« Sie blickt flehentlich in das Gesicht mit dem sauren, kleinen Mund. Wenn Tante Dobson es wünschte, würde sie sie jeden Tag besuchen und Tee aus einer innen braun angelaufenen Tasse trinken. Wenn sie jetzt bitte aufhören wollte zu zanken, würde sie ihr gerne die Arme mit dem Wollstrang entgegenstrecken, damit die Tante ihn mit fliegenden Händen und wie im Spiel abwickeln könnte, während sich ihre Stimme in schluchzende Höhen verstieg, als wolle sie dort am Ende ihrer Fragen in einen gewaltigen Nieser ausbrechen. Aber Miss Dobson nieste nicht; sie fragte sich immer nur, wie das Leben so ungerecht mit ihr umspringen konnte; wie ihre Familie sie so schändlich vernachlässigen konnte! Sie fragte sich, ohne jemals wirklich mit sich zu Rate zu gehen. Fanny rollt die Samtkordel ihres Ridicules um die Finger.

»Darf ich erfahren, ob Sie inzwischen Nachricht von meiner Schwester Bradshaw erhalten haben?«

»Das dürfen Sie, Miss! Die habe ich erhalten, und zwar mit der Morgenpost. Wie ich sehe, sind Sie noch nicht auf dem laufenden.« Die Tante gestattet sich nach einem Blick in die Gesichter ihres Publikums eine genußreiche Pause, ehe sie weiterspricht. »Ich versichere Ihnen, daß ich selbst sehr überrascht war. Da gibt es große Veränderungen, in der Tat, große Veränderungen.« Sie nickt bedächtig und spitzt den kleinen Mund. Nur keine Eile! So viel Aufmerksamkeit kam nicht jeden Tag des Wegs daher. Sogar der Hund blickte mit seinen hervorquellenden braunen Augen zu ihr auf.

»Es betrifft natürlich den Reverend und Mrs. Bradshaw – seine Zukunft und seine Aussichten. Er hat nämlich eine Stellung in Irland angenommen. Du liebe Güte, wer hätte das gedacht, nicht wahr, in Irland?! Eigentlich sollte ja sein Pfarrherr, der Rektor Mr. Joseph Pomroy, begünstigt werden, der ein Vetter zweiten Grades von Sir George Linleys Gutsverwalter auf Dromoland Castle, Mr. Brooks, ist. Der alte Sir George, versteht sich. Die irischen Pfründen gehören nämlich seit Hunderten von Jahren zur Linley-Familie, und es gab immer ein altes Versprechen von Sir George an Mr. Brooks, seit ... oh, auf mein Wort, bestimmt seit dreißig Jahren, daß der Reverend Mr. Pomroy einmal eingesetzt werden sollte. Aber als sein Sohn, der junge Sir George, es nun endlich einlösen wollte, war der Reverend Mr. Pomroy für einen Ortswechsel zu klapperig geworden. Und deshalb hat er sich, also der Rektor, nicht wahr, bei Sir George, dem jungen Sir George natürlich, denn der alte Sir George ist ja schon vor zwölf Jahren dahingegangen, für seinen Kuraten verwandt. Meiner Treu, er muß ihn wirklich über den grünen Klee gelobt haben, denn der junge Sir George hat tatsächlich dem Reverend Mr. Bradshaw die Pfründen angetragen, die eigentlich dem Rektor Mr. Joseph Pomroy gebührten.«

Das war überaus freundlich von ihm, sollte man meinen, aber Tante Dobson läßt durch ein hochmütiges Schnobern erkennen, was sie von dem Posten und von den Aussichten für Mr. Bradshaw hält.

»Du liebe Güte, es ist das Ende der Welt, ein ganz kleiner Ort an der irischen Westküste: Sneem – irgendwo hinter den Bergen von Killarney.« Schafe, Kartoffeln und Fischköpfe vermutlich und keine einzige elegante Erscheinung im ganzen Sprengel, denn Sir George Linley kam höchstens einmal im Jahr zur Jagd nach Dromoland Castle, höchstens! Und die übrige Zeit regnete es dort. Die Tante mochte gerne glauben, daß der Rektor London auf seine alten Tage bevorzugte. Nicht so Kurat Bradshaw. Er habe sein bißchen Hausrat und seine junge Frau eingepackt und sei schon auf dem Weg nach Liverpool.

»Seines Bleibens in England ist nicht länger«, sagt Tante Dobson gebildet und fügt mit einem Blick zur Ladendecke hinzu: »Gebe Gott, daß sie heil in diesem irischen Drecknest ankommen!«

II

In der Posttasche, die unberührt neben Mrs. Montagues Platz auf dem Frühstückstisch liegt, steckt nicht nur ein Brief für Fanny, sondern auch ein Schreiben an Mrs. Thrale mit dem Siegel der Brauerei in London, das in die Gesellschaft wie ein Schuß in den Hühnerstall fährt: Mr. Thrale ist nach einem Dinner, bei dem er »so viel zu sich genommen hatte, daß selbst die Dienerschaft erschrak«, nämlich vier Gänge mit je acht Speisen zu sechseinhalb Pints Arrak-Punsch, in seinem Hause am Grosvenor Square vom Schlag getroffen worden und liegt nun gelähmt und bewußtlos darnieder. Mr. Perkins, sein Geschäftsführer, der Mrs. Thrale die Nachricht übermittelt, ist in großer Sorge und bittet sie, auf dem schnellsten Weg nach London zurückzukehren.

»Es ist soweit!« sagt Mrs. Thrale in das Schweigen hinein, das ihrem erschrockenen Ausruf gefolgt ist, und faltet den steifen Bogen zusammen. Es klingt, als habe sie schon immer etwas gewußt, das die anderen nicht zur Kenntnis nehmen wollten. »Wir reisen ab. Mr. Thrale hat einen Schlag erlitten. Ich werde in London gebraucht. Es ist überaus dringend. Hannah, geh auf dein Zimmer, räum deine Bücher zusammen. Ich schicke dir Florence, sobald sie für mich fertig gepackt hat.« Und mit einem Wink, als scheuche sie eine Fliege vom Kuchen: »Nun geh schon, rasch! Wir brechen noch vor der Mittagsstunde auf. Und nimm um Himmels willen die Finger aus dem Mund!«

Mit einer Geschwindigkeit, die Mrs. Thrale ihrer Freundin Montague schon lange einmal zeigen wollte, regelt sie nun die Abreise. Dr. Johnson, der seiner alten Gönnerin beizustehen beschließt, bietet sein Geleit an und wird mit einem Kopfnicken zugleich bedankt und aufgefordert, sich zu sputen. Der Kutscher begleitet ihn in sein Quartier, wo er das Wenige packt und einen Streit mit seiner Wirtin gewinnt, die nun, am Ende der Saison, kaum auf einen neuen Logiergast hoffen darf und wenigstens den Zins für den Rest der Woche einzutreiben sucht. Kein überflüssiger Zins wird entrichtet. Fanny, die nicht gefragt wurde, welche Neuigkeiten sie erhalten hat, nimmt Mrs. Thrales Angebot einer überstürzten Rückreise dankend an. Monsieur Loutit wird nicht gebeten. Es versteht sich von selbst, daß er seine Siebensachen einsammelt und zwei Stunden später reisefertig vor dem Haus steht.

»Ich bitte Sie, meine liebe Mrs. Thrale, belasten Sie sich nicht mit großem Gepäck«, sagt Mrs. Montague und drückt bei jedem wesentlichen Wort ihre Hände. »Nehmen Sie nur das Nötigste mit. Ich lasse Ihnen die Kisten mit den übrigen Sachen nachschicken. Sie wollen heute noch bis Shaftesbury? Da sieht es unterwegs übel aus mit Gasthöfen und Relaisstationen. Mrs. Finch wird Ihnen einen Korb zurechtmachen; ein paar gebratene Täubchen, Pastete und Schinken. – Oh, Dr. Johnson, ich habe Sie nicht vergessen. Wie war der Aal in Aspik? Bevorzugen Sie Claret oder Bordeaux? Ach, wissen Sie, nehmen Sie von beidem mit. Etwas Früchtekuchen und ein Körbchen mit meinen schönen Aprikosen.«

Fanny eilt in ihr Zimmer und leert ohne die Hilfe des Mädchens ihre Schubladen, faltet Kleider und Wäsche in ihr Portemanteau, wickelt die Schuhe in Papier und legt sie obenauf. Ein milchiger, hellblauer Stein vom Strand ist auch dabei, handschmeichelnd wie ein kaltes Ei, und eine kleine Zeichnung vom Cobb, die sie in einem Laden am Hafen gekauft hat. Im Vordergrund sieht man von der Seite einen nackten Knaben mit offenen Haaren ins Wasser springen; im Hintergrund lehnen drei Badekarren auf der Linie, die das Land vom Meer trennt.

Florence hilft ihr schließlich ins Reisekleid, knöpft Kragen und Manschetten zu, eilt weiter, um der aufgelösten Hannah beizuspringen. Nun steht Fanny am Fenster neben dem gemalten Granatapfelbaum, in dem die grünen Sittiche ihre Flügel spreizen, und entfaltet noch einmal Sallys Brief.

»Meine liebe Fanny, so lange wollte ich Dir schon schreiben, aber seit wir nach London zurückgekommen sind, hatte ich keine Minute allein für mich. Und nun werde ich diesen Brief irgendwo unterwegs aufgeben müssen und Dich bitten, das Porto dafür zu entrichten. Ja, meine Liebste, wir sind auf dem Weg nach Irland, und Du und ich werden uns in London nicht mehr sehen. Es tut mir leid ...« Sie überfliegt den Absatz, in dem von dem Verzicht des alten Mr. Pomroy und dem raschen Entschluß des lieben Bradshaw die Rede ist, Sir George Linleys großzügiges Angebot der vakanten Pfarre zu akzeptieren. »Noch nie zuvor habe ich so eine weite Reise unternommen, und wenn mir, ehrlich gesagt, Southwark lieber gewesen wäre als die Grafschaft Kerry, so habe ich nun beschlossen, auch in Irland glücklich zu werden. Ist es nicht eigenartig, daß ich in die Heimat meiner Mama zurückkehre, aus der sie als junges Mädchen so rasch und guten Mutes fortgegangen ist? Vielleicht hat es etwas zu bedeuten. Was glaubst Du? Etwas Schönes?

Der Reverend Mr. Pomroy sagt, es gehöre ein kommodes kleines Gutshaus zu dem Sprengel, in dem wir wohnen werden. Stell Dir vor, ein eigenes Haus! Wir werden es sicher brauchen und auch die 84 Pfund im Jahr, mit denen wir uns einrichten müssen, denn nun, liebe Schwester, muß ich Dir ein Geheimnis anvertrauen, das ich noch nicht einmal Mr. Bradshaw verraten habe. Ich glaube, ich bin guter Hoffnung. Schon zweimal ist meine monatliche Heimsuchung ausgeblieben. Ach, liebste Fanny, alles ist so anders, als wir es uns vorgestellt haben. Du weißt schon, wovon ich spreche. Wir dachten es uns doch irgendwie köstlich. So ist es nicht – eher fremdartig und ein bißchen räuberisch. Männer sind wunderliche Tiere.«

Sie läßt das Blatt sinken und schaut über die Terrassenmauer aufs Meer und den Cobb, ohne sie wirklich zu sehen. Eine schwarze Fliege surrt gegen die Scheibe. In der Nacht vor Sallys Hochzeit hatte sie von Benjamin Bradshaw geträumt, wie er sie, Fanny, zärtlich umarmte und sie ihm über sein dichtes, welliges Haar strich, von dem sie immer wissen wollte, wie es sich anfühlte. Es war wie das drahtige Fell eines Terriers, und darunter starrten sie seine Bocksaugen heller und kälter an, als ihr lieb war. Sie spürte seine Hände, die über ihren Leib strichen und ihre Brüste aus dem Käfig ihres Korsetts hoben. Doch als er sein Hemd lüftete, war da gar nichts. Er hatte den glatten, geschlechtslosen Körper einer Puppe. So war es also nicht. Und auch nicht köstlich. Es klopft.

»Herein!« Das Mädchen steht in der Tür.

»Die Kutsche ist vorgefahren, Madam.«

»Danke, Florence, ich bin fertig. Nimm das hier noch. Und den Sonnenschirm ... Hier, die sind für dich!« In London konnte sie unmöglich mit Wollkirschen auf dem Hut herumlaufen.

»Danke, Madam! Gute Reise, Madam! Gott schütze Sie!«

Hannah weint, als Mrs. Montague ihr zum Abschied mit der schwer beringten Hand die Wangen tätschelt. Cecily stimmt bitterlich mit ein, nicht weil auch ihr um Mr. Thrale bange wäre, sondern weil mit Miss Burney der einzige Mensch abreist, der hin und wieder daran dachte, mit ihr Hickel auf der Terrasse zu spielen oder ihr eine Geschichte zu erzählen. Eine unerklärliche Gereiztheit hat sich der Gesellschaft bemächtigt. Mrs. Montague fühlt sich bei allem Verständnis für Mrs. Thrales Notlage von deren hastigem Aufbruch brüskiert. Vergalt man ihr so die Gastlichkeit und ihre unendliche Geduld mit dieser rastlosen Freundin? Indem man einfach Hals über Kopf abreiste? Ohne ein Wort des Dankes! Und ihre liebe Virginia mitnahm, die ihr doch, so hatte Mrs. Montague es wenigstens verstanden, versprochen hatte, unter ihrem Dach ein neues Buch zu schreiben? Die Temperaturen sinken. Auch Pluto empfindet eine sonderbare Abkühlung, winselt und gauzt und steckt dafür einen unauffälligen Tritt von Monsieur Loutit ein, als dieser den offenen Landauer besteigt.

Nur Mrs. Thrale ist gefaßt und energisch. Es gibt nichts mehr zu besprechen und keinen Grund herumzustehen. Von ihrem Sitz drückt sie Florence eine Guinee in die Hand und zwei Billetts an Mr. Garrick und die Sheridans. Abschiedsworte hin und her. Dank? Nein, immer noch kein Dank. Mrs. Thrale hebt nur gebieterisch die Hand, ein Ruf des Kutschers, die vier Pferde ziehen an. Dann knirschen die Räder über den Kies.

»Auf Wiedersehen, auf Wiedersehen, liebe Mrs. Thrale!« ruft Mrs. Montague der Flüchtenden großzügig hinterher, wobei ihr das Bewußtsein überlegener Umgangsformen eine Stütze ist. »Alle guten Genesungswünsche. Wir sehen uns dann Ende Oktober in London.« Aber Mrs. Thrale dreht sich nicht noch einmal um.

Niemand steht der Sinn nach Späßen oder Ratespielen, als der Wagen unter einem porzellanblauen Septemberhimmel langsam über Land rumpelt. Kein Fahrtwind; die Sonne brennt auf seidene Parasols; es riecht nach Stroh. Die Straße ist schlecht, zwei ausgefahrene Karrenspuren. Der Kutscher denkt an seine Achsen, aber Mrs. Thrale hat es eilig. Von der Seite sieht Fanny, wie sie in Gedanken vor sich hinstarrt, die Lippen zu einem Schnäuzchen spitzt und wieder zurückzieht, spitzt und zurückzieht. Hannah reißt ungescholten mit den Zähnen an ihren Fingerkuppen. Als der Kutscher anhält und absteigt, um eine quietschende Nabe nachzuschmieren, fährt Mrs. Thrale auf ihrem Sitz zusammen.

»Barmherziger Himmel, so kommen wir heute ja nie bis Shaftesbury!«

»Doch, doch Madam, hinter Brandford Forum wird der

Weg besser. Aber, mit Verlaub, wenn wir jetzt nicht aufpassen, schaffen wir es nicht in drei Tagen bis nach London.«

Dr. Johnson, unter dessen Sitz der Picknickkorb verstaut ist, schlägt vor, einstweilen nachzuschauen, was Mrs. Finch für sie eingepackt hat, aber nur Monsieur Loutit faltet sein Taschentuch über den Knien aus und erklärt sich bereit, ein Stück Pastete mit ihm zu teilen.

In der kalten Dämmerung schnauben die Pferde nach Shaftesbury hinauf. Das Haus zur Sonne auf dem Gold Hill ist auf eine Karosse voller Gäste nicht eingerichtet, aber da Herrschaften nicht jeden Tag hereinschneien, werden die Lampendochte wieder hochgedreht, der Herd noch einmal geschürt, eilt die Magd mit der Kohlenpfanne nach oben, um die klammen Betten zu wärmen, und der Wirt tischt auf, was seine bescheidene Hostellerie zu bieten hat: Erbsensuppe, kalte Rinderzunge, ein halber Laib Gloucester-Käse, eingelegte Zwiebeln und Gurken, Haferbrot und ein großer Krug Cider. Fanny, die seit dem Frühstück nichts mehr gegessen hat, sitzt mit trockenem Mund am Tisch und pflückt Brocken vom Brot.

»Was ist los, kleine Burney?« blafft Dr. Johnson sie freundlich an. »Das wird alles aufgegessen!« Und er legt ihr einen großen Schnitz Käse auf den Teller. »Nehmen Sie sich ein Beispiel an Mrs. Thrale!«

»Bitte nicht, Sir; es geht nichts hinunter.«

»Unsinn!« sagt Mrs. Thrale und legt das Messer ab. »Sehen Sie zu, daß Sie bei Kräften bleiben, Burney. Niemandem ist geholfen, wenn Sie mir unterwegs schwach werden! Hannah, ich bitte dich, nimm dich jetzt zusammen und hör auf zu weinen! Ich vertrage das nicht auf die Dauer!« Sie hebt die Hand, um sich an ihr vorbei von Monsieur Loutit den Topf mit den Zwiebeln reichen zu lassen.

Es sind die Nerven, denkt Fanny, die Angst um Mr. Thrale, die schreckliche Ungewißheit, der Wunsch, den Pferden Beine zu machen. Anders kann sie sich den Wandel im Wesen der Mrs. Thrale nicht erklären. Sie, die ihr als eine Dame erschienen war, die stets das Schickliche tat und mit sanfter Beharrlichkeit das von ihr Gewünschte herbeiführte, sprach und handelte seit diesem Vormittag mit einer Unverblümtheit, die Fanny weder schicklich noch damenhaft nennen konnte. Mit einem Fingerzeig und ohne ein Wort hatte sie sich von Monsieur Loutit die Zwiebeln reichen lassen, ganz so, als befehle sie einem Diener. Er hatte davon ganz angespannte Wangen bekommen.

Wie konnte sie in ihrer Lage überhaupt Zwiebeln essen! Und wie konnte sie sie so unwirsch zurechtweisen! Sie wußte doch, wie delikat ihr Appetit war! Und was tat sie nun? Sie ließ sich vor dem Kamin auf die Knie nieder, knöpfte die Manschetten auf und fachte mit dem Blasebalg das Feuer an, als wolle sie einen Ochsen am Spieß rösten. Die Magd, die zum Abräumen in die Stube tritt, läßt vor Schreck beinahe das Servierbrett fallen.

In der Nacht flüstert Hannah, die sich mit Fanny das Bett in der kleinsten Kammer teilt, vom anderen Kopfende, daß sie große Angst um ihren Papa habe, daß sie fürchte, zu spät nach London zu kommen, und daß sie nicht verstehe, wie Mama so ruhig und kalt sein könne. Fanny, Hannahs Füße unter der linken Achsel, verspricht ins Dunkle hinein, daß Mr. Thrale bald wieder wohlauf sein werde, daß sie ihn, wenn sie am Grosvenor Square vorführen, bestimmt am Fenster stehend anträfen, wie er schon nach ihnen Ausschau hielte. Sie versichert ihr, daß Mrs. Thrale wunderbar praktisch und vernünftig handele, daß sie morgen auf glatter Straße und mit frischen Pferden nur so dahinfliegen würden und was des tröstlichen Unsinns mehr ist.

Als die Kutsche am Abend des dritten Tages am Grosvenor Square anhält, ist Mr. Thrale seit fünfzig Stunden tot. Man hat seinen schweren Leib im Billardzimmer aufgebahrt, Wacholderzweige verbrannt, die Läden geschlossen und feuchte Tücher in den Durchzug gehängt, aber dennoch müssen Witwe und Tochter eilig von ihm Abschied nehmen, denn die Spätsommerhitze ist auch bis in diesen nördlichen Salon gedrungen und hat ein Lächeln auf Mr. Thrales Züge geprägt, das Mrs. Thrale zu seinen Lebzeiten so nie gesehen hat. Sie drückt ihr Taschentuch vor's Gesicht, als sie auf den kleinen Schemel neben dem Billardtisch steigt und sich über ihn beugt. Ohne sich umzudrehen, befiehlt sie Hannah, nicht näher zu treten.

»Ich bitte Sie, Mama, nur einen letzten ...«

»Du bleibst, wo du bist!«

»Er ist mein Vater, ich wünsche ... ich habe ein Recht ...«

Mrs. Thrale fährt herum, bringt den Schemel zum Kippen, springt elegant ab, ist unbeirrt. »Geh hinaus, das hier ist nichts für dich!« Verstockt bleibt das Mädchen auf halbem Weg zur Tür stehen. Blaß, rotgeweinte Augen, flatternde Lider, hochgezogene Oberlippe, nicht schön. Die Hand fährt an die Zähne.

»Ich bin schon vierzehn, Mama.«

»Das ist mir bekannt. Aber noch folgst du meinen Anordnungen. Hör auf zu knabbern! Eine abscheuliche Angewohnheit!« Mrs. Thrale spürt, wie der Widerwille gegen die Tochter ihre besseren Gefühle zu überwältigen droht. Nägelbeißerin – Langweilerin – haltloses Geschöpf! Sie verstellt ihr den Weg zum Billardtisch. »Hannah, dein Vater sieht nicht mehr so aus, wie du ihn gekannt hast«, sagt sie ein wenig milder. »Sei vernünftig, geh hinaus! Es ist vorbei.«

Hannah schlägt die Hände vors Gesicht und stößt ein Heulen aus, das ihr der Schmerz um ihren Vater und die Wut auf ihre Mutter abpressen, aber Mrs. Thrale steht fest und knüllt ihr Taschentuch zu einem trockenen kleinen Ball zusammen. Sie hat keine Hand frei für Hannah. Ihre Gedanken sind weder bei ihrem Mann noch bei ihrer Tochter, sondern allein bei einem Zustand, den sie schamlos ihre Freiheit nennt.

*

»Und was tun Sie gerade, Miss Burney?« fragt Mr. Sheridan an einem Sonntagabend im Musikzimmer, faltet erwartungsvoll die Hände über den Rockschößen und wippt auf den Fußballen. Er ist, wie üblich, ein wenig angetrunken und in unternehmungslustiger Stimmung. Erst kürzlich vom Kontinent zurückgekehrt, besucht er heute seine erste Londoner Soiree bei Dr. Burney, und man hat bisher über Paris und seine Theater gesprochen.

»Was ich tue? Ich fächele mir Luft zu«, erwidert Fanny lächelnd und klappt ihren Fächer auf.

»Sie wissen sehr wohl, was ich meine, Madam. Was treiben Sie in Ihren Mußestunden?«

»Sie sind sehr inquisitorisch, Sir. Wenn ich Ihnen nun sagte, daß ich die meiste Zeit in Chessington Schäfchen zählte und an einem geblümten Kissenbezug stickte – Petitpoint, Sie wissen, was das ist?«

Mr. Sheridan wendet sich an Sir Joshua Reynolds, der nach seiner Gewohnheit einen Platz in der Nähe des Kaminfeuers beansprucht.

»Haben Sie gehört, wie diese junge Dame mit mir spricht, Sir Joshua? Ich fürchte, sie macht sich über mich lustig. Ich versuche ihr zu sagen, daß ihre Hand nicht müßig sein sollte, und sie antwortet mir, daß sie auf dem Land die Schafe zähle.«

»Ah, ah, aha«, erwidert Sir Joshua, der sich nicht sogleich in das Thema einzufinden vermag. »Nein, in der Tat, die Hände junger Damen sollten nicht müßig sein.«

»Die Hand von Miss Burney sollte die Feder wieder aufnehmen; das ist es, was ich meinte.«

»In der Tat, ganz recht, ganz recht, das sollte sie.«

»Dann«, bittet Mr. Sheridan bereits ein wenig erschöpft, »sollten Sie sie vielleicht dazu ermuntern. Ich habe sie gefragt, womit sie sich beschäftigt, aber ich bekomme von ihr nur Spott zu hören.«

»Weil Sie ein alter Umstandskrämer sind, mein lieber

Sheridan«, lächelt Sir Joshua und zupft sich an der Nase. »Nehmen Sie sich bitte ein Beispiel an mir und verfolgen Sie aufmerksam meine Strategie!« Er sucht Fannys Gesicht, den hellen Fleck neben Mr. Sheridans dunkler Schulter. Der Umriß ihres aufgetürmten Haars unter dem Kopfputz scheint im Spiegelreflex der Kerzen feurig zu knistern. »Nun, Miss Burney, wollen Sie mir bitte aufrichtig und ohne Umschweife sagen, woran Sie gerade schreiben?«

»Ich schreibe an einem Theaterstück, Sir Joshua.«

»Eh, potztausend, sie schreibt an einem Theaterstück!« sagt Sir Joshua in einem lauten Beiseite-Bühnenflüstern. »Da haben Sie es, Sheridan! Das nenne ich eine Überraschung. Oder haben wir etwas dergleichen erwartet? Wie? Es mangelt der jungen Dame ja nicht an Erfindungsgabe. Ich sage immer, sie hat ein Ohr für Dialoge und ein geschicktes Händchen beim Erschaffen von Figuren. Keine Ahnung, wie sie es macht, gleichwohl, sie kann's. Doch nun: Wo hinaus? Werden Sie uns zum Lachen oder zum Weinen bringen?«

»Lachen! Ganz entschieden zum Lachen!« ruft Mr. Sheridan. »Das komische Element ist ja eben die Stärke von *Virginia.* Sie schreiben eine Komödie, ist es so, Miss Burney?! Der Applaus, der Ihnen bisher nur in den Salons gespendet wurde, wird Drury Lane erschüttern.« Und seinen festen Stand riskierend, beginnt er laut in die Hände zu klatschen.

»Nein, nein, nein, ich bitte Sie, Sir! Nichts ist entschieden!« Natürlich war es entschieden – für ihren Teil. Seit Wochen tagträumte sie vom Theater: große Erwartungen, ausverkauftes Haus, Premierengewühl und sie unerkannt mittendrin – ihr Stück! Der Vorhang würde aufgehen und eine wunderbare, gespannte Stille über Logen, Parkett und Galerie fallen. Gleich der erste Lacher, als Mrs. Snappit in den Hutladen rauscht: »Meine Damen, meine Damen ...«

»Ja«, sagt sie errötend. »Sie haben recht. Es ist eine Komödie.«

»Eh, voilà, haha!«

»Nun, ich könnte ... ich wäre hoch erfreut, Ihnen behilflich zu sein«, sagt Mr. Sheridan und deutet eine kleine Verbeugung an. »Zwar weiß ich nicht immer, was dem Publikum, dieser Bestie, gefallen wird, aber ich weiß mit Sicherheit, was die Leute auspfeifen werden. Sie könnten meinem Urteil also vertrauen.«

»Soll das heißen, Sie würden alles nehmen, was sie schreibt?« fragt Sir Joshua listig. »Unbesehen?«

»Ganz genau«, erwidert Mr. Sheridan enthusiastisch, »und zwar mit Handkuß!«

»Ich glaube, nun sind Sie es, die spotten, Mr. Sheridan«, sagt Fanny ein wenig atemlos.

»Auf meine Ehre, nein! Das versuche ich Ihnen ja schon die ganze Zeit zu sagen. Ich würde mich sehr glücklich schätzen, eine Komödie von Ihnen in Drury Lane auf die Bühne zu bringen. Wie weit sind Sie gediehen?«

»Bis zum dritten Akt.«

»Ausgezeichnet, ausgezeichnet! Wie soll das Stück heißen? Wann darf ich mit dem Manuskript rechnen?« Fanny lacht.

»Oh, Mr. Sheridan, Sie wissen sehr wohl, daß Sie das mit meinem Vater besprechen müssen. Ich hatte noch keine Gelegenheit, ihm die ersten beiden Akte vorzulesen. Bitte lassen Sie uns das Thema wechseln!«

»Wie Sie wünschen, Madam«, erwidert Mr. Sheridan würdevoll, »vorläufig! Denn seien Sie versichert, ich werde die Angelegenheit nicht ruhen lassen. – Was hören Sie von Mrs. Thrale?« Er hatte im Plauderton gefragt und ist nun überrascht von dem Schweigen, das die kleine Runde befällt. »Habe ich etwas Falsches gesagt?« wendet er sich vorsichtig an Sir Joshua und zieht den Kopf so weit zwischen die Falten seines gestärkten Halstuchs, daß der Kragen gegen die Haar-Röhren seiner Perücke stößt.

»Mein lieber Sheridan, wissen Sie denn nicht, daß Mrs.

Thrale nach Bath gezogen ist?« Der alte Herr nimmt seine Brille ab und blickt wund und ziellos in die Lichter des Salons.

»Ich bedaure. Wie Sie wissen, sind Mrs. Sheridan und ich erst am Freitag aus Paris zurückgekehrt. Als wir nach Europa abreisten, hatten Mrs. Thrale und Dr. Johnson gerade zusammen mit Mr. Perkins, dem Geschäftsführer, die Leitung der Brauerei übernommen. Wie kommt es, daß sie nun nach Bath gezogen ist? Waren sie ... äh, nicht erfolgreich?«

»Es heißt, sie hätten sich in drei Monaten fast in den Ruin gebraut«, sagt Fanny.

»Aber das ist ja erschreckend! Und deshalb ist sie nach Bath gezogen?«

»Nicht deshalb«, erwidert Sir Joshua seufzend. »Mein lieber Sheridan, ich fürchte, wir müssen einmal ein Wort unter Gentlemen wechseln.«

»Seien Sie unbesorgt«, sagt Fanny. »Sie können mich mit dieser Geschichte nicht schockieren. Ich kenne sie bereits. Jeder hier im Zimmer kennt sie, außer Ihnen, Mr. Sheridan.«

»Das klingt bedrohlich. Ich bin entschieden beunruhigt. Sie wissen, daß ich ein Freund von Mrs. Thrale bin ...«

»Natürlich, gewiß, gewiß. Das wissen wir.« Sir Joshua steckt die Brille zurück. »Obwohl, ääch ... viele davon hat sie nicht mehr.«

»Aber, mein lieber Sir Joshua, nun sprechen *Sie* doch bitte nicht wie ein Umstandskrämer! Keine Rätsel mehr, ich bitte Sie dringend! Miss Burney!«

»Mrs. Thrale hat die Brauerei verkauft und ist mit Monsieur Loutit nach Bath gezogen«, sagt Fanny leise. »Die Treuhänder von Mr. Thrale haben ihr das Sorgerecht für ihre Töchter entzogen. Dr. Johnson wohnt wieder am Gough Square und ist sehr krank. Er sagt, sie habe schändlich und gottlos gehandelt und er werde ihr niemals vergeben. Er hat alle ihre Briefe verbrannt.« Fanny fürchtet, daß der alte Doktor gehofft hatte, Mr. Thrales Nachfolge in jeder Hinsicht anzutreten; nicht nur die Brauerei zu leiten, sondern auch Mrs. Thrale zu erben, und daß er in würdeloser Eifersucht diese schrecklichen Flüche gegen sie geschleudert. Wie konnte er nur!

»Die törichte Frau hat ihre Leidenschaft über die Vernunft erhoben und alles weggeworfen«, ächzt Sir Joshua, »ihren Ruf, ihre Stellung, ihre Familie und ihre Freunde, nur um diesem Monsieur zu folgen. Er will sie nicht einmal heiraten, wie man so hört.«

Fanny, eine Expertin in Sachen Leidenschaft, läßt den Fächer zuschnappen und klopft damit in ihre linke Hand. »Töricht, ja, im höchsten Maße. Aber, mit Verlaub, es ist ein schreckliches Unrecht, sie von ihren Kindern zu trennen.«

»Das ist tapfer gesprochen, Miss Burney. Sie vergessen jedoch, daß es Hannah Thrale war, die den Skandal erst publik gemacht und ihre Mutter in Verruf gebracht hat.«

Sir Joshua ist auch im Alter und trotz seiner lästigen Gebrechen ein hochgeehrter und geselliger Mann, in dessen Atelier sich Vertreter aller Stände und Geschäfte begrüßen. Damals, ehe seine armen Augen sich verdunkelten, hatte er sie alle gemalt; die Aristokraten und die Parvenüs, die vornehmen Witwen und die schönen Kurtisanen. Jeder wußte, welchem Gewerbe die perlenliebende Miss Kitty Fisher nachging, die wie ein Komet auch durch Mr. Thrales Leben geflogen war, aber niemand hatte etwas dagegen einzuwenden gehabt, sie, geadelt von Mr. Reynolds Pinsel, als bezaubernde Danae zu sehen, die ihre Veilchenaugen zu Jupiter aufschlägt, um seinen Goldregen zu empfangen. So viel Diskretion durfte man von der heutigen Jugend offenbar nicht mehr erwarten.

Sir Joshua ist weniger bestürzt über Mrs. Thrale und die Kurve, die ihr Lebenswandel genommen hat, als über ihre Schlange von Tochter, die die Leidenschaft der Mutter für den französischen Hauslehrer mit Fleiß herumgetratscht hatte. Schmähgedichte und Karikaturen, die eine grinsende, zahnlose Alte am Arm eines jungen Beaus zeigten, waren in den Kaffeehäusern aufgetaucht. Die Presse hatte sich der Sache angenommen. Ihr durfte Mrs. Thrale entnehmen, daß Dr. Johnson sie für wahnsinnig erklärt hatte und Lady Cholmondeley ihren Namen nie wieder in den Mund zu nehmen gedachte. Selbst Mrs. Montague, die sich nicht öffentlich äußerte, aber eine Meinung hatte, vertraute Miss Burney an, daß »une grande passion« bei einer Frau über vierzig ein unnatürliches, zumindest ein unangebrachtes Gefühl sei. So war Mrs. Thrale nur die Flucht geblieben, gebunden an einen Mann, über dessen Herkunft, Absichten und Ehrgefühl man nichts Genaues wußte.

Hannah und ihre Schwestern lebten fortan unter den Fittichen einer betagten und moralisch einwandfreien Person am Grosvenor Square. Ihre Chancen, in die besten Kreise einzuheiraten, waren ins Bodenlose gesunken. Aber dies war Sir Joshuas geringste Sorge. Er vermißte die Dienstagsoireen und die Streitgespräche mit seinem Freund Johnson, der ihn seiner whiggischen Ideen halber abzukanzeln beliebte. Äächh, was für ein Sturkopf! Konservativ bis auf die Knochen! Dabei mit sehr empfindlichen Teilen, wie ein Einsiedlerkrebs. Hatte sich in sein Gehäuse hinter Fleet Street verkrochen und wünschte keinen aus dem alten Zirkel mehr zu sehen. Nur der anhängliche Boswell sprach offenbar mehrmals täglich vor und sammelte die Sarkasmen, die von des Doktors Lippen fielen. Ein Hüsteln schreckt Sir Joshua aus seinem Bedauern.

»Gibt es denn noch eine Verbindung?« fragt Mr. Sheridan. »Kennt man ihre Adresse in Bath, oder weiß einer ihrer Freunde, wie sie sich befindet?«

»Ich habe einen Brief von ihr erhalten«, antwortet Fanny, und Sir Joshua sieht, wie sich der schimmernde Kopf senkt. »Mrs. Thrale befindet sich – wohl. Sie schreibt, daß sie ein

Haus am Queen Square gefunden habe und daß der Brunnen von Bath ihrer Gesundheit sehr zuträglich sei. Sie hoffe, im Juni nach Frankreich zu reisen.« Stille. Mr. Sheridan schaut fragend in die Runde, aber auch Sir Joshua wünscht offenbar nichts mehr zu dem Thema beizutragen. So bleibt dem Theaterdirektor nichts weiter übrig, als noch einmal die Schultern hochzuziehen, ein »höchst bedauerlich, auf mein Wort!« zu murmeln und sich auf die Suche nach der Brandy-Karaffe zu machen. Er brauchte dringend eine Stärkung.

»Adieu, liebste Burney«, hatte Mrs. Thrale ihren Brief beendet, »wünschen Sie mir Glück, schreiben Sie mir freundlich, gedenken Sie meiner herzlich, und kommen Sie mich besuchen.« Sie zeichnete mit »H. L.«, und obwohl von einer Hochzeit nicht die Rede war, schien immerhin gesichert, daß der letzte Buchstabe für Loutit stand. Fannys Glückwünsche erreichten sie nie. Dr. Burney kassierte das Schreiben und verbot seiner Tochter, mit einer so tief gesunkenen Frau zu korrespondieren.

*

Es ist nicht leicht, ein erfolgreiches Buch geschrieben zu haben und in der nächsten und jeder kommenden Saison zu wissen, wie man all den wohlmeinenden, aber entsetzlichen Menschen Rede und Antwort stehen soll.

»Oh, Miss Burney, ich freue mich so, Sie kennenzulernen. Ich muß Ihnen gestehen, daß ich seit Monaten die Gelegenheit gesucht habe, genauer gesagt, seit ich Ihren entzückenden Roman gelesen habe. Das Feinste, das je aus der Feder einer Dame geflossen ist; wirklich erstaunlich, eine solche Erfindungsgabe! Ich brächte nie etwas dergleichen zustande, und ich möchte wetten, Sie schreiben schon an einem neuen Roman! ... Nein? Oh, gewiß doch! Ich sehe förmlich, wie es gerade in Ihrem Kopf arbeitet, und wir müssen uns alle gut benehmen, damit Sie uns nicht in Ihr neues Buch hineinstecken.«

»Oh, Miss Burney, darf ich so kühn sein zu fragen, wie Sie Ihr bezauberndes Werk geschrieben haben? Haben Sie selbst etwas Ähnliches erlebt, oder haben Ihre Freunde Sie mit kleinen Skizzen und Aide-mémoires unterstützt? Nun? Sie erröten? ... Ah, so muß es gewesen sein! Ich würde mich überaus glücklich schätzen, Ihnen ebenfalls mit Ideen für künftige Romane dienen zu dürfen. Ich denke da zum Beispiel an eine kleine Geschichte, die mir neulich, als ich nach ...«

»Oh, Miss Burney, Sie müssen meine kleine Nichte kennenlernen. Sie schreibt ebenfalls, und zwar an einem Roman, einem sehr drolligen; nicht ganz so drollig wie der Ihre, aber sie ist schon eine richtige Autorin, ganz so wie Sie. Die Geschichte heißt *Darcy* und handelt von einem kleinen Hund, der sich einbildet, der Herzog von Marlborough zu sein. Entzückend! Sie sollten sie wirklich lesen. Bitte kommen Sie uns doch besuchen, wenn Sie einmal in Hampshire weilen sollten. Jane ist so ein frühreifes Mädchen, ganz außerordentlich; eine kleine Dichterin. Ich sage immer, sie wird einmal eine zweite Miss Burney.«

Sie war diese Leute alle herzlich satt. Der Ruhm erschien ihr sauer, der Beifall als ein hohles Klapsen. Nichts Neues wurde mehr gesagt, und wo immer sie eintrat, standen die Gäste auf und rückten näher, um die Komplimente mitzuhören, die ihr ein gravitätischer, parfümierter, steinalter Höfling in einem aprikosengelben Seidenrock oder eine Dame, die an vergrößerter Empfindsamkeit litt, vortrugen. Fremde starrten sie an, und sie hörte das vermeintlich diskrete Zischeln hinter sich: Das ist sie! – Wer? – Die berühmte Miss Burney! – Wirklich? Die ist aber klein!

Sie war nicht kokett, wenn sie die Vorschläge und Schmeicheleien ablehnte, denn sie wußte tatsächlich nicht, was sie tun sollte. Einen neuen Roman schreiben? Hatte sie in *Vir-*

ginia nicht alles gesagt, was sie wußte, und alles gezeigt, was sie konnte? Andere hatten ihr die Geschichte weggenommen, den Spaß verdorben, und nun fiel ihr nichts mehr ein. Papa mochte sie noch so sehr ermuntern.

Auf ihrem Weg durch die Salons wichtiger Leute hatte sie das Essen fast gänzlich aufgegeben, lebte von weißen Rüben und blauer Magermilch und wusch sich jeden Morgen vom Kopf bis zu den Zehen mit kaltem Wasser und einem triefenden Schwamm. Sie hielt Kate von ihren Pflichten ab und nötigte sie zu langen Spaziergängen, erst nur zu einer Runde durch St. James's Park, später immer weiter bis hinunter zur Themse, zum Lustgarten von Ranelagh oder durch die Uferwiesen nach Chelsea. Sie glaubte, daß ihr das Befolgen selbstauferlegter Regeln, wie absurd und ungesund sie ihrer Familie auch erscheinen mochten, besser bekam, als Mrs. Burneys vernünftige Wünsche zu erfüllen, die Haut mitzuessen, die doch das Beste war, und ihrer Stiefmutter abends *Julia und das Mausoleum des Schreckens* vorzulesen.

Fannys Rückkehr aus Lyme Regis hatte Mrs. Burneys Laune nicht verbessert. Auch ohne Miss war das gesellschaftliche Leben in Leicester Fields weitergegangen, und zwar, wie Mrs. B. empfand, durchaus glanzvoll. Die Soireen des Doktors bedurften keiner Virginia, um interessante Persönlichkeiten anzulocken. Nun war sie also wieder da, entschlossen, Dr. Burney jeden Dienst zu erweisen und sie unter halb gesenkten Lidern anzuspähen; eine Stieftochter, die ihr offenbar bis zum St. Nimmerleinstag erhalten bleiben sollte und deren erklärter Wunsch es war, ihrem lieben Papa zur Hand zu gehen. Gott im Himmel wußte, mit welcher Musik sich die beiden gerade befaßten. Miss jedenfalls traf keine Anstalten, einen Mann zu finden, und weit und breit zeigte sich auch kein Verehrer, der sie von diesem provozierenden Geschöpf hätte befreien können.

Am schwersten erträglich aber war Mrs. Burney die Ziererei beim Essen, und nach einem stummen Dinner zu zweit, bei dem die Stieftochter ihren Blick nicht vom Teller gehoben und bedächtig eine trockene Kartoffel zerlegt hatte, um die Bröckchen einzeln auf den Gabelzinken gespießt zwischen die Lippen zu schieben, fühlte sie, daß sie von diesem Getue nicht viel mehr vertragen konnte und daß die Zeit für eines ihrer offenen Worte gekommen war. Mrs. Burney starrte Miss Burney angewidert über die Kerzenflammen hinweg an.

»Ist unsere hausbackene Kost nicht gut genug für eine, die die Krümel von Mrs. Montagues Tafel genossen hat?« Fanny legte die Gabel auf den Teller.

»Die Kost am Tisch meines Vaters war für mich immer gut genug, Madam. Ich bitte um Entschuldigung, wenn mein Verhalten einen anderen Eindruck erwecken sollte, aber ich bin nicht hungrig.«

»Sie sind nicht hungrig, Miss, aber Sie leben nicht schlecht im Haus Ihres Vaters.« Mrs. Burney fächelte sich mit einer Zeitung, die in ihrem Schoß gelegen hatte, ein wenig Kühlung zu. »Und Sie glauben offenbar, daß Ihre erlauchte Gegenwart eine so unbedeutende Person wie mich für die Kosten von Brot und Fleisch, Kohlen, Kerzen und Gesinde schon entschädigt. Fällt es Ihnen etwa ein, mir dafür einmal gefällig zu sein? Mir etwas vorzulesen? Mich zu unterhalten, wenn sonst niemand da ist? Oh nein, darüber ist unsere berühmte Miss Burney ja erhaben.«

Miss Burney war vom Tisch aufgestanden und hatte noch am selben Abend ihren Vater um einen Urlaub bei ihrer Schwester Featherstone in Chessington gebeten. Dr. Burney hatte nur eingewilligt, nachdem sie ihm versprochen hatte, sich dort an einen neuen Roman zu setzen und ihn regelmäßig über dessen Fortschreiten zu unterrichten.

Er hatte die letzte und jede vergangene Saison durchaus genossen, viele neue und, wie er hoffte, Bekanntschaften von Konsequenz geschlossen und die Fragen nach einem neuen Werk seiner Tochter immer augenzwinkernd beantwortet, ganz so, als sei er ein Eingeweihter, der gerne spräche, aber zum Schweigen verurteilt sei. In Wirklichkeit war er ungeduldig und ratlos.

»Meine Güte, Fan, das kann doch nicht so schwer sein! Gib dir endlich einen Ruck!«

Es war Vorfrühling; die Erde atmete Winterkälte aus, doch um Chessington Hall blühten die Narzissen und entlang der Terrasse Borten kleiner violetter Schwertlilien, die dem entzückten Mr. Featherstone ihre getigerten Zungen entgegenstreckten. Louise schob ihren schwangeren Leib vor sich her. Sie war erschöpft, hatte Schatten im Gesicht und gab sich keine Mühe, ihre schroffen Anwandlungen zu verbergen. »Sie sind blau um die Kiemen, Madam«, sagte Mr. Featherstone dann zärtlich, befahl ihr, die Beine hochzulegen, und rief nach Hühnersuppe, nach Mandelmilch und warmem Zuckerwasser. Dieses Kind würde leben, weil sie es beide so sehr wünschten. Er erschien Fanny kleiner geworden, rund an Rücken und Schultern, und seine weiße Haut spannte über den Wangenknochen.

Auch das Haus beugte sich unter der Last der Jahre. Seine Hülle war fadenscheinig geworden, aber es trug sie mit der eleganten Tapferkeit einer alten Dame, die sich schon lange nichts Neues mehr hatte anschaffen können und trotzdem in Gesellschaft geht. Was noch schimmern konnte, wurde poliert: die Zinnschüsseln auf dem Mauerbogen über dem Feuerplatz zu weichem Glanz; das Besteck, bis die Gabeln abgewetzte Striemen und die Löffel stumpfe Glatzen auf der Unterseite zeigten. Und was fallen mußte, fiel: der Putz von der Wand hinter den Vorhängen; das Teppichmuster durch die Kettfäden. Jeden Morgen zog Betty mit einem umwickelten Besen gegen die Spinnen zu Felde, deren Netze allerlei Zwischenräume zu vermummen drohten, ein Kampf zwischen roher Gewalt und Beharrlichkeit, dessen Sieger von Anbeginn feststanden.

Auf dem Kaminvorleger im Morgenzimmer schlief Mulligan, träumte fiepend und mit zuckenden Pfoten von den Jagdausflügen seiner Jugend. Fanny zuliebe glühte ein kleines Feuer auf dem Rost. Dumpfe Gerüche stiegen aus den Polstern: Staub, Kampfer, Katzenpisse, und mischten sich mit den Miasmen, die das Haus seit den Tagen der Tudors durchdrangen, zu einem Element, das etwas dünner als Qualm und etwas dichter als Äther schien.

Sie richtete sich in der Fensternische ein, schnitt sich ein halbes Dutzend Federkiele zurecht und schaute hinaus in den bereiften Garten. Ein klarer Tag war im Anzug, aber noch hatte die Sonne den Hügelkamm nicht überstiegen, und die Lindenallee lag unter einer feinen silbergrauen Kruste. Zwischen den Rosensträuchern stellte Kater Henry einem Zaunkönig nach, und Fanny stieß das Fenster auf, um seinen Plan mit einem lauten Händeklatschen zu vereiteln. Dann zog sie den Schal um die Schultern, küßte ihre Feder und begann zu schreiben. Die Sonne glitt über den Hügel und schien ihr zärtlich ins Gesicht. Unter dem Gegenlicht wölbte sich der Hügel jenseit der Allee katzengrau; ein Steindach leuchtete auf, Schornsteinrauch stieg in die helle Luft. Sie lächelte. Der Rasen war mit Karfunkelsteinen besät.

Schatten, Rauch und Asche – Sonne, Silber und Perlmutt, dachte sie. Wer hatte eine Frau mit dem Innern einer Muschel verglichen? Monsieur Loutit. In Mrs. Thrales Augen war er schmeichelnder, brauner Samt… Zobel, was nicht gar! Und Fanny nur ein geblümter Musselin, eine kleine Schriftstellerin, Tochter eines Mannes, den sie für seine Konversation bei Tisch bezahlte. Wahrscheinlich hielt sich Mrs. Thrale für die gescheitere Frau und bessere Literatin von beiden, aber gedruckt hatte man Miss Burney. Schon auf der Fahrt über den Hügel war Fanny ein wichtiger Gedanke gekommen, und nun, im Morgenzimmer, schrieb sie ihren ersten Dialog.

Die Rivalinnen könnte ihre Komödie heißen, aber ein ähnlicher Titel war Mr. Sheridan schon vor fünf Jahren eingefallen. So nannte sie das Stück *Der Club der geistreichen Damen* und schuf Platz für eine ganze Gesellschaft von Blaustrümpfen und ihre männlichen Trabanten; den liberalen Lord Whigmore, der es mit den Papisten hielt, und Bischof Thunder, der gegen sie wetterte ... Sein Angelpunkt sollte jedoch die Freundschaft der Mrs. Snappit, einer reichen Witwe und Wortführerin des Esprit Clubs, mit der hübschen, lebhaften, aber leider mitgiftlosen Cecilia sein. Mrs. Snappit vertrat fortschrittliche Ideen und suchte zugleich einen Mann für ihren Schützling – ja, Mr. Tolderol und andere Schrate würden das Publikum ergötzen, ehe Cecilia mit Leander, einem jungen Maler, ihre eigene unbesonnene Wahl traf und Mrs. Snappit mit dem schrecklichsten ihrer Kandidaten, einem alten irischen Mitgiftjäger, selbst die Ehe einging.

1. Akt, ein Hutladen: Auftritt Mrs. Snappit und Cecilia. Mrs. Snappit probiert ein Dutzend Hüte auf, kauft jedoch keinen davon. Sie belehrt die Modistinnen über die Bedeutung eines eigenen Einkommens, das einer Frau Schutz vor der Willkür der Männer biete: »Meine Damen, meine Damen, benutzen Sie Ihren Kopf nicht nur, um Schleifen, Federn und woll'ne Kirschen darauf spazierenzuführen! Putzen Sie Ihren Verstand mit der gleichen Sorgfalt wie Stroh und Filz! Machen Sie sich unabhängig vom Geschmack der Herren, der so flüchtig wie Frau Mode selbst ist!«

2. Akt: In seinem Atelier unterm Dach holt Leander den letzten Brotkanten aus der Schublade. An den Wänden lehnen Leinwände, halbfertige Bilder; allgemeine Unordnung, Trägheit, leere Flaschen, trockene Pinsel in Gefäßen ...

Wie Girlanden rankten sich Fannys Sätze über Holborn und Bond Street, umflatterten die Damen des Esprit Clubs, wehten über Westminster und banden schließlich Cecilia und Leander zusammen, arm wie die Kirchenmäuse und mit einer äußerst zweifelhaften Aussicht auf gemeinsames Glück. Sie schrieb schnell und leicht, erfüllt von einer etwas unheimlichen guten Laune, die keiner Rast und keinem Zweifel Raum ließ. Schon gab sie sich dem sträflichen Gedankenspiel hin, wie Publikum und Kritik das Stück feiern würden: ein neuer Stern über Drury Lane, die rechtmäßige Nachfolgerin des göttlichen Sheridan, etwas in dieser Art. Oh, Miss Burney, Miss Burney!

Ob der Galerie eine Komödie ohne Helden, ohne ausgleichende Gerechtigkeit und glückliches Ende gefiel; ob ihre Freunde sich in den Spottgestalten wiedererkannten; ob Papa ihr erlaubte, sich bei ihnen für alle Zeit unmöglich zu machen – solche Fragen konnten ihren schöpferischen Furor nicht dämpfen. Sie schrieb und dachte an das Theater in Drury Lane und an Mr. Sheridan, der ihr an einem Sonntagabend in Leicester Fields bedenkenlos zugesagt hatte, alles, was sie ihm brächte, mit Handkuß zu inszenieren.

Es war bei einem ihrer Ausflüge nach London gewesen, die sie wieder in Schwung brachten, wenn es in Chessington zu still geworden war und ihr zum Esprit Club nichts mehr einfallen wollte; neue Gespräche, neue Sottisen, gesunde, schlechte Stadtluft. Nun hatte sie den letzten Akt vollendet und brannte sie darauf, Mr. Sheridans Urteil zu hören, das zweifellos schmeichelhaft ausfallen würde. Schon in der kommenden Saison ... Ein Jammer, daß David Garrick nun im Ruhestand ... Doch er würde ihr zur Premiere die Ehre erweisen, und auch Papa wäre wieder stolz und glücklich. Keine dicken Romane mehr, sondern schnelle, klirrende Wortgefechte, Theater, Theater! Es bedurfte eines blutigen Krawalls, um Fanny von ihren Träumen zu trennen.

*

Als Mr. Featherstone Fanny über die Blackfriars Bridge nach London hineinkutschiert, kommt ihnen ein Haufen schäbiger Gestalten mit blauen Kokarden an den Hüten und Eisenstangen in den Fäusten entgegen. Und als ihr Einspänner weiter Richtung Westminster zockelt, werden die Haufen größer, die Stimmen lauter, und dann steht der Verkehr still. Karren, Chaisen, Sänften, Männer mit Schubkarren und Frauen mit Kiepen auf dem Rücken stecken fest wie in einem Flaschenhals. Großes Geschrei und Gerempel. Barfüßige Kinder drängen nach vorn.

»Das sind Gordons Leute«, sagt Mr. Featherstone gepreßt und fügt das Offensichtliche hinzu. »Die führen nichts Gutes im Schilde.« Vor ihnen ist ein Fuhrwerk mit Bierfässern zum Halten gekommen. Fanny, deren Neugier stärker als ihre Ängstlichkeit ist, lehnt sich vom Bock des Gigs, um daran vorbeizuspähen.

»Sei vorsichtig, Kind! Schau den Männern nicht ins Gesicht. Sie sind so zornmütig. Wer weiß, wozu sie im Stande sind.«

»Sie halten da vorne die Kutschen an«, ruft Fanny, »und reißen die Schläge auf. Mr. Featherstone, was soll denn das bedeuten? Am hellichten Tag so ein Überfall! Das geht doch ... doch nein, jetzt lassen sie die Wagen weiterfahren. Was haben sie vor? Warum tun sie das, Sir?«

»Heute ist Sitzungstag in Westminster. Sie suchen nach den Abgeordneten, die für das katholische Reformgesetz gestimmt haben. Gnade Gott diesen Männern! Das Gesetz hat die schlimmste Bedrückung von den Anhängern Roms genommen, aber diese verblendeten, gewaltbereiten Kreaturen glauben, daß mit Hilfe dieses Gesetzes die irischen und französischen Weber ihnen nun Arbeit und Wohnung wegnehmen. Auf mein Wort, die meisten sehen aus, als hätten sie weder Beruf noch Behausung. Noch einen Verstand. Seit Monaten geht dieses Gegeifer gegen die Katholiken in den Flugschriften. In Edinburgh haben sie bereits zwei

Kapellen niedergebrannt, aber wer hätte gedacht, daß sich der Pöbel hier nun so plötzlich zusammenrottet!«

»Und was machen sie mit den Abgeordneten, die für das Reformgesetz gestimmt haben?«

»Ich fürchte, sie werden ihre Wut an ihnen auslassen.«

»Sie wollen diese Männer doch nicht etwa ermorden?«

»Liebes Kind, das darfst du mich nicht fragen«, sagt Mr. Featherstone nervös und verschiebt seine Perücke. »Wo bleibt denn nur die Miliz? Sicher stecken sie irgendwo fest in dem Gewühl. Ich wünschte, es würde hier vorangehen und wir fänden eine Abkürzung nach Leicester Fields.«

»Sie werden uns doch wohl nicht behelligen? Wir haben ja nichts mit den Katholiken oder den Iren zu tun ...«

»Nein, nein, natürlich nicht«, sagt Mr. Featherstone schnell. Er könnte Fanny daran erinnern, daß die zweite Mrs. Burney, eine geborene Flanaghan, erst bei ihrer Eheschließung zur Kirche Englands übergetreten ist. Aber er will sie nicht noch mit Bedenken aufregen, die möglicherweise grundlos sind und nur privater Ängstlichkeit entspringen. Auch Betty aus Killiney, Louises Mädchen, trägt einen Nachnamen, der eine aufgehetzte Menschenmeute zum Johlen bringen könnte, und Mr. Featherstone verwünscht sich im stillen, daß er heute, statt in Chessington Hall die Läden vorzulegen und den Schlüssel herumzudrehen, seinen Gast nach Hause kutschiert.

Über dem Fuhrwerk mit den Fässern beschreibt die Peitsche des Bierkutschers einen fliegenden Krakel, der mit einem scharfen Luftkuß endet, und sie rollen ein Stück weiter.

»Es ist wohl besser, Sie biegen hier ab, Sir. In Drury Lane ist es vielleicht etwas ruhiger.« Mr. Featherstone zwängt sein Pferd aus dem Strom der Wagen in eine schmale Straße, die lückenlos von klippenhohen Häusern gesäumt ist, die, sich vorbeugend und nochmals überragt von Gauben, Giebeln und Schornsteinkästen, immerwährenden Schatten auf das

Pflaster werfen. Es ist ungewöhnlich still. Nur die Kirchturmuhren schlagen die halbe Stunde. Marktfrauen mit Körben sind unterwegs; ein Mann schwingt sich auf Krükken vorbei, ein Botenjunge überholt sie, im Rennen seinen Hut festhaltend. Hunde fressen Ungutes von den Kehrichthaufen. Und als sei der Straße heute Waschtag verordnet, schrubben Dienstmädchen mit großem Nachdruck Türen und Eingangsstufen. Fanny mustert sie wie die Überbringer von Botschaften. Alles scheint wie immer, und doch hat sich eine erwartungsvolle Bangigkeit über das Viertel gelegt. Vom Strand klingt Krachen und Grölen herüber. Es riecht nach Rauch und nach versengten Dingen.

»Sie haben die Türen angeschmiert«, sagt Mr. Featherstone mit wachsender Sorge, als sie – klop, klop, klop – langsam durch Long Acre traben. Mit Kreuzen markiert, wie etwas, das nun fällig ist, und sollte einer des Lesens kundig sein, für den steht das Wort »Papist« in weißer Farbe über der Schwelle. Kein Scheuerlappen kann es wegwischen.

»Ich wußte gar nicht, daß wir so viele katholische Nachbarn haben.«

Heilige Unschuld! denkt Mr. Featherstone. Laut sagt er: »Ich bringe dich jetzt nach Hause, liebes Kind, und kehre sogleich um. Mrs. Featherstone wird sich Sorgen machen, wenn sie hört, daß Lord Gordon in London einen Krawall angezettelt hat.«

Als er die Glocke am Haus in Leicester Fields zieht, fliegt im ersten Stock ein Fenster auf, und Dr. Burney steckt den Kopf heraus. Kate, die Dienstmagd hat ihn am Morgen verlassen, nachdem sich drei wüste junge Männer mit einem Farbtopf an der Türe zu schaffen gemacht und begonnen hatten, die schwarzen Zaunstäbe aus dem Pflaster zu reißen.

»Hier wohnen keine Papisten!« hatte der Doktor aus dem Fenster gerufen, und sie waren abgezogen. Das Mädchen war jedoch schon weggelaufen, und die Köchin hatte sich im Keller versteckt. Daher waren die Burneys auf sich gestellt, und der Doktor hatte begonnen, seine Bücher und Manuskripte in Blechkisten zu packen, während Mrs. Burney in der Gaube Posten bezog, um die Entwicklung der Dinge im Auge zu behalten. Sie hatte gehofft, berittene Truppen zu sehen oder wenigstens die Männer der Miliz durchmarschieren, aber keine Uniform war in Leicester Fields aufgetaucht. Wen es nicht in dringenden Geschäften auf die Straße trieb, der blieb, wo er war, und in den Häusern mit den weiß gezeichneten Türen wurden die Feuer gelöscht und schlossen sich die Läden in den Fenstern.

Mr. Featherstone hilft Dr. Burney Fannys Reisekiste unter dem Sitz des Gigs hervorzuziehen und in den Flur zu stellen. Fanny eilt hinunter in die Küche, um Tee aufzubrühen, aber der Kessel ist kalt, die Köchin sitzt bei den Kohlen, und das Fräulein hat nie gelernt, das Herdfeuer zu entfachen. So nimmt der Doktor in einer fatalistischen Anwandlung zwei Kristallkelche aus der Anrichte im Salon und entkorkt einen seiner alten Burgunderweine, mit dem sich die Herren für einen ungewissen Nachmittag und eine lange Nacht stärken. Dann klettert Mr. Featherstone zurück auf den Kutschersitz, schüttelt die Zügel und rollt davon.

In der Dämmerung klingt es wie ein Kanonenschuß, als das Dach des Newgate-Gefängnisses einbricht und die rote Lohe in den Himmel fegt. Von Ferne paffen Gewehrschüsse, von unten dringt Geschrei zu ihnen herauf. Mrs. Burney schlägt das Kreuzzeichen und zieht den eingehakten Arm ihrer Stieftochter enger zu sich heran. Fanny atmet ihren Geruch nach Schweiß und schalem Parfüm, und was ihr immer abscheulich war, gewinnt unter der Fuchtel der Angst warmen, fleischlichen Trost. Zwei Frauen fürchten sich gemeinsam. Sie stehen ganz vorne in Newtons Observatorium und sehen, wie ein Haufen Männer mit Knüppeln und Stangen drei Häuser weiter die Fenster einschlägt. Zwei Augenpaare suchen Dr. Burneys Dreispitz zwischen den wogenden Hüten und Mützen.

Vor einer halben Stunde war er plötzlich mit einer Kassette unter dem Arm aufgebrochen, die sein Manuskript *Die Geschichte der Musik in Spanien und Portugal* enthielt, um sie im Haus von Sir Joshua Reynolds, das er vor Angriffen sicher wähnte, zu deponieren; ein Akt der Unvernunft, von dem er sich weder durch Fannys Bitten noch die stärkeren Worte seiner Frau hatte abbringen lassen. Er hatte versprochen, sofort zurückzukommen; es waren ja wirklich nur ein paar Schritte. Aber kaum war er weg, begann sich eine Menschenmenge über Leicester Fields zu schieben, als ginge es zur Bartholomäus-Kirmes, und wirklich scheinen viele den Feierabend zu nutzen, um drängelnd und köpfereckend zu erleben, was die Pfiffigsten und Entschlossensten unter ihnen in dieser Nacht alles zuwege brächten.

Das Klirren der Fenster im Nachbarhaus wird von Grölen begleitet: »Nieder mit den Papisten!« Schon sind die Portieren heruntergerissen, krachend fliegt ein Stuhl auf die Straße, ein Wandschirm hinterher, eine Terrine zerbirst; ein Bild segelt wie ein Drachen aus dem Fenster und klappt auf dem Pflaster zusammen. Fackeln flammen auf, spiegeln sich in schwarzen Scheiben. Dann schwenkt die Menge plötzlich zurück und drängt auf das gelbe Haus zu.

Fanny stößt einen Schrei aus und schlägt die Hand vor den Mund. Mrs. Burney aber fährt herum und stürzt zur Kammertür. Wie ein vollgetakelter Rahsegler durch eine enge Hafeneinfahrt kracht sie die Bodentreppe hinunter, noch zwei Stockwerke mit stampfenden Beinen und rauschenden Röcken. Als sie im Flur landet, ist die Haustür schon aufgebrochen. Ein betrunkener Kerl in Seemannskittel und Dreiviertelhosen schaut sich um, als hätte er die freie Auswahl, greift nach dem Ständer für die Karrenschirme. Ein anderer tritt Fannys Reisekiste über die Schwelle und die Stufen hinunter. Der Deckel fliegt auf, im Nu sind dicke Frauenarme darüber her, Hauben, hochgerollte Ärmel, schmutzige Brusttücher. Kleider schleifen übers Pflaster, einzelne Schuhe, Bücher, weiße Strümpfe, der Kaschmirschal im Straßenkot. Plötzlich schlagen Flammen aus den Fenstern drei Häuser weiter.

»Ahhh« – ein freudiges Stöhnen wie bei einem Feuerwerk. »Nieder mit den Papisten!« Fanny, die laut jammernd auf dem Treppenabsatz stehengeblieben ist, sieht, wie der Kerl im Seemannskittel Anstalten trifft, die Pendule von der Konsole auf die Straße zu werfen, als Mrs. Burney ihm in den Weg tritt. Ihre offene Hand trifft seine Wange mit großer Wucht und Genauigkeit. Es klingt, als würde ein Metzger ein schweres Stück Roastbeef auf den Hackklotz werfen. Der speckige Hut mit der Kokarde kippt vom Kopf.

»Hinaus!« schreit sie. »Hinaus! hinaus!« Ihre Röte hat einen Stich ins Blaue genommen, und da der Mann, starr vor Staunen, die Hände sinken läßt, greift sie ihm mitten ins Gesicht und dreht seine Nase wie einen Türknauf herum. Er jault auf, stolpert zurück, und Mrs. Burney, vom Schwung ihres gerechten Zorns getragen, verfolgt ihn mit klatschenden Schlägen auf Schultern und Hinterkopf.

»Hinaus, Gesindel! Gottverdammtes, dreckiges Gesindel!« – Patsch! – »Heilige Maria, Muttergottes, vergib mir! Zur Hölle mit euch! Halunken! Galgenvögel! Abschaum! Gossendreck!« – Patsch, patsch, patsch! Schon sind sie in der Tür, und Mrs. Burney dabei, die Marodeure auf die Straße hinaus zu verfolgen.

»Mama, nicht!« schreit Fanny vom Treppenabsatz. »Nicht weiter! Schließen Sie die Tür!« Und Mrs. Burney, unbesiegt und durchaus beflügelt, gehorcht der Stimme der Vernunft, bleibt wie eine Rachegöttin mit eingestemmten Fäusten auf der Schwelle ihres Heiligtums stehen. Überall auf dem Platz lodern Feuer, stieben Funken. Stoff brennt, Holz, Leinwand, Polster, Papier. Zerlumpte Gestalten springen um die Scheiterhaufen, werfen Arme voll fremder Habe hinein, als sei's ein gut bezahltes Geschäft. Und da kommt auch der Doktor. Seine Schuhe schwelen, ein Revers seines

Rocks ist abgerissen, und er trägt die Kassette unter dem Arm. Nutzloser Mann! Schiebt durch die Menge, die sich wieder drohend vor seinem Haus versammelt hat, gewinnt die oberste Treppenstufe, wendet sich um und streckt den freien Arm um Gehör bittend aus.

»Ihr guten Leute«, ruft er. »Haltet ein! Hier wohnen anständige Protestanten, die niemandem das Brot wegnehmen. Ich bin Dr. Burney. Ihr kennt mich nicht, aber viele von euch kennen meine Musik. Wenn ihr euch nach harter Arbeit am Sonntag in Vauxhall oder Ranelagh ergeht, hört ihr sie erklingen. Wenn ihr euch im Theater auf die Farce freut, dann ist es meine Musik, die euch die Zeit verkürzt. Wenn ihr euch wie wahre Christenmenschen zum Gottesdienst verfügt, spielt die Orgel meine Musik zu eurer Erbauung. Geht also bitte weiter, und laßt uns in Frieden! Wir sind wie ihr Mitglieder der Kirche Englands und haben mit den Papisten nichts zu schaffen!«

Ein Augenblick des Schweigens; nur die Feuer prasseln. Dann schreit der Kerl mit der verletzten Nase: »Ein Musikant, Männer! Er kann uns zum Tanz aufspielen, während wir seine Bude anzünden!« Gelächter. »Laß ihn in Ruhe!« ruft ein anderer. »Er hat uns nichts getan. Das Weib hat's dir wacker gegeben. Steck's ein und fertig!« Und ein Langer ohne Strümpfe und mit einem Bajonett über der Schulter langweilt sich schon: »Los, wir gehen zu Lord Sandwichs Haus, der hat keine Wachen aufgestellt!« Vom Rand her pflanzt sich ein Schrei durch die Menge fort: »Die Kapelle des französischen Botschafters brennt!« Hüte fliegen in die Luft, »Hussa! Nieder mit den Papisten!« Das Getümmel wogt zurück, formiert sich neu und schiebt hinunter nach Charing Cross. »Gute Nacht, Euer Ehren!« schreit einer lachend aus der Menge. »Und nichts für ungut!« Dr. Burney zieht den Hut.

Zu dritt schleifen sie den Eßtisch aus dem Parterre-Zimmer in den Flur und stemmen ihn gegen die gesprengte

Tür. Der Doktor, angesengt und zerrissen, steht seiner aufgelösten Frau gegenüber.

»Mrs. Burney, das war ... ich weiß nicht, wie ... liebste Margaret ...« Sie sinkt ihm laut aufheulend an den Hals. Er tätschelt ihr bewegt den Rücken. »Das war sehr tapfer, sehr tapfer. Ich weiß nicht, wie ich Ihnen danken soll, Madam. Ohne Ihr entschlossenes Auftreten wären wir wohl geplündert und verbrannt.« Er blickt über ihre Schulter auf Fanny, die zitternd und mit den Händen im Gesicht an der Wand lehnt. »Meine arme kleine Fan, du hast dich brav gehalten. Komm her zu mir, liebes Kind!« Sie stehen einander drükkend und umarmend lange im Hausflur, während draußen die Scheiterhaufen ausbrennen und endlich, rasselnd und mit knallenden Hufen, die Feuerwehr anrückt.

*

So hatte *Die Geschichte der Musik in Spanien und Portugal* die Gordon-Krawalle schadlos überstanden, obwohl sie, an Dr. Burneys Rock gepreßt, mitten im Tumult gesteckt und er mit dem Manuskript nicht einmal bis zu Sir Joshuas Haus vorgedrungen war. Fannys Komödie jedoch war samt ihrem Portemanteau, ihren Kleidern und Büchern, dem Schirmständer und einem Spazierstock mit Silberknauf verbrannt.

Nachdem die Kavallerie die Brandschatzer auseinander- und die aus den brennenden Gefängnissen Entwichenen wieder zusammengetrieben hat, nachdem die Feuer gelöscht, die Toten gezählt, die Blutflecken an den Mauern übertüncht, der Schaden beziffert und Lord Gordon in den Tower geworfen, nachdem das Türschloß repariert, neue Schuhe und Kleider angemessen sind, treffen in Leicester Fields Nachrichten aus der Außenwelt ein.

Ein Haufen Männer, deren Gesichter man nie zuvor in der Gegend gesehen hatte, war in Chessington Hall eingebrochen. Mr. und Mrs. Featherstone entkamen durch die

Hintertür, und während Betty rannte und sich mit der Köchin in der Eremitage versteckte, half Mr. Featherstone seiner Frau in das Gig und trieb sein müdes Pferd zum Galopp an. Er brachte Louise in die Sicherheit eines gut protestantischen nachbarlichen Herrenhauses, und dort erlitt sie eine Fehlgeburt, an der sie fast verblutet wäre. Es war ein Junge, und Samuel Featherstone hielt ihn in den Händen, ehe die Magd ihn fortnahm und in der Gartenecke unter den Brennesseln begrub. Das alte Haus war unverletzt davongekommen; nun ja, sie hatten die Bücher von den Brettern geworfen und sich darauf entleert; vom Silber fehlte einiges.

Auf der Landstraße zwischen Bath und Salisbury war die Kutsche, in der Mrs. Thrale nach Frankreich reisen wollte, in einem Wäldchen von fünf Berittenen angehalten worden. Der Postillon sprang ab und ließ sie im Stich. Drei Männer mit Hacken und Sensen zerrten Monsieur Loutit aus dem Wagen, und trotz seiner Gegenwehr – einer der Angreifer zahlte mit einem eingeschlagenen Auge – rissen sie ihm den Rock herunter und zerschnitten ihm das Gesicht. Ein vierter drängte Mrs. Thrale zwischen die Bäume, der fünfte durchwühlte das Gepäck und stahl die Reisekasse. Wären die Kutschpferde nicht durchgegangen und hätten die anderen Gäule angesteckt und wäre ihnen nicht eine Kalesche mit einer vergnügten Sommergesellschaft entgegengerollt, wäre es wohl um sie geschehen gewesen.

Aus Dorset schreibt Mrs. Montague, daß der Pöbel Mr. Keenans Weinlager gestürmt, die Fässer weggerollt oder zerhackt und den armen Mann dermaßen insultiert hätte, daß er seitdem völlig gebrochen sei und keinen Schritt mehr vor die Haustüre getan habe. Sie selbst habe befürchtet, ihr King Charles Spaniel könne für den aufgehetzten Mob ein Zeichen jakobitisch-katholischer Sympathien darstellen, weshalb Pluto unter Hausarrest gestellt worden und es keinem Boten, keinem Händler, nicht einmal mehr der

Waschfrau erlaubt war, auch nur bis zum Hoftor vorzudringen. Wie es schien, war jedoch keiner der Halunken auf Mrs. Montagues komplizierten Gedankengang verfallen.

Fanny fühlt die Beleidigungen und die Schmerzen, als sei alles ihre Schuld. Sie hatte Mrs. Thrale preisgegeben, sich über Mrs. Montagues Ideen lustig gemacht und Mr. Keenan verspottet. Es war, als hätte sie dem Feind den Weg zu ihnen gewiesen und mit hängenden Armen dabeigestanden und gegafft, wie man ihnen die Kleider herunterriß und ins Gesicht schlug. Die Häuser der geistreichen Damen brannten. Ihre liberalen Freunde, die gegen die Bedrückung der Katholiken gestimmt hatten, waren vor dem Parlament aus ihren Kutschen gezogen und in die Gosse getreten, zwei Abgeordnete ermordet worden. Dummheit und Gewalt hatten den Sieg davongetragen, und sie, Fanny, hatte sich mit ihnen gemein gemacht. So geschah es ihr nur recht, daß die Komödie mit ins Feuer geflogen war und sie sich wortlos und entsetzlich schämen mußte.

Der Augenblick ihrer Angst um Mrs. Burney war mit dem Rauch verflogen. Ihr »Mama, nicht!« klang der Stiefmutter hingegen noch eine Weile in den Ohren. Sie hatte gehofft, daß dieser Ruf eine Tür zwischen ihnen aufgestoßen hätte, daß die bestandene Gefahr sie enger aneinander binden würde und daß Fanny ihr von nun an gefälliger und töchterlicher entgegenkommen würde, aber, wie es schien, hatte sie sich verhört. Fanny war keine, die eines ausgestandenen Schreckens wegen Mrs. Burney ihre unerwünschte Existenz vergab, und da auch Mrs. B. nicht die Frau war, die ihre Gewohnheiten änderte und ihren Ton mäßigte, waren sie ganz schnell wieder bei »Madam« und »Miss« und gingen einander absichtsvoller denn je aus dem Weg.

»Meine liebste Sally«, schreibt Fanny nach Irland, »oft kommt es mir vor, als ob die Dinge, die ich erlebe, erst dann wirklich geschehen sind, wenn ich sie Dir erzählt habe. Früher war es einfach, aber in den letzten Monaten fällt mir das

Schreiben, das doch stets ein Vergnügen war, viel schwerer, und damit scheinen mir auch die Ereignisse und die Menschen zu entrücken, an denen ich früher ein so starkes Interesse genommen. Mein Journal verstaubt auf dem Bücherbrett im Observatorium, und mit meinen Briefen bin ich schändlich im Rückstand. Verzeih mir, Liebste, hiermit schwöre ich Besserung.

Im Sommer waren Papa und ich zu einer unglaublichen Zahl von Soireen und Dinnergesellschaften in den ersten Häusern geladen; bei Lady Say and Sele, Lord Crispin Ticknell, Viscount Galway, Lord Elphinstone ... Namen, die Dir nichts bedeuten, denn es sind alles neue Bekanntschaften, von denen keine länger als eine Viertelstunde währte, und es lohnt nicht einmal, Dir ihre Eigenarten zu beschreiben. – Siehst Du, so nachlässig bin ich geworden.

Papa wünscht, daß ich einen neuen Roman schreibe, und ich habe auch schon Entwürfe für das erste Kapitel gemacht, aber wenn ich den ganzen Tag über seinem Manuskript gesessen habe, ist mein Kopf abends so leer, daß ich nicht weiß, wie es mit meiner Geschichte vorangehen soll. Dennoch kann ich ihm meine Hilfe nicht versagen, denn er hegt so viele wunderbare Pläne, während ich trocken und nutzlos bin.

Verzeih mir, wenn es klingt, als beklagte ich mich. Natürlich fühle ich die Auszeichnung, Papas Amanuensis zu sein, und ich bin ihm zutiefst dankbar, daß er mich an seiner Arbeit teilhaben läßt; ich, die ich so ganz und gar unmusikalisch bin, wie Du weißt. Aber manchmal fürchte ich, daß mir die Zeit durch die Finger rinnt, und ich fühle mich niedergeschlagen und rastlos zugleich. Was ist aus mir geworden? Mein Geschmack und mein Geschick haben sich so sehr verändert. Alles, was ich mir ausdenke, kommt mir wie eine Wiederholung dessen vor, was ich schon einmal geschrieben. Jedoch, was ich früher als wahr und treffend empfunden habe, ist jetzt nur noch eine Äfferei, ein so viel Schlechteres.

Wenn mir nichts mehr von der Hand gehen will, mache ich mich auf den Weg und laufe durch die Stadt, St. James's Park und bei schönem Wetter bis nach Chelsea zu dem alten Apothekergarten an der Themse, wo der Olivenbaum in diesem Jahr Früchte getragen hat; nur damit die müden Glieder mir am Abend sagen, daß etwas getan worden ist.«

Sie erzählt Sally von den alten Freunden. David Garrick war gestorben; der Trauerzug der Kutschen und Sänften staute sich von Westminster Abbey bis Charing Cross. Doktor Johnson stand tränenüberströmt am Grab seines Freundes. Er war siech und schwermütig geworden. Auch Lady Popham hatte Sir Walter begraben und war nach Cheltenham gezogen. Monsieur und Madame Loutit lebten, wie man so hörte, zurückgezogen in Bath. Der Sommer in London war bemerkenswert warm und trocken. Das Newgate-Gefängnis wurde wieder aufgebaut. In Leicester Fields war die Straße aufgerissen; man verlegte neue Wasserrohre. Der Lärm war unbeschreiblich.

»Wie freue ich mich zu hören, daß Du mit Deiner kleinen Familie in dem pittoresken alten Gutshaus über der Bay glücklich bist, mit einer Aufgabe, die Dich ausfüllt, von Deinem Mann geliebt und von Deinen Nachbarn geschätzt!« schreibt sie zwei Wochen später. »Meine Nichte Peg scheint so ganz Dein Abbild zu sein, liebste Sally. Hat sie auch Deine schöne Stimme? Aber seit drei Monaten habe ich nun gar nichts mehr von Dir gehört. Bist Du wohlauf? Du sollst wissen, daß Deine Briefe meine einzig verbliebene Freude sind, aber natürlich will ich Dich nicht drängen. Sicher hast Du viele Verpflichtungen als Frau eines Pfarrers mit einem großen Sprengel; und nun trägst du auch noch ein zweites Kind auf dem Arm! Wie geht es dem Reverend? Kann Peg schon ein wenig buchstabieren? Was macht ihr Brüderchen?«

Sally hatte im Winter einen Jungen geboren. Sein Kopf war viel zu groß für das Stengelchen seines Halses, und unter dem daunenfeuchten, roten Haar war eine weiche Stelle geblieben, auf die sie oft prüfend ihre Hand legt. Sie würde Mama und Fanny erst wieder schreiben, wenn der kleine Ben den Kopf oben behielt. Aber das Kind will nicht gedeihen. Es liegt, in seine Flanellbinden gewickelt, in der Wiege und schreit; die Augen zu Rosinen zusammengepreßt und eine rote Gaumenleiste im blauen, schweißnassen Gesicht; es schreit und schreit. Sally hat ihm schließlich eine Brotkugel in einen Stofflappen gebunden und ein Tröpfchen Laudanum-Tinktur darauf fallen lassen. Mit diesem Säckchen im Mund ist der kleine Ben eingeschlafen, und Sally setzt sich an den Tisch und legt den Kopf in die Hände.

Es ist der Tisch, an dem sie ihre Mahlzeiten essen; auf dem Sally Ben wickelt, Margaret ihre bunten Knöpfe sortiert, der Reverend seine Predigten schreibt und auf den die Köchin das Mehl für den Brotteig siebt. Es ist das einzige Zimmer, in dem sie warm und trocken sitzen. Die Mauern des alten Gutshauses, das dem Pfarrer von Sneem als Wohnung zusteht und das der Reverend Pomroy kommod genannt hatte, scheinen unter seinem schweren, nassen Schilfdach in die Breite zu weichen.

Als Sally es zum erstenmal in den fliegenden Wolkenschatten eines Septembertags hinter der Feldsteinmauer im gelben Gras liegend erblickt hatte, war sie von seiner trotzigen Fassade und dem bemoosten, tief über die kleinen Fenster hängenden Dachstroh gerührt. Das Haus sah aus wie ein Kind, das sich die Mütze über die Ohren gezogen hatte und sie unverwandt anstarrte. Von seiner Schwelle schweifte der Blick nach Süden über die Bay von Kenmare, eine mit Föhren bestandene Insel, bis zu den wie mit graugrünem Samt bezogenen Bergen von Kerry. Es roch nach Harz, nach Schafdung, feuchter Spreu und nach Meer. Als sie die Türe aufstieß und in die kleine, mit Steinplatten ausgelegte Diele trat, hätte sie am liebsten laut gesungen. Sie war angekommen, und das trotzige Haus schien nur darauf zu warten, daß sie es zu dem ihren machte.

Doch so, wie die protestantische Gemeinde von Sneem Zurückhaltung übte, sperrte sich auch das Haus gegen seine neuen Bewohner. Kein Hobel brachte die Haustür dazu, sich ohne Schrappen zu öffnen; kein Feuer vertrieb den sauren, kalten Schafsgestank aus den Stuben, kein Bild hing gerade an den sich wölbenden Wänden. Der Reverend Bradshaw ließ die Mauern weiß kalken, aber es wurde nicht besser. Schmierige Feuchtigkeit zog über die Polster und die Bücher her. Im Schrank begann die Wäsche zu schimmeln. Die Köchin schlurfte auf Holzsohlen, die sie unter ihre Schuhe geschnallt hatte, durch die gepflasterte Küche. Von einem Spinett war nie mehr die Rede.

Zum Pfarrland gehören sechs Morgen Weiden, ein Gemüsegarten und ein Kartoffelacker hinter dem Haus. Aber weder der Reverend noch seine Frau hatten jemals einen Spaten in die Erde gesteckt oder verstanden, einen Nagel durch ein Brett zu klopfen. So war es nicht weiter verwunderlich, daß der Marder einbrach und die Hühner fraß und die Braunfäule die Tomaten verrotten ließ. Ihre Nachbarin, die Witwe Macauly, die Mrs. Bradshaw beim Jäten ihres eingekrauteten Gartens beobachtete, machte sie auf den Unterschied zwischen den Rosetten des Feldsalats und des scharfen Hahnenfußes aufmerksam, wofür Sally ihr ohne Verlegenheit dankte. Bei ihrem nächsten Besuch brachte sie der Witwe ein Sträußchen Fuchsien mit, als sei sie noch ein kleines Mädchen, und ließ sich von ihr nicht nur über den Anbau von Gemüse, sondern auch über die Haltung eines Esels und die wünschenswerte Anschaffung eines kleinen Karrens beraten. Mrs. Macauly, die Fuchsien als Unkraut betrachtete, von dem sie selbst genug hatte, konnte einer leisen Herablassung nicht entraten und blickte der englischen Pfarrersgattin in ihrem strammen Mieder und dem rotbebänderten Strohhut kopfschüttelnd und mit einer Reihe zweifelnder Zungenschnalzer nach, als diese das Törchen hinter sich einklinkte.

Sally beschloß, ihre kleine Wirtschaft in Schwung zu bringen, sperrte die verbliebenen Hennen in die Küche, kaufte einen Esel und pflanzte Stachelbeerbüsche entlang der Feldsteinmauer. Aber die Köchin protestierte, der Esel war alt und nutzlos, und fremde Tiere fraßen die noch unreifen Beeren. Natürlich hatte Mrs. Macauly es kommen sehen. Stachelbeeren! Als nächstes wohl Trauben! Also wirklich! Es war einer gewissen jugendlichen Unverwüstlichkeit des Pfarrers und seiner Frau zu verdanken, daß sie in ihrem ersten Winter in Irland nicht gänzlich verzagten und daß Sally im Frühling darauf ein gesundes Kind zur Welt brachte. Es hatte dunkle Augen unter geraden Brauen, die ihm wie mit feiner Feder auf die Stirn getuscht waren, und sie nannten es nach seiner Großmutter Margaret.

In den Sommerwochen, wenn Sir George Linley mit Familie und Gefolge Dromoland Castle bezieht, füllt sich die kleine graue Kirche von Sneem. In den übrigen Monaten sitzen dem Reverend sonntags außer seiner Frau und Tochter nur die Familie des Kaufmanns und der alte Schloßverwalter, Mr. Brooks, gegenüber, der es nicht verschmerzen kann, statt seines Freundes Joseph Pomroy diesen rothaarigen Cockney auf der Kanzel zu sehen. Manchmal vervollständigen die Witwe Macauly und der Schulmeister Mr. Crittle, ein düsterer Mensch, der seit undenklicher Zeit an einer Tragödie schreibt, die Gemeinde. Sie stellen in Benjamin Bradshaws Sprengel, der vorwiegend von katholischen Bauern und Häuslern bewohnt ist, das protestantische Establishment und die tip top Gesellschaft von Sneem dar.

Dennoch fühlte er sich in diesem ersten Winter nicht einsam. Sein leutseliges Auftreten gab den Nachbarn zu verstehen, daß sie sämtlich Kinder eines einzigen Gottes seien und daß er nichts dagegen einzuwenden habe, auch einmal in das Haus eines irrgläubigen Anhängers Roms eingeladen zu werden. Sally meinte herauszuhören, daß sein Akzent, der seine H's und Ai's in England nur sanft umstrichen, sich seit ihrer Ankunft in Sneem verbreitert hatte, als habe er sich eines drückenden Stiefels entledigt.

Und noch etwas begann Benjamin Bradshaw schwach zu umwehen, ein Hauch, der Sally aus Southwark bekannt vorkam. Es war der Geruch nach Schnaps, und da er sich keinen verzollten leisten und sie weder im Haus noch in der Waschküche, noch sonstwo eine Flasche finden konnte, argwöhnte sie zu Recht, daß es sich um Fusel handelte, den die Bauern in den Bergen brannten und von dem Mr. Bradshaw auf seinen ausgedehnten Wanderungen zu kosten bekam.

Seine angestammte Gemeinde freilich schätzte den neuen ökumenischen Geist keineswegs. Ein Brief, als dessen Absender wohl Mr. Brooks gelten durfte, hatte seinen Bischof von den Laxheiten und papistischen Neigungen des Reverend Mr. Bradshaw informiert, und nach einem gewaltigen Donnerwetter aus Dublin sah er sich genötigt, Zurückhaltung zu üben. Für Sally bedeutete es, daß er sich statt in seinem Sprengel nun im Garten betätigte, das Beet mit den Krautpflänzchen umgrub, die sie am Tag zuvor gesetzt hatte, und in seinem Ärger auf Mr. Brooks, den Bischof und das ganze vermaledeite Irland die Hecken so weit herunterhackte, daß sie sich nie wieder von dem Angriff erholten.

»Weißt du was«, sagte er verschwörerisch zu seiner Frau, als er eines Abends spät und ein wenig unsicher in das trokkene Zimmer trat. »Diese Paddys können uns nicht leiden. Die wollen uns kleinkriegen; scheinheiliges Gesindel! Hast du gesehen, daß schon wieder eine braune Henne fehlt? Die hat nicht der Marder geholt, sondern einer von diesen Spitzbuben! Glaub mir, Sal, am liebsten würden sie uns das Dach über dem Kopf anzünden und alle Engländer zum Teufel jagen.«

Sie fühlte sich zu Unrecht in diese allgemeine Feindseligkeit eingeschlossen, außerdem bezweifelte sie, daß das Dach brennen würde, aber sie wußte, es war sinnlos, ihm zu widersprechen, wenn er getrunken hatte. So seufzte sie nur und stellte ihm das aufgewärmte Essen auf den Tisch: Kartoffeln, Kohl und Pökelfleisch. Er schob es beiseite.

Das Landleben begann ihm zuzusetzen. Weder in Sneem noch sonstwo gab es eine andere Belustigung, als sich abends am Kamin eines Nachbarn niederzulassen, die Hände zwischen den Knien zu falten, an einem Strohhalm zu kauen und Mutmaßungen über das Wetter von morgen anzustellen. Aber da der Reverend ein Stadtmensch war, interessierten ihn weder das Wetter noch die Kartoffelernte. Er machte sich nichts aus der Jagd wie Mr. Brooks und nichts aus Tragödien wie Mr. Crittle, so wie diese beiden Herren keinen Geschmack an den glücklichen Erinnerungen des Reverend an ein Leben voller Krach und Kurzweil fanden. Das Geräusch eines aus der Flasche fahrenden Stopfens war der einzige Laut, der jedermanns Zustimmung sicher sein konnte.

Nach ihrer kurzen Brautzeit gab sich Mr. Bradshaw keine Mühe mehr, dem Mädchen, das er zur Frau genommen hatte, zu gefallen, und er nahm die freudlose Bereitwilligkeit, mit der Sally ihn in ihrem klammen Bett empfing, als gegeben hin. Sie hielten zusammen aus, aber es war nicht genug. Niemals gestanden sie einander, daß sie aus Verlegenheit geheiratet hatten, und statt vertrauter wurden sie sich immer nur fremder, wie zwei Gestrandete, die in verschiedenen Winkeln ihrer einsamen Insel Blätterhütten errichtet hatten und darauf warteten, sich gegenseitig zu bestehlen. Doch darüber stand in Sallys Briefen an ihre Schwester nichts. Es hatte keinen Sinn, Fanny, die ihr nicht helfen konnte, auch noch zu betrüben.

Als Benjamin Bradshaw begriff, daß sein Sohn ein Idiot und Krüppel war, empfand er Scham über ein unbestimmtes Versagen und Groll auf seinen Herrgott, der es versäumt hatte, ihn vor dieser Ehe und diesem stummen, elenden

Irland zu bewahren. Er behielt seinen herausfordernden, federnden Gang, aber er begann, den Kopf zwischen die Schultern zu ziehen, und selbst wenn er lachte, vermittelte er mit der Zeit den Eindruck eines Mannes, der auf Schläge gefaßt war.

»Meine liebste Fanny«, schreibt Sally nach London, »wir hatten ein wunderbares Jahr; gerade so viel Sonne, daß meine Stachelbeeren reiften und die Tomaten keine Braunfäule bekamen. Meine Hennen legen prächtig, und meine Kinder gedeihen.«

Es gab Tage, an denen Sally selbst glaubte, was sie schrieb, besondere Tage, an denen ein friedlicher Zauber über dem Land lag und es Vergnügen machte, die Augen aufzusperren. Ein Boot wurde über die Bay gerudert; das Wasser glänzte; die Sonne fiel durch die offene Tür in den Steinflur. Dann wusch sie Ben draußen in der windstillen Ecke zwischen Haus und Schuppen in der Backschüssel. Er lächelte und stieß mit seinen dürren Beinen, wenn sie ihm den Schwamm auf der Brust ausdrückte.

»Warum sagt er nie etwas, Mama?« fragte Peg.

»Weil er ein Geheimniskrämer ist, mein Schäfchen. Er behält alles für sich in seinem dicken Kopf.« Peg legte die Stirn an ihren Rock, und sie strich ihr mit der nassen Hand das widerborstige Haar hinter die Ohren. Die Kleine wollte kein Häubchen tragen und barfuß laufen, wie die Gören im Dorf. Ein richtiges Landei, dachte Sally, aber durchaus kein unelegantes Gemüt. Überall hatte Peg die schrumpeligen Körnchen der Kapuzinerkresse, die die Witwe Macauly ihr geschenkt hatte, in die Mauerritzen gesteckt, und nun flossen die Blumen in glühenden Farben über den grauen Stein. Sie pflückte die Blüten und ließ sie in Bens Waschwasser schwimmen.

»Schau mal, Mama, Seelilien!« Dann kam der Herbst.

»Vorige Woche waren wir zu einer Abendgesellschaft auf Dromoland Castle geladen«, schreibt Sally. »Lady Linley spielte für ihre Gäste – Gluck, Mozart und den Londoner Bach – auf einem dieser neuen Pianoforte! Sie ist eine Dame mit recht angenehmen Manieren, nicht allzu hochmütig, aber ich wünschte, sie hätte sich des exquisiten Instruments etwas würdiger erwiesen. Gleichwohl, Mr. Bradshaw war sehr geschmeichelt, als Lord Linley mich bat, ebenfalls zu singen, und ich wählte ein Lied, das ich den Kindern manchmal vorsinge: ›So stolze Schönheit‹ aus *Saul*. Etwas anderes fiel mir in der Überraschung nicht ein; ich bin eben ein bißchen eingerostet.

Lady Linley trug einen überwältigenden Hut, aber vielleicht kam er mir nur deshalb so großartig vor, weil die Frauen hier alle nur Hauben tragen (und keine Schnürmieder, stell dir vor!). Der Hut war ein Lunardi – wie der Name des jungen italienischen Luftschiffers, von dessen kühnem Aufstieg sogar hier am Rand der Welt die Rede ist –, mit Schleifen, Spitzen und goldfarbener Gaze geputzt, und Lady Linley sagte mir, in London sei ein Lunardi in diesem Sommer der letzte Schrei gewesen.

Es geht uns allen sehr gut. Der Reverend ist wohlauf und unternimmt lange Wanderungen durch seine Gemeinde. Die Berge sind herrlich im Sommer, aber seit zwei Wochen kann man sie unter den Regenwolken nur noch ahnen. Peg zeichnet recht artig. Ich lege Dir ein Bild von ihr bei, das eine Elfe auf einer Glockenblume zeigt. Nach meinem Geschmack gibt es deren reichlich hier; nicht Glockenblumen, sondern Elfen. Die irischen Landbewohner sind lächerlich abergläubisch, aber wiederum auch sehr hilfreich und großzügig. So leiht mir die Witwe Macauly ihren Esel, weil der unsrige Peg, mich und das Baby nicht einmal bis zur Kirche im Tal ziehen kann, geschweige denn zurück. Peg stickt fleißig, und sie hat mir ein Heft für die Nähnadeln mit Kreuzstich geschmückt.

Du fragst, ob sie meine Stimme hat. Ach, liebste Fanny, die Kleine ist meine ganze Freude! Du solltest sie hören, wenn sie auf den Hocker steigt und ›Make a Cake Baker's Man‹ con brio singt. Damit hat sie neulich sogar Mrs. Macauly in Erstaunen gesetzt, die der felsenfesten Überzeugung war, von allen Völkern dieser Erde könnten außer den Iren allein die Italiener noch singen. Ich wünschte nur, wir hätten ein Instrument.

Ben gibt sich große Mühe zu wachsen. Ich habe beschlossen, mit ihm ins Meer einzutauchen. Du weißt ja, das Wasser ist im Winter besonders heilsam und stärkend. Vielleicht solltest Du es auch wieder einmal probieren. Es wirkt sicher auch gegen Deine Schwermut. Mein armes Schäfchen, es tut mir so leid zu hören, daß Du Dich nutzlos fühlst ...«

Sally hält inne und blickt aus dem kleinen Fenster in den schlammigen Garten. Aus der Wiege neben dem Feuer kommen die maunzenden Laute des erwachenden Babys. Schlaf weiter, denkt sie, schlaf, schlaf! und fühlt, wie ihr die Tränen der Erschöpfung in den Kopf steigen. Und Fanny hatte keine anderen Sorgen ...

»Bitte doch Deinen Papa, Dir öfter Zeit zum Schreiben zu geben. Er hat Dich nun lange genug mit seiner Musikgeschichte gequält.« Nein, das war nicht gut. Sie streicht es durch und kritzelt rasch darüber: »Das kann er Dir in seiner Freundlichkeit doch nicht versagen. Sicher wird Dir dann auch wieder etwas Neues einfallen.« Das Baby hat zu schreien begonnen.

»Liebste Schwester, ich glaube, ich bin wieder guter Hoffnung. Wenn es ein Mädchen wird und mein Bradshaw keine anderen Vorschläge hat, werde ich es Frances nennen.«

*

Drei Tage später heben sich die Regenvorhänge von den Bergen; Farn und Gras leuchten aprikosenfarben unter der Oktobersonne. Ein zarter Wind bläst, als warte die Grafschaft Kerry auf den Frühling und nicht auf einen dunklen, nassen, stürmischen Winter. Sally wickelt ihren Sohn in Flanelltücher, nimmt ihr Töchterchen an der Hand und macht sich auf den Weg zu Mrs. Macaulys Cottage. Sie habe einen Gang zu erledigen und bitte die Witwe, für ein Stündchen ein Auge auf Peg zu haben, die ganz brav sei und ihre Zeichenstifte mitgebracht habe. Sie wagt nicht, die Witwe schon wieder um den Esel zu bitten, hakt statt dessen den Korb um den einen Arm, hebt Ben auf den anderen und läuft mit rüstigen, großen Schritten zum Meer hinunter.

Sie fühlt keine Neigung, Mrs. Macauly zu erzählen, wo sie hingeht, denn die Nachbarn halten sie auch so schon für ein bißchen verrückt, und es reicht, daß sie sich über den armen Ben das Maul zerreißen, über seinen großen Kopf, die Augen, die manchmal wegrutschen und weiß starren, und über seine hilflosen Beine. In Sneem sieht man solche Kinder nicht gern. Hat es überhaupt Knochen? Hat es einen Verstand? Eine Seele? Oder ist es ein Wechselbalg, den die Elfen der Pfarrersfrau in die Wiege gelegt haben und den sie in ihrer Verblendung närrisch liebt? Wenn sie mit Ben auf dem Arm an den Leuten vorbeigeht, sieht sie aus den Augenwinkeln, wie sie sich hastig bekreuzigen. Der Herr hat Sarah Harriet Bradshaw gestraft; der Herr wird schon wissen, wofür.

Eines Morgens hatte Sally ein totes Kätzchen mit einer feinen Drahtschlinge um den Hals auf der Haustürschwelle gefunden. Es war eine Geste von solcher Gemeinheit, daß sie eine Weile brauchte, um sie zu verstehen. Sie hatte den Kadaver in den Abtritt am Ende des Gartens geworfen, schnell Asche und welkes Laub hinterhergeworfen. Auf dem Rückzug ins Haus klemmte sie ihre fahrigen Hände im Türriegel. Niemand war da, mit dem sie ihr Entsetzen hätte teilen können. Der Reverend hatte sich auf einen seiner Rundgänge begeben, von denen er immer später und in mürrischer Laune zurückkehrte.

Sie brachte die Kinder zu Bett, hörte die Haustür schrappen und ging ihm mit der Kerze entgegen.

Er war betrunken und sah aus, als sei er im Dunkeln vom Weg abgekommen. Seine rechte Seite, vom Schuh bis zum Ohr, war dreckverkrustet, ein grünlicher Schleim, der an seinen Kleidern hing und nach Dung und Erbrochenem stank. Der Hut und eine Schuhschnalle waren auf der Strecke geblieben. Sally tauchte ein Taschentuch in den Wassereimer und wollte ihm das Gesicht sauberwischen. Was war ihm zugestoßen? Er antwortete mit einer wegwerfenden Armbewegung. Nichts, nichts! Der vermaledeite Graben! Weg mit dem Taschentuch! Kein Essen! Was war los mit dem Feuer? Er ließ sich im Lehnstuhl nieder, die Ellenbogen auf die Knie gestützt, und starrte stirnrunzelnd auf das glühende Stück Torf im Kamin. Von seinem rechten Rockschoß tropfte es auf die Steinfliesen. Es war die falsche Gelegenheit, aber eine richtige hatte es schon lange nicht mehr gegeben.

»Mr. Bradshaw... Benjamin, ich weiß... es tut mir leid, aber ich muß mit Ihnen sprechen. Es liegt mir schon den ganzen Tag auf dem Herzen. Jemand hat uns ein totes Tier vors Haus geworfen, eine tote Katze. Ich bin so erschrocken. Wir haben doch niemanden gekränkt. Glauben Sie, daß uns einer von den Nachbarn übel will?« Er sah sie nicht an und stieß ein schnaubendes Lachen aus.

»Jeder hier will uns übel. Wundert Sie das, Mrs. Bradshaw?« Er stierte weiter geradeaus ins Feuer. Seine Wangen hatten den hitzigen, glasigen Glanz, der einen Menschen verriet, dem nicht mehr warm wurde. »Mit dieser schwachsinnigen kleinen Kröte im Haus?«

»Nein, Benjamin, nicht!« Er wandte den Kopf, ohne ihn zu heben, Scham im Gesicht. Sein Blick ging an ihr vorbei ins Dunkel und zurück zu dem glühenden Torf zu seinen Füßen. Er holte aus, aber er konnte sie nicht ansehen, als er zuschlug. »Mit dieser Mißgeburt? Das ist die Strafe des

Herrn für dein sündhaftes Leben, als du in Vauxhall die Röcke für den italienischen Kapaun gehoben hast, mein Tugendsträußchen. Vermutlich war er nicht der einzige im musikalischen Reigen. Immer lustig, wie? Die Kopfschmerzen kamen erst mit der Ehrbarkeit.«

Danach hatten sie schweigend in der Stube gesessen und nicht gewußt, wie es nun weitergehen sollte. Als die Talgkerze fast heruntergebrannt war, nahm Sally sie aus dem Halter, holte aus dem Wandschrank die blaue Flasche, die ihrem kleinen Sohn den Schlaf schenkte, und zählte drei Tropfen Tinktur in einen Becher Wasser. Sie trank ihn aus, nahm das Licht, ließ den Reverend, der sich nicht umgedreht hatte, vor dem Feuer sitzen und ging zu Bett.

Auch an diesem Herbstmorgen hat sie ein paar Tropfen mit Wasser gemischt, nur so viel, daß das Opium sie ruhig und fröhlich macht. Und nun läuft sie summend und mit großen Schritten den Feldweg hinunter zum Steg, wendet sich dem schmalen Ufersaum unterhalb der Steilküste zu, über die die Föhren ihre Schirme breiten, und bahnt sich ihren Weg durchs Geröll. Alle Fischerboote sind ausgefahren; das Wasser steht hoch und bewegt das Algengestrüpp am Ufer wie dicke, graugrüne Matratzen. Sie wechselt ihre Last vom einen zum anderen Arm und spricht dabei mit Ben, der an ihrer Schulter schlummert.

»Wir sind die einzigen Badegäste, siehst du. Deshalb brauchen wir auch keinen Badekarren. Niemand kann deine Mama sehen, wenn sie hier ins Wasser steigt. Die Iren sind nämlich ganz schön dumm, mein Kleiner. Sie wissen gar nicht, wie gut es tut, im Meer zu schwimmen.« Sie duckt sich unter einer gestürzten Föhre, deren Wurzeln aus der sandigen Wand ragen, dringt tiefer ins nadelige Geäst, den Weidenkorb wie einen Schild vor sich herschiebend. Ein Zweig ratscht durch den Stoff ihres Capes, sie bemerkt es nicht. »Hier muß es irgendwo ein sandiges Plätzchen geben. Ich war doch im Sommer ... da, da drüben ist es! Siehst du, und die Sonne scheint sogar darauf.«

Mit Kind und Korb balanciert sie über die glatten, großen Steine, springt und landet in einer trockenen, mit Kiefernnadeln bestreuten Bucht, nicht größer als ein Bettlaken, die das Meer aus dem Steilufer gerissen hat. Ben erwacht von dem Stoß und beginnt zu greinen.

»Schsch, mein Kleiner. Schau doch, die schönen bunten Steine!« Sie stellt den Korb ab, setzt das Kind daneben und löst die Spange ihres Capes. »Wir wollen uns beeilen. Mrs. Macauly kann nicht den ganzen Tag auf deine Schwester aufpassen.« Sie reißt sich den Hut vom Kopf, hakt die Schoßjacke auf. »Es ist nicht kalt, mein Kleiner. Ich hab' uns schöne trockene Handtücher mitgebracht und einen Apfel – nachher, zur Belohnung.« Die Kleider fallen wie Vorhänge auf ihre Füße. Sie steigt darüber, wickelt das Kind aus seinen Flanelltüchern. »Heiliger Strohsack, Ben, wie du wieder aussiehst!«

Eben noch funkelte die Bay im Licht; die Föhren standen wie Scherenschnitte vor flüssigem Silber. Nun ist eine Wolke vor die Sonne gezogen, und das Wasser runzelt sich grau wie Eichenborke. Sie schürzt das Hemd, nimmt das nackte Kind unter den Arm und watet hinaus. Die Steine sind glitschig, die Algen wickeln sich wie Stricke um ihre Beine. Dort wird es offener, tiefer. Nur eine kleine Mutprobe. Nachher wird sie sich herrlich fühlen, und dem Kleinen wird es so guttun! Sie wird seine weißen, dünnen Beine mit dem harten Handtuch reiben, bis sie rot und warm und stark sind. Im Knietiefen gleitet sie aus und fällt.

»Sei still, Ben, sei still, sei still!« Sie rutscht auf den Knien weiter, wirft sich hinein und schwimmt. Das Wasser schmerzt, fast wie ein Brennen. Sie schwimmt, das Kind wirft den Kopf zurück und kreischt in Todesnot. Sie setzt es rittlings auf ihre Seite, hält es mit einem Arm fest und stößt mit dem andern durch das graue Wasser.

»Keine Angst, mein Kleiner, halt dich schön fest! Wir müssen richtig eintauchen!« Ihr Hemd wallt bei jedem Stoß. Sie schwimmt entschlossen; sie ist ja stark. »Es ist gut, Ben, es ist gut für uns beide!« Sein Kopf knickt auf die Brust, die schwache Klammer seiner Beine öffnet sich. »Siehst du, wir beide ...« Die Kälte fährt ihr wie ein stumpfes Eisen durch den Leib. Sie kann die fühllosen Glieder nicht mehr strecken. Jetzt hat sie verstanden.

»Wir kehren um, Ben, wir kehren um, sei still, sei still!« Er ist ja still. Die Strömung dreht sie so gemächlich herum, als seien die beiden eine treibende Scholle auf einem Fluß, und zieht sie erst langsam, dann immer schneller hinaus aufs offene Meer.

*

Mrs. Montague hatte von der anhaltenden Melancholie gehört, unter der Miss Burney litt. Es war verständlich, daß sie um ihre Schwester trauerte, die auf so schreckliche und fahrlässige Weise mit ihrem Kind in Irland ertrunken war. Aber dies lag nun mehrere Jahre zurück, und noch immer durfte niemand an dieser Untröstlichkeit teilhaben, niemand Mrs. Bradshaws Namen erwähnen. Jeden Oktober, wenn sich ihr Todestag jährte, ging Miss Burney zur London Bridge und warf Blumen in den Fluß, der doch einem ganz anderen Meer zustrebte als dem, das ihre Schwester und das Kind verschlungen hatte, aber Mrs. Montague verstand, daß die Trauer sich an einem Ort befestigen mußte, und seien es die Wasser dieser Erde, die sich irgendwo miteinander vermischen würden.

Einmal im Monat erschien Mrs. Montague in Leicester Fields, um an den Sonntagsgesellschaften teilzuhaben, und sie beobachtete, wie die berühmte Miss Burney mit den Jahren verstummte und verwelkte. Nun, mit einunddreißig längst aus dem heiratsfähigen Alter heraus, hatte sie sonderbare Gewohnheiten entwickelt und führte ein von Regeln bestimmtes Leben, deren Nutzen nur ihr ersichtlich war; aß kein Fleisch, trank saure Milch und ging, von dem erschöpften Hausmädchen begleitet, stundenlang spazieren. Sie sollte sogar schon jenseits von Chelsea gesichtet worden sein, ein, angesichts der auf dem Lande herrschenden Straßenräuberei, zumindest unbesonnenes Verhalten.

Von Mr. Sheridan hörte Mrs. Montague, daß die Autorin ihre Hand an neuen Stoffen versucht hatte, aber nichts davon war ihr zur Kenntnis geraten, nichts war erschienen oder aufgeführt worden. Nur ein einziges, ein Jugendwerk, stützte Miss Burneys Ruhm, und während die einen schon langsam begannen, sie zu vergessen, hatte Königin Charlotte, vor deren erlauchten Ohren niemals ein unziemliches Wort geäußert werden durfte, *Virginia* inzwischen als »sicher« erkannt und sich den Roman während des Ankleidens und Frisierens vorlesen lassen. Sie hatte sogar der Herzogin von Portland gegenüber erwähnt, daß sie die Autorin kennenzulernen wünschte.

Es war nicht leicht, die Freundschaft mit einer Person zu pflegen, die sich offenbar in einen geistigen und seelischen Winterschlaf zurückgezogen hatte, aber Mrs. Montague war von Natur beständig, und obwohl sie es aufgegeben hatte, mit ihrer »lieben Virginia« über neue Romane zu sprechen, hoffte sie noch immer, daß deren Feder nur ausruhte und nicht auch unter dem Mehltau ihrer Melancholie tot und begraben lag.

Wohlgemerkt, Virginias Feder und schöpferische Kraft, denn Miss Burney war ja nicht müßig oder nur mit Spazierengehen befaßt. Sie schrieb eine weitere Folge in der großen Musikgeschichte ihres Vaters ins reine: *Die Geschichte der Musik in Schweden und Norwegen.* Mrs. Montague hatte nichts gegen die Skandinavier, aber es überraschte sie, daß es dort überhaupt eine Musik geben sollte. Und obwohl von beispiellosem Langmut, beschloß sie eines Tages, daß es dieses schwärenden Kummers, dieser ausufernden Spaziergänge und der Verschwendung eines schönen weiblichen Talents nun langsam genug sei und daß Miss Burney eine kleine Überraschung verdient habe. An einem sonnigen Morgen im Mai lädt sie Fanny zu einer Ausfahrt themseaufwärts nach Hampton Court ein.

Ihre Freundin, die Herzogin von Portland, genießt dort in einem der königlichen Appartements Wohnrecht. Dem Vernehmen nach sind es dieselben Gemächer, in die man Catherine Howard vor nahezu 250 Jahren gesperrt hatte, ehe sie zu ihrer Hinrichtung in den Tower geführt wurde, und die Herzogin von Portland, eine verwitterte, aber furchtlose Dame, hört die junge Königin oft nachts hilfeschreiend durch die Flure gespenstern und an die Türen hämmern.

Der Park von Hampton Court steht in heller Blüte. Unter Rotdorn und Magnolien breitet sich die kunstvoll angelegte »Wildnis«; vom Wind zart gezauste Wiesen mit Inseln aus weißen Narzissen, blauen Hyazinthen, geflammten und gefederten Tulpen. Jeder Hauch rührt Wolken zarter Düfte auf, und in der Wärme der Ziegelmauern sonnen sich rosig blühende Spalieräpfel.

Die Wohnung der Herzogin von Portland ist jedoch mit gelber Gaze und hohen Holzläden gegen die verderblichen Sonnenstrahlen abgedichtet; grünliche Gobelins voller erregt gestikulierender titanischer Gestalten und Geweihe ausgestorbener Huftiere bedecken die Wände. Von traditionellem Blutrot sind die Damast-Tapeten, rostrot wie ein altes Beil liegt die Samtdecke auf dem Tisch, und im Empfangszimmer steht ein Geruch, als habe man seit den Tagen Heinrichs VIII und der Gefangenschaft seiner fünften Gemahlin kein Fenster mehr geöffnet.

Die Herzogin trägt Witwentracht aus schwarzem Borkenkrepp, deren Schnitt nach zu urteilen der Herzog vor 80 Jahren verblichen sein mußte. Über dem seitlich ausladenden Reifrock ist Ihre Gnaden so breit, daß sie nur mit einer Schulter voraus durch die Türen paßt. Die Volants der Schürze fallen über ihre Fußspitzen, die Falte im Rücken endet in einer sackartigen Schleppe. Schwarze Spitzenmanschetten schließen an schwarze Handschuhe, und ihr Haar ist gänzlich von einer gewaltigen schwarzen Flügelhaube bedeckt. Wie der Mond in sternenloser Nacht blickt ihr weiß geschminktes Gesicht den beiden Damen entgegen, und dort, wo sie steht und deren Nähertreten erwartet, scheinen sich die Schatten zu verdichten.

Die Umgangsformen der Herzogin sind ebenso erdrükkend wie ihr Kostüm. Was sie und die lebensbejahende Mrs. Montague einmal zu Freundinnen gemacht hat, ist Fanny unerfindlich; noch weniger, was sie nun wieder zusammengeführt haben mag. Man nimmt Platz. Die Herzogin bereitet den Tee selbst zu, ihre eigene Mischung, und teilt Mrs. Montague dabei mit, was sie von Miss Burneys Roman hält.

»Es sind einfach zu viele Figuren in dem Buch! Barmherziger Himmel, wer möchte über all diese Menschen Bescheid wissen! Ich habe sie gar nicht auseinanderhalten können und wäre schon mit einem Drittel von ihnen vollständig zufrieden gewesen.« Dann dreht sich die schwarze Flügelhaube langsam zu Fanny herum. »Ich habe mir erlaubt, in diesem Punkt anderer Ansicht als Ihre Majestät, die Königin, zu sein.« Die Herzogin gießt ein. Die Gäste warten. Stille. Uhrenticken. Eine Hummel stößt gegen die Scheibe. Die Herzogin nimmt Zucker und Sahne, rührt im Tee, schnickt sorgsam einen Tropfen vom Löffel und legt ihn mit leisem Klappern auf die Unterasse.

»Ich will Sie nicht lange im ungewissen lassen, Madam. Ihre Majestät hat den Wunsch geäußert, die Autorin dieses Werks kennenzulernen, und zwar nicht in einer offiziellen Audienz, sondern ganz zwanglos, quasi en famille. Es ist mir eine große Ehre, dieses Treffen hier in meinen bescheidenen Gemächern arrangieren zu dürfen. Ihre Majestät, die Königin, wird Hampton Court am 8. Juni besuchen, und es wäre höchst angebracht, wenn Sie mir am selben Tag die Freundlichkeit Ihres Besuchs erweisen würden.«

Leider versäumt Miss Burney, auf diese Einladung sofort mit der gebotenen Begeisterung zu antworten, weshalb eine mißliche Pause folgt; ein konsterniertes Starren, dann neigt Miss Burney endlich den Kopf und dankt der Herzogin von Portland mit den passenden Worten: eine große Ehre, eine überraschende Auszeichnung. Sie verspricht, am 8. Juni pünktlich um zwölf Uhr einzutreffen und zwanglos auf das Erscheinen von Königin Charlotte zu warten.

»Sehr gut«, sagt die Herzogin. »Das wäre also geregelt. Ich versichere Ihnen, daß Ihre Majestät von großer Liebenswürdigkeit ist und Sie sich vor nichts zu fürchten brauchen. Kein förmlicher Hofknicks, das wird nicht nötig sein, aber ein kleines Einsinken in den Knien, Sie verstehen? Sie werden Ihre Majestät zuerst mit Eure Majestät und in der Folge mit Ma'am ansprechen. Ich mache Sie darauf aufmerksam, daß Ihre Majestät Wert auf lebhafte Konversation legt; deshalb werden Sie nicht nur mit ›Ja‹ und ›Nein‹ antworten, sondern selbst verschiedene Themen zur Sprache bringen. Akzeptabel sind die Musik, die Gartenkunst, die Religion, die Landwirtschaft, die Henley-Regatta – oder das Theater, doch sollte Ihnen gewärtig sein, daß man Shakespeare bei Hofe für einen Scharlatan hält. Mitnichten die Politik, das versteht sich wohl von selbst! Natürlich werden Sie auf keinen Fall Platz nehmen, etwas von den gereichten Erfrischungen essen oder Ihrer Majestät den Rücken zuwenden – pas du tout du tout! Ich rate Ihnen, bis dahin zu üben, beim Zurückgehen nicht auf Ihren Saum zu treten.«

Fanny schaut Mrs. Montague an, die ihr aufmunternd zunickt. Zu diesem Zweck also war eine alte Freundschaft aufgefrischt worden: um die Verbindung zwischen Königin Charlotte und Miss Burney zu knüpfen. Und das, obwohl

Mrs. Montague entschieden etwas gegen die Monarchie hatte. Die milde, gutgemeinte Intrige zweier älterer Damen, um sie zu überraschen. Wie – nett! Fanny lächelt zurück. Bedauerlicherweise empfindet sie weder Erregung noch Ergriffenheit. Eine solche Ehre – auch für Papa, der *Die Geschichte der deutschen Musik* Königin Charlotte gewidmet hatte. Wie großmütig von Ihrer Majestät, ihr das Hofzeremoniell zu ersparen und sie nur in Gegenwart der Herzogin treffen zu wollen. Eine ganz außerordentliche, unerwartete Ehre! Wie kommt sie nur dazu? Und warum muß *ihr* das eigentlich zustoßen?!

Von ihrem Stuhl überblickt Fanny durch den gelben Dunst der Vorhänge die lange Allee der kleinen, zuckerhutförmigen Eiben und die springende Fontäne an ihrem Ende, und ihr ist, als verließen sie plötzlich die Kräfte. Sie muß ihre Tasse absetzen, denn ein solches Verlangen, aufzustehen und hinauszugehen, überfällt sie, daß sie dessen kaum Herr wird. Bei allem Respekt vor der Herzogin, aber hier zu sitzen, während draußen der Frühling prangte, war ein Zeitvertreib für Grottenmolche. Dort draußen leuchtete die Erde, funkelte das Wasser. Dort draußen war es so hell, daß die Augen, die sich einen Winter lang über Dr. Burneys Manuskript gebeugt hatten, zu brennen begannen. Sicher wäre es ungesund, den Hut abzunehmen, sich gegen die rote Gartenmauer zu lehnen, das Gesicht der Sonne entgegenzustrecken und ihre Glut hinter den geschlossenen Lidern zu sehen. Aber nichts würde sie jetzt lieber... Statt dessen wird es langsam dunkel; Schatten wehen wie Rauch über das hohe Rechteck des Fensters, Fannys Kopf sinkt auf die Schulter, und dann gleitet sie langsam von ihrem Lehnstuhl auf den roten Teppich aus Isfahan.

Nachdem die Zofe der Herzogin von Portland Miss Burney mit Riechsalz und einer feuchten Kompresse wieder ins Bewußtsein zurückgerufen und sie sich den inquisitorischen Fragen der beiden Damen ausgesetzt hat – eine gedörrte Aprikose zum Frühstück und seitdem nichts mehr! Auf ihr Wort, wer hätte je von einer solchen Kost gehört! »Bringen Sie Brot und Stilton und ein Glas Portwein, Patchet!« –, nachdem sie nicht aus Hunger, sondern aus Höflichkeit zwei Zähnchen weit in Brot und Käse gebissen und ein halbes Glas Wein getrunken hat, ist ihr endlich gestattet, am Arm von Mrs. Montague in den Garten zu treten.

»Ich erwarte Sie also am 8. Juni, Madam!« Die Herzogin von Portland begleitet sie nur mit Blicken bis zur Tür. Der Park von Hampton Court ist nicht ihre Domäne. Soweit sie sich erinnern kann, hat sie ihn nur einmal betreten, als Ihre Majestät sie zu einem Spaziergang einlud – keine Bitte, eine Selbstverständlichkeit, aber auch ein Akt, dessen Lebensgefahr Königin Charlotte nicht zu ermessen vermochte. Trotz des seidenen Schirms drohte die Herzogin von Portland unter der Sonne zu schwarzer Asche zu zerfallen, und Patchet mußte Ihrer Gnaden ins Bett helfen und die Damastvorhänge fest schließen, nachdem sie den ausschweifenden Rasen, die endlose, grelle Staudenrabatte und die nur von kniehohen Hainbuchen gesäumten Kieswege hinter sich gelassen und ihre gepolsterte Gruft wiedergewonnen hatte. Das klirrende, kleine Lied der Rotkehlchen und der Luftzug im Nacken erschienen der Herzogin von Portland ungeheurer als das geisterhafte nächtliche Geschrei der Catherine Howard vor ihrer Tür.

»Nun?« fragt Mrs. Montague, als sie durch das Glyzinienspalier zur Themse hinunterwandeln. »Was sagen Sie?«

»Ich bin natürlich entzückt«, antwortet Fanny. »Sie haben mich so überrascht, Madam. Nicht die kleinste Andeutung haben Sie unterwegs fallengelassen. Und ich fühle mich sehr geehrt.«

»Das will ich hoffen!« sagt Mrs. Montague. »Und ein kleiner Strahl fällt auch auf mich, denn die Herzogin von Portland kennt außer mir keine lebende Seele, die in künstlerischen Kreisen verkehrte und Sie, liebe Miss Burney, nach Hampton Court hätte expedieren können.« Miss Burney schweigt. Der Kies knirscht unter ihren Füßen.

»Nur Mut, Miss Burney!« sagt Mrs. Montague. »Die Königin ist wirklich keine schwierige Person, eher ein wenig hausbacken, wenn mir diese ketzerische Bemerkung erlaubt sein darf. Fünfzehn Kinder!« Sie lacht leise. »Jedenfalls bei weitem nicht so schreckgebietend wie die Herzogin von Portland.« Miss Burney lächelt höflich und ein wenig geistesabwesend mit.

»Nun, ich wünsche Ihnen viel Erfolg«, fährt Mrs. Montague fort, »aber eigentlich wollte ich heute mit Ihnen noch über ein anderes Thema sprechen, einen Plan, den ich seit einiger Zeit in meinem Kopf bewege. Ich habe nämlich ein Haus am Royal Crescent in Bath gepachtet, das in den letzten Monaten von einem alten Freund, Lord Goring, bewohnt war, der sich aber nun nach Brighthelmston verändern möchte. Das kommt meinen Wünschen sehr entgegen, denn ich fühle mich ein wenig unpäßlich; ich nehme an, es ist die Galle, und ich beabsichtige, im Winter nach Bath zur Kur zu fahren. Was läge näher, die Wirkung des Brunnens in der Sicherheit und Behaglichkeit des eigenen Hauses abzuwarten, als sich den Launen und Preisvorstellungen der Vermieter zu unterwerfen, nicht wahr? Ich wäre überaus erfreut, wenn Sie mich begleiteten. Ihre Gesundheit, liebe Miss Burney, bitte verzeihen Sie mir meine Offenheit, aber wir kennen uns nun schon seit so vielen Jahren, und ich fühle mich befugt, als alte Freundin zu Ihnen zu sprechen, ihre Gesundheit scheint mir nicht die allerstabilste zu sein.« Sie zieht Fannys Arm näher an ihren großen, knarrend eingeschirrten blauseidenen Busen. »Ich wage zu behaupten, daß das Wasser von Bath uns beiden zwar nicht schmecken, uns aber wieder trefflich auf die Beine stellen wird.«

Fanny hat ihr mit gesenktem Kopf zugehört. Hat sie wirklich? Sie beobachtet das gleichmäßige Vorschwingen ihres Kleidersaums, das Erscheinen von Spitze und Schnalle des rechten und des linken grünen Schuhs, den sonnengefleckten Schatten zu ihren Füßen, und sie trägt Sorge, im Gehen immer nur auf die hellen Stellen im Kies zu treten. Wie schwer es ist, nicht zu schwanken, nicht aus dem Takt zu geraten! Vor ihnen, unter der Mauer der Terrasse, strömt die Themse londonwärts, Funken auf den eiligen kleinen Wellenkämmen ...

»Miss Burney, sind Sie wieder ganz wohlauf? Hören Sie mir zu? Möchten Sie vielleicht, daß ich mit Dr. Burney über meinen Vorschlag spreche?«

Nun hebt sie das Gesicht und schaut Mrs. Montague mit einem Ausdruck an, daß diese ein Barmen anfliegt. Schläft denn diese Person am hellichten Tag? Arbeitet dieser Verstand noch? Wie glanzlos ihre Augen geworden sind, wie hager ihre Wangen, wie dünn ihre Handgelenke! Sie sieht so unbefestigt aus, als ob ein Frühlingslüftchen sie davontragen könnte. Doch da, ein Lächeln! Die Person ist erwacht. Sie spricht.

»Das wird nicht nötig sein, Madam. Ich glaube, über Ihre Einladung kann ich selbst befinden. Sie sind überaus liebenswürdig, und ich danke Ihnen. Wann immer es Ihnen genehm ist – ja, ich würde Sie sehr gerne nach Bath begleiten.«

*

Da Miss Burney noch nie einen König gesehen hat, erkennt sie George III auch nicht, als er vor ihr steht. Zum einen hat sie sich einen König immer in Purpur und Hermelin oder zumindest in einer Galauniform vorgestellt, zum zweiten hat sie ihn nicht erwartet. Die Stunden im ungelüfteten Empfangszimmer der Herzogin von Portland waren vorwiegend in dunklem Schweigen vergangen, und Fanny hatte gelauscht, ob sie nicht endlich das Stampfen der Hufe und Rollen der Räder unter dem Fenster vernähme. Aber natürlich würde die Königin nicht durch den Garten kommen.

Sie hatten sich nicht viel zu sagen, und als Fanny im Zwielicht der gelben Gaze zu der alten Dame auf dem Polsterstuhl hinübersah, bemerkte sie, daß diese sie auf ein Schläfchen verlassen hatte. Bolzengerade und unangelehnt, mit im Schoß gefalteten Händen und der steifen Flügelhaube, die ihr wie ein Turnierhelm auf dem Kopf saß, sah sie aus wie ein Ritter, der sich für's nächste Stechen bereithielt. Fanny war allein mit ihrer Beklommenheit, und das war immerhin ein kleiner Trost. Später hatte Patchet den silbernen Kessel mit dem heißen Wasser gebracht, und die Herzogin von Portland hatte zwei und eine halbe Prise Tee in die Porzellankanne gestreut. Sie vertrug nichts Stärkeres. Fanny trank nur einen Schluck. Sie hätte nicht gewagt, die Herzogin zu fragen, wo sie bei ihr ›eine Rose pflücken‹ könnte. Als die Standuhr tief und ernst die vierte Stunde schlug, war Fanny den Tränen nahe.

Die Herzogin von Portland ist hinausgegangen, als sich die Tür öffnet und ein großer, massiger Mann, ganz in Schwarz gekleidet, eintritt. Er drückt den Flügel wieder ins Schloß, sieht sich um, und da die kleine blonde Dame im salbeigrünen Kleid, die sich von einem Stuhl am Fenster erhebt, der einzige Mensch im Zimmer ist, geht er auf sie zu und verbeugt sich lächelnd.

»Miss Burney, wenn ich nicht irre? Was-was? Wie geht es Ihnen?« Sie sieht den handtellergroßen glitzernden Ordensstern auf seiner Brust, das rote, freundliche Truthahngesicht unter der straffen Perücke und versteht endlich.

»Eure Majestät, ich ...«

»Ah, ich sehe, der Tee steht noch auf dem Tisch. Ob Sie wohl so freundlich wären, mir eine Tasse einzuschenken? Ich erwarte Ihre Majestät jede Minute. Spricht noch mit der Herzogin, und da ich so gespannt war, Sie zu sehen, bin ich einfach vorausgegangen. Danke, kein Zucker. Muß auf mein Gewicht achten. Werde zu dick. Nanu, der ist aber – eh, schwach!« Er nippt an der Tasse und schaut mit seinen hervorquellenden Augen auf sie herunter.

»Richtig – nun – also – was-was?!«

»Um Vergebung, Sir?«

»Ja, was-was, wie war das? Das wollte ich doch fragen. Wie kamen Sie zum Schreiben, Madam?« Sie setzt die Kanne ab und legt die kalten, nervösen Hände ineinander.

»Ich habe nur zu meinem eigenen Vergnügen geschrieben, Sir, nur ein wenig in den Mußestunden.«

»Aha! Richtig! Aber die Figuren. Aus dem Leben gegriffen, wie? Wen haben Sie sich alles – eh, geschnappt?«

»Niemanden, Sir, ich versichere Ihnen ...«

»Humbug! Wenn die Figuren nicht aus dem wirklichen Leben sind, können sie ihre Rollen auch im Buch nicht richtig spielen.«

»Oh, doch, Sir, wenn man ihre Art versteht, ihre menschliche Natur und wie Familie und Umstände ihren Charakter geformt haben, dann braucht man kein Individuum als Vorbild.«

»Ah, so, nun gut«, sagte er nicht ganz überzeugt, »aber wie war das dann mit dem Drucken, dem Veröffentlichen?« Sie weiß nicht, wie sie sich kurz fassen soll.

»Das kam nur ... nur, weil ...«

»Ja, was-was?« Er tritt näher, eine mächtige, unruhige, ungeduldige, aber keineswegs ehrfurchtgebietende Gestalt, so daß Fanny am liebsten laut herausgelacht hätte. Hier stand sie mit dem König von England in einem dusteren Zimmer voll leerer Stühle und führte dieselbe alberne Pantomime auf, die sie schon so viele Male in den Londoner Salons gegeben hatte: Wie sind Sie denn zum Schreiben gekommen, Miss Burney? Haben Sie etwas dergleichen erlebt? Wen haben Sie sich zum Vorbild genommen? ... Darf ich Ihnen meine Aide-mémoires ... Ich denke da an eine kleine Geschichte, die mir selbst zugestoßen … Doch noch nie war sie so angeblafft worden. Wie, wenn Sie nun ausgerechnet George III von Signor Millico oder der Witwe Dobson erzählte? Sie hatte von seiner Marotte gehört, wie ein Schulmeister aller Welt sein »Was-was?« entgegenzubellen, aber sie war nicht darauf gefaßt, daß er wirklich eine Antwort erwartete.

»Das kam nur, weil ich dachte, daß es gedruckt besser aussähe.«

»Hey-hey!« lacht er. »Was? Das ist ja kapital!« Stolziert ein paar Schritte auf und ab. Fanny hat schon Männer gesehen, denen Kniehosen besser standen, auch wenn sie diesmal nicht so genau hinzuschauen wagt. »Auf mein Wort, das nenne ich eine ehrliche Antwort! – Bitte hören Sie sich das an, Ma'am«, ruft er der kleinen Dame entgegen, die nun mit der Herzogin von Portland eintritt. »Das ist kapital!«

Fanny sinkt in einen tiefen Knicks, als die Dame sich umwendet. Ihr Haar ist zu einem gewaltigen, silberweißen Busch mit drei nickenden, schwarzen Federn aufgekräuselt; ihr Kleid eine rauschende, schwarze Wolke. Sie trägt den Kopf hoheitsvoll und die Schultern tief, aber bei aller Pose ist die Königin überraschend gewöhnlich und von einer weichen, blassen, entwaffnenden Häßlichkeit, die Rouge und Puder zu verachten scheint. Fanny hatte von ihrer Tugend und Strenge gehört. Mrs. Montague hatte sie hausbacken genannt. Doch immerhin war Fanny auf eine Majestät gefaßt gewesen. Nicht auf eine Schulmeistersgattin. Sie hebt den Kopf, und die Königin lächelt – ein Lächeln, das den großen Mund, die dicke, aufgestülpte Nase und die verschwiemelten Augen fast vergessen läßt. Ein argloses Lächeln. Und sie winkt ihr mit dem Fächer.

»Ich bin erfreut, Sie kennenzulernen, Miss Burney.« Darauf weiß Miss Burney nichts zu antworten. Sie verbeugt sich stumm; ihr Sinn ist blank gefegt von den »verschiedenen Themen«, die sie nach dem Wunsch der Herzogin von Portland zur Sprache bringen soll. Der König ist jedoch um

Sätze nicht verlegen, und während die Herzogin wie auf Rollen rückwärts zum Teetisch gleitet, um ein frisches, stärkeres Gebräu aufzugießen, wiederholt er für Ihre Majestät seine erstaunliche Konversation mit Miss Burney. »Eine ehrliche Antwort, eh, was?! Kapital!«

»Sie sind eine Freundin von Mrs. Montague?« fragt die Königin.

»Jawohl Ma'am.«

»Sie hat, glaube ich, einen sehr schönen Besitz.«

»Ja, Ma'am.«

»In Dorset, nicht wahr?«

»Ja, Ma'am.«

Schon fühlt Fanny die Augen der Herzogin von Portland in ihrem Rücken glühen.

»Ich erinnere mich an eine reizende kleine Tochter. Wie war doch ihr Name?«

»Miss Cecily, Ma'am. Sie ist jetzt 18.« Gerettet!

»Und Sie, Miss Burney?« Fanny hört einen flachen, deutschen Akzent heraus, »wann werden wir von Ihnen wieder etwas lesen?«

Fanny schüttelt stumm den Kopf.

»Richtig, ja, was macht die Muse?« ruft der König. »Etwas Neues in Arbeit?«

»Nein, ich fürchte, nein, Sir.«

»Was-was? Warum denn nicht?«

»Ich fürchte, ich habe mich erschöpft, Sir,« sagt Fanny zu ihrem eigenen Erstaunen. Dieser unverblümte Herr schien verräterische Antworten geradewegs herauszufordern. Für einen Augenblick ist er sprachlos, dann platzt er laut heraus.

»Erschöpft!? Was? Vom Schreiben? Das ist ja kapital! Nein, nein, das gibt es ja nicht!«

»Ich gestehe«, flicht Königin Charlotte ein, »das war eine sehr direkte Frage von jemand, der nicht das Vergnügen hat, Sie zu kennen. Ich wollte Sie nicht bedrängen und hatte lediglich gehofft zu hören, daß Sie Ihre Feder wieder aufgenommen hätten. Sie haben mit Ihrem Buch so viel Gutes getan, Miss Burney, so viel Gutes für die jungen Menschen. Es ist so wichtig, Gutes zu tun!«

»Ja, Ma'am.«

Die Herzogin von Portland hat inzwischen den Tee gebrüht und eine kunstvoll mit Mandeln und Kirschen gespickte kandierte Ananas aufgedeckt. Der König klopft sich mit einer großen, weichen Hand die Seite.

»Hey-hey, was ist das? Was ist das? Wir werden der Herzogin die Ehre erweisen müssen, was?!«

»Sir, es ist halb fünf«, sagt die Königin und hebt eine kleine Repetieruhr aus den Rockfalten.

»Ah ja, halb fünf, richtig. Dann wird es leider Zeit! Sonst sind die Kinder schon im Bett. Sieben Uhr muß eingehalten werden!« Die Herzogin von Portland deckt die kandierte Ananas wieder zu, und sie und Miss Burney begleiten das hohe Paar zur Tür, die Treppen hinunter und durch den Vorhof zum Tor, wo der Schlag aufgerissen wird und der König seiner Königin in die Kutsche hilft. Die Damen knicksen, und er nickt. Ein Lächeln erscheint auf seinem roten Gesicht, ein ganz gewöhnliches, sehr gewinnendes Lächeln. Die Eskorte sitzt schon im Sattel. Der Kies spritzt, das Leder ächzt, dann rollt der Wagen die lange Auffahrt hinunter.

»Der Prinz von Mecklenburg-Strelitz ist jüngst verstorben«, sagt die Herzogin mit offenbarer Genugtuung. »Deshalb tragen Seine und Ihre Majestät tiefe Trauer.«

»Das tut mir sehr leid zu hören«, antwortet Fanny und seufzt erleichtert.

*

»Sie ahnen nicht, wer heute morgen mit mir im selben Wasser gewesen ist«, sagt Mrs. Montague beim Frühstück. »Unsere alte Freundin, Mrs. Thrale – Madame Loutit.« Sie beißt in einen weißen, runden Biskuit, legt ihn auf den Teller und klingelt nach dem Mädchen.

»Nehmen Sie das weg, und bringen Sie mir etwas Schinkenpastete und Kaffee. Und ein Rosinenbrötchen! Wer noch nicht krank ist, wird es von diesen Diätkeksen.« Sie beugt sich hinunter zu Pluto, der, ein wenig grau um die Schnauze geworden, parkettfegend auf seinen Anteil wartet, und zieht ihm sanft die gelockten Ohren lang. »Madame Loutit macht einen sehr aufgeräumten Eindruck, ich muß schon sagen, und sie hat mich begrüßt, als hätten wir uns erst gestern in Lyme Regis adieu gesagt.« Sie schaut Fanny mit schräggelegtem Kopf an. »Wie lange ist das nun her?«

»Zehn oder elf Jahre, möchte ich meinen.«

»Zwölf Jahre!« sagt Cecily, die nichts vergißt, was sie einmal gehört und gesehen hat. »1774, das Jahr, in dem *Virginia* erschienen ist.«

»Ja, richtig«, erwidert Mrs. Montague, der dieses Thema gar nicht unlieb ist. »Der Sommer war sehr heiß. Ich erinnere mich an das glitzernde Meer und an den Duft der Engelstrompeten auf der Terrasse. Unsere lieben, verehrten Freunde weilten noch unter uns, Mr. Garrick und Dr. Johnson. Ach, der arme Dr. Johnson. Friede seiner gekränkten Seele! Er hat Sie in seinen letzten Tagen auch nicht mehr sehen wollen, nicht wahr? Ganz so, als ob *er* uns fallengelassen ... Ich glaube, es war das Opium, das seinen Verstand am Ende in Unordnung gebracht hat. Wie leid mir ...« Mrs. Montague fühlt die Tränen aufsteigen und krault heftiger den kleinen Hund. »Es war der Sommer, in dem Mr. Thrale gestorben ist und wir alle auseinandergeflogen sind.« Sie läßt Plutos Ohr durch die Hand gleiten und richtet sich auf. »Ich habe beschlossen, Madame Loutit einen Antrittsbesuch zu machen. Länger als zehn Jahre darf eine solche gesellschaftliche Verbannung nicht dauern, und alles in allem ist sie eine verheiratete Frau, auch wenn ihre Freunde diese

Verbindung damals nicht gutgeheißen haben. Es wäre im höchsten Maße albern, sie hier in Bath zu schneiden! Und sehr lästig obendrein. Wir werden uns überall in der Stadt begegnen. Ob Sie mich wohl zum Queen Square begleiten wollen, Miss Burney? Morgen nach der Brunnenhalle?«

»Mit dem größten Vergnügen, Madam.«

»Und du auch, Cecily. Du warst damals noch ein kleines Mädchen und wirst dich nicht an sie erinnern. Aber Hester Thrale war eine formidable Erscheinung, und wir werden ihr unseren Respekt nicht versagen.«

»Ich habe Mrs. Thrale keineswegs vergessen, Mama, und ich erinnere mich auch genau an Monsieur Loutit. Er sah so romantisch aus in seinem kastanienbraunen Rock an diesem Abend, als er den Orpheus sang.«

»Ach, wirklich?« sagt Mrs. Montague ein wenig irritiert. »Er hat gesungen? Eigenartig, das ist mir ganz entfallen. Mein kleiner Pluto, du und ich, wir werden wohl langsam alt.«

Sie waren drei Tage zuvor in Bath angekommen, und Mrs. Montague hatte umgehend Mr. Crisp einbestellt, den gefragtesten Modearzt der Stadt, einen flamboyanten Gentleman der alten Schule mit Rouge auf den Wangen, einer ellenhohen Perücke, deren Seitenlocken sich wie die Nester exotischer Vögel von den Schläfen bis zur Krone spannen, einem Wickenstrauß am Rockaufschlag und einer gestärkten Krawatte, die ihm fast den Mund verschloß. Da er sich in seinen hautengen, zitronengelben Hosen nicht setzen konnte, führte Mr. Crisp die Unterhaltung im Stehen und lehnte sich dabei auf einen mit Quasten verzierten Spazierstock.

Er zeigte sich über alle Maßen entzückt, die Damen in Bath begrüßen zu dürfen, und verschrieb Mrs. Montague nach einem Blick durch sein Monokel und einigen mitfühlenden Fragen, Schlaf, Nerven und Verdauung betreffend, eine salzlose Diät aus Bath Oliver Keksen und ein Kurprogramm, das am frühen Morgen mit einem Eintauchen in der Königstherme beginnen, sie am Vormittag in die Brunnenhalle führen und nach einem leichten Luncheon mit ein wenig Bewegung in frischer Luft erfüllt sein würde.

Miss Burney, die keine Neigung zeigte, zusammen mit wildfremden Menschen in einem Wasserbassin unter freiem Himmel gesotten zu werden, hatte für ihren Teil nur der Trinkkur zugestimmt. Drei Becher am Morgen und danach eine schöne lange Promenade. Das würde ihre Lebensgeister wecken. Doch was dieser dürren Jungfer, deren Namen er schon einmal irgendwo hatte nennen hören, wirklich fehlte, waren nicht Appetit und Schlaf, sondern ein Kurschatten; das glaubte Mr. Crisp auch ohne ausführliche Konsultation und nur gestützt auf lange Erfahrung erkennen zu können. Statt in die grauen Augen von Miss B. blickte er auf sein Revers und steckte kurz die Nase in die Wicken. Immerhin, für die Gesellschafterin der Damen Montague, oder was immer sie sein mochte, trieben sich genügend verwitwete Pastoren und Offiziere auf halbem Sold in der Stadt herum.

Was die Tochter betraf, so war sie natürlich nach Bath gekommen, um von ihrer Mama hier auf den Heiratsmarkt geführt zu werden. Die Saison hatte ihren Höhepunkt noch nicht erreicht; die beste Gesellschaft stand noch aus. Mr. Crisp glaubte gehört zu haben, daß Miss Cecily Montague achtzigtausend Pfund zu erwarten hatte, und so würde es dieser Erbin in Bath an Verehrern kaum fehlen, auch wenn ihre Wangen für seinen Geschmack ein wenig zu blühend waren.

»Und abends natürlich ein Ball, meine Damen, oder ein Konzert! Das Theater! Was die Lustbarkeiten und Zerstreuungen angeht, die Vortrefflichkeit der Orchester, die Modegeschäfte und die Kaffeehäuser, ist unser kleines Bath durchaus ›ton‹ und kann sich mit der Metropole messen. Dafür verbürge ich mich auf meine Ehre!« Er retirierte auf hohen, straßfunkelnden Absätzen, den kleinen Federhut respektvoll schwingend, und versprach, in der kommenden Woche wieder vorzusprechen und sich nach dem Kurerfolg zu erkundigen.

So beginnt Mrs. Montagues Tag um halb sieben, wenn zwei Träger sie in einem Stuhl im Königsbad absetzen und eine Badefrau ihr in ein gelbes Leinengewand hilft, dessen lose Teile, wie ein großes Blütenblatt auf dem Wasser treibend, Mrs. Montagues stattliches Gestell vom Hals an abwärts verhüllen, wenn sie, halb schreitend und halb schwebend, das Thermalbecken durchmißt. Der Boden aus Blei und die aufsteigenden Quellen seien so heiß, daß sie Zuflucht in den Arkaden am Rand gesucht habe, wo die Damen auf steinernen Bänken dem Zeitpunkt entgegenweichten, da das Heilwasser die Poren geöffnet und begonnen hat, die verschiedenen Leiden aus dem Körper zu vertreiben.

Und wer anders als Madame Loutit sollte auf dem kleinen Thron neben ihr Platz genommen haben! Sie hatte die Dame zuerst nicht erkannt, als die das Taschentuch unter dem Hutband hervorzog, sich die Stirn tupfte und sie ansprach, so erhitzt waren ihre Wangen, so unvorteilhaft lief ihr der Schweiß aus den Haaren. Aber es war ganz ohne Zweifel Hester Thrale, mit neuen Zähnen und, soweit Mrs. Montague sehen konnte, noch immer so schlank wie eine Tanne.

*

Während Mrs. Montague in der Königstherme eine alte Freundschaft erneuerte, spazierte Fanny mit Cecily am Arm durch Milsom Street. Hier gab es Kaffeehäuser, die nur für Damen geöffnet waren, Buchhändler, bei denen man für eine kleine Subskriptionsgebühr Zeitungen und Neuerscheinungen lesen konnte, und eine Filiale von »Horrocks of Liverpool« mit feinen Stoffen, Spitzen, Litzen, Borten, Bändern und Bordüren, die in Cecily sogleich den Wunsch erweckte, sich ein, zwei Yards von diesem und jenem abschneiden zu lassen. Miss Burneys Rat war nicht wirklich gefragt, und so ließ sie sich nach zehn Minuten einen Stuhl bringen und vertrieb sich die Zeit damit, die Kundschaft diskret zu mustern. Das Geschäft war gut, jedoch nicht drangvoll und fast ausschließlich von Damen besucht, die, was den Aufputz betraf, dem Vormittag anscheinend keine allzu große gesellschaftliche Bedeutung beimaßen, sondern ihren Einkaufsbummel eher als eine Verlängerung häuslichen Herumkramens betrachteten, und so ergab es sich ganz natürlich, daß Fannys Augen an der auffälligen Erscheinung eines Herrn hängenblieben, der in eine schwierige Transaktion verwickelt schien.

Er war offenbar Ausländer, ein mittelgroßer, ranker Herr in einem pflaumenblauen Brokatrock à la française, eng tailliert, mit kleinem Kragen, breiten Ärmelaufschlägen, Spitzenmanschetten und einem extravaganten Jabot. Unter dem linken Rockschoß bewegte sich die Spitze eines Zierdegens. Seine Schuhe waren vom gleichen Blau wie der Rock, seine Seidenstrümpfe grau, und Fanny fand an seinen Beinen nichts auszusetzen, außer, daß er ein wenig zu geziert auf ihnen stand. Er hatte eine kleine Hakennase und Wangen von einem zarten Olivton, den keine englische Sonne hervorbrachte. Unter dem Dreispitz waren die weiß gepuderten Locken im Nacken zu einem festen Zopf geflochten. Es schien den Herrn nicht im mindesten zu kümmern, daß er wie ein Kronenkranich auf einem Hühnerhof wirkte.

Mit der rechten Hand wog er unschlüssig verschiedene Sorten von Goldbordüre, die der dicke Geschäftsführer, Mr. Horrocks, wie ein Fliegenfischer seine Angelschnüre vor ihm über die lange Theke warf. Fanny sah, wie der Herr wiederholt und wie über die eigene Inkompetenz amüsiert die Finger der Linken an die Lippen drückte, während er mit gespieltem Ernst Mr. Horrocks ins Gesicht sah, der immer weitere Spulen anhäufte und entrollte, und sie fragte sich, wer ihn wohl zu diesem Einkauf geschickt hatte.

»Bon!« sagte er schließlich und mit dem Zeigefinger deutend. »Diese, Monsieur.« Die Kürze der Bestellung schien er weniger einem barschen Wesen als seiner Sprachunkundigkeit zu schulden. »Sieben Fuß, ich bitte darum.« Er trat einen halben Schritt zurück und ließ seine Augen über die Regale mit den Stoffballen schweifen, musterte farbige Seide, Damast, Taft und Bombasin, Musselin, Batist, Chintz, Samt und Köper, während der eifrige Fliegenfischer seine Elle anlegte, maß, schnitt, die Bordüre um Daumen und kleinen Finger der Rechten zu einem Strang zwirbelte und dann, zu Fannys Verwunderung, mit ebenso großer Fingerfertigkeit, aber ohne Maß zu nehmen, ein zweites Stück silberne Borte abschnitt, zusammenlegte und beide Teile rasch in ein braunes Papier wickelte. Der französische Herr hatte einige Schwierigkeiten, die richtigen Münzen abzuliefern, doch dann schien alles geregelt, und er trat an Fanny vorbei durch die Tür und auf die Straße.

Mr. Horrocks, der sich soeben noch ehrerbietig im Rükken des Kunden verbeugt hatte, wickelte die Spulen auf, sortierte die Kartons und schoß dabei verstohlene Blicke durch sein Geschäft. Alle Damen schienen vollständig mit ihren Einkäufen beschäftigt zu sein, bis auf eine kleine Person in einer tannengrünen Pelerine, die neben der Tür saß und in ihren Schoß blickte, so daß die Hutkrempe ihr Gesicht bis unter die Nase verschattete. Er schob die Bordüren beiseite, eilte um die lange Theke herum, riß die Türe auf und rannte auf die Straße.

Der Franzose war erst ein Haus weiter geschlendert und betrachtete die Pomadentiegel, Flakons und Seifenpyramiden im Fenster eines Parfümeurs. Er sah sich rüde am Ärmel gezogen und erkannte den dicken Patron, der ihm ohne Einleitung einen Schwall feuchter Zischlaute entgegenschleuderte, deren Sinn ihm verborgen blieb, die jedoch ganz unmißverständlich eine Beleidigung darstellten.

»Sir!« schrie Mr. Horrocks. »Sie haben mich bestohlen. Sie haben mich um einen ganzen Yard Silberbordüre geprellt. Ein gemeiner Ladendiebstahl! He, hallo, wo ist der Konstabler? Ich lasse Sie verhaften, Sir; so eine Unverfrorenheit ist mir mein Lebtag noch nicht vorgekommen!«

»Permettez!« rief der Herr mit manierlich gebremstem Zorn und schüttelte die Hand ab. »Was wünschen Sie von mir, Monsieur? Was? Hier? Das Päckchen? La bordure?«

»Ja, ja, jetzt weiß er nichts mehr davon!« sagte Mr. Horrocks laut und sah sich um. Passanten begannen stehenzubleiben. »Kommen Sie, kommen Sie, Sir, schauen wir nach! Da sind zwei Borten in Ihrem Paket. Die Goldbordüre haben Sie bezahlt, und die Silberbordüre haben Sie gestohlen!«

»Gestohlen? Ah, dérober?« rief der andere, dem nun langsam die Bedeutung dieses Auftritts dämmerte. »Sind Sie von Sinnen, Monsieur? Wissen Sie ...«

»Keineswegs, Sir, kommen Sie, treten Sie ein, das werden wir gleich haben!« Und er wies mit solch polizeilicher Geste auf seine Ladentür, daß der Herr im pflaumenblauen Rock, um eine Szene auf offener Straße zu vermeiden, seiner Aufforderung nachkam.

An der Theke hatte sich das Geschehen vor der Türe noch nicht herumgesprochen. Erst als zwei sichtbar erregte Herren eintraten, als ein Päckchen auf den Tisch geworfen, der Knoten durchtrennt, das Papier aufgeschlagen war, Mr. Horrocks mit spitzen Fingern ein Stück Silberbordüre hochhielt und »Aha, das Corpus delicti!« rief, wandten sich die Köpfe erstaunt um.

»'abben Sie nun die Güte, mir in mein Kontor zu folgen, Musjöh«, sagte Mr. Horrocks mit höhnisch äffendem Akzent. »Andernfalls sehe ich mich genötigt, den Konstabler zu rufen und einen Diebstahl anzuzeigen.« Dies klang wieder mehr nach Liverpool.

»Einen Augenblick, bitte«, sagte die Dame, die neben der Tür gesessen hatte, und trat an die Ladentheke. Plötzlich ruhten die Geschäfte. »Dies ist eine falsche Anschuldigung!«

Fanny hatte Mr. Horrocks' eigenartiges Gebaren mit klopfendem Herzen verfolgt. Hier bahnte sich etwas an, das widrig und schmerzhaft zu werden versprach, und obwohl sie das Manöver des Geschäftsführers nicht verstanden und sich vor seinen lauernden Blicken gehütet hatte, wußte sie, daß sie die einzige war, die den Betrug beobachtet hatte und den Herrn mit den beschränkten Englischkenntnissen aus seiner Peinlichkeit befreien konnte. Als zöge eine Hand sie von ihrem Sitz, war sie zu ihrer eigenen Überraschung aufgestanden und vorgetreten. Nun hob sie den Kopf und schaute Mr. Horrocks errötend, aber fest an.

»Sir, wie können Sie es wagen, diesen Herrn des Diebstahls zu bezichtigen? Sie selbst haben die silberne Borte mit eingewickelt, die der Herr hier keinesfalls bestellt hatte. Ich habe es gesehen.«

»Comment?« rief der Franzose und schlug mit der flachen Hand auf den Tisch. »Sie haben gesehen, Madame? Mais c'est un tentative de chantage! Monsieur, Sie drohen, den Konstabler zu rufen, wenn ich nicht eine sehr, sehr große Summe Geld für diese bordure gebe, n'est pas?«

»Sie haben gar nichts gesehen, Madam!« zischte Mr. Horrocks und wußte sogleich, daß dies die falsche Antwort war.

»Auf mein Wort, Sir, das habe ich aber genau gesehen. Sie haben diesem Herrn ein Stück Borte untergeschoben. Ich kann es bezeugen!« Fannys Stimme zitterte, doch sie selbst wankte nicht. »Wenn Sie nun bitte den Konstabler rufen wollen!«

Um sie herum wurde gezischelt: »Was sagt sie? ... Was hat er gesagt? ... Eine falsche Anschuldigung ... Er sagt, ein Erpressungsversuch ... Unglaublich ... Leichtes Spiel, weil der Herr Ausländer ... Wer ist das? Wer ist die Dame? ... Kennen Sie sie? ...«

»Oh, Miss Burney, was ist denn geschehen?« wisperte Cecily laut, die unverzeihlicherweise das Stück von der Ouvertüre bis zum letzten Akt verpaßt hatte, und drängte sich an ihre Seite.

»Miss Burney... Es ist Miss Burney... Wer? ... Sie wissen doch, *Virginia*... Ah, die berühmte ... Pardon, Sie stehen auf meinem Saum, Madam ... Sie hat es beobachtet ... Miss Burney, ah, ja, ja ... wie kühn von ihr, nicht wahr?«

Mr. Horrocks indessen sah sein Entkommen, wenn auch nicht die Wiederherstellung seiner Reputation, in einem rückhaltlosen Akt der Zerknirschung. Kopf und Schultern verschwanden mehrmals ruckartig hinter der Theke. Er beteuerte, daß es sich um ein unverzeihliches Mißgeschick seinerseits gehandelt habe. Daß er beim Zusammenräumen der Bänder die silberne Bordüre vermißt und – vorübergehend außer Fühlung mit seinem Verstand – auf eine Unregelmäßigkeit geschlossen. Er verhedderte sich entsetzlich; er bat den gnädigen Herrn demütigst um Verzeihung und bot Kompensation in jeder erwünschten Höhe an. Der gnädige Herr möge ihm die Güte erweisen und seine Wünsche zu jeder Zeit und selbstverständlich ...

Der französische Herr drehte Mr. Horrocks und seinen unwillkommenen Reden den Rücken zu und verbeugte sich leicht vor der Dame, die ihn gerettet hatte. Er bat um die Erlaubnis, sich vorstellen zu dürfen. Sein Name war d'Arblay, und so sicher, wie die Quellen von Bath aus dem Dunkel ins Freie strömten, so gewiß hätte sie ihn soeben vor dem umgekehrten Weg, dem Verschwinden in der Unfreiheit eines lokalen Kerkers, bewahrt. Sein Englisch war eigenwillig, das Wortspiel ein wenig verstiegen, aber Miss Burney verstand, daß der Herr von Arblay ebenso erleichtert war wie sie, und lächelnd zeigte sie ihm den schönen Schwung ihrer Mundwinkel.

Er bahnte den beiden Damen mit ausgestrecktem Arm einen Weg aus dem Geschäft. Aus der Nähe gewahrte

Fanny den Duft nach gestärktem Leinen, der sich um einen reinlichen, warmen Körper entfaltete. Er war dezent parfümiert – Vetivier? Bergamotte? Sie antwortete ihm mit einem Kompliment, seine Geistesgegenwart betreffend, kraft der er die niedrigen Absichten des anderen durchschaut. Sie ging sogar so weit, sich für das Unziemliche ihres Eingreifens zu entschuldigen. Er wehrte ab. Er verdanke ihrer Aufmerksamkeit alles. Er konnte ihr schlecht sagen, wie groß seine Verwunderung war, daß eine Dame von so zerbrechlichem Äußeren die Verwegenheit besitzen sollte, sich in den Skandal zu mischen, den ein Ladenbesitzer zu veranstalten gewagt hatte. Es handelte sich offenbar um eine englische Gewohnheit. Ihr Name, der plötzlich in jedermanns Mund gewesen, hatte ihm nichts bedeutet; er würde seine Freunde fragen. Sie war offenbar bekannt, aber wofür? Eine Schauspielerin? Nein! Ein bas bleu?

Vor der Ladentüre verabschiedete sich der Herr und bedachte Fanny mit dem Gefunkel seiner dunklen Augen und dem kleinen Lächeln, das einen großen Vorrat an Heiterkeit zu verbergen schien. Ob die Damen noch länger in Bath zu verweilen gedachten? Ob er die Ehre und das Vergnügen haben werde, sie in der Brunnenhalle oder den Assembly Rooms zu sehen? Man schied mit ausgesuchter Förmlichkeit und gedämpften Stimmen, als gelte es, das ordinäre Schauspiel an der Ladentheke von »Horrocks of Liverpool« wettzumachen. Als Monsieur sich noch einmal verbeugte und Fanny im Licht eines englischen Wintertags einen Augenblick lang seine ganze Erscheinung erfaßte, spürte sie eine nie gekannte Freude, und als er den weißen Kopf wieder hob, wußte sie, daß es das Gefühl war, von dem sie geglaubt hatte, daß es ihr nicht mehr begegnen würde.

*

Die Häuser auf der Nordseite des Queen Square sind gerade und lückenlos aneinandergebaut wie der Seitenflügel eines Schlosses, mit einem glatten, aus hellem Kalkstein gemauerten Erdgeschoß hinter dem schwarzen Staketenzaun und zwei Eckhäusern, die, ihrer Rolle im Ensemble gemäß, ein wenig größer und wichtiger ausgefallen sind und deren Fassade über zwei Stockwerke von korinthischen Säulen getragen wird.

»Es ist die Ecke zur Gay Street. Natürlich. Ich hätte wetten mögen, daß Madame Loutit sich nicht mit einem Haus in der Reihe zufriedengeben würde«, sagt Mrs. Montague, die selbst die Nummer 1 am Royal Crescent bewohnt.

Die drei Damen sind das kurze Stück von der Brunnenhalle zu Fuß gegangen, wo Miss Burney für heute ihr letztes Glas Wasser getrunken hat, das, wie ein späterer Kurgast bemerken sollte, nach warmem Bügeleisen schmecke. Ein Lakai öffnet ihnen die Haustüre, steigt in den ersten Stock voraus und stößt die Tür zu einem großen Salon mit goldfarbener Tapete, einem weißen Kamin und roten Polsterstühlen auf. Von Thrales Ale war offenbar ein stattlicher Rest übriggeblieben. Und seiner Erbin stand die Sorglosigkeit gut. Madame Loutits Gesicht ist noch immer schmal, die Wange nur leicht zerknittert, und ihre Augen strahlen. Sie trägt ihr gepudertes Haar üppig aufgetürmt und mit einem roten Seidenband durchflochten, das vielleicht ein wenig zu gut mit den Bezügen der Chippendale-Stühle harmoniert.

»Meine liebe Mrs. Montague! Miss Burney! Und hier haben wir Miss Montague, nicht wahr? Ich bin entzückt, Sie zu sehen! Wie geht es Ihnen? Elf Jahre, nicht wahr? Elf Jahre ist es her.« Keine Verlegenheit trübt Madame Loutits Begrüßung, und nur ihre schelmische Bemerkung, wie sehr Miss Montague gewachsen sei, die sie gekannt, als sie noch so klein gewesen – eine flache Hand erhebt sich in Höhe des runden Tischs – und ihr hübsches, dunkles Haar gescheitelt getragen habe, verrät, daß Geschmack und Geistesgegenwart sie für einen Moment verlassen haben.

»Ich glaube, Sie erinnern sich an meine Tochter ...« Jede der drei erinnert sich an Hannah Thrale. Cecily an das große Mädchen, das sich mit bemerkenswertem Trotz um seine Musikübungen drückt; Fanny an das aufgelöste Kind, das sie in einem Gasthofbett in Shaftesbury trösten muß, und Mrs. Montague an die junge Dame, die in ihrem Salon auf der Stuhlkante sitzend, mit flatternden Augenlidern und lächelndem Mund ihre Mutter hinrichtet. Hier lehnt sie nun, in sehr viel rosa Musselin und drei Reihen Perlen gehüllt, ein wenig kühler und passiver auf dem Sofa unter dem Kristall-Lüster, als hätte es nie einen Skandal, eine Ächtung, eine Flucht aus London gegeben, und sagt mit ihrer schleppenden Stimme das Erforderliche zum Wetter und zur Jahreszeit, zu den gepflasterten Bürgersteigen und den Brunnen von Bath, die einerseits den Rocksäumen und andererseits der Gesundheit so zuträglich seien; 26 Jahre alt und noch immer eine Miss Thrale, mit dem vornehmen, langen Gesicht der Roxburghs und dem schlichten Geschäftssinn ihres bierbrauenden Vaters. Dies ist ihre erste und, wenn es nach ihrem Willen geht, auch ihre letzte Saison in Bath als unverheiratete Dame.

»Bitte nehmen Sie Platz! Ich habe natürlich schon vor drei Tagen der Gästeliste entnommen, daß Sie eingetroffen sind«, fährt Madame Loutit lächelnd fort. »Die Kurverwaltung hält uns stets à jour.« Eben noch animiert und friedfertig, bleckt sie Fanny plötzlich mit einer Reihe falscher weißer Zähne an: »Und von Miss Burneys außerordentlichem Auftritt habe ich gestern gehört.«

»Oh, ich weiß, es hat sich nicht geziemt. Es war wie eine ... eine Eingebung, aber wenn ich gewußt hätte, daß der Klatsch in Bath auf so schnellen Füßen läuft, hätte ich mich natürlich zurückgehalten.« Nach elf Jahren und noch keine zehn Minuten in Gesellschaft dieser Dame, hat

Fanny schon wieder das Gefühl, das Falsche gesagt zu haben.

»Miss Burney war sehr mutig!« wirft Cecily Montague vorwitzig ein. »Auf mein Wort, ich glaube, ich wäre eher im Boden versunken, als mitten im Geschäft und vor all diesen Menschen ...!«

»Aber nein, ich höre doch auf keinen Klatsch!« antwortet die Gastgeberin, Miss Montagues Bemerkung nicht achtend, und schüttelt tadelnd den Zeigefinger. »Ein Cousin von Monsieur Loutit hat mir ... Was gibt es?« Ein Türflügel öffnet sich.

»Der Comte d'Arblay«, meldet der Lakai.

»Eh, voilà«, sagt Madame heiter, steht auf und geht ihm entgegen. »Wenn man von der Sonne spricht, beginnt sie zu scheinen!« Fanny, in der der Namenspfeil noch nachzittert, streicht ihre Handschuhe glatt. »Mein lieber Monsieur d'Arblay, gerade sprachen wir von Ihrem Abenteuer.« Er hat den Dreispitz abgenommen, verneigt sich vor Mrs. Montague. Heute in dottergelbem Rips. »Miss Burney muß ich Ihnen nicht mehr vorstellen.«

Sie begegnet beherzt seinem Blick, erwidert sein Lächeln, dankt für seine Komplimente. Erst von Madame Loutit habe er erfahren, daß seine Retterin eine berühmte Autorin sei. Er werde es sich zur heiligen Pflicht machen, ihren Roman zu lesen. Monsieur Loutit würde für ihn den Interpreteur spielen müssen.

»Oh je, der arme Monsieur Loutit!« sagt Fanny, und der Comte d'Arblay führt amüsiert seine linke Hand zum Mund. An seinem Ärmel vorbei sieht Fanny, wie Miss Thrale auf dem Sofa aus ihrer hoheitsvollen Trägheit erwacht und in ein perlendes Gespräch mit Cecily Montague eingetreten ist, das ihre Jugenderinnerungen von Lyme Regis zum Gegenstand hat. So vertieft ist sie, daß sie von Monsieurs Begrüßung ganz aufgestört scheint und ihn mit flatternden Augenlidern zurechtweisen muß, daß er sie von einer lieben Freundin zu trennen drohe, die sie nach, oh, so vielen Jahren, sie werde ihm nicht verraten, wie viele es wirklich sind, wiedergefunden habe.

Er nimmt zwischen den beiden Platz, und die Damen, die es noch nicht wissen, erfahren, daß es Miss Thrale war, für die der Graf am Vortag die Goldbordüre gekauft, denn sie liebe es, ihre Hüte selbst neu zu putzen, und habe darin ein ganz klein wenig Geschick entwickelt, und Cousin Alexandre – Monsieur d'Arblay – sei so freundlich gewesen, sie bei ihrer häuslichen Beschäftigung zu unterstützen, und habe sich bei einer besonders kniffeligen Stelle angeboten, das Fehlende rasch selbst zu besorgen.

Mrs. Montagues interessierte Miene, mit der sie sich Hannah Thrales affektiertes Getue ansieht, verrät nichts von ihren Gedanken. Was für eine Gans! Andere mochten den spargelbleichen Teint, das dünne blonde Haar und die nervöse Oberlippe aristokratisch nennen. Ihr Fall war Miss Thrale nicht! Dieses Zucken und Blinkern sprachen von einem unausgeglichenen Charakter, den sie schon vor Jahren beanstandet hatte. Wahrscheinlich kaute die Person noch immer heimlich an ihren Nägeln. Wie ungezwungen und hübsch dagegen ihre Cecily war, mit Grübchen in den festen Wangen und den frischen Farben der Brünetten! Ein Bild der Lebensfreude – nicht brillant, leider, aber zumindest plapperte sie nun ebenso begabt, wie sie als kleines Mädchen geschwiegen und gelauscht hatte. Das liebe Kind entbrannte rasch, wenn auch meist nicht dauerhaft für alles, was ihm romantisch vorkam, aber ein wenig Überschwang erschien Mrs. Montague in diesem Alter passender als die träge Pose der anderen jungen Dame, die über die Jahre nichts als ihre üblen Eigenarten gepflegt zu haben schien.

Sie erhebt sich und bereitet den Abschied vor. Ob sie wohl ebenfalls Karten für den morgigen Ball in den Assembly Rooms habe, erkundigt sich Madame Loutit beim

Hinausgeleiten. Sie – und ihr Blick schließt Miss Burney mit ein – seien zwar aus dem Alter heraus, in dem das Tanzen sich schicke, aber den jungen Leuten – und das betrifft die übrigen drei – solle man doch entschieden die Freiheit und das Vergnügen gönnen.

So sind sie verabredet, und als Fanny sich die Handschuhe zuknöpft, fragt sie sich, wie Miss Thrale wohl eine Versöhnung mit Madame Loutit zustande gebracht hatte und wie weit die Pläne der beiden Damen gediehen waren, den Comte d'Arblay einzufangen. Sie vermutet zu Recht, daß es weniger der Wunsch war, ihre Entfremdung zu überwinden, als Ambition und Berechnung, die Mutter und Tochter wieder vereint hatten. Vorsicht vor diesen Zähnen! In Gedanken sieht Fanny den arglosen Fremden in der Unfreiheit einer Ehe mit Hannah Thrale verschwinden. Sie würde ihn nicht retten können. Und vielleicht wünschte er es auch gar nicht. Wohin verstieg sie sich! Eine bleiche Wintersonne scheint; man würde mit trockenen Säumen nach Hause kommen. Ja, die Bürgersteige von Bath waren eine große Errungenschaft der Zivilisation.

»Was für ein eleganter Herr!« sagt Cecily und hakt sich bei ihr ein. »Auf mein Wort, ich glaube, ich habe noch nie eine edlere Erscheinung gesehen! Ein Graf – natürlich!« Fanny wechselt den Schritt, um in den Schlendrian der anderen zu fallen. »Wie er spricht, so vornehm und mit diesem romantischen Akzent! Und sein Lächeln! Als mache er sich ständig über uns lustig. Gestern war ich zu aufgeregt; ich kam gar nicht dazu, ihn richtig zu betrachten. Aber heute; très chic! Gelb – das würde sich kein Engländer trauen. Und eigentlich ist es auch nur erträglich mit solch matten Wangen und dunklen Augen, nicht wahr? Ich bewundere ihn ganz außerordentlich. Sie nicht auch, Miss Burney?«

»Daß Sie noch keine edlere Erscheinung gesehen haben, liegt daran, daß Sie erst achtzehn sind«, erwidert Fanny. »Sie werden derer noch viele erblicken, und ich wage zu behaupten, daß sie ebenso vornehm und romantisch sein und besser Englisch sprechen werden als der Comte d'Arblay.«

»Ich möchte wohl wissen, wie alt er ist«, sagt Cecily und blickt hinauf in die Äste der Platanen, an denen noch das grüne Laub hängt und der Wind hier und da ein einzelnes Blatt zwirbelt.

»Er ist zweiunddreißig«, sagt Mrs. Montague. »Er besitzt ein paar hundert Hektar Land und ein Château südlich von Paris sowie ein Stadthaus in der Nähe der Tuilerien, und da sein Vater tot ist, hat er kein weiteres Erbe zu erwarten. Und du, mein Fräulein, wirst ihn nicht außerordentlich bewundern! Ich habe nichts gegen die Franzosen, aber was in ihrem Land vorgeht, davon sollten uns hier in England die Haare zu Berge stehen. Frankreich ist so gut wie bankrott; der König Louis eine wirklich sträfliche Erscheinung. Das Volk lebt in schrecklichster Bedrückung – und der Adel zeichnet sich hervorragend durch Willkür, Günstlingswirtschaft und freche Korruption aus. Der Graf mag ja ein musterhaftes Exemplar seines Standes sein, aber wenn es in Frankreich zu einer Revolution kommt, und ich fürchte, wir werden nicht mehr lange darauf warten müssen, dann möchte ich nicht in der Haut des Herrn von Arblay stecken – Besitz, Titel und Vermögen eingeschlossen.«

Mrs. Montague hatte am Tag zuvor Mr. Crisp konsultiert; angeblich einer Unpäßlichkeit wegen, in Wirklichkeit, um ihn ein wenig über Madame Loutit auszuhorchen. Der umtriebige und gefragte Mr. Crisp war – ob Badegast, ob Bürger von Bath – immer auf dem neuesten Stand der Dinge, und von ihm hatte Mrs. Montague erfahren, daß Monsieur und Madame Loutit in vorbildlicher Harmonie am Queen Square lebten und daß Madame in einem Salon mit goldfarbener Seidentapete, genau passenden Vorhängen, einem französischen Kristall-Lüster und einem Reynolds über dem Kamin aus weißem Carrara-Marmor Hof hielt. Jeden Dienstag trafen sich dort die erlesensten Persönlichkeiten. Es hatte sogar schon einen Dichterwettstreit gegeben, bei dem Madame als Muse Euterpe den Lorbeerkranz auf Sir Brooke Boothbys blondes Haupt gedrückt hatte.

Vor fünf Wochen war der Comte d'Arblay aus Paris angereist und zu diesem Kreis gestoßen. Und zu jedermanns Verwunderung stellte sich heraus, daß Monsieur Loutit, der verschlossene und ungesellige Monsieur Loutit, dem man vor fünf, sechs Jahren so übel mitgespielt hatte, ein lieber alter Freund, ja, ein Vetter des Grafen aus einem schauerlich verarmten Zweig der aristokratischen Familie d'Arblay war. Der Graf selbst war durchaus vermögend – Mr. Crisp nannte Einzelheiten – mit einer Neigung zu riskanten Einsätzen beim Faro und Roulette. Er wollte auch gehört haben, Monsieur sei ein Bewunderer Voltaires und gewisser gefährlicher Ideen ... Wie auch immer, darüber hinaus war er kerngesund, keiner Kur bedürftig und natürlich Junggeselle. Er warf Mrs. Montague einen Blick unter kohlschwarzen Augenbrauen zu, den diese nicht zu erwidern geruhte.

Es dauerte nicht lange, bis sich die Familie Loutit um ein weiteres Mitglied vergrößert hatte. Miss Thrale erschien, um zu sehen, was das Heilwasser gegen ihre nervösen Beschwerden ausrichten würde, und, wie man hörte, um nach langer Zeit wieder mit ihrer Mutter, Madame Loutit, zu sprechen. Man hatte da erschreckende Gerüchte aus London ...

Mrs. Montague winkte ab und stand auf. Sie ließ sich ein wenig Epsom-Salz verschreiben, versicherte Mr. Crisp, daß sie sich schon bedeutend frischer fühlte, und verabschiedete sich von diesem Nachrichtenkrämer mit dem faden Gefühl, unter ihrer Würde gehandelt zu haben.

*

Der Comte d'Arblay hatte leider ein Talent, sich betrügen zu lassen. Er war, wie in seinen Kreisen durchaus üblich, ein leidenschaftlicher Spieler, jedoch kein sehr aufmerksamer; ein Herr, der niemals sein Wechselgeld nachzählte und seinen Freunden Darlehen gewährte, die beide Seiten dann vergaßen. In Bath hatte er standesgemäß eine Wohnung am Camden Place bezogen und sogleich ein elegantes schwarzes Curricle mit roten Polstern und einem Paar passender Rappen zu einem exorbitanten Preis gekauft. Er war nicht über die Maßen eitel, aber er liebte es, sich neue Röcke anmessen zu lassen und mehrmals täglich sein Hemd zu wechseln. Seine finanzielle Situation war dergestalt, daß Madame Loutit, sollte ihre Tochter in mehr als den Genuß des Titels einer Comtesse d'Arblay kommen wollen, eine baldige Eheschließung für angezeigt hielt. Sie war sicher, daß Hannah, hatte sie erst einmal die Zügel in der Hand, dem flotten Leben über seine Verhältnisse ein Ende bereiten könnte. So fest standen Madames Pläne, daß sie es kaum noch für nötig hielt, den Comte d'Arblay um seine Zustimmung zu bitten.

Der Graf war ihrer Einladung nach Bath gefolgt, weil ihm an einer Erneuerung der Freundschaft mit seinem Cousin Jean François Loutit lag, der vor achtzehn Jahren sein Tutor und Reisebegleiter auf einer Kavalierstour durch Italien gewesen und dessen kluges und unerschrockenes Wesen der junge Alexandre d'Arblay zu schätzen gelernt hatte. Nun, da ihr Land sich in Verwirrung und Gefahr befand, hätte er gern gewußt, was der ältere von der Lage hielt. Er selbst hatte sich einem Reformclub angeschlossen, der die konstitutionelle Monarchie anstrebte, aber seine Befürchtung, zu spät zu einem wichtigen Ereignis aufgewacht zu sein, ließ ihn nicht durchweg gut schlafen.

Er hatte gehört, daß sein Freund während der Gordon-Unruhen in einen Hinterhalt geraten und verletzt worden war, aber als er ihn nun am Queen Square aufsuchte und ihm lange die Hände schüttelte, mußte er sein Erschrecken über die Narbe einer Wunde verbergen, die die Sense eines englischen Patrioten quer über François Loutits Stirn, Nasenwurzel und linke Wange geschlagen hatte. Sein Lächeln war davon beeinträchtigt, nicht aber seine Augen, die den ehemaligen Schüler erfreut und wohlwollend musterten.

»Nun, Alexandre, was macht das liebe, alte Frankreich?«

»Es geht mit ihm zu Ende, François. Die Staatsfinanzen sind in gröbster Unordnung, und das Volk murrt. Ich nehme an, in ein paar Jahren hängen sie uns alle an die Laternen. Es wird wohl am sichersten sein, ich suche mir in England ein Haus und eine Gattin und bleibe hier.« Er verbeugte sich vor Madame Loutit. »Obwohl ich kaum zu hoffen wagen darf, eine ähnlich glückliche Wahl wie die deine zu treffen.«

»Oh, là, là«, rief Madame, »darüber sollten Sie in Bath nicht laut sprechen. Sie werden sich sonst vor Anträgen kaum retten können. Es gibt junge Damen, die nur zur Kur fahren, um sich zu verheiraten, und ich warne Sie, Monsieur, es sind verwegene und kokette Geschöpfe darunter. Also halten Sie Ihr Herz fest!« Und während ihr Mund ihn noch schelmisch ermahnte, spann ihr Kopf schon einen Plan, wie Monsieur am geschicktesten von eben diesem Herzen zu trennen sei.

Der Comte d'Arblay war von Madame Loutit äußerst angenehm überrascht. Er hatte eine phlegmatische englische Matrone erwartet und sah sich einer sprühenden Person gegenüber, die seinem Freund offenbar zärtlich ergeben war; eine Person, an deren Tafel ihm ein angemachter Salat serviert wurde und die ein quickes Französisch sprach, wenn auch mit einem horriblen Akzent. Er faßte Vertrauen.

Da ihm nicht gesagt wurde, daß Miss Thrale vor zehn Jahren den Namen seines Cousins und Freundes in London unmöglich gemacht; daß sie als ein Opfer ihres eigenen Starrsinns ebenso lange an der Verachtung Madame und

Monsieur Loutits festgehalten und erst durch einen Brief ihrer Mutter, von deren aristokratischer Verbindung unterrichtet, sich zu einer Versöhnung herabgelassen hatte; daß aber auch die bessere Gesellschaft ihr in dieser Zeit das schmähliche Getratsche nicht vergeben hatte und die junge Dame an einen englischen Gentleman kaum zu verheiraten war, sah sich Monsieur d'Arblay nicht als das ausschließliche Ziel ihrer Aufmerksamkeit.

Er ahnte hinter ihrer nervösen, schnippischen Fassade eine von schlechten Erinnerungen gehetzte Frau, der er seine Anteilnahme nicht versagen konnte, und da er nicht nur ein leicht beeinflußbarer, sondern auch ein höflicher Mann war und sie, wenn auch in einem weit entfernten Sinn, eine Cousine, stimmte er dem vorgeschlagenen familiären Umgang zu und ließ sich von Miss Thrale – Hannah – zu allerlei Gefälligkeiten anstellen, wofür sie sich im Gegenzug erbot, seinem Englisch auf die Sprünge zu helfen.

Sie gewann durchaus bei näherer Bekanntschaft; fast schien es, als bedürfe es nur ein wenig Galanterie und Handarbeit, daß ihre Augen Ruhe fanden und ihr Lächeln sich erwärmte. Schon nach kurzer Zeit gestalteten sich ihre Tête-à-têtes über Schleifen und Borten zu ausgedehnten Plaudereien. Monsieur, der die Kunst der englischen Schneider zu schätzen gelernt hatte, sprach gern über Mode – und dies bald täglich. Es wurde ihm zur Gewohnheit, am Queen Square einzukehren, wo ihn eine geneigte junge Dame, ordentlicher Kaffee und seine Englisch-Lektion erwarteten. Madame Loutit fand immer häufiger Grund, den Salon unter einem windigen Vorwand zu verlassen, wenn Hannah Cousin Alexandre in Adverbialsätzen unterwies: Wo Bienen sind, da ist Honig ... Wenn die Katze fort ist, tanzen die Mäuse ...

So weit war ihre Vertraulichkeit gediehen, daß Monsieur d'Arblays Rat bei der Wahl ihres Kleids für den Ball in den Assembly Rooms gesucht wurde; eine Aufgabe, die er bei

Hannah Thrales ungesunden Farben allerdings nicht einfach zu lösen fand. Ein halbes dutzendmal erschien sie in wechselnder Garderobe und mit wachsendem Verdruß im Salon, und der Cousin legte die Finger über die Lippen, ehe er sich endlich für Blau entscheiden konnte. Helles Blau, das zu ihren Augen und ihren Saphiren paßte.

Leider stellte sich am nämlichen Abend heraus, daß der Graf, was das Tanzen anging, keinesfalls à jour war, vielmehr in Unkenntnis der neuesten Tendenzen abwinken und zurückstehen mußte. Es wunderte ihn nicht zum erstenmal, daß er sich bei einem gesellschaftlichen Ereignis mit Landgeistlichen, Arztgattinnen und jungen Schnöseln der kaufmännischen Klasse zusammengeworfen fand. In Frankreich war es nicht üblich, daß er die Tochter eines Bierbrauers aufforderte, und das komplizierte Schrittmuster eines Contertanzes schien ihm nicht die passende Gelegenheit, damit zu beginnen. In seinem steifen, violetten Brokatrock machte er allenfalls bei der Quadrille eine gute Figur, einem gravitätischen Schreiten und Neigen, bei dem Miss Montague seine Partnerin war, die derlei Künste noch bei dem seligen Dr. Pinderschloss gelernt hatte.

Und so kam es, daß der Comte d'Arblay den größten Teil des Abends auf den Polsterstühlen am Rand des Ballsaals verbrachte, von denen aus die Mamas ihre tanzenden Töchter im Auge behielten, mit Miss Burney plauderte, die ebenso wach, aber weniger bleich als am Vortag war, und Cecily Montague bewunderte, die unermüdlich und mit roten Wangen am Arm verschiedener Partner den Saal hinauf- und hinunterhopste. Dann begab er sich mit Monsieur Loutit in den kleinen Saal mit den Spieltischen, und Miss Thrale verwandte keine Mühe mehr darauf, ihre gute Laune aufrechtzuerhalten.

*

Bei näherer Betrachtung war Madame Loutit kein ganz und gar intrigantes Weibsstück, wie es Fanny erschien, sondern eine Frau, die zu lange auf eine Entschädigung für die vergeudeten Jahre mit Mr. Thrale gewartet hatte und die nun, im Spätsommer und bevor das Licht schwand, einforderte, was der Frühling ihr verweigert.

Lange bevor Mr. Thrale sich zu Tode gegessen hatte, war ihr der französische Hauslehrer eine Stütze im Umgang mit ihren aufsässigen Töchtern geworden, ein Mann, dessen Sanftmut und Stärke sie, wie sie gerne sagte, an ihren lieben Vater erinnerten. Natürlich kannten Mrs. Thrales Londoner Freunde den alten Lord Roxburgh nicht, einen tatterigen Tyrannen, der seiner Umgebung sehr anstrengend geworden war.

Nach Mr. Thrales Tod war weder von Lord Roxburgh noch von Monsieur Loutit mehr die Rede. Auf den Dienstagssoireen wurde es stiller, weil die Gastgeberin, die sonst den Ton angab, mit ihren Gedanken offenbar nicht mehr bei der Sache war. Diejenigen, die ihre Ehe weniger gut gekannt hatten, nahmen an, daß sie um Mr. Thrale trauerte und daß die anregenden Gespräche sie mit der Zeit wieder aufrichten würden. Nur Miss Burney schien zu bemerken, daß sie ihr altes Vergnügen an Gesellschaft nur noch spielte und jeden Dienstagabend auf das rasche Verschwinden ihrer Freunde zu hoffen schien. Dr. Johnsons Kragen war auch bei den Galadiners nicht mehr rein; die Witwe Thrale schaute in die andere Richtung und vergaß gelegentlich, über seine Pfeffer-und-Salz-Grobheiten zu lachen. Da Fanny in Lyme Regis ihre Blicke beobachtet hatte, glaubte sie, auch den Grund für ihre Ungnade zu kennen. Sie war verliebt. Und Monsieur Loutit hatte Urlaub genommen und war nach Frankreich gereist.

Als er im zweiten Monat ihrer Witwenschaft zurückkehrte, hatte sie ihn so zartfühlend, wie das einer Mrs. Thrale möglich war, darauf aufmerksam gemacht, daß der Platz an ihrer Seite leer sei. Zu ihrem Entsetzen hatte er versucht, seinen Posten zu kündigen. Jeder von ihnen war in seinem Stolz gekränkt; Mrs. Thrale, weil er sie abwies, Monsieur Loutit, weil sie ihn als das behandelte, was er war: ein Mann in nichtswürdiger Stellung.

Zu ihrem Glück besannen sie sich, daß sie dabei waren, ihr gemeinsames Leben zu verspielen, an dem sie unabhängig voneinander schon herumphantasiert hatten. Mrs. Thrale gestand dem Hauslehrer, daß sie eine dumme und hochfahrende Person sei, die jedoch niemals daran gedacht habe, ihn mit ihrem Antrag zu demütigen, und die auf der Stelle sterben müsse, wenn er sie verließe. Und Monsieur Loutit erwiderte, daß er, der sie vom ersten Augenblick an bewundert habe, in Gewissensnöten gelebt und diesen Augenblick herbeigesehnt habe, da er ihr sagen dürfe, wie sehr er sie liebe. Von einer Ehe sprachen sie nicht, jedoch von einer Ebenbürtigkeit, denn obwohl Monsieurs Mittel im Vergleich zu denen der Thrales Bohnenkerne waren, konnten es die Loutits mit den Roxburghs an Adel durchaus aufnehmen.

Bei ihren heimlichen Treffen unter demselben Dach, unter dem auch ihre Töchter schliefen, machte er Hester Thrale in seinem Lehrerbett mit ganz neuen Formen körperlicher Liebe bekannt, und sie begann, das Alter zu fürchten, das plötzlich nicht mehr das rettende Ufer vor den Nachstellungen Mr. Thrales bedeutete, sondern die trockene Küste, an der François Loutits Begehren erloschen sein würde.

Sie wagte nicht noch einmal, ihn mit einem Entschluß zu überraschen, und es bedurfte der Wut und Tücke Hannah Thrales, die zu beachten Mrs. Thrale nun häufiger denn je vergaß und die sich das unnatürliche Schweigen zwischen dem Hauslehrer und ihrer Mutter sowie deren erschrockenes Erscheinen auf der Stiege zum Dienertrakt zusammenreimte, daß ganz London Kenntnis von der Affaire erhielt und Monsieur Loutit endlich seinen Antrag stellen mußte.

In Bath war Ruhe. Sie heirateten in der katholischen Kapelle, die Lord Gordons Spießgesellen ein halbes Jahr später niederbrennen sollten, und obwohl Monsieur Loutit damit kraft Gesetz zum Gebieter von Mrs. Thrale wurde, änderte sich nichts an ihrem Zusammenleben. Er war an Angelausflügen und Politik stärker als an poetischen Gesellschaften interessiert, aber er sah Madame Loutit gerne glänzen, und da er ihre Lebenslust und ihr Talent zum Genießen schätzte, verzieh er ihr auch die weniger schönen Eigenschaften, solange er sie nicht selbst zu spüren bekam.

Das Desaster, das sie im Juni 1780 während der Gordon-Unruhen auf ihrer Hochzeitsreise nach Frankreich durchlitten, erinnerte Madame Loutit daran, daß es kein Anrecht auf Glück gab. Sie ließ die Spiegel im Haus abhängen, aber Monsieur Loutit waren die Spuren des Gemetzels auch so gegenwärtig. Er trug nicht nur eine schmerzende Narbe und ein unvollständiges Lächeln davon, sondern auch ein Ressentiment gegen die Religion im allgemeinen und den Pöbel im besonderen. Und obwohl er, wie Mrs. Montague, nichts gegen Ausländer hatte, wartete er seit langem auf eine Gelegenheit, die vernagelten, rohen Briten zu verlassen. Er hatte sich versichert, daß Madame Loutit unternehmungslustig genug war, ihn wohin auch immer zu begleiten.

Ihr zuliebe hatte er Hannah Thrale im Haus am Queen Square willkommen geheißen, aber vor keiner der beiden Damen konnte er seine Abneigung verbergen, und zum erstenmal war er entschlossen, gegen eins vom Madames Manövern einzuschreiten. Er würde nicht zulassen, daß Miss Thrale den Comte d'Arblay heiratete. Das Vermögen des jungen Mannes mochte im Schwinden begriffen und ein Titel für Hannah wünschenswert sein, aber Monsieur Loutit erinnerte sich zu gut ihrer Londoner Kampagne, um auch nur einen von Madames vernünftigen Gründen gelten zu lassen. Alexandres Heil war ihm wichtiger als das Glück, das die Person auf Kosten seines Freundes zu machen plante.

Daher hatte Monsieur Loutit seinen Beobachterposten am Rande der Gesellschaft verlassen und sich unter die Gäste gemischt, um die beiden im Auge zu behalten und beim ersten Anzeichen von Bestrickung die Knoten durchschlagen zu können. Der Gedanke, daß er, der sich selbst für einen freimütigen Mann hielt, ebenfalls einer Intrige fähig sein sollte, bereitete ihm eine ganz unerwartete Genugtuung.

*

Warum sollte sie unglücklich sein, weil sie sich in einen Mann verliebt hatte, der unerreichbar wie ein Stern war? Seit sie ein junges Mädchen gewesen, hatte Fanny sich gewünscht, verliebt zu sein; nur um zu wissen, wie es sich anfühlte. Und dieses Gefühl sollte nicht erwidert werden dürfen, weil es seine Schönheit befleckt hätte. Nun genoß sie das zweifelhafte Vergnügen einer einseitigen Liebe, und weil sie wußte, daß der Rausch nicht anhalten würde, daß sie, wenn sie nicht auf sich achtgab, anfangen würde, hinter seinen Artigkeiten Zeichen wirklichen Interesses zu erhoffen und sich nach ihm zu verzehren, lenkte sie den Überfluß der Gefühle auf alles, was sie umgab.

Nie hatte sie sich köstlicher unterhalten, nie hatte ihr das Essen besser geschmeckt, war ihr der Wein so schnell zu Kopf gestiegen. Hörte man sie etwa juchzen in ihrer Ecke? Nie durften Cecily Montague mit größerer Anteilnahme und Hannah Thrale mit mehr übermenschlicher Nachsicht rechnen. Alle sahen, wie hübsch Miss Burneys Mund war, wenn er lächelte. Sie ging wie von Flügeln getragen durch Bath. Sie hätte die Spatzen aus der Luft greifen können.

Wenn Mrs. Montagues Haushalt sich nachts zurückgezogen hatte, zündete sie ihre Kerzen an und schrieb an dem kleinen Tisch am Fenster, von wo sie bei Tag über den königlichen Halbmond aus weißem Stein, Säulen und Staketen, der sich zu ihrer Rechten aufschwang, und hinunter über den Wiesenhang bis zum Avon und die gestaffelten Häuserzeilen der Stadt blicken konnte. In diesen Nachtstunden sah sie in der schwarzen Scheibe nur sich selbst; ihr immer noch junges Gesicht, das sich langsam wieder rundete, ihr Lächeln und die Hand, die mit der Feder über ihre Wange strich.

»Es ist alles noch da«, flüsterte sie sich zu, »nur Mut!« Die Skizzen für ein erstes Kapitel, die sie auf Drängen Dr. Burneys verfaßt hatte, waren fades, unwahrhaftiges Zeug, das sie aus freien Stücken nie hatte schreiben wollen. Sie faltete sie zusammen und begann noch einmal ganz von vorn. Sie hatte sich ja gar nicht erschöpft, wie sie es zu ihrer eigenen Überraschung dem König gestanden. Es war alles noch da, Neugierde, Phantasie, Eleganz, Witz und Stärke, und sie konnte nach Gutdünken darüber verfügen.

Dieses neue Buch würde nicht die Geschichte einer verfolgten Unschuld erzählen, sondern von einer klugen Frau handeln, die ihr Geschick selbst bestimmte. Sie war weder jung noch wohlgeboren, und der Mann, den sie über Standesgrenzen hinweg liebte, war kein Held, sondern ein fehlbarer Mensch mit einem freundlichen Herzen, aber einem etwas vagen Kopf, sorglos, ziellos, verschwenderisch, amüsant; vielleicht ein bißchen zu eitel und vom Schicksal ungeprüft; das würde sie schon ändern – ein Mißgeschick, eine Entfremdung, eine Läuterung – das Ende, das glückliche Ende war noch gar nicht abzusehen.

Weder sprach sie zu Mrs. Montague von dem begonnenen Werk, noch berichtete sie ihrem Vater darüber. Sie brauchte niemanden mehr, der ihr riet, sie lobte oder förderlich bemäkelte; ja, je besorgter sie das Neue vor fremden Augen hütete, um so besser schien es zu gedeihen. Es wuchs wie die frischen Kastanienblätter im Frühling, und jede Nacht fühlte sie seine Kraft und Farbe zunehmen.

Sie sieht Monsieur d'Arblay fast täglich – wie auch nicht? Es wäre auffallend, ihn zu meiden; verräterisch, nicht so leicht und heiter mit ihm zu plaudern, wie es die Etikette vorsieht. Sie muß ihn sehen, studieren, schließlich ist er Vorbild für eine literarische Figur, ihren Helden, den sie mit seinen Eigenheiten ausstaffieren wird. Und so übt Fanny, dem Comte d'Arblay zu begegnen: am Schalter der Leihbibliothek. Er bringt Miss Thrales Buch zurück. Darf er mal sehen? *Die Burg von Otranto* – wie sprach man das aus? Oder in der Brunnenhalle, wo sie mit ihrem Becher in der Hand zwischen den Damen Montague auf und ab spaziert. Er eskortiert die unvermeidliche Miss Thrale, aber auch Monsieur Loutit zeigt sich am Arm seines Freundes, und da sich meist noch der eine oder andere Herr einfindet, der mit Miss Montague getanzt hat und nun um die Erlaubnis bittet, sich nach ihrem Befinden erkundigen zu dürfen, zieht man am Ende als kleines Ensemble grüßend und nickend seine Bahn durch die summende Menschenmenge, während von der Galerie das Kurorchester den Schwung ihrer Schritte lenkt.

»Es ist Miss Burney ... Wer? ... Miss Burney ... Welche der Damen? ... Die kleine Blonde mit dem schwarzen Samthut ... Ah, sieh an; charmant! Und der Herr in Bleu? ... Franzose, glaube ich ... Ei, dacht' ich's mir doch; man beliebt aufzufallen, wie? Manschetten bis zu den Ellenbogen, wattierte Rockschöße – Stutzer! ... Nicht doch, ich bitte Sie, Verehrtester! Lassen Sie Nachsicht walten! Nicht alle Völker sind mit unserer geschmackvollen englischen Simplizität gekleidet ...«

Monsieur d'Arblay ist bei solchen Gelegenheiten um Komplimente nicht verlegen. Anders als Miss Thrale, die ihn inzwischen mit so viel Entschlossenheit beansprucht, daß selbst ein noch unaufmerksamerer Herr als er ihre Absichten entdeckt hätte, erscheint diese andere Dame von reizvoller Indifferenz, und Monsieur überlegt, ob sie eines Eroberungsversuchs wohl wert wäre.

Madame Loutit hatte beiläufig erwähnt, daß Miss Frances Burney, die Tochter eines entzückenden Mannes, eines Musikers, ungeachtet ihres literarischen Ruhms, so arm wie eine Kirchenmaus und nur auf Einladung ihrer Freundin Montague in Bath zu Besuch sei. Cousine Hannah hingegen, und das mußte man ihm nicht eigens sagen, war die Erbin des Thrale-Vermögens und für einen Mann mit sanierungsbedürftigen Finanzen eine ausgezeichnete Wahl. Daß sie ihn aus anderen Gründen für ebenso begehrenswert hielt, gefiel ihm durchaus und versetzte ihn in eine aufgekratzte Stimmung, in der alle Damen unterschiedslos seiner Aufmerksamkeit teilhaftig wurden.

Er war im Theater und auf jedem Ball zu finden; er tanzte, spielte und verlor, promenierte mit Miss Thrale, die in der Öffentlichkeit so dezidiert mit ihm schäkerte, wie sie sich im Salon ihrer Mutter ehrbar, häuslich und gescheit gab, kutschierte sie in seinem Curricle zu geselligen Ausflügen und bedauerte, François immer wieder absagen zu müssen, der ihn zu einer Angelpartie am Avon überreden wollte. Ah, François, der Gute; er schien ihn geradezu vor den Damen beschützen zu wollen. Wie damals in Neapel, als ein älterer Graf mit weichen Händen in der Loge des Opernhauses einen Angriff auf seine Tugend unternahm. Diesmal würde er keinen Degen ziehen müssen. Sein Schüler fühlte sich den Folgen seiner Galanterie vollauf gewachsen.

Was ihm einst zum Scherz geraten war – sich in England ein Haus und eine Gattin zu suchen –, schien sich im Ernst zu verankern. Zwar war Hannah Thrale weder hübsch noch vollständig liebenswürdig, und selbstverständlich konnte er nicht wissen, wie sie unter ihren Röcken gestaltet war, aber bisweilen sah er sich in Gedanken an ihrer Seite ein behagliches Leben führen. Ihre schwachen Nerven würden ihn nicht schrecken; au contraire; sie forderten seine Eitelkeit geradezu heraus. Einer mußte diese reiche, bleiche Brauerstochter wachküssen. Wie, wenn er nun der Richtige wäre?

Er hat sich inzwischen mit Hannahs Hilfe in *Virginia* eingearbeitet, und wenn er nun in der Brunnenhalle neben Miss Burney herspaziert, muß er viele Fragen über das Romanpersonal stellen. Am liebsten hätte er, wenn sie ihm das Ende erzählte, aber das schlägt sie ihm lachend ab. Das Wasser scheint ihr ausgezeichnet zu bekommen. Er kann kaum glauben, daß sie dieselbe zerbrechliche, kleine Person ist, die in Mr. Horrocks Laden für ihn aufgestanden war, so nett und fest füllt sie die Ärmel ihres grünen Samtkleids. In Grün war sie ihm begegnet, und als ein grünes Leuchten schien sie entschlossen, in seine Erinnerung einzugehen; sanft glühend, wie der schwindende Rand der untergehenden Sonne. Monsieur d'Arblay, der sich auch in seiner eigenen Sprache gewagte Metaphern ausdachte, wundert sich über seine Gedanken: Miss Burney ein Sonnenuntergang? Es war ihm noch nie gelungen, sich früh genug zu erheben, um nachzuschauen, ob die Sonne auch im Aufgehen ein grünes Leuchten zeigte. Und es war ja auch gar nicht wichtig. Hier ging die Dame an seiner Seite, und das Grün ihres Kleides war eher stumpf, so wie er sich den Nil im Sommer vorstellte. War es nicht immer Sommer in Ägypten? Und der Nil träge und undurchsichtig? Lag hinter Mademoiselle Beurnies grauen Augen so ein dunkles Wasser? Unsinn! Sie war eine vollkommen zufriedene und zugängliche Person, die sich, wie es einer unverheirateten Dame anstand, im Hintergrund hielt. Ein wenig Farbe könnte ihrer diskreten Schönheit nicht schaden, ein Rot vielleicht: Rubine? Nein, zu herrisch und hart! Eher der matte Schmelz von Korallen. Oder, in Anbetracht der vermögenslosen Lage, auch nur ein Band um den zarten Hals? Eine Rose an diesem kleinen, grün umschlossenen Busen? Er hebt den Blick in ihr Gesicht und sieht, daß sie ihn ebenfalls anschaut. Hat sie über ihn so nachgedacht wie er über sie? Ihr Lächeln verschwimmt. Solche Blöße. Jetzt müßte er begreifen, aber er verpaßt den Augenblick, streift den Spinnwebfaden vom Gesicht, und erst als es zu spät ist, wird er sich dieses Moments erinnern.

Es ist vorbei. Sie schlägt die Augen nieder. Beide haben ein wenig zu lange geschwiegen, und um seine unerklärliche Verlegenheit zu zerstreuen, funkelt er sie nun lächelnd an und sagt mit einem Akzent, von dem er weiß, daß nur wenige Ladys ihm widerstehen können:

»Was wollen wir denn heute über das Wetter draußen sagen, Mademoiselle Beurnie?«

»Wir wollen uns vielleicht einen Schneesturm wünschen, Monsieur d'Arblay. Er würde uns Gesprächsstoff für viele Tage bieten.«

Dienstags ist Salon bei Madame Loutit. Miss Burney trifft dort Mr. Gainsborough, einen alten Herrn, der sich bei ihr nach der Gesundheit seines Feindes, Sir Joshua Reynolds, erkundigt, und Mr. Walpole, einen noch älteren, der vor Streitlust zu glänzen scheint und umgehend die Klingen mit Mrs. Montague kreuzt. Die Musik ist durch einen Reisenden aus Österreich vertreten, den fürstlichen Hofkapellmeister Haydn, einen Herrn, dessen willfähriges Lächeln und unruhige kontinentale Gesten andeuten, daß er gerne Anteil an der Geselligkeit nähme, dies aus Mangel an englischen Worten jedoch nicht fertigbringe und sich langsam einem Zustand nähere, in dem er sich entweder verfinstern oder verabschieden würde.

Monsieur Loutit, der sich solcher Nöte durchaus erinnert, bittet den Maestro ans Cembalo, wo er zu einem Divertimento ausholt, das das Geplapper vorübergehend zum Verstummen bringt, und widmet sich ihm anschließend in französisch-italienischem Geplauder. Ah, Monsieur Mozart. Selbstverständlich ist sein Ruhm ...! Der Maestro ist mit ihm bekannt, gar befreundet; zweifellos der kommende

Mann, die abgelebte Seria-Oper zu überwinden. Was war von *Idomeneo* zu halten? Was von seinen Violinkonzerten?

Miss Montague hat sich von Madame Loutit der klugen Miss Herschel vorstellen lassen, einer in Bath lebenden deutschen Astronomin, die mit ihrem Bruder jüngst einen Planeten entdeckt und ihn nach König George benannt hat. Miss Herschel trägt ihre Augengläser an einer Samtkordel um den Hals und hebt sie lächelnd, um Miss Montague zu mustern, die so beredt vom gestirnten Himmel zu schwärmen versteht. Ob sie denn ebenfalls eine Sternenguckerin sei?

»Oh gewiß doch!« ruft Miss Montague, denn gäbe es etwas Romantischeres, als in hellen Nächten die Schnuppen durch das erhabene Gewölbe sausen und wie verlorene Seelen verglühen zu sehen! Glichen die Sterne nicht kleinen Löchern in einem sammetschwarzen Mantel, durch den das Weltall auf uns herabglänze? Und wie es denn wohl jenseits dieses Mantels aussähe? Oh, sie gäbe so viel darum, einmal durch Miss Herschels berühmtes Teleskop blinzeln zu dürfen! Miss Herschel hat leider eine sehr lange Warteliste und sehr viel Arbeit.

Fanny fragt sich, wie entzückt Madame Loutit tatsächlich ist, sie bei sich zu sehen. In all den Wochen hat sie sie so förmlich behandelt, als sei Miss B. niemals ihre liebste Burney gewesen, und ein Versuch, das Schweigen der letzten zehn Jahre hinwegzuerklären, endete in wechselseitiger Giftigkeit, als Dr. Johnsons Name fiel. Madame Loutit errötete und versuchte offenbar, schnell wieder etwas herunterzuschlucken, aber es war schon zu spät.

»Ach ja, der große Dr. Johnson! Fünfzehn Jahre lang hat er mich geärgert und kritisiert; ein anspruchsvoller, ein sehr gefräßiger und oft auch ein lästiger Gast.«

»Aber, Madame«, erwiderte Fanny ebenfalls ein wenig hitzig und vergaß dabei die nichtswürdige Art, in der der alte Mann seiner Freundin Thrale hinterhergewettert,

»ich hatte Dr. Johnson immer zu den großen Geistern gerechnet, die zu empfangen Ihnen eine Ehre war, und niemals den Eindruck, daß er Ihnen beschwerlich gefallen wäre.«

»Ach, nein!?« Fanny durfte ahnen, daß sie in Madames gut erhaltener Abneigung mit eingeschlossen war. »Dr. Johnson war ein Joch, das mir Mr. Thrale auferlegt hatte, und ich habe darunter geseufzt, das wollen Sie mir bitte glauben!«

Sie hatten nebeneinander am Kamin gestanden, und nun blickte Madame Loutit sich demonstrativ nach anderen Gesprächspartnern um.

»Ah, mein lieber Comte, ich gestatte nicht, daß Sie sich mit Monsieur Loutit absentieren und in den Ecken Komplotte gegen die Damen schmieden!« Sie traf Anstalten, sich bei dem Vorübergehenden einzuhaken, aber er hatte plötzlich die Arme auf dem Rücken, verbeugte sich und wandte sich an Fanny, die von Madame stehengelassen worden war.

»Werde ich das Vergnügen haben, Sie morgen im Theater zu sehen, Mademoiselle? Man gibt ein Stück von Monsieur Sheridan, *Die heimliche Ehe*. Sie kennen es? Bon! Dann haben Sie bitte die Freundlichkeit, mir zu erklären, worum es geht. Ich verstehe sonst kein Wort.«

Aus dem Dämmer von Mrs. Montagues Loge kann sie sich an ihm satt sehen. Sein weiß gepuderter Kopf erscheint vor den dunklen Portieren über der Brüstung der gegenüberliegenden Loge, das wachshelle Gesicht im Widerschein der Öllampen auf der Rampe, die Finger über den Mund gelegt. Miss Thrale sitzt neben ihm und findet dauernd etwas zu tun. Die Federn in ihrem Haar wippen und flattern. Sie beugt sich zu ihm, deutet hinunter auf die Bühne; sie muß etwas fragen; sie läßt ihren Programmzettel fallen; ein Wühlen und Tasten beginnt; sie wünscht eine Erfrischung; da, der Diener mit dem Tablett; ein Glas Limonade, oder doch lieber Champagner? Und Zuckermandeln ... Nun hat sie den Faden verloren und muß noch einmal fragen.

Nicht, daß Fanny noch wüßte, was auf der Bühne gespielt wird. Hinter dem Grafen und Miss Thrale sieht sie Madame und Monsieur Loutit sitzen, und als fiele die Zeit in sich zusammen, ist es noch immer das alte selige Lächeln, mit dem Madame in sein Gesicht blickt; das zerschnittene, entstellte Gesicht des Mannes, für den Mrs. Thrale einmal ihre Familie, ihre Freunde und ihren Ruf hingeworfen hat.

Fanny muß sich abwenden, weil der Rausch, der sie bis hierher getragen hat, plötzlich dunkel und sauer zu werden droht. Er ist Franzose, Katholik; sie ist so viele Jahre älter als er, und doch war damals alles anders. Die reiche Mrs. Thrale, Lord Roxburghs Tochter, durfte es wagen, ihre Hand dem armen Hauslehrer entgegenzustrecken, von dem niemand außer ihm selbst wußte, daß er kein gesellschaftliches Nichts war. Miss Burney jedoch hat weder Vermögen noch Titel. Es nützt ihr gar nichts, zu wissen, daß Phantasie, Stärke, Witz und Geschick noch da sind. Mit einunddreißig ist sie eine alte Jungfer und keinesfalls die Partie, nach der ein eleganter Graf mit feinem Profil, der sich vorteilhaft zu verheiraten gedenkt, seine Hand ausstrecken würde. So etwas gab es nur im Roman.

Cecily Montague hatte inzwischen eine weitere edle Gestalt bemerkt, die sie außerordentlich bewundern konnte. Sir Brooke Boothby, ein Landbesitzer aus Staffordshire und Sieger in Madame Loutits Poeten-Wettstreit, war ihr an einem Dienstag am Queen Square vorgestellt worden. Anders als der Comte d'Arblay, für den es de rigueur war, nicht zweimal im selben Rock bei Madame Loutit aufzukreuzen, erschien Sir Brooke Boothby von geradezu romantischer Nachlässigkeit in seinem Anzug von unauffälliger Waldfarbe und dem breitkrempigen Hut, der noch am deutlichsten auf den empfindsamen Dichter hinwies. Er hatte ein sublimes Vers-Epos über die Natur als Lehrmeisterin in allen menschlichen Belangen geschrieben, und wenn er am Royal Crescent vorsprach, um den Damen daraus vorzulesen, bekam Mrs. Montague, die nur Prosa in jeder beliebigen Länge vertrug, Sodbrennen. Ihre Tochter jedoch war in Gegenwart der großen, weichen Gestalt mit den schmachtenden Augen und der tremolierenden Stimme in ihre alte Gewohnheit des unermüdlichen und hingerissenen Zuhörens verfallen. Cecily Montague schien die ideale Gefährtin für einen Dichter. Sir Brooke Boothby konnte gar nicht anders, als sie seinerseits außerordentlich zu bewundern.

Wenn Mrs. Montague später ihr Gewissen einer Prüfung unterzieht, so muß sie sich eingestehen, daß es an Sir Brooke Boothbys Werken lag, daß sie viel zu rasch und nur, um sich formlos von diesen Lesungen zurückziehen zu können, einer Verlobung der beiden jungen Leute zugestimmt hatte. Natürlich war es ebenfalls von Bedeutung, daß er über einen Landsitz in Staffordshire und ein Stadthaus in Mayfair verfügte; übrigens unfern ihrer eigenen schlichten Residenz. Sie hatte, wie ihr der enthusiastische junge Mann versicherte, nicht nur eine Tochter verloren, sondern auch einen Sohn hinzugewonnen. Eigentlich wünschte Mrs. Montague weder das eine noch das andere, doch Cecily schien hinreichend verliebt und entschlossen, ihre Zukunft in Sir Brooke Boothbys große, weiße Hände zu legen. Schon im Juni sollte die Hochzeit gefeiert werden. So gab Mrs. Montague ihren Segen – und wandte sich in Ruhe wieder Miss Burneys Angelegenheiten zu.

Natürlich ist auch ihr die Veränderung nicht entgangen. Noch im letzten Mai war die junge Freundin fast besinnungslos an ihrem Arm durch den Park von Hampton Court geschwankt, und nun trabt sie energisch in ihren flachen, schwarzen Schuhen durch die Stadt; wirft den Schwänen auf dem Avon mit großer Geste die Kuchenbrocken zu und war in den Assembly Rooms einer Aufforderung Sir Brooke Boothbys zum Contertanz gefolgt.

Aber Fanny hat zuviel zu verbergen, um sich den sanften Verhören Mrs. Montagues zu stellen. Sie ist ihr zugetan und zu Dank verpflichtet, aber ein Geständnis hätte sie des wundersamen Gleichgewichts von heimlichem Lieben und Schreiben beraubt, das sie durch ihre Tage und halben Nächte trägt. Sie lächelt und scherzt, und Mrs. Montague muß, will sie sich nicht selbst zur Närrin machen, ihr Insistieren aufgeben und sich mit der Hochstimmung ihrer Freundin abfinden. Vielleicht sind es ja wirklich die Quellen von Bath und Mrs. Finchs Kochkünste, die Miss Burney aufgerichtet und ihre Wangen gerötet haben. Über solchen Mißverständnissen vergeht der Winter. Die Mäntel verschwinden, und die Kutschen-Verdecke werden zurückgeklappt.

In London hat sich Dr. Burneys Interesse der Musik in Polen und Rußland zugewandt. Er ist nun über sechzig, von ungewisser Gesundheit, und er empfindet seine Musikschüler und das Geratter durch London in seiner alten Chaise als wachsende Zumutung. Sonntags spielt er in der Kirche des Chelsea Hospitals die Orgel für die Kriegsveteranen, was ein Zubrot von 20 Pfund im Jahr bedeutet, aber wonach er sich wirklich sehnt, ist ein Posten, der gut bezahlt, ehrenvoll und so wenig fordernd ist, daß ihm Muße für seine große Musikgeschichte bleibt – ein Posten als Kapellmeister bei Hofe. Doch da Dr. Burney keinen Fürsprecher von Konsequenz hat, kann er einen solchen Wunsch auch auf die Zäune von Leicester Fields stecken.

Er hat sich inzwischen ein Paar Augengläser zugelegt. Sie helfen ihm lediglich, seine betrübliche Unordnung besser zu überblicken. Die Unterstützung seiner Tochter fehlt ihm an allen Enden, und so schreibt Dr. Burney Fanniken einen Brief nach Bath, in dem er sie bittet, nach London zurückzukehren und ihre Arbeit als sein lieber, kleiner, unverzichtbarer Amanuensis wiederaufzunehmen.

*

An einem regnerischen Morgen im November war ein dünner Mann in einem ehemals schwarzen, von Alter grün verblichenen Rock die Lindenallee von Chessington Hall hinaufgegangen. In der einen Hand trug er eine Tasche aus Teppichstoff, an der anderen führte er ein kleines Mädchen mit geraden, dunklen Augenbrauen. Er zog die Glocke und wurde von Betty, die ihn nicht wiedererkannte, in der Vorhalle stehengelassen. Vielleicht war es sein Glück, daß der alte Mr. Featherstone in seiner Bibliothek herumkramte und der erste war, auf den der Reverend Bradshaw stieß. Der Hausherr beherrschte sein Befremden, hieß ihn freundlich willkommen, bat ihn, am Feuer Platz zu nehmen, und bestellte, was offenbar nötig war: einen Glühwein für den Reverend und ein Frühstück für das Kind. Es erforderte Mr. Featherstones ganzen Takt, um dem gebeugten Mann, dessen Haare grau geworden und dessen Zähne bis auf ein paar Reste verfault waren, seine Geschichte zu entreißen.

Nach dem Tod seiner Frau und seines Sohnes waren Benjamin Bradshaw das nasse, alte Haus, seine stummen Nachbarn und das sich hin und her wälzende Meer so verhaßt geworden, daß er seine Sachen und seine Tochter Margaret zusammengepackt und, ohne Urlaub von Sir George Linley zu erbitten oder sich von irgendeiner Seele zu verabschieden, Sneem verlassen hatte. Die beiden hatten sich zu Fuß und als Karren-Mitreisende bis nach Dublin durchgeschlagen, wo Mr. Bradshaw eine Stelle als Schreiber in einer Brauerei und zwei armselige Zimmer am Rand der Liberties gefunden, dem schmierigsten Viertel dieser schönen, an eleganten Plätzen, weißen Häusern und grünen Kupferdächern reichen Stadt. Man nannte sie die zweite des britischen Empires, aber dort, wo er gelandet war, glich sie bis auf den letzten Dreckhaufen der Londoner Gegend, der Benjamin Bradshaw sich einmal entwunden hatte, um voranzukommen und bei Leuten von tip top Qualität etwas darzustellen.

Es war, so hörte Mr. Featherstone heraus, mit dem Reverend nun ziemlich schnell bergab gegangen. In seiner Wut und Verlassenheit war ihm die verkommenste Gesellschaft gerade gut genug, und nur der Gedanke an das Kind, das in der kalten Bude, drei Treppen hoch in Skinner's Row auf ihn wartete, hielt ihn davor zurück, sich auf dem schnellsten Weg zu Tode zu trinken. Er lehrte Peg ihre Gebete sprechen und ihren Namen schreiben. Sonst konnte er nichts für sie tun; ihr nicht einmal die Zöpfe flechten, deshalb schnitt er ihr kurzerhand das Haar im Nacken ab. Die Nachbarin, eine Mrs. Bruton, die selbst über ein halbes Dutzend Kinder am Hals hatte, sah manchmal nach ihr, ließ sie Wasser an der Pumpe holen, die Zimmer ausfegen und zeigte Peg, wie man aus Nierenfett und Resten eine Art Fleischpastete buk.

Der Reverend hatte das Geld für ihre Heimreise zusammengespart und war am Ende wieder in Southwark gelandet. Dort war der einzige Mensch, auf den er seine Hoffnungen gesetzt hatte, sein alter Gönner, der Reverend Joseph Pomroy, soeben gestorben. Benjamin Bradshaws Kelch war übergeflossen. Er hatte seine Tochter an die Hand genommen und war mit ihr die fünf Meilen bis nach Chessington Hall gegangen.

Mr. Bradshaw legte die Ellenbogen auf den Tisch; sein Kopf sank über das Glas, und Mr. Featherstone sah das feste Muster seines welligen Haares, das in Benjamin Bradshaws Selbstaustilgung unzerstört geblieben war. Da dämmerte ihm, wozu die Stofftasche mitgebracht worden war und was der Reverend von ihm verlangte.

»Darüber muß ich erst mit Mrs. Featherstone sprechen«, sagte er energisch.

»Es ist nur für ein paar Wochen, bis ich wieder Fuß gefaßt habe. Wir haben kein Geld und kein Quartier«, erwiderte der Reverend. »Sie ist ein braves Kind. Und sie hat eine schöne Stimme.« Er drehte ihr das Gesicht zu, ohne den Kopf zu heben, und grinste zahnlos. »Stimmt's Peg? Los, sing deinem Onkel Featherstone was vor!«

»Das ist nicht nötig«, sagte Mr. Featherstone schnell. »Und ich mache Sie darauf aufmerksam, daß ich nicht ihr Onkel bin. Warum gehen Sie nicht zu Mrs. Burney? Sie ist die Großmutter des Kindes.« Aber er war bereits besiegt. Er schaute das kleine Mädchen an, das still sein Frühstück gegessen hatte und nun unter seinen ernsten Augenbrauen zurückblickte. Es waren Sallys Augen. Dort, wo das Häubchen ihr Haar nicht bedeckte, stand es wie ein Rabenflügel vom Kopf ab. Sie trug ein zu großes Kleid ohne Mieder und ein gelb und braun kariertes Schultertuch. Strümpfe hatte er keine gesehen.

»Wie alt bist du, Kind?«

»Zehn, Sir.«

»Kannst du schon schreiben?«

»Ein wenig, Sir.« Und nach einer Pause. »Ich kann kochen, Sir.«

Er dachte, wie ungebeten sich manche Geschichten im Leben wiederholten und daß er nicht wußte, wie diese hier weitergehen sollte. Er streckte ihr seine weiche, gichtige Hand entgegen. Sie holte die ihre unter dem Tisch hervor und legte sie federleicht hinein.

»Willst du eine Weile bei uns bleiben, Peg?«

»Ja, Sir.«

»Du bist hier willkommen.«

Mr. Bradshaw erhob sich sofort. Etwas von seinem alten Schwung schien ihm in die Glieder zu fahren. Er dankte für das Glas, bat seine Empfehlung an Mrs. Featherstone zu übermitteln und wandte sich zum Gehen.

»Papa!« Sie war aufgesprungen, stand nun mit dem Rücken zum Feuer, die kleine Vogelscheuche. Er drehte sich um und legte seine Hand auf ihren Scheitel.

»Gott segne dich, Peg«, murmelte er. »Mach deinen Verwandten Freude, bis ich wiederkomme!« Dann raffte er sich zusammen und schaute Mr. Featherstone mit seinen wilden, gelben Augen ins Gesicht.

»Sie werden gut zu ihr sein, das weiß ich!«

»Seien Sie unbesorgt, Sir«, erwiderte dieser verstimmt.

»Dann auf bald.«

»Ja, auf bald.«

Benjamin Bradshaw storchte durch die Lindenallee davon, den Kopf zwischen die Schultern gezogen. Es nieselte. Er trug keinen Überrock und machte selbst von hinten einen etwas schuldbewußten Eindruck. Und vielen herzlichen Dank! dachte Mr. Featherstone. Ihm war, als sollte er Mr. Bradshaw nicht mehr wiedersehen, womit er sich als erstaunlich klarsichtig erwies.

*

Zum Höhepunkt der Saison treffen in Bath prominente Gäste aus London ein; Sir Joshua Reynolds, Präsident der königlichen Kunstakademie, in Gesellschaft von Mr. und Mrs. Brinsley Sheridan. Sir Joshua ist durchaus rüstig, aber fast blind und sehr schwerhörig. Mr. Sheridan, der inzwischen in die Politik gegangen und dank opulenter Bestechungsgelder ins Unterhaus gewählt ist, besitzt jedoch eine sehr tragende Stimme, die mühelos zu Sir Joshua durchdringt.

Wie jeder seiner Freunde, weiß auch der alte Herr, daß die schöne Mrs. Sheridan nicht recht auf dem Posten ist; daß sie unter den Affairen ihres geistreichen, möglicherweise genialen, aber leider trunksüchtigen Gatten leidet und daß das gesellschaftliche Leben, das sie an seiner Seite führen muß, ihre Gesundheit untergräbt. Jeder weiß, daß Mrs. Sheridan niemals das stille, rosenumsponnene Cottage bewohnen wird, das sie sich wünscht. Und wie jeder, tut auch Sir Joshua so, als sei zwischen den Sheridans alles in schönster Ordnung.

»Sie sind meine Augen und Ohren«, sagt er zu Mrs. Montague und schwingt dabei je eine rechte und eine linke Hand wie ein unternehmungslustiger Großvater zwischen seinen Enkeln. Das Alter hatte eben auch seine Freiheiten. Man durfte ein bißchen kindisch werden.

Zu dritt und mit kleinem Gefolge haben sie ein Haus am Grand Circus gemietet, einem Platz, der in makellosem Rund von Fassaden eingefaßt ist, ganz in der Nähe von Mrs. Montagues Adresse, als voller Mond jedoch nicht ganz so exklusiv, wie deren königlicher halber. Am nächsten Tag unverzüglich zu den Antrittsbesuchen bei alten Freunden aufgebrochen, ist Mrs. Montague die erste, der man die Ehre erweist.

»Und wo ist Miss Montague? Ah, aha, aha. Ich erkenne ihre Stimme ... ein außerordentliches Vergnügen. Bitte treten Sie etwas näher, junge Dame! Sie erinnern sich des alten Sir Joshua aus Lyme Regis, will ich hoffen ... Eh? Ah, Miss Burney, natürlich, natürlich. Einen guten Morgen! Wie geht es Ihnen? Was macht die Muse?«

»Sind Sie zur Kur gekommen, Sir Joshua?«

»Keine Not zu schreien, Miss Burney, ich höre noch recht gut, nicht wahr, Sheridan? Je nun, wir werden sehen, nicht wahr, kann dem alten Gestell vielleicht nicht schaden. Mrs. Sheridan ist gekommen, weil sie schwört, die Putzmachergeschäfte in Bath seien den Londoner Modistinnen um Längen voraus. Französische Mode und so weiter.«

»Aber kaufen Sie nicht bei Horrocks in Milsom Street!« zwitschert Miss Montague. »Miss Burney und ich hatten dort einen skandalösen ...«

»Und gehen Sie nicht ins Theater, Mr. Sheridan!« sagt Miss Burney lachend dazwischen. »Bei allem Respekt, verglichen mit dem Licht der Londoner Bühnen, scheint hier nur eine trübe Laterne!« Der Kaffee wird hereingetragen.

»Einen Sherry, Sir Joshua? Mr. Sheridan?« Und unter dem Einfluß entspannender Getränke schwätzt und tastet man sich langsam wieder zueinander und zurück zu den Tagen, als London die erregendste Stadt der Welt war, als Mrs. Sheridan so jung, ach, so jung wie eine Nachtigall in Drury

Lane sang, als David Garrick das Publikum, die unberechenbare Bestie, zähmte und Dr. Johnson als der große Khan regierte.

»Apropos, haben Sie gehört, daß Boswell sein Leben schreibt?« fragt Mr. Sheridan. Mrs. Montague ist sofort entrüstet.

»Oh ja, Madam, er wendet sich an alle, die ihn gekannt, bittet um Briefe und Aide-mémoires. Hat er bei Ihnen noch nicht angeklopft?«

»Er soll es wagen! Absurde Person!«

»Wir hatten kaum Umgang mit Mr. Boswell.« Mrs. Sheridans blauseidene Fußspitze erscheint unter dem Saum und schnippt über den Teppich. »Ich weiß, daß er sich gerne anderen anschloß, wenn er darin einen Vorteil für sich erkannte. War er nicht damals auch in Lyme Regis mit von der Partie?«

»Es würde mich nicht wundern.«

»Aber ja, Mama, haben Sie das vergessen? Er trug so gern extravagante Beinkleider, ich erinnere mich genau: kirschrot und bleu mourant. Und er hat Flöte gespielt; schottische Weisen. Dr. Johnson hat ihn immer gern ein bißchen zurechtgestutzt, wenn er ...«

»Ich weiß, daß du dich gern genau an alles erinnerst, mein Herz, aber ich denke, mit Mr. Boswells Andenken solltest du dich nicht belasten ... Haben Sie gehört, Sir Joshua, daß Mr. Gainsborough in der Stadt weilt?«

»Um Vergebung, Madam, Sie müssen etwas lauter sprechen ... ah, Gainsborough, wie? Aha, ja, ja, der sublime alte Klecksel! Malt immer noch Gesichter?«

»Er führt ein sehr gut gehendes Atelier, ist auf Portraits spezialisiert, natürlich.«

»Hundert Guineen pro Stück«, meldet sich Miss Montague wieder, und ihre Mutter hält den Atem an, aber Cecily besitzt Geistesgegenwart genug, Sir Joshua Reynolds nicht zu erzählen, wie liebend gerne sie von Thomas Gainsborough gemalt würde. Sein Strich ist so viel romantischer als der Sir Joshuas jemals war.

»Und ähm, ähm, haben Sie von Mrs. Thrale gehört?«

»Madame Loutit jetzt, Sir Joshua. Es geht ihr ausgezeichnet. Wir stehen inzwischen wieder auf recht vertrautem Fuß. Sie führt einen glänzenden Salon; ich muß es neidlos anerkennen. Queen Square, Ecke Gay Street. Ich gebe Ihnen gern die Adresse. Dienstag ist ihr Tag.«

»Und Miss Thrale ist ebenfalls in Bath«, fügt Miss Montague hinzu.

»Oho! Aha!« aus drei Mündern.

»Cecily, ich muß dich bitten, einmal nachzuschauen, wo mein kleiner Pluto abgeblieben ist. Ich meine, ich hörte ihn vorhin an der Tür scharren.«

»Ah, Pluto auch noch wohlauf, der kleine Kämpe!« Und als die Tür sich hinter Miss Montague geschlossen hat. »Aber, Madam, was höre ich da, Miss Thrale ...?

»Ganz recht. Sie ist in Bath. Wir waren ebenfalls erstaunt. Es hat zwischen Mutter und Tochter offenbar nach vielen Jahren eine Versöhnung gegeben, wenngleich keine vollständige zwischen Miss Thrale und Monsieur Loutit. Er meidet ...« Da ist Miss Montague wieder mit dem Spaniel auf dem Arm.

»Er saß vor der Küchentür, Mama. Mrs. Finch verwöhnt ihn maßlos.« Nun, so war zu diesem interessanten Thema heute nichts mehr zu erfahren. Man verabschiedet sich, und während Mrs. Sheridan in ihr Boudoir am Circus zurückkehrt, um sich den Nachmittag mit dem Arrangieren ihrer Toilettenartikel zu vertreiben, setzen die Herren Arm in Arm ihren Weg in die Stadt fort, um über einer Pfeife und einem Krug Ale weiterzuplaudern. Außer dem luftigen Beecham Cliff, eine halbe Meile vor der Stadt, gibt es keinen besseren Platz, um mit Sir Joshua vertrauliche Worte zu wechseln, als ein Wirtshaus voller Stimmen, schepperndem Geschirr und Humpenknallen.

Cheap Street hinter der Abtei-Kirche ist noch nicht unter den Verschönerungswillen der Stadtväter gefallen, und *Der Bär* hat sich ebenfalls gehalten, eine Schankstube ganz in der alten Manier, mit niedriger Decke, sandbestreutem Fußboden und kleinen Fensterscheiben, gelb wie Horn. Es riecht nach gebratenem Speck und verschüttetem Bier. Lange Tische, auf einigen noch weiße Tücher von etwas zweifelhafter Reinlichkeit, stehen in einer Reihe dem unteren Ende zu. Dort glost ein Holzstamm in einem Backstein-Kamin, und Männer mit dünnen Tonpfeifen betrachten breitbeinig und gedankenvoll sein schwarzes Leuchten.

Das Dinner wird soeben abgeräumt; es herrscht eher ein Gehen denn ein Kommen. Sir Joshua und Mr. Sheridan rücken an einen der Tische, wo noch ein einsamer Esser an seinem Roastbeef schneidet, ein Herr mit aristokratischer Nase und weißgepudertem Haar. Seine kostbaren Spitzenmanschetten hat er, um ihnen eine Begegnung mit der Soße zu ersparen, in die Aufschläge des eichhörnchenroten Rocks zurückgesteckt.

»Mit Verlaub, Sir ...«

»Aber bitte.« Offenbar Franzose.

»Die Herren?«

»Zwei Halbe! Porter ... Sir Joshua?«

»Wie bitte? Ja, gewiß, Porter! Und eine Pfeife – eh, zwei! Stört Sie der Rauch, Sir?« Ein Winken.

»Pas du tout!«

»Was sagen Sie, Sir, Gainsborough in der Stadt. Werden Sie ihn aufsuchen?« Das Bier kommt, zwei Zinnkrüge. Sir Joshua tastet nach dem Henkel, tunkt vorsichtig die Lippen hinein.

»Was soll das sein? Porter? Könnte etwas weniger kalt sein! – Ich bei Gainsborough? Nein, bewahre! Sähe ja aus, als wäre ich mit ihm einverstanden. Geschickter Mann, aber völlig fehlgeleitet in der Wahl seiner Motive. Landschaften nach der Natur, nichts als dekorative Landschaften; die

Bäume wie mit dem Mob draufgekleistert. Mit Verlaub, das paßt vielleicht über Ihren Kamin, mein Freund, aber nicht in die königliche Akademie!«

»Aber seine Portraits, die Behandlung der Materie!« sagte Mr. Sheridan ein wenig zu schwärmerisch. »Erstaunliche Effekte, geradezu ... flirrend.«

»Ächch – Chaos! Grobschlächtiges, formloses Gepinsel. Freilich – aus einer gewissen Distanz wie von Zauberhand als ein Ganzes wirkend. Nennen Sie es sublim – aber es ist bedeutungslos, völlig bedeutungslos; weder der Antike noch sonst einer Tradition verpflichtet. Habe kein Verlangen, den Mann zu sehen. Er wird mir nur wieder etwas über ranzige Historienschinken ins Ohr posaunen wollen. Meine Schinken, wohlgemerkt. Soll ein jeder malen, wie er es für richtig hält.« Ein Atemholen, ein zielloser Blick durch die runden Augengläser. »Nun ja, er schon – ich nicht mehr.« Dann schnell weiter, mit erhobener Stimme: »Aber, hören Sie mal, Sheridan, was sagen Sie denn zu dieser Thrale-Geschichte?« Da Sir Joshua nicht sehr viel mehr als Schatten gegen Licht sieht, entgeht ihm, daß der Herr am anderen Tischende ganz plötzlich das Messer auf den Tellerrand legt.

»Obskur, obskur. Viel hat man nicht erfahren, wie? Aber es wundert mich nicht im geringsten, daß *er* nicht daran denkt, sich mit ihr zu versöhnen. Gerechter Himmel, das Mädchen hat den beiden wirklich zugesetzt!« Er wischt sich mit dem Handrücken diskret den Bierschaum aus den Mundwinkeln. »Schauerlicher Skandal. Ging ja wohl über einige Wochen. Erinnere mich an sehr häßliche Karikaturen.«

»Und ich an einen Morgenbesuch bei Mrs. Montague«, sagt Sir Joshua laut und an seiner Tonpfeife paffend, »als Miss Thrale gemeldet wurde. Wie alt war sie damals? Gerade mal fünfzehn – ph, ph, ph –, aber sie ließ es sich nicht nehmen, durch ganz London zu kleppern, um den Hauslehrer und ihre Mutter anzuklagen. Da saß sie also in Mayfair im Salon unserer Freundin auf der Stuhlkannte, übrigens unter einem sehr unvorteilhaften grießgelben Hut, wenn mich nicht alles täuscht, blinkerte mit den Augen wie eine Eule im Sonnenschein und redete über eine gottlose, schmachvolle Verbindung die alle *ihre* Aussichten ruinierte!«

»Sie erinnern sich, daß Dr. Johnson ähnliche Worte gebrauchte?«

»Danke für die Nachhilfe, mein Bester, aber ich erinnere mich ausgezeichnet. Der alte Johnson hatte sich natürlich Hoffnungen auf Mrs. Thrale gemacht, und er war zutiefst entrüstet, als sie einen feschen Franzosen seiner morschen Erscheinung vorzog.« Er hebt die Kanne wie zu einem Salut. »Wohl getan, wie es scheint!« Mr. Sheridan ergreift die seine.

»Also sollten wir ihr einen Besuch abstatten, was meinen Sie?« Sir Joshua legt die freie Hand hinter das Ohr.

»Was sagten Sie, Sheridan? Manchmal neigen Sie zum Murmeln!« Mr. Sheridan skandiert:

»Ich sagte, wir sollten Mrs. Thrale ... Mrs. Loutit einen Besuch abstatten. Was meinen Sie, Sir?« Am Nebentisch wird mit Würfeln gerappelt und gejohlt. Der Lederbecher kracht aufs Holz. Diesmal hat Sir Joshua verstanden.

»Durchaus, durchaus! Wir schulden ihr Dank für viele Jahre ihrer Gastfreundschaft. Sagen wir doch, gleich morgen. Queen Street, Ecke Gay Street, richtig? Und hoffen, daß die Tochter aushäusig ist! Wüßte nicht, was ich ihr sagen sollte.« Er pafft. »Noch einen Halben, Sheridan? Auf einem Bein können wir schlecht stehen. Wie ist es hier? Erträglich?« Mr. Sheridan schaut sich für ihn um.

»Nicht ausgesprochen elegant; eher fröhliches altes England, etwas dunkel und derb geschnitzt, Herr und Knecht auf einer Bank ... Darf ich fragen, Sir, wie das Essen ist?« wendet er sich leutselig an den Herrn im eichhörnchenroten Rock am Tischende und findet, daß der ihn wohl schon etwas länger von der Seite her bestarrt, als manierlich erscheint.

»Comment? Das Essen?« Der Herr blickt auf seinen halbvollen Teller, auf Reste von Roastbeef, Yorkshire Pudding und Rosenkohl, als staune er über deren Vorhandensein. »Ich habe keine Ahnung.« Er zieht seinen Beutel, legt ein paar Münzen auf den Tisch und steht hastig auf. Ein Griff an den Hut; weg ist er.

»Was war denn das?« fragt Sir Joshua. Mr. Sheridan zuckt die Achseln.

»Eigenartiges Volk, diese Franzosen; berühmt für ihre Höflichkeit; man sollte es nicht glauben! Porter für Sie, Sir Joshua? Ich brauche jetzt etwas Substantielleres.«

Am nächsten Tag fehlt der Comte d'Arblay im Salon am Queen Square. Da Sir Joshua und die Sheridans für eine Überraschung sorgen, wird er zunächst nicht vermißt. Doch auch in der folgenden Woche macht er sich rar, und niemand bedauert dies weniger als Monsieur Loutit.

*

Der Ehrenwerte Charles Delville, Kammerherr Georges III, ist vierspännig am Royal Crescent vorgefahren. Windsor – Bath in neun Stunden, dreizehn Minuten, bei sechs, nein sieben Pferdewechseln und einer Mittagsrast – ein ausgezeichneter Schnitt. Mr. Delville ist seit einem guten Vierteljahrhundert, seit der Krönung Seiner Majestät, im Amt. Er hat schwierigere Missionen als diese bewältigt und ist so gut wie kein anderer geeignet, ein Angebot zu übermitteln, das der Empfänger nicht wirklich ablehnen kann. Er steht nun am Fenster von Mrs. Montagues Salon, schaut auf die Uhr und auf die Straße, wo sein Kutscher die dampfenden Pferde abreibt, und wartet, bis

Miss Burney den Brief mit dem Siegel Ihrer Majestät gelesen hat. Er wartet, bis sie ihn ein zweites Mal gelesen hat. Für den Ehrenwerten Charles Delville ist der englische Königshof eine Art Paradies, und er fühlt sich immer ein wenig wie der Erzengel Gabriel, wenn er seine Pforten aufwerfen darf.

Als er sich nun jedoch auf einen schwachen Zuruf umwendet, blickt er in ein Gesicht, das, statt vom Glanz geblendet, von Ratlosigkeit gezeichnet ist. Ihre Majestät, Königin Charlotte, hat Miss Burney eine Stellung in ihrer Entourage angeboten, als eine ihrer Beschließerinnen der Roben, eine Stellung, in der sie, in Mr. Delvilles Augen, dem immerwährenden Sonnenschein der königlichen Gegenwart ausgesetzt sein würde. Dies hat die kleine Schattenpflanze jedoch offenbar noch nicht begriffen.

»Verzeihen Sie, Sir, ich verstehe nicht ganz. Ihre Majestät bietet *mir* einen Posten an? Ich bin sehr überrascht, sehr geehrt. Aber, Sir ... ich ... wie ...?

So erläutert der Ehrenwerte Charles Delville noch einmal, was zweifellos schon geschrieben steht. Die Dame, die bisher die Stellung der zweiten Beschließerin der Roben innehatte, eine Frau von Hackenfranz, ist im hohen Alter von 72 Jahren und bei nachlassender Geistesgegenwart in ihre Heimat Deutschland zurückgekehrt. Da das Amt ein sehr ehrenvolles sei – Mr. Delville deutet an, daß es lange Listen von hochwohlgeborenen, aber vermögenslosen Damen gäbe, die danach seufzten, es anzutreten – und Ihre Majestät wünsche, Sie, Miss Burney, auszuzeichnen, empfehle er, das Angebot Ihrer Majestät mit äußerstem Wohlwollen zu prüfen.

Miss Burney würde in der Upper Lodge in Windsor eine Wohnung in unmittelbarer Nähe Ihrer Majestät beziehen, über eine Zofe und einen Lakaien verfügen; Tafel und Kutsche der ersten Beschließerin der Roben, einer Frau von Zobeltitz, teilen. Ihre Pflichten wären eher symbolischer

Natur und würden mit 200 Pfund im Jahr entlohnt. Er wartet, hüstelt.

Sie bittet um Bedenkzeit. Eine solche Veränderung! Sie ist Ihrer Majestät außerordentlich ... aber sie muß den Rat Dr. Burneys einholen, seine Entscheidung. Er verbeugt sich und geht; sein Rücken ein stummer Tadel: Bedenken, zum Teufel!

Es gibt nichts zu bedenken. Papa zu fragen heißt nur, ihre Zusage hinauszuschieben. Er ist begeistert. Bei Hofe! Ihre Majestät! Ein höchst vertrauter Umgang. Und dann, nicht sogleich, aber nach einiger Zeit, ein passendes Wort, und der Posten des königlichen Kapellmeisters ... Und dies alles »für nichts!«, für ein wenig Gesellschaft leisten, das Auf- und Zuschließen des Kleiderkabinetts, das Anreichen des Fächers ...

»Ich gebe mit Vergnügen alle meine Ansprüche auf Dich zugunsten einer solchen Beförderung auf!« schreibt er zurück. Gewiß hat er recht. Und je länger Fanny darüber nachdenkt, um so angenehmer ist ihr der Gedanke. Zumindest angenehmer, als die Geschichte der Musik in Polen und Rußland ins reine zu schreiben.

Sie dreht den ovalen Spiegel über ihrem Toilettentisch, um sich von oben bis unten zu betrachten. Eine Beschließerin der Roben? Kleider gehörten nicht zu den Dingen, über die sie sich den Kopf zerbrach. Meist trug sie Grün. Grün war ihre Farbe; kühl und lebendig zugleich, Grün wie Flußwasser, wie frische Kastanienblätter und haltbarer Buchs, Grün, dabei blieb es, auch wenn alle Welt, zumindest in dieser Saison, in Rosa ging. Reifröcke waren aus der Mode gekommen; damit war sie einverstanden und trug ein ab der Taille fließendes Kleid. Sie würde neue Sachen brauchen, aber da ihre Pflichten eher symbolischer Art waren, würde sie sich mit Putz und Roben auch nicht allzuviel abgeben müssen und Zeit zum Schreiben haben. Sie denkt an das arglose Lächeln Königin Charlottes im Empfangszimmer der Herzogin von Portland, ihre taktvollen Fragen. Wie liebenswürdig! Dieser Majestät würde sie ganz sicher mühelos dienen können; sie müßte sich jetzt nur noch entschließen, die Feder einzutauchen und Ja zu sagen.

Doch jeden Morgen schiebt sie es auf den nächsten Tag, und jede Nacht, wenn die Habichte der Schlaflosigkeit kreisen, schämt sie sich ihrer Schwäche. Die wunderbare, heimliche Balance ist verlorengegangen; der Comte d'Arblay selbst hat sie zerstört. Scheinbar planvoll, als wolle er sie necken, und stets »tout seul«, taucht er immer gerade dort auf, wo auch Miss Burney geht und steht. Sie muß ihn sehen. Von der Brunnenhalle begleitet er sie nach Hause; in den Assembly Rooms hält er den Stuhl neben ihrem besetzt und tut sich an den Vorübertanzenden gütlich. Und wenn sie sich zum Schreiben hinsetzt, ist er in ihren Gedanken und leiht seine Nase, seine Unaufmerksamkeit, seinen Spott und seine Röcke dem Helden ihrer Geschichte.

Den Comte d'Arblay wiederum überrascht, daß eine Frau, die sich so entschieden weigert, mit ihm zu flirten, so oft seinen Weg kreuzt – in der Regel, wenn Miss Thrale ihm gerade abhanden gekommen ist. Seine superieure Weltgewandtheit erlaubt ihm, über die kleine Engländerin zu lächeln, die bei jeder Andeutung einer Frivolität frostig den Mund zuklappt. Und doch erscheint es ihm manchmal unvorstellbar, wie er sich in Bath ohne Miss Burney amüsieren sollte. Unter der dünnen Haut von Schicklichkeit ist ihr Sinn für Absurditäten immer wach und auf dem Posten, einen Pfeil abzuschießen. Nicht einmal Sir Brooke Boothby ist vor ihr sicher.

»Wie gefällt Ihnen seine Art zu tanzen, Mademoiselle?«

»Er tanzt, wie er schreibt, Monsieur, sublim, aber etwas weitschweifig.« Sie tauschen ein einvernehmliches Lächeln, aber er kann keinen kameradschaftlichen Frieden wahren.

»Ich frage mich, was Sie wohl von meinen Künsten halten mögen.«

»Sie sprechen noch immer vom Tanzen?«

»Selbstverständlich. Woran dachten Sie sonst, Mademoiselle?«

»Nun, vielleicht auch an das Studium unserer Sprache und der englischen Mode. Wie ich höre, machen Sie auf dem ersten Gebiet lobenswerte Fortschritte, und wie ich sehe, halten Sie auf dem zweiten an Ihrer strengen Verachtung unserer ländlichen Zweckmäßigkeit fest.« Er lacht, und als er antwortet, ist sein Akzent singender als zuvor.

»Ah, das ist charmant. Diese Runde geht an Sie, Mademoiselle Beurnie!«

Für Fanny ist Monsieur d'Arblays knisternde Gegenwart ein verzehrendes Vergnügen. Sie hat nun hinreichend erfahren, wie es ist, verliebt zu sein und statt auf Gegenliebe auf ironisches Geplauder zu stoßen, und um ihr armes Herz vor ihm zu schützen, legt sie sich strenge Zurückhaltung auf. Dies scheint den Comte jedoch lediglich zu ermuntern, sein Gefieder noch prachtvoller vor ihr aufzufächern. Sie glaubt, dieses Spiel zu kennen. Der Reverend Benjamin Bradshaw hatte es mit ihr gespielt, als sie jung und vertrauensselig war. Sie will es nicht noch einmal verlieren, und deshalb wird sie die Partie abbrechen. Also, Courage! Morgen wird sie zusagen.

Fanny hatte gehofft, daß Mrs. Montague sie zu ihrem Schritt ermutigen werde, doch diese Dame, die sonst in jedem Fall wußte, wie etwas klüger anzustellen sei, hatte lediglich den Kopf gewiegt und sie gebeten, nichts zu überstürzen, ein Vorgehen, zu dem man Fanny nicht eigens raten mußte. Es geschah aus einer Verlegenheit, die Mrs. Montague ihr nicht zu gestehen wagte. Sie wußte, daß die Pflichten einer zweiten königlichen Beschließerin der Roben nicht rein symbolischer Natur waren, sondern den Körper, die Wäsche, Strümpfe und Kleider einer fremden Frau zum Gegenstand hatten. Sie wußte, daß dies eine Stellung ohne Freiheit, ohne Ferien und auf Lebenszeit war – oder zumindest so lange, bis auch Miss Burney zweiundsiebzig und von dem stocksteifen Zeremoniell schwach im Kopf geworden ...

Wie die meisten intelligenten Leute im Königreich, verachtete auch Mrs. Montague den biederen Hof des dritten George und seiner deutschen Gemahlin. Ihre Freundin konnte dort nicht glücklich werden. Nicht einmal mit ihrer Hochachtung vor diesem Haufen Clowns. Backgammon und mechanisches Spielzeug! Die Raffael-Kartons auseinandergeschnitten! Die antiken Abgüsse zugeweißelt! Der Hof war voller Schmeichler und Langweiler, dumm wie ihre Füße, aber intrigant und gefährlich; keine Gesellschaft, in der sie auf die freimütige Freundschaft eines anderen hoffen durfte, und ein Mensch, der so leicht zu kränken war wie die berühmte Miss B., war in der Rolle der Liebesdienerin und Ränkespinnerin eine glatte Fehlbesetzung.

Doch woher sollte Mrs. Montague den Mut nehmen, abzuraten? Ihre Freundin war arm, und nun hatte sie die Wahl, ihre Zukunft an Dr. Burneys niemals endende Musikgeschichte wegzuwerfen oder für 200 Pfund im Jahr eine geachtete Stellung zu bekleiden. Mrs. Montague hatte mit dem Gedanken gespielt, Miss Burney um das Vergnügen ihrer dauerhaften Gesellschaft zu bitten, aber das war zu Beginn ihrer Zeit in Bath gewesen, als sie gehofft, die Kur würde das Talent ihrer »lieben Virginia« wieder erwecken und sie selbst als Schutzpatronin eines neuen Werkes gelten dürfen. Doch es wurde nicht geschrieben. Die Lebensgeister waren erwacht, aber die Feder ruhte. Wie Miss Burney, hatte auch Mrs. Montague das Gefühl, schon einmal in einer ähnlichen Situation gesteckt zu haben. Damals in Lyme Regis hatten ihre Ermunterungen nichts gefruchtet. Miss Burney hatte es vorgezogen, mit Mrs. Thrale nach London zu flüchten. Und so schweigt Mrs. Montague diesmal; ein Schweigen von Konsequenz.

Im Mai schickt Fanny ihr Jawort nach Windsor; im Juni würde sie ihre Stellung bei Hofe antreten. Dann beginnt sie, sich von ihren Freunden zu verabschieden. Mrs. Montague läßt ihr, da auch Cecily in ihrem künftigen Leben als Lady Boothby eine neue Garderobe braucht, ein Gesellschaftskleid aus apfelgrünem Seidendamast mit anmessen, und Miss Montague erinnert sich ihrerseits an die Tage in Lyme Regis, als sie mit der verehrten Miss Burney durch die Kreidekästchen auf der Terrasse gehüpft war – in Sommerkleidern aus demselben grünen Stoff, fußfrei und en fourreau.

*

Madame Loutit beschließt, zum Abschied eine Landpartie und ein Picknick am Avon zu geben; nur der engste Kreis, sie selbst und Monsieur Loutit, Monsieur d'Arblay und Hannah, Sir Brooke Boothby und Miss Montague, Mrs. Montague – ja, und natürlich Miss Burney. Auf drei Wagen verteilt, würden vier in ihrem alten Landauer Platz nehmen, Sir Brooke und seine Verlobte in dessen Gig fahren und Monsieur d'Arblay Hannah im gräflichen Curricle kutschieren. Zu ihrer Überraschung sieht Madame Loutit ihre Pläne durchkreuzt, als Miss Burney die Einladung des Comte annimmt, neben ihm auf dem Bock seines Zweispänners Platz zu nehmen, und Miss Thrales Klagen, im Landauer würde ihr immer schlecht, offenbar überhört.

Nun, da alles entschieden ist, fühlt Fanny genügend Erleichterung und Stärke, den beiden Damen zu trotzen. Der Entschluß, das Spiel abzubrechen und zu gehen, war nicht nur schmerzlich gewesen. Danach konnte sie die Augen wieder heben, um Monsieur d'Arblays Lächeln zu erwidern, und nun war sie sogar verwegen genug, diesem letzten Tag so viel an Genuß zu entreißen, wie er ihr anzubieten bereit war.

In welchem Kostüm würde der Graf wohl dem frischen Buchengrün, den Wellen des Avon, dem blühenden Weißdorn, dem Kuckuck und den Veilchen im Moos entgegentreten? – Zimtbraun, mit einer lachsrosa Weste, gestärkter Halsbinde und so köstlich nach frischem Leinen duftend, wie er ihre Sinne in Mr. Horrocks Laden an einem Wintertag betört hatte. Näher war sie ihm noch nie gekommen als jetzt auf dem Doppelsitz des Curricles, wo sie seinem rechten Ellenbogen ausweichen muß und, wenn er ihr das Gesicht zuwendet, seinen Atem spürt.

Die beiden Rappen traben gemessen hinter dem Landauer her, und ab und zu fängt Fanny den Blick Hannah Thrales auf, die mit dem Rücken zur Fahrtrichtung und in einem Kleid, das sie leider ohne den Beistand des Comte d'Arblay aussuchen mußte, keinen guten Start zu diesem Ausflug genommen hat. Sie rollen unter der Sonne zur Stadt hinaus und hinein in den bewegten Schatten der Allee am Fluß. Der Comte d'Arblay ist sehr mit seinen Zügeln und seinen Pferden beschäftigt.

»Sie wollen mir heute nichts über das Wetter sagen, Monsieur?« versucht sie mit ihm zu scherzen. »Haben wir nicht einen herrlichen Tag? Und die Luft, ist sie nicht wie Seide?« Er schaut sie an.

»Ich bitte um Vergebung, wenn ich unhöflich erscheine. Natürlich haben Sie recht. Wir sollten uns an diesem Tag erfreuen, auch wenn er ein Abschiedstag ist.« Er schweigt und pariert, da auch der Landauer langsamer fährt, sein Gespann zum Schritt. Ein Räuspern. »Ich möchte Ihnen etwas sagen, Mademoiselle Beurnie, bevor es Monsieur Loutit möglicherweise heute mittag bekanntgibt. Überraschungen sind nicht immer angenehm, und vielleicht gelingt es mir entre nous, Ihren Choc ein wenig – wie sagt man? – zu dämmen.« Er spitzt die Lippen zu seinem amüsierten Lächeln. »Ich meinerseits liebe Überraschungen keineswegs.«

Fanny auch nicht; nicht solche. Sie fühlt ihr Herz wie einen kalten Stein sinken. Er heiratet, denkt sie, er heiratet

Miss Thrale. Es ist soweit. Die beiden Hexen haben ihn eingefangen. Und wider alle Vorsätze und Vernunft wollen ihr die Tränen in die Augen steigen.

»Mein Vetter Jean François Loutit mit seiner charmanten Gemahlin und ich werden nach Frankreich zurückkehren«, fährt er fort, »wir werden uns ...«

»Sie werden nicht heiraten?!« entfährt es ihr. Und dann, heiß übergossen, »oh, du lieber Himmel! Wie schrecklich! Monsieur le Comte, das ist mir ... ich bitte um Verzeihung, ich hatte gedacht ... bitte vergessen Sie meine Worte.« Und sie läßt die Krempe ihres Strohhuts so tief herabsinken, daß er sich bücken muß, um ihr ins Gesicht zu sehen.

»Heiraten? Mademoiselle, ich bin aufs höchste beunruhigt. Wen sollte ich denn heiraten?« Sie wendet gequält den Kopf zur Seite. »Oh, Sie meinen ...? Oh nein ... nein, nein! Quelle idée!« Und dann, ihrer Beschämung gewahr, spricht er schnell weiter. »Sie haben sicher von der zweifelhaften und gefährlichen Lage in meinem Land gehört. Frankreich ist ruiniert. Wir brauchen mit größter Dringlichkeit eine Verfassung, die auch dem Dritten Stand, dem Bürgertum, eine Stimme und eine Verantwortung gewährt. Monsieur Loutit ist zwar der Meinung, wir fachten selbst das Feuer an, das uns zu verschlingen droht, aber ich sehe keinen anderen Weg, Frankreich – und auch die Rechte und Privilegien der Aristokratie zu retten, als mich auf die Seite der Reformkräfte zu stellen. Und natürlich denkt Monsieur Loutit ähnlich; er beliebt nur, ein wenig sarkastischer als ich zu sein. Wir beabsichtigen, in zwei Wochen abzureisen, um unsere bescheidenen Kräfte mit der Bewegung zu vereinen, die, wie wir hoffen, in der Lage sein wird, die Nation vor einer blutigen Revolution zu bewahren.« Er vergewissert sich durch einen Seitenblick, daß sie sich wieder gefaßt hat, und fährt in seinem üblichen galanten Plauderton fort

»Dann haben ja auch Sie Bath verlassen, Mademoiselle

Beurnie, und es gibt keinen Grund mehr für mich, länger in England zu verweilen.«

Sie hat sich nicht gerührt, hält den Kopf zur Seite gewandt und betrachtet die Weißdornhecken, die wie Wolken aus Tüll die Chaussee säumen. Er sieht Hutkrempe, Bänder und Schleifen, die Linie ihres Kinns und eine schwere, gepuderte dunkelblonde Locke im Nacken.

»Nein«, sagt sie leise zu den Hecken, »auch für mich gibt es dann keinen Grund mehr, in Bath zu verweilen.«

Diese Rätselworte läßt der Comte d'Arblay die nächsten drei Meilen in Betrachtung der glänzenden schwarzen Pferdemuskeln und der hurtig wippenden Mähnen auf sich wirken. In dieser Zeit wächst in ihm der Verdacht, daß er wiederum zu spät zu einem wichtigen Ereignis aufgewacht sein könnte, und ein Erschrecken über die Blindheit seiner Augen und seines Herzens läßt ihn verstummen.

Als der Landauer vor ihnen in einen Wiesenweg abbiegt und anhält, Monsieur Loutit das Zeichen zum Aussteigen gibt und Monsieur d'Arblay Miss Burney die Hand hinaufreicht, um ihr vom Kutschbock zu helfen, hat er seine Sprache wiedergefunden. Nun drängt er.

»Laissez-moi parler! ... laissez ... permettez, Mademoiselle! Ich muß Ihnen ...«

»Nein«, murmelt sie, ohne ihn anzuschauen, »nicht, es ist zu spät.« Entzieht ihre Hand und läßt ihn stehen.

Madame Loutit hat, wie Cecily bemerkt, einen entzückend romantischen Platz für ihr Picknick im Schatten eines wirtlichen alten Birnbaums ausgesucht, der wie eine Braut in weißer Blüte steht; und natürlich waren die Diener vorausgeschickt worden, um einen Teppich auszurollen, leichtes Mobiliar aufzuschlagen, den Tisch zu decken, kaltes Huhn und Roastbeef aus den gepolsterten Eiskisten zu nehmen und den Champagner in einem angeseilten Korb im Fluß zu versenken.

In den Weidenbüschen am Avon schlagen die Nachtigallen. Ein leichter Wind streicht durch die Zweige, wirft ein Blütenblatt in die Cumberland-Sauce und ruschelt das Gras zu flinken, glänzenden Wellen. Es ist ein Tag der Wonne, aber nur Sir Brooke Boothby und Miss Cecily, die sofort ausschwärmen, um wilde Blumen zu brechen, scheinen seine Botschaft auch vernommen zu haben. Alle anderen sind mit solch widerstreitenden Gefühlen beladen, daß sich immer wieder Schweigen über die Tischgesellschaft senkt, ein Schweigen, das die Nachtigallen mit ihrem unschuldig-sehnsüchtigen Wohllaut erfüllen. In diesem Schweigen senkt der Comte d'Arblay seinen weißen Kopf und drückt die Finger an den Mund, zerpflückt Miss Burney mit zitternden Händen ihr Brot. Mrs. Montague fühlt ganz unerwartet eine leere Stelle an ihrer Seite, und Miss Thrale bereitet sich auf ihre Rückreise nach London als Miss Thrale vor.

Als die Diener die Teller abgeräumt, Apfelsinen, Feigen und Biskuits auf den Tisch gestellt haben, erhebt sich Monsieur Loutit und spricht von dem guten Leben, das ihnen in England zuteil geworden, ein Land, das die Freiheit des Wortes und das Recht des Bürgers achte. Er spricht von Freundschaft und Loyalität, worauf Hannah Thrales Oberlippe sich ein wenig verzerrt und ihre Augenlider zu flattern beginnen, und er spricht ohne Verlegenheit, mit einem zärtlichen Blick auf die Dame an seiner Seite, von Madame Loutits Treue zu einem zweifelhaften Ausländer ohne Vermögen und den rechten Glauben. Er hebt sein Glas auf Miss Burney und ihre Berufung an den Hof seiner allergnädigsten und volkstümlichen Majestät George III. Und dann bittet er seine Freunde, mit ihm einen Toast auf Frankreich, auf das süße, unvergleichliche, glorreiche Frankreich, auszubringen, in das er und Madame Loutit mit dem Comte d'Arblay zurückkehren werden, um ihr Schicksal mit dem Schicksal der Heimat zu verbinden.

Seide rauscht und knistert, als die Korbsessel zurückgeschoben werden und alle in Monsieur Loutits bewegtes Gesicht blicken, das kein ganzes Lächeln mehr zustande bringt.

»Gott schütze Sie!« sagt Mrs. Montague endlich. Sie hebt ihr Glas. »Und Gott schütze Frankreich! Mögen Sie gesund und heil zu Ihren Freunden zurückkehren!«

In diesem Augenblick stimmt eine Nachtigall ihren Lauf flehender Halbtöne an, und Cecily Montague, die der Flut der Gefühle nicht länger standhalten kann, schlägt die Hände vors Gesicht und bricht in Schluchzen aus. Sir Brooke Boothby, von so viel Empfindsamkeit angenehm überrascht, muß sie auffangen und spazierenführen, bis sie sich wieder beruhigt hat.

Doch nun ist die übrige Gesellschaft in Aufruhr. Miss Montagues Tränen, der Duft des Birnbaums, Champagner, Sonne, Melancholie, Begeisterung und Verzweiflung haben sich zu einer Art seelischem Heuschnupfen verdichtet, einer Überspanntheit, in der es zu Geständnissen und Entgleisungen zu kommen droht. Jetzt und hier, in dieser Abschiedsstunde und an dieser Tafel, unter dem lächelnden Patronat der Natur scheint die letzte Gelegenheit gekommen, das Schicksal beim Schopf zu fassen, Kränkungen zu heilen, Freundschaft zu schließen, Versprechungen auszustoßen.

Madame Loutit vergibt ihrer Tochter; der Comte d'Arblay und Monsieur Loutit haben sich bei den Schultern gepackt und rütteln einander männlich gerührt durch. Mrs. Montague muß Cecily sagen, daß sie ihr das Liebste auf Erden sei, dessen Glück und Wohlergehen sie allnächtlich in ihre Gebete einschließe, und Miss Burney, wie sehr sie der Abschied von ihr schmerze. In Sir Brooke Boothbys Kopf ordnen sich die Versfüße bereits zu einem Sonett auf die erhabenen Mächte, die diesen Tag regieren:

»Oh, flöge doch dies allzu träge Fleisch / Mit dir, oh Nachtigall in Baumes Wipfel, / Zum Himmel, wo des Zephirs Atem weich, / Und zu der Hügel florumkränzten Gipfel! – Des Avons Welle singt dem Musensohn / Und Herzen brausen auf wie junger Wein / Entzücken atmet jeder Busen schon ...«

So weit ist er gediehen, als sein Blick auf Miss Montague fällt, die ihren Hut abgenommen und sich unter den Birnbaum gesetzt hat; offenbar ganz genesen von ihrer Gemütserregung und so appetitlich wie ein Pfirsich, der sich soeben vom Zweig gelöst und ins Gras gerollt ist. Eine dunkle Strähne hat sich aus dem hochgesteckten Haar gestohlen und an den weißen Hals geschmiegt; weiche Schwellungen über dem Rand des Mieders, luftige Kräusel und eine rosa Perle im Ohrläppchen.

Da fallen Sir Brooke Boothby plötzlich ganz neue Worte ein; klare, männliche Worte, derer er sich auf der Stelle entbürden muß. Es treibt ihn, an ihrer Seite niederzuknien, ihre Hand zu drücken und der reizenden Erscheinung zuzuraunen, daß sie sein Blut in so stürmische Wallung bringe, daß er den Tag ihrer Vermählung kaum noch erwarten könne, ja, daß er sie am liebsten auf der Stelle, hier und jetzt, zu der Seinen machen würde. Miss Montague erbleicht ein wenig und legt schnell den Zeigefinger über ihre Lippen:

»Pst, lieber Freund! An unserem Hochzeitstag dürfen Sie so mit mir sprechen, aber jetzt werde ich Ihnen auf gar keinen Fall zuhören.«

Sir Brooke ist vorübergehend sprachlos. Neben ihr ins Gras gestreckt, den Hut in unternehmungslustiger Schräglage auf dem Kopf und die Wange in die gespreizte Hand gestützt, sieht Cecily ein Lächeln auf seinen großen Zügen erscheinen, ein Lächeln, das ihr unverständlich kennerhaft, ein wenig wässerig und nicht recht gescheit vorkommt. Es trifft überraschend auf einen tauben Fleck in ihrem Herzen, und sie vermag es kaum zu erwidern.

Seit Sir Brooke Boothby um sie wirbt, hat es zwischen

ihnen nicht mehr als einen zarten Händedruck, ein etwas näheres Zusammenstehen als üblich und viele empfindsame Worte gegeben. Von dem, was sie in der Hochzeitsnacht erwartete, hatte Cecily keine genaue Vorstellung; nur so viel, daß sie ihre Jungfräulichkeit im Laufe eines forcierten und beschämenden Aktes verlieren würde, aber da Sir Brooke so diskret und poetisch war, ja gänzlich uninteressiert schien an diesen niedrigen Vorgängen, hatte Cecily sich in dem Glauben verstiegen, ihr könne dergleichen nicht zustoßen. Nun sieht sie sich im Angesicht seines wissenden Lächelns entkleidet, von seiner Hand erfaßt und seiner überwältigenden Körperlichkeit ausgesetzt. So würde er bis an ihr Lebensende über sie verfügen – der Gedanke überrascht sie hell und hart wie ein Magnesiumblitz.

Rasch erhebt sie sich und bittet ihn, sie zu entschuldigen, da sie Mrs. Montague ihren Namen rufen gehört habe. Er versteht natürlich und versteht doch nicht. Sie geht, fassungslos, läßt sich zu Füßen ihrer Mutter nieder, die den Korbstuhl in den Schatten gerückt hat, und legt den Kopf an das seidene Knie. Mrs. Montague streichelt lächelnd ihre Wange und knüpft die verlorene Haarsträhne wieder in die Frisur.

»Meine kleine Cecily, wie glücklich mußt du an einem solch romantischen Tag sein!« Auch sie hat nicht verstanden, daß ein großes Gefühl ganz plötzlich gestorben ist. Da klatscht Monsieur Loutit in die Hände.

»Meine Freunde, ich glaube, wir sollten uns zur Heimfahrt rüsten, solange die Sonne noch scheint, denn die Abende im Frühling können recht kühl werden, und wie ich sehe, sind die Damen nicht mit Schals ausgestattet.«

Die Diener räumen die Gläser ab, werfen die welken Glockenblumensträuße in die Hecken und falten die Tischtücher zusammen, als Fanny eine Hand unter ihrem Ellenbogen fühlt, die sie sanft hinweg, hinunter zum Fluß in den Schatten der Weiden geleitet, und es verlangt sie nicht nach

Worten, sondern nach einer Berührung dieser matten Wangen und dieses Mundes, der an ihrem Ohr flüstert und seufzt.

»Vergeben Sie mir, Mademoiselle! Ich bin so bestürzt! Wie konnte dies geschehen? Ich habe es gewußt und war so blind! Ein solcher Narr! Und nun werde ich Sie verlieren, da ich Sie kaum gefunden habe. Sie, die mir doch so nahe, so liebenswürdig … meine schöne Freundin, das darf nicht sein!«

»Es ist zu spät, Monsieur. Ach, es ist ja alles entschieden!«

»Nein, nein, nein, es ist nicht zu spät! Das wäre zu grausam! Ich werde Sie nicht verlieren – jetzt, da wir uns so viel zu sagen haben. Sie können jetzt nicht mehr fortgehen, mon amie. Sie können mich nicht abweisen! Ich bitte Sie! Ich flehe Sie an! Sagen Sie mir, was ich tun kann!«

»Nichts, Monsieur. Es ist nicht rückgängig zu machen.«

»Aber auch ich werde nicht zurückstehen. Einerlei, was geschieht, ich werde Sie nicht wieder verlieren; ich verspreche es. Versprechen Sie auch mir – je vous en prie!«

»Wie könnte ich! Was sollte ich Ihnen …? Sprechen Sie nicht mehr. Bitte, Monsieur. Jetzt nicht mehr!«

Er nimmt ihr den Hut ab, und sie hebt den Kopf.

»Sagen Sie meinen Namen – einmal!«

»Alexandre«, wispert sie.

»Frances!« Es klingt nach dem süßen, unvergleichlichen Frankreich. Er beugt sich zu ihr, küßt ihre Stirn, ihre Wangen, ihren Mund, und noch einmal, wie im Traum, ihren Mund; ein kurzes, süßes Vergehen, ein tiefes Atmen und ein Hinschauen für immer: die Sonnenblitze, die durch das gefiederte Laub schießen, zimtbraune Seide, duftende Spitzen, in die sie eingefaltet steht, seine Augen, schwarz vor Kummer, und die Lippen, die endlich sanft ihre Lider schließen. So gewappnet würde sie in die Verbannung gehen.

»Verzeihen Sie mir!«

»Niemals, Monsieur!«

III

Miss Burney hatte ihr Jawort gegeben, und ihr Vater hätte nicht stolzer sein können, wenn ein Herzog um ihre Hand angehalten. Endlich in Kreisen von höchster Konsequenz! Sogar Mrs. Burney sah ein, daß neue Kleider, Schuhe, Hüte und Hauben angeschafft werden mußten. Sie hätte allerdings ein wenig mehr Dankbarkeit und Vorfreude auf seiten der Braut erwartet.

Die Presse meldet die ehrenvolle Berufung, und die Herzogin von Portland, die sich daraufhin noch einmal zu einer hilfreichen Geste herabläßt, schickt Miss Burney eine schwarze Hutschleife und rät ihr, beim Schnitt der Röcke darauf zu achten, daß diese die Schuhspitzen bedeckten und daß »le sacque«, die lange Falte von den Schultern bis zu den Fersen, mindestens einen Fuß länger als der Rocksaum zu sein habe. Denn Ihre Majestät verachte modische Torheiten, wie den halben Panier, der nur bis unter das Knie reiche, oder gar – die Feder sträube sich! – die frivole Silhouette der Frauenzimmer, die neuerdings gänzlich ohne Reifrock herumscharwenzelten. So füllt sich Fannys Aussteuer-Truhe mit mehr Stahl, Fischbein und Polstern, als eine Braut ihres Jahrgangs sonst zu tragen bereit gewesen wäre. Und ganz so, als führe er seine Tochter ihrem Zukünftigen zu, eskortiert der Doktor Fanny auch nach Windsor.

Mrs. Montague begleitet sie. Es ist das letzte, was sie für ihre Freundin tun kann – sie nicht in Dr. Burneys klapperiger Chaise vorfahren lassen, sondern in ihrer eigenen Equipage, lackschwarz, sechsspännig, mit einem Wappen auf dem Schlag, einem livrierten Kutscher auf dem Bock und zwei Lakaien in roten Strümpfen auf dem Trittbrett hinter sich. Die Chaise mit den Schachteln, Körben und Kleiderkisten mochte nachkommen.

Auf staubiger Straße rollen sie nach Hounslow, über die Heide und zwischen Gärten und Hecken die Themse aufwärts zu den grünen Hügeln von Windsor. Dr. Burney ist so aufgeregt. Er kann nicht schweigen. Alles erscheint ihm bemerkenswert: der Metzger auf seinem Apfelschimmel, die Bauerndirne mit der Hacke über der Schulter, die Postkutsche, die ihnen entgegenrumpelt; aus Oxford vermutlich, nach dem Zustand der Außenbordpassagiere zu schließen ... Puh, so ein Staub! Seit drei Wochen hat es nicht mehr geregnet. Mrs. Montague krault Pluto auf ihrem Schoß mit geläufiger Hand und leicht glasigem Blick. Fanny, im Polster gegenüber, schaut auf das, was hinter ihr liegt.

Am letzten Samstag hat Dr. Burney die königliche Familie bei ihrer öffentlichen Promenade auf der Terrasse von Windsor gesehen; ein Bild der Gesundheit und Vortrefflichkeit! König George, ein Mann wie ein Berg, in seinem blauen, goldbetreßten Uniformrock, die liebenswürdige kleine Königin und die drei jüngsten Prinzen, rotblond alle miteinander; verblüffend, diese Familienähnlichkeit, ihre großen, blassen Gesichter ... dazu die Schar der entzückenden Prinzessinen mit der jüngsten, Amelia, in der Mitte, die wie ein Püppchen mit weißen Handschuhen ihren Fächer trug!

Mit Vorliebe aber kommt er auf den leutseligen Charakter seines Souveräns und dessen fabelhaftes Gedächtnis zu sprechen, denn er habe seine, Dr. Burneys Verneigung, mit einem Kopfnicken zur Kenntnis genommen, und er hätte schwören können, daß die Lippen des Königs dabei seinen Namen formten, obwohl ihr einziges Treffen kurz gewesen und lange zurückliege, nämlich, als Dr. Burney so frei war, um die Gunst zu bitten, *Die Geschichte der deutschen Musik* Ihrer Majestät, Königin Charlotte, widmen zu dürfen; und darüber hinaus habe sich eine große Menge von Neugierigen und Bittstellern an diesem Abend auf der Süd-Terrasse gedrängt. Aber wahrscheinlich, so scherzt er, ergreift Fannys Hand und tätschelt sie, sei ja gar nicht Burney, der Musikus und Händel-Verehrer, als Adressat dieses Nickens gemeint gewesen. König George hätte die Güte gehabt, ihn als den Vater der berühmten Miss B. zu erkennen, die in Kürze den Hofstaat seiner Gemahlin zieren würde.

Mrs. Montague möchte das selbstgefällige Schwadronieren des Doktors gern als Zeichen seiner Gemütsbewegung auslegen. Auch er, der seiner Tochter in immer neuen Wendungen zu ihrer glänzenden Zukunft gratuliert, müßte ein Gran Trennungsschmerz fühlen und einen Widerschein ihres Unglücks wahrnehmen. Es sei denn, er wäre der schnöde Opportunist, für den Mrs. Montague ihn insgeheim hält. Es kommt ihr nicht in den Sinn, daß sie sich dank ihrer Lebensumstände auch ein paar Gefühle mehr als Dr. Burney leisten kann, der mit Kleinmut seinem Alter an der Seite Mrs. Burneys entgegenblickt, erschöpft von den Jahren des Schweigens und Beschwichtigens und mit einem Werk beladen, das er in luziden Augenblicken als einen verzehrenden, unfruchtbaren Moloch erkennt. Doch solche unfreundlichen Gedanken haben heute keinen Zutritt bei ihm. Er wünscht, sich geschmeichelt und Fanny gerettet zu sehen; und so spricht er als ein stolzer Vater zu seiner glücklichen Tochter.

Gegen Ende der Landpartie am Avon hatte Mrs. Montague wie die übrigen bemerkt, daß sich der Comte d'Arblay und Miss Burney im Hin und Her des Aufbruchs absentiert hatten. Ja, man hatte taktvollerweise doch noch ein paar Blumen am Wiesenrain gepflückt, statt im Wagen sitzend auf sie zu warten, und keinem war die glühende Untröstlichkeit entgangen, die die beiden umwitterte, als sie schließlich unter den Bäumen hervortraten und ohne ein Wort oder einen Blick für die Umstehenden ihre Plätze auf dem Kutschbock einnahmen.

Es war eine unbehagliche Rückfahrt. Das Schöne, das man im Grünen miteinander empfunden hatte, war verflogen, und Mrs. Montague, die noch nicht wußte, mit welchem Entschluß ihre Tochter sie demnächst überraschen sollte, hatte mit nicht ganz gerechtfertigtem Hochmut die Enttäuschung der Damen Loutit und Thrale belächelt, die diese unter dem allerlangweiligsten Geplauder zu verbergen trachteten.

An diesem Abend war sie nach dem Supper an der Tür ihrer Freundin erschienen und eingelassen worden. Es war vorbei mit Miss Burneys Selbstbeherrschung. Sie hatte Mrs. Montague die lange Geschichte ihrer widerwilligen Bezauberung durch den Comte d'Arblay erzählt und ihr einen zwei Zoll starken Manuskript-Stapel auf dem Tisch am Fenster gezeigt. Nebeneinander hatten sie auf dem Kirschbaumbett gesessen, ihr parzivaleskes Schweigen und ihren törichten Stolz beweint, die Mrs. Montagues Mund verschlossen und Miss Burneys Entscheidung geleitet hatten.

Es war zu spät für eine Umkehr. Zu spät auch für Hoffnungen und Versprechungen. Miss Burney würde bald eine königliche Beschließerin der Roben sein und mußte den Comte d'Arblay vergessen. Es lag nahe und kostete Mrs. Montague nichts, ihrer Freundin Seelenstärke anzuempfehlen. Ihre Pflicht sei nun, nach vorn zu schauen und ihre Aufgabe im Dienst der Königin so gewissenhaft und freudig zu erfüllen, daß ihr Herz darüber Frieden fände. Und ach, zehnmal ach! Der neue Roman! Sie hoffte sehr, es werde der Freundin genügend Muße geschenkt, um zu arbeiten und das Werk zu vollenden!

Mrs. Montague würde mit Madame Loutit korrespondieren, aber es stand ganz außer Frage, daß Miss Burney mit Monsieur d'Arblay Briefe wechselte. Ein Seitenblick: Waren sie denn einander versprochen?! Miss Burney dachte nach und verneinte. Briefe waren nur im Vorehestand erlaubt, und, soviel konnte Mrs. Montague verraten, Miss

Burneys Korrespondenz und Besucher wären bei Hofe einer allgegenwärtigen Zensur unterworfen, die sich nicht immer als solche zu erkennen gäbe. Ein jeder sei dort seines Nächsten Hüter ... Wie auch immer: Die bestehenden Bande mußten einer Prüfung standhalten, und neue Bekanntschaften ...

»Sie werden neue Bekanntschaften nur mit Kenntnis und Billigung Ihrer Majestät schließen können. Sie werden in jedem Fall ihren *Rat* einholen! Verstehen Sie mich?« Fanny zog die schmalen Schultern zusammen. »Das bedeutet nicht, daß sie keine ihrer Freunde in Windsor, Kew oder St. James's Palace empfangen dürfen«, fügte Mrs. Montague tröstend hinzu, »aber natürlich keine Männer. Ein Mann wäre gänzlich unerwünscht!«

»Aber mein lieber Vater ...«

»Ihren geschätzten Herrn Vater, selbstverständlich, doch das meinte ich nicht. Ich spreche von anderen Personen. Es darf nicht der Schatten eines Zweifels auf Ihre Reputation fallen! Und ich erinnere Sie daran, meine Liebe, daß Frankreich in den Augen Seiner Majestät als der Erzfeind Englands gilt. Die französische Armee hat auf seiten der abtrünnigen Amerikaner gekämpft. Eine Verbindung nach Paris würde mit Sicherheit, ich muß es wohl so sagen, als Kollaboration, wenn nicht gar als Landesverrat verstanden. Dies nur im Falle, daß Sie daran dächten ... aber ich weiß, daß Sie vernünftig sein werden.«

Miss Burney begriff, daß der Comte d'Arblay für den englischen Königshof in dreifacher Hinsicht eine völlig unerwünschte Person war: als neue Bekanntschaft, als Mann und als Franzose, und daß sie jede Hoffnung, mit ihm in Verbindung zu treten, begraben mußte.

Mrs. Montague erhob sich und schaute ihre junge Freundin milde an. Konnte sie Miss Burney nun alleine lassen? Am Ende gab es nichts, was nicht schon dreimal gesagt worden wäre, nichts, das geeignet gewesen, dieses Weh zu lindern, und die Ältere riet dringend, nun die Kerzen zu löschen und den Schlaf zu suchen. Die morgige Reise nach London würde lang und anstrengend sein. Nicht vielleicht doch ein Glas Wein, ein Tropfen Laudanum, um Morpheus herbeizuzitieren? Miss Burney schüttelt entschieden den Kopf und wünschte mit hoher Stimme eine gute Nacht. Es klang beinahe wie ein Schluchzen, aber das verstand Mrs. Montague natürlich.

Man ist rasch gefahren, hat nur einmal gehalten, um die Pferde zu tränken, deren Flanken nun dunkel vom Schweiß sind, als der Kutscher vor dem schwarzgoldenen Gittertor mit dem großmächtigen Wappen anhält. Mrs. Montague ergreift Fannys klamme Hände.

»Courage, mon amie, wie die alten Ritter sagten, ehe sie in die Schlacht zogen. Es wird sich alles fügen. Seien Sie wachsam! Wir sehen uns im Winter wieder, wenn der Hof in London weilt.«

Fanny steigt rasch aus. Auf dem Hügel hinter seinen Mauern liegt grün umbuscht, eisgrau und gewaltig Schloß Windsor. Vom runden Turm steht stramm die englische Fahne im Wind. Das Schloß ist leer, unbewohnbar in seiner steinernen Kälte. Die königliche Familie hat sich zu seinen Füßen, gegenüber der südlichen Terrasse in zwei langgestreckten, zinnengekrönten Häusern eingerichtet, die nur unwesentlich behaglicher, ebenso zugig und bedeutend banaler sind, der Upper Lodge für das königliche Paar und seine Töchter und der Lower Lodge für die Prinzen.

Am Arm ihres Vaters geht Fanny durch den Park die Einfahrt zur Upper Lodge hinauf, und Mrs. Montague sieht, wie sie plötzlich ihre Schritte beschleunigt und Dr. Burney mit sich zieht. Unter dem Portal bleiben sie stehen, ihr Abschied ist kurz. Ein Lakai erwartet sie, und Dr. Burney schreitet langsam und in Gedanken zurück.

»Sie erscheint mir ein wenig bedrückt«, sagt er zu Mrs. Montague, als er in die Kutsche klettert. »Wie ist das möglich? Zuerst mußte ich sie fast stützen, und dann lief sie plötzlich mit mir los, als gelte es, Anlauf zu nehmen.«

»Nun, es ist ja auch ein großer Schritt«, erwidert Mrs. Montague, »und ich hoffe, der Schwung hält recht lange vor.« Als erwarte sie, Miss Burney noch einmal auftauchen zu sehen, schaut sie die Auffahrt entlang und läßt zerstreut eins von Plutos langen, weichen Ohren immer wieder durch die Hand gleiten, bis sich der kleine Hund burrend und kopfschlenkernd die unaufmerksame Liebkosung verbittet. Da besinnt sie sich seufzend und befiehlt dem Kutscher zu wenden. Zurück nach London.

»Und schonen Sie die Pferde, Jenkins!« Zu Hause erwartete sie niemand.

Nachdem sich die Aufregung um Miss Burneys Abreise aus Bath gelegt hatte, war Mrs. Montague das angekränkelte Wesen ihrer Tochter Cecily aufgefallen. Das liebe Kind lief umher, als sähe es Gespenster, und als Mrs. Montague dieser Blässe auf den Grund zu gehen suchte, war Cecily ihr zu Füßen gesunken, hatte ihre Knie umarmt und hervorgeschluchzt, daß sie nie und nimmer Lady Boothby werden könne. Auf das erschütterte »Aber warum denn nicht, mein Kind?!« wußte sie nur zu antworten, daß sie plötzlich eine ganz unerklärliche Abneigung gegen Sir Brooke Boothby gefaßt habe, daß alles, was einmal an Zusammenklang zwischen ihnen gewesen, sich verflüchtigt hätte und sie ihn niemals, niemals lieben könne. Vergeblich hatte Mrs. Montague ihrer Tochter die Vorzüge dieses trefflichen, feinsinnigen und gutmütigen jungen Mannes ins Gedächtnis gerufen: sein Titel, sein schöner Besitz, sein poetisches Werk, seine Ergebenheit und Treue. Die Anstrengung, Cecilys Gefühle wiederzuerwecken, war so vergeblich, wie einer verblühten Osterglocke zuzureden, sich noch einmal zu öffnen. Sie war unglücklich, sehr, sehr unglücklich; sie wünschte niemanden mit ihrem Entschluß zu betrüben, aber sie konnte Sir Brooke unmöglich heiraten.

Mrs. Montague hatte genügend Größe, ihren Ärger über den sich hiermit ankündigenden Skandal nicht gegen die Tochter zu wenden, zumal sie sich selbst einen Vorwurf nicht ersparen konnte. Sie, die sich bei Sir Brooke Boothbys Dichterlesungen so viel weniger gut als Cecily unterhalten hatte, hätte nicht flüchten und das Kind seinen albernen Versen aussetzen dürfen; ihnen zumindest mit einer Dosis unromantischer Prosa entgegenwirken müssen. Swift, fiel ihr ein, Sterne oder Defoe. Gleichwohl, diese elterliche Pflicht hatte sie versäumt, und Cecily hatte sich selbst eines Besseren besinnen müssen. Vernünftiges Kind! Erstaunlich! Die Mutter konnte ihr nicht zürnen, aber ein Eheversprechen zu lösen war eine peinliche und für die beteiligte junge Dame folgenreiche Affaire, ein Fleck auf ihrem Tugendkleid, der, selbst wenn man ihn gründlich herausrieb, immer einen leichten Rand hinterließ.

Da Cecily unwandelbar an ihrem Entschluß festhielt, würde Mrs. Montague einen Brief aufsetzen müssen, der Sir Brooke Boothby taktvoll, aber unmißverständlich von dem Sinneswandel seiner Verlobten in Kenntnis setzte und der verhindern mochte, daß der bestürzte junge Mann am Royal Crescent auftauchte, was jedoch eher unwahrscheinlich war. Der Fall mußte durchlitten werden, und je eher man die Heimreise antrat, um so flacher mochten die Wellen sein, die er aufrühren würde.

Doch auch in dieser Frage hatte Cecily zu Mrs. Montagues erneutem Erstaunen bereits eine Meinung. Sie bat ihre Mutter, sie nicht mit zurück nach Mayfair zu nehmen, sondern unter der Obhut von Madame Loutit nach Frankreich reisen zu lassen. Dies war ein Wunsch, der sogar Mrs. Montague für eine Weile verstummen ließ; eine Weile, in der Cecily ihr Anliegen mit Worten zu schildern wußte, die Mrs. Montague selbst gern im Munde führte.

Sollten einer jungen Dame nicht die gleichen Türen offenstehen wie einem Jüngling? Sollte sie nicht ihren Horizont erweitern und ihren Verstand schulen? Statt in der Wärme des elterlichen Heims bleiche Blüten zu treiben und eitle Künste zu erlernen, die sie den Männern angenehm und lenkbar erscheinen ließ, sollte sie nicht im kühlen Wind der Fremde am Unwägbaren wachsen und sich erproben? Hinausstreben und sich Unabhängigkeit erwerben ... Mrs. Montague erwachte aus ihrer Starre.

»Barmherziger Himmel! Cecily! Du *bist* unabhängig! Du wirst neuntausend Pfund im Jahr haben. Und ich hoffe, du hast Witz und Verstand genug, einen Mitgiftjäger zu erkennen, wenn er sich am Horizont zeigt.«

»Oh, Mama, bitte sprechen Sie nicht mehr vom Heiraten! So viel lieber würde ich frei sein und reisen und viele verschiedene und interessante Menschen treffen, so wie Madame Loutit. Und ich weiß, daß ihr Salon in Frankreich ...«

»Hast du etwa schon mit ihr darüber gesprochen?«

»Natürlich nicht, Mama, aber Monsieur Loutit und ich, wir besprechen die Politik. Über den König Louis und die reaktionäre Hofpartei der Königin und den gewissenlosen Calonne. Monsieur Loutit ist so klug und scharfsinnig! Er sagt, wenn die Steuerprivilegien des Adels und der Geistlichkeit nicht abgeschafft werden, gibt es eine Revolution. Sie sehen, ich bin genau darüber im Bilde, was sich in Frankreich abspielt. Und, Mama, wissen Sie, daß die Damen in Paris Astronomie, Physik und Botanik betreiben dürfen und in Männerhosen ausreiten?«

»Aber, liebes Herz, das klingt mir alles nach einer neuen Schwärmerei, mit der es ebenso schnell vorüber sein wird wie mit deinen Gefühlen für Sir Brooke Boothby.«

»Nein, nein, Mama! Vergebt, aber das ist doch etwas ganz anderes! Bitte sprechen Sie nicht mehr von ihm! Der Name ist mir widerwärtig. Ach, bedenken Sie doch, ich werde so viel lernen – und ich verspreche, ich werde so viel vernünftiger und beständiger sein, wenn Sie mir dann erlauben, zu Ihnen zurückzukehren.«

»Daß du etwas lernen willst, mein Liebes, freut deine alte Mutter sehr, aber ich gestehe, daß mir dieser Eifer doch recht überraschend kommt. Und ausgerechnet in Frankreich! Ein Land von äußerst fragwürdigem Ruf. Du weißt, ich habe nichts gegen Monsieur Loutit und seinen liebenswürdigen Patriotismus, aber du hattest während der letzten zehn Jahre in London wirklich genügend Gelegenheit, verschiedene interessante und geistvolle Menschen zu treffen. Und wenn ich es recht bedenke, war es doch bisher die schöne Literatur und nicht die Naturwissenschaft, für die du dich begeistert hast. Wer sollte dich denn in Frankreich überhaupt unterrichten?«

»Oh, das wird sich finden; ich bin ganz gewiß. Paris ist voll mit den lehrreichsten Instituten und Naturkabinetten. Man kann überall studieren. Und Madame Loutit selbst hat den Wunsch geäußert, die Astronomie aufzunehmen. Vielleicht kann Monsieur uns instruieren.«

»Soweit ich mich erinnere, waren Monsieurs Fächer im Hause Thrale Gesang und Französisch.«

»Aber er weiß so viel mehr. Mama, Sie ahnen gar nicht, welche Kenntnisse er hat. Niemand versteht das, weil er so nobel und bescheiden ist und sein Wissen nicht zu Markte trägt. Und dabei hat Monsieur Loutit Verbindungen zu den gescheitesten Leuten auf dem Kontinent. Er ist ein Freund des Finanzministers Necker, dessen Weitsicht der König gar nicht zu würdigen weiß; er hat mit Diderot und Voltaire korrespondiert, und schon Monsieur d'Arblay war sein Schüler. Ich versichere Ihnen, ich werde so gelehrt wie Miss Herschel zurückkommen.«

Cecily hatte sich erhoben; nun fiel sie ihrer Mutter wieder zu Füßen, strahlend und mit Tränenspuren auf den Wangen: »Liebste, beste Mama, ich flehe Sie an, lassen Sie mich reisen!«

Mrs. Montague ergriff ihre Hände und schwenkte sie in einer Weise, die verriet, daß sie besiegt war.

»Cecily, mein kleiner Brausekopf! Wenn es dir nun wirklich am Herzen liegt . . . !« Und da es überdies ratsam schien, die Tochter für eine Weile von der gesellschaftlichen Bühne zu entfernen, bat Mrs. Montague ihre Freundin Loutit am nächsten Tag um eine vertrauliche Unterredung.

Nach dem ersten herrlichen Schock war Madame von Cecilys Plan begeistert und erwärmte sich zunehmend für den Gedanken, einen weiblichen Protegé, eine Gefährtin aus der Heimat mit in die Fremde zu nehmen, die sie dort in die Gesellschaft einführen könnte und die ihr die Stunden, wenn Monsieur und der Comte mit Reformpolitik oder dergleichen beschäftigt wären, verkürzte. Die liebe kleine Miss Montague! So lebhaft und entzückend! Mit dem allergrößten Vergnügen! Man würde im Stadthaus der d'Arblays bei den Tuilerien wohnen, und Madame plante, ganz wie in London und Bath, die bedeutendsten Geister zu sich zu laden. Ach Paris! Eine amüsante und ausgefüllte Zeit erwartete sie! Es klang nicht nach Astronomie, Physik und Botanik, eher nach Bällen, neuen Hüten und Poesie in jeder Form und Ausführlichkeit.

So hatte Mrs. Montague am Ende ihre Tochter doch verloren, ohne einen Schwiegersohn zu gewinnen. Als sie mit Pluto, der nach ihren Säumen haschte, gemessen zum Royal Crescent zurückfegte, befragte sie ihr Herz, und sie gestand sich, daß ihr eine Miss Montague in Frankreich lieber war als eine Lady Boothby in Staffordshire. Cecily hatte sie mit ihren eigenen Waffen geschlagen. Sie strebte nach Bildung! Ach! Und nun wurde es höchste Zeit, einen peinlichen Brief zu schreiben.

*

Königin Charlotte steht in ihrem Ankleidezimmer vor dem hohen Spiegel, als Miss Burney ihr gemeldet wird. Es ist die Zeit der Mittagstoilette, und sie wird à la parure, in kleiner

Staatsgala, zurechtgemacht. Eine ältere und zwei jüngere Hofdamen sind bei ihr, richten und glätten an ihren Kleidern, während die Königin langsam den hochfrisierten Kopf dreht und sich aus den Augenwinkeln betrachtet. Es vergeht ein wenig kostbare Zeit, ehe sie sich umwendet und Miss Burney, die in einen Knicks versunken ist, mit einem flüchtigen Lächeln begrüßt. Dann spricht sie weiter zu der älteren Dame. Es muß sich um Deutsch handeln, denkt Fanny bestürzt, eine weitere Klippe an dieser fremden Küste. Was, um alles in der Welt, wurde nun von ihr erwartet?

»Ich hoffe, Sie hatten eine angenehme Fahrt, Miss Burney«, sagt die Königin zu ihrem Spiegelbild.

»Ja, Eure Majestät.« War das ausreichend? »Sehr angenehm. Ein bißchen staubig.«

»Schön. Cunningham, Ihr Diener, wird Ihnen Ihre Räumlichkeiten zeigen, und ich hoffe, Sie werden sich behaglich fühlen. Richten Sie sich in Ruhe ein. Frau von Zobeltitz wird Sie heute abend mit unseren Gepflogenheiten bekanntmachen.« Die ältere Hofdame, eine dicke, rotgesichtige Person, gibt sich durch ein kurzes Nicken und ein längeres Starren zu erkennen. »Morgen früh sehen wir uns dann wieder.«

»Ja, Ma'am.« War sie nun entlassen?

»Guten Tag, Miss Burney«, sagt die Königin und wirft ihr einen kurzen Blick zu. Fanny schiebt zurück zur Tür, tastet nach dem Knauf. Der Flügel öffnet sich hilfreich in ihrem Rücken. Draußen steht ein kleiner Mann in blaugoldener Livree mit rotem Kragen: Cunningham, ihr Diener. Er führt sie zurück, die Treppe hinunter und an das Ende eines von hohen Fenstern erhellten Flurs. Hier wird sie wohnen: ein Salon mit gelben Wänden, einer Sitzbank, Polsterstühlen und einem mit olivgrünem Filz bezogenen Spieltisch; eine weitere Tür, das Schlafzimmer. Über dem Kamin hängt ein goldgerahmter Spiegel, an der Wand gegenüber die Radierung eines wolligen schwarzen Schweins mit drei

Ferkeln und zwei weitere Bilder, die eine Luftpumpe und ein Tischplanetarium zeigen, Hinweise auf die ländlichen und wissenschaftlichen Steckenpferde des Königs. Ob es ihr wohl erlaubt sein würde, hier etwas zu ändern?

Ihre Kisten und Körbe sind auf dem Teppich abgestellt, und daneben wartet eine Rothaarige mit nußbraunen Augen und spitzer Nase, die Hände über der angesteckten Schürze gefaltet. Sie knickst.

»Rawlins, zu Ihren Diensten, Madam.«

Fanny tritt ans Fenster – gestrandet und verzagt. Vor ihr ragen der runde Turm mit der aufgepflanzten Fahne und die Burgmauern mit den schmalen Festungsschlitzen. Sie möchte etwas Freundliches sagen, etwas, das ihr die Zofe gewogen machen soll, ohne daß es ihrer neuen Würde als königliche Beschließerin der Roben abträglich wäre. Es fällt ihr nichts ein.

»Gut, dann wollen wir auspacken, Rawlins.«

Das Schlafzimmer ist klein; fast ausgefüllt von einem Himmelbett mit sonnengelben Chintzvorhängen: Falter und Blumen – hübsch, immerhin! Ein Kupferstich mit dem Portrait David Garricks als Richard III hängt über dem kleinen Handarbeitstisch, und sie tritt näher, um zwischen vielen fremden Gesichtern einen alten Schwarm zu begrüßen.

Neben der Kommode führt eine Falttür zum Kleiderkabinett, eine andere zur Stiege in den Dienertrakt, eine dritte zu einem Wandschrank mit dem Wasch- und Nachtgeschirr. Ein moderner Hepplewhite Stuhl steht unter dem Fenster. Sie zieht den Vorhang hoch. Draußen liegt ein Garten mit Kieswegen zwischen Bosketten, Rosen und Grün, und dahinter erstreckt sich die südliche Terrasse. Sie befühlt die Matratze – durchgelegen. Von Sparsamkeit bei Hofe hatte sie ebenfalls gehört.

Fanny klappt den Deckel ihres Portemanteaus zurück und nimmt das in zwei Kartondeckel eingeschnürte Manuskript heraus. Sie sieht sich nach Tintenfaß, Löschblatt,

Streusandbüchse und einer Schale für die Schreibfedern um. Das würde sicher alles noch gebracht.

»Bitte rücken Sie den Spieltisch ans Fenster.« Sie hat nicht die Absicht, in ihrem Salon Karten-Gesellschaften zu geben. Das Scharren von vier Füßen wird plötzlich von einem schrillen Dengeln unterbrochen. Sie fährt herum.

»Was ist das?«

»Die Glocke, Madam.«

Erst jetzt sieht Fanny über der Tür eine Vorrichtung aus eisernen Federn und zwei Schellen. Die eine zittert noch.

»Ich verstehe nicht. Welche Glocke? Wer läutet nach wem?« Das Mädchen blickt unter sich und versucht seine schadenfrohen Mundwinkel zu verbergen. Dieses Gesicht wird Fanny ihr nicht verzeihen.

»Frau von Zobeltitz. Das ist ihre Glocke. Die andere ist die Ihrer Majestät.«

»Sie läutet nach *mir*?«

»Ja, Madam. Sie wünscht, Sie zu sprechen.«

»Sie meinen … sogleich?«

»Ja, Madam, sogleich.«

»Ich führe Sie hinauf«, sagt Cunningham und öffnet der zweiten Beschließerin der Roben die Tür.

Frau von Zobeltitz hatte nicht die Absicht, ihre Zeit mit zierlichen Reden zu verplempern. Zwar hat Ihre Majestät der neuen Dame einen freien Nachmittag gewährt, aber dies ist auch die Stunde, in der sich Frau von Zobeltitz auf der Höhe ihrer Schaffenskraft fühlt. Der Abend, wenn die königliche Promenade auf der Südterrasse beendet war, würde wie immer dem Tee, dem Whist und der Pflege ihrer beiden zahmen Kröten gewidmet sein, die in ihrem eigenen kleinen Glashaus auf der Fensterbank wohnten. Bis die Glocke sie zum letztenmal ins Ankleidezimmer rief, sollte die neue Dame eingewiesen sein und vielleicht schon in der Lage, die Karten auszuteilen.

Die erste Beschließerin der königlichen Roben war vor

25 Jahren als Lieblingszofe mit Sophie Charlotte von Mecklenburg-Strelitz nach England gekommen, ein eiserner Heinrich in Röcken, der ausschließlich der jungen Prinzessin zu Diensten stand. Schon damals war Frau von Zobeltitz weder nett noch gescheit, ein Musterexemplar der Sorte Menschen, mit denen sich die Königin ohne Not umgab. Es schien, als teilten Herrin und Dienerin eine Gewöhnlichkeit, die Königin Charlotte unter ihrer sanften Stimme und verbindlichen Umgangsformen verbarg und Frau von Zobeltitz laut und ungeniert vortragen durfte. Jeder, der in der höfischen Ordnung unter ihr stand, hatte schon mit ihren Ellenbogenstößen und Drohungen, aus der Kutsche geworfen zu werden, Bekanntschaft gemacht.

Frau von Zobeltitz, die selbst nur zwei verschrobene Tiere hielt, hatte mit der Königin fünfzehn Schwangerschaften und den Tod zweier kleiner Prinzen durchgestanden, ohne daß ihr eins der Kinder je ans Herz gewachsen wäre. Allein Prinz William, der sie Old Titz nannte, genoß für seine Unverschämtheit ihre stille Bewunderung. Sie lebte von der Gunst Ihrer Majestät und labte sich an der Ablehnung der übrigen. Es ging ihr gut. Als Cunningham Miss Burney meldet, findet Frau von Zobeltitz diese Art und Weise, den Diener vorauszuschicken, statt unverzüglich selbst an ihrer Tür zu erscheinen, sehr hoffärtig, und obwohl Ihre Majestät erwähnt hat, daß die Dame eine Schriftstellerin sei, deren Roman viel Gutes unter der Jugend bewirkt habe, ist Frau von Zobeltitz entschlossen, der Neuen, ehe sie anfangen konnte, die vornehme Mamsell zu geben, unvermißverständlich den Marsch zu blasen. Schriftstellern? Ja, Kuchen! Nicht mit ihr! Sie erwartet sie stehend hinter dem Kartentisch.

»Miss Berner?«

»Burney, Madam.«

»Das sagte ich wohl, oder? Ich habe Sie rufen lassen, um Sie mit Ihren Pflichten bekannt zu machen. Sie waren nie vorher in Stellung?«

»Wie? Oh nein, Madam!«

»Tz! Kein Grund, einen entrüsteten Ton anzuschlagen! Spielen Sie Whist, Miss Berner?«

»Ich bitte um Verzeihung?«

»Ob Sie Whist spielen können?«

»Nein, Madam.«

»Dann werden Sie es lernen!«

Fanny glaubt, eine große Hand lege sich auf ihren Kopf und drücke sie langsam unter Wasser. Wer ist diese gräßliche Frau, die sie da herumkommandiert? So aberwitzig, wie sie aussieht, scheint sie doch alles ernst zu meinen. Unter einem nadelkissengroßen Käppchen sträubt sich ihr mächtiger, eisengrauer Haarbusch. Das helle Gesicht mit den wimpernlosen, wie hineingeschnitzten Augen, die hängenden Wangen, der bebende Kehlsack und Frau von Zobeltitz' ganze ungelenke Breitbeinigkeit erinnern an eine englische Bulldogge, ein Eindruck, der sich schlecht mit der hohen, leiernden Stimme und einem Akzent verträgt, der von ihren Lippen wie die Laute des teutonischem Simpels in der Komödie pfeift. Einen Gedanken lang – nur ein Flackern, denn dies hier erfordert ihre ganze Aufmerksamkeit – ist Fanny zurück in Leicester Fields und spielt für Sally vor dem Schlafzimmerkamin einen von Dr. Burneys deutschen Gästen: Ja, ja, sser is nossing i like better ssen a pretty novel, my dear Sir... Und Sally, die plötzlich im Bett noch einmal losprustet. Wie hätte sie erst über Frau von Zobeltitz gelacht! In Wirklichkeit versprach die Dame keine Quelle der Heiterkeit zu sein.

»So! Folgen Sie mir jetzt, Miss Berner! Ich zeige Ihnen die Schränke und Kabinette!«

Das Ankleidezimmer der Königin ist von den Räumlichkeiten der ersten Beschließerin nur durch einen Korridor mit Kammern rechts und links getrennt, ein wohlgeordnetes, doch unübersichtliches Arsenal, durch das Frau von Zobeltitz wie ein Prunkbett auf Gleitnägeln schiebt. Kleider,

Schuhe, Hüte, Hauben, Kopfputz, Schals und Schleppen, Handschuhe, Wäsche, Spitzen und Fächer sind in lavendelduftenden, fensterlosen Gelassen aufgehängt, aufgereiht und gestapelt, große Wandschränke, deren Tapetentüren Frau von Zobeltitz im Gehen aufreißt, und Fanny hat gerade so viel Zeit, im Halbdunkel Schnallen, Litzen, Perlen und Steine blitzen zu sehen, ehe die andere den Flügel wieder zudrückt, weiterwallt und ohne sich umzudrehen spricht.

»Ihre Majestät erhebt sich um Punkt halb sieben. Ab dann halten Sie sich bereit, ja! Um sieben kommt Fräulein Tecklenburg, die Zofe, die Ihrer Majestät die Haare richtet. Dann kommen Sie. Um acht ist die Königin fertig für den Morgen angekleidet und begibt sich ...«

»Aber Mrs. von Zobeltitz, verzeihen Sie mir, wie soll ich denn wissen, was die Königin ...«

»Sagen Sie Frau! Frau von Zobeltitz, ja, Miss Berner! Das andere kann ich nicht leiden. Und um Himmels willen: Ihre Majestät!« Sie öffnet die letzte Tür, hinter der, wie in einer Rüstkammer die formenden, stützenden und verdichtenden Teile der Garderobe auf Borden lagern: Stahlkorsetts, Tournuren, Reifröcke, bretthartе Stecker für die Vorderfront und roßhaargefütterte Krinolinen.

»Sie müssen gar nichts wissen. Ich wähle aus; ich reiche Ihnen die Kleider, und Sie legen sie Ihrer Majestät an. Zügig, wenn ich bitten darf. Fräulein Tecklenburg wird Ihnen dabei helfen. Um acht begibt sich die königliche Familie zur Morgenandacht in die Schloßkapelle. Dann haben Sie Zeit für Ihr Frühstück. Um neun erwarte ich Sie hier zur Inspektion der Garderobe Ihrer Majestät. Um Viertel vor zwölf kommt der Friseur, außer mittwochs und sonntags, wenn er schon um Viertel vor elf erscheint. Um Viertel vor eins beginnt die Mittagstoilette, wenn Ihre Majestät à la parure für den Tag angekleidet wird.«

Die Tiefe rauscht in Fannys Ohren. Aber es geht noch weiter hinab.

»So! Unsere Dinnerstunde ist um fünf im gelben Salon. Um acht kehrt die königliche Familie von der Promenade zurück. Um neun ist Hauskonzert, an dem Sie nicht teilhaben. Sie werden mir bis um Viertel vor elf Gesellschaft leisten.« Ein Lächeln, das auch ein Zähnefletschen sein kann: »Ihre Vorgängerin, Frau von Hackenfranz, war eine miserable Whist-Spielerin. Ich hoffe, Sie stellen sich ein bißchen geschickter an. Zwischen elf und zwölf begibt sich die Königin dann zu Bett, und Sie helfen ... Miss Berner, na also, was ...?!«

»Verzeihen Sie, nur ein kleiner Schwindel. Kann ich mich einen Augenblick setzen?« Frau von Zobeltitz stößt beleidigt die Tür zum Ankleidezimmer auf.

»Nein, nicht dort! Tz! Das ist der Stuhl Ihrer Majestät! Dort, der Schemel ... Haben Sie so etwas öfters, ja? Das käme aber sehr ungelegen!«

Sie tritt näher und beugt sich herab, eine Gewitterfront aus schiefergrauem Seidenatlas. Fanny, die sich mit beiden Händen am Sitz festhalten muß, schlagen vermischte Düfte entgegen: Parfum, Schweiß, Urin. Es ist das gleiche fuchsige Aroma, das aus den Röcken ihrer Stiefmutter stieg, vielleicht noch ein wenig strenger, und in ihrer Betäubung findet sie es wunderlich und außerordentlich ironisch, daß sie, Fanny, so hoch steigen mußte, um einer Frau unterstellt zu werden, die die zweite Mrs. Burney an Ungewaschenheit und schlechtem Benehmen noch übertraf.

An diesem Abend beobachtet sie aus dem dunklen Hintergrund ihres Schlafzimmers die Promenade auf der Südterrasse, ein Bühnenstück, bei dem die königliche Familie mit ihren adeligen Haushofmeistern und Gesellschafterinnen, Schauspielern gleich, die ihren Text vergessen haben, auf und ab stolziert, während die Menge der Zuschauer wie eine wandernde Welle bei ihrem Näherkommen an die rückwärtige Mauer weicht und hinter ihnen in respektvollem Abstand wieder zusammenschlägt. Rawlins, die sie fast um einen Kopf überragt, raunt Fanny die Namen der königlichen Hoheiten zu, die hinter den Majestäten schreiten, als handele es sich um gebenedeite Jungfrauen:

»Zuerst Prinz Frederick, der Bischof von Osnabrück, dann Prinz William im Offiziersrock der königlichen Marine, Madam, dann Ihre Hoheit, die königliche Prinzessin Charlotte; sie ist fast zwanzig; die in weißem Musselin ist Prinzessin Augusta, die in Blau Prinzessin Elizabeth; die kleine ist Prinzessin Mary am Arm der Herzogin von Doncaster, und Prinzessin Amelia können Sie nicht sehen, Madam, sie ist ganz winzig. Prinzessin Sophia ist heute nicht mit von der Partie, Madam, sie ist unpäßlich. Der Arzt hat sie in der letzten Woche schon fünfmal zur Ader gelassen, und es geht ihr immer noch nicht besser.«

»Und die anderen Prinzen sind heute ebenfalls nicht zugegen?«

»Oh nein, Madam, sie sind in Deutschland auf der Universität, und der Prinz von Wales hat seinen eigenen Hofstaat in Carlton House. Im Sommer ist er ohnehin in Brighthelmstone. Und was die anderen königlichen Hoheiten, seine Brüder angeht« – das Mädchen wird noch andächtiger –, »das sind ungestüme junge Herren, Madam. Sie machen Seiner Majestät oft schwere Sorgen. Man sagt, Prinz Ernest ...«

»Aha. Nun dann!« Wie jeder im Vereinigten Königreich, hatte auch Miss Burney von dem prächtigen und sittenlosen Treiben dieser Söhne eines prinzipienstarken Vaters gehört, von Sauf- und Freßgelagen, Wettschulden, Alimenten und exorbitanten Rechnungen für kompromittierende Korrespondenzen. 5000 Pfund für die Briefe des nächsten George an die schöne, böse Mrs. Robinson! Ein satirisches Flugblatt, das den derangierten Thronfolger am Morgen nach seiner Hochzeit zur linken Hand mit Mrs. Fitzherbert zeigte, zirkulierte sogar in Bath. Aber Fanny fühlt keine Neigung, noch ehe sie ihren Dienst angetreten hat, die königliche Familie mit der Zofe zu besprechen. Und mit dieser schon gar nicht! Am Hof ist jeder seines Nächsten Hüter, hatte Mrs. Montague ihr mit auf den Weg gegeben. Seien Sie wachsam! Sie löst die Schnur, und der Vorhang fällt.

»Bringen Sie jetzt die Kerzen, Rawlins, und besorgen Sie mir Tinte und ein Dutzend Schreibfedern!«

Das Mädchen knickst und geht. Fanny ist zum erstenmal allein an diesem Tag und legt mit einem tiefen Seufzer ihre kalten Hände ums Gesicht. Keine symbolischen Pflichten, keine Herrin ihrer Zeit, sondern Dienerin der Königin und, schlimmer noch, Dienerin einer rüpelhaften, ekligen alten ... Da beginnt die Schelle über der Tür zu schwingen und zu dengeln. Frau von Zobeltitz ruft zur ersten Whist-Partie.

*

Die halbe Nacht, die sie mit offenen Augen verbringt, denkt Fanny darüber nach, warum Königin Charlotte ausgerechnet sie auserwählt hatte, ihr in die Roben zu helfen; ob es schon zu den Aufgaben der zweiten Beschließerin gehörte, Ihre Majestät in Chemisette und Schnürbrust zu kleiden, oder ob erst die Schichten darüber in deren Zuständigkeit fielen.

Ihr Antrittsgespräch war enttäuschend kalt ausgefallen; ganz anders als ihre Begegnung in Hampton Court, als sie die berühmte Miss B. war und kein Fräulein, das der Königin in Zukunft das Hemd zubinden würde. Davor schaudert ihr. Seit sie ein junges Mädchen war, hatten ihre Hände keinen anderen nackten Menschen berührt als ihre Schwestern Louise und Sally. Und Monsieur d'Arblay, aber das war etwas anderes.

Als der Morgen hinter dem gelben Chintz dämmert, schlüpft sie aus dem Bett, zieht die Vorhangschnur und stemmt den Fensterflügel auf. Die Luft ist taufeucht und kalt. Rosenduft liegt darin und ein eher unwahrscheinlicher Hauch von Vetivier. Tief im Park probt eine Nachtigall; ein tastender Flötenton, ein saftiger Triller, eine anschwellende Folge weher Halbtöne, wie ein Sprung im klaren Glas der Nacht und ein drahtiges Schnarren, das es zerbricht.

Fanny schlingt die Arme um sich, schließt die Augen und legt den Kopf zurück. So kann sie sich einbilden, daß er noch immer bei ihr sei. An Alexandre d'Arblay zu denken, mit allem, was er gesagt und getan, war eine geistige Übung, die, seit er sie vor der Tür des Royal Crescent Nr. 1 verlassen, an Umfang und Schwere zugenommen hat. Denn ein Ereignis, das zunächst nur beseligend und von wolkiger Konsistenz war, mußte mit Bildern und Worten in der richtigen Reihenfolge ausgestattet und memoriert werden, damit es nicht verlorenging, nie! Jedesmal, wenn sie sich wieder davon überwältigen ließ, trat ein neues Detail hervor, eine Geste, ein Blick, ein Seufzer, die in den Gedankentext eingefügt werden mußten. So wurde er langsam vollkommen, und später, viel später würde sie ihn aufschreiben, um sich seines Zutreffens zu versichern. Er ging so:

Der Stein pickt an die Fensterscheibe, und als sie den Kopf hinausstreckt, sieht sie seine ranke Gestalt – nicht erwartet, aber herbeigesehnt – in die gelbe Lichtpfütze einer Öllampe auf dem Royal Crescent treten, das Gesicht unter dem schattigen Dreieck seines Huts nach oben gewandt. So schauen sie einander an, stumm vor Erregung. Seit der Comte d'Arblay Fanny unter den Weiden geküßt hat, ist sie von einem Begehren angesteckt, das weder ihre Sittsamkeit noch ihre Furcht, noch ihr Verstand haben bezwingen können. Es war, als verliere sie, am Strand stehend, langsam ein hinaustreibendes Boot aus den Augen, und mit ihm verschwanden Maß und Ordnung, die ihr Leben bisher geregelt. Sie blieb bedenkenlos zurück, von Sehnsucht erfüllt. Wenn er es wagen sollte, sie noch einmal aufzusuchen ... ach, wenn er käme, wenn er ...! Statt seiner war Mrs. Montague nach dem Supper an ihrer Tür erschienen.

Nun huscht Fanny auf Strümpfen die Treppe hinunter, schiebt leise den Riegel zurück und öffnet die Tür. Er bringt einen Schwall frühlingskühler Nachtluft mit. Keine Worte, bis sie vor dem kleinen Tisch mit den hellen Kerzen stehen, dem Lichtfleck im dunklen Haus, nach dem er den Kieselstein geworfen hatte, und dann ganz andere Sätze als die gesuchten, die ihm noch unterwegs auf der Zunge lagen. Er läßt seine Arme sinken und öffnet die Hände.

»Laissez-moi parler! Ich konnte Sie so nicht verlassen ... daß Sie mir nicht verzeihen! So unerträglich! Ich mußte Sie noch einmal sehen. Je vous aime. Weisen Sie mich nicht zurück! Ich verbrenne ... liebste Freundin! Sagen Sie mir ...!« Sie kommt ihm entgegen, er hebt ihr schweres Haar im Nacken, streicht es nach oben, und sie legt den Kopf zurück in seine Hand. »Willst du mich ebenso wie ich dich?« Sie öffnet die Augen und kann nicht sprechen, angstvoll und aufgewühlt. So schließt er sie in die Arme, seine Lippen an ihrem Ohr. »Sagen Sie es, sagen Sie, daß Sie mich lieben, daß Sie es wünschen, à l'instant!« Ein zitternder Atemzug: »Ach!« in die Luft über seiner Schulter. Sie biegt sich zurück und zeigt ihm ihr schutzloses Gesicht. Er soll sie lesen, ihr Begehren und ihre Angst. Ja und nein. Nimm mich und verschone mich!

»Nein, bitte nicht! Sie müssen gehen, Monsieur!«

»Jetzt nicht mehr. N'avez pas peur, ma chère amie!« Er drückt sie an sich und fühlt ihr Nachgeben. Andere Küsse als am Tag, andere Finger, die über den Rand ihres Mieders streichen und hineinschlüpfen, sanft drücken und nesteln, lösen und abstreifen.

»Zieh das aus, liebste Freundin, zieh das aus!« In seiner Aufregung bringt der Comte d'Arblay nicht nur Sprachen und Personalpronomina durcheinander, sondern auch Schleifen und Ösen. Ei, zum Donner! In Frankreich hatte man Korsetts, die sich vorne aufhaken ließen. Er bringt sie fast zum Lachen. So ist es leichter.

»Nein, so doch nicht! Warten Sie!« Sie wendet ihm den Rücken zu; er lockert die Schnüre, zerrt, streift ihr das Mieder schließlich wie einen Harnisch über den Kopf und die erhobenen Arme. Dann das dünne Spitzenchemisette, es rutscht nach unten, bis sie nur noch in Strümpfen dasteht, zurückgelehnt, an ihn geschmiegt, erregt und furchtsam seinen Händen hingegeben, die sie liebkosen und dabei noch anderes in ihrem Rücken treiben. Die Worte, die er in ihr Haar murmelt, versteht sie nur zusammen mit diesen Händen, die ihre Beine spreizen und ihr Hinterteil sanft, aber beharrlich in seinen Schoß drücken.

»Komm, gib mir deine Hand, bück dich, hab keine Angst, und faß mich hier, sachte!«

Da dreht sie sich zu ihm um. Er ist nackt bis aufs Hemd, das ihm, als er es losläßt, bis zu den Knien fällt.

»Ach, Monsieur, vergeben Sie mir, aber ziehen Sie das bitte aus, bitte!« sagt sie mit überschlagender Stimme. Jetzt will sie sehen, was sie glatt und hart von hinten bedrängt und geteilt hat.

Er lächelt, löst das Jabot und zieht sich das Hemd über den Kopf.

»Voilà. Besser so?«

Ja, besser so; ganz und gar ihren Blicken dargeboten, bitte sehr, ihren Fingern, die schüchtern über seine Schultern und Brust streicheln, matte, warme Haut, dezent nach Vetivier riechend, und, von seiner Hand geleitet, über den Bauch in drahtiges, krauses Haar hinabtauchen. Erstaunlich. Wie faßte man das an? Was machte man damit? Er zeigt es ihr.

»Ich habe immer so kalte Hände«, wispert sie entschuldigend.

»Das wird schon«, flüstert er zurück. »Vous êtes ravissantes.«

»Monsieur, ich muß Ihnen sagen, es ist das ... ich bin ...« Er legt ihr zwei Finger über den Mund.

»Ah, nein, Sie müssen mir nichts sagen. Es ist alles in der richtigen Ordnung. Seien Sie ganz ruhig, mon amie!«

Sie reicht über seine Achsel und zieht das Zopfband auf. Der Schopf fällt ihm bis auf die Schultern. Er hat ihn seit dem Morgen nicht mehr gepudert.

»Welche Farbe hat Ihr Haar?«

»Hellbraun, glaube ich.« Er lächelt, aber seine Augen, im Licht der Kerzen schwarz wie Brombeeren, bitten und drängen: Komm jetzt, komm, ich vergehe! Er hat sie aufs Bett gezogen, ein jungfräuliches, schmales Möbel, auf dem zwei Körper bequem nur übereinander Platz finden und von dem hier ein kräftiger Arm und dort ein weißer Strumpf seitlich abstehen.

»Sind Ihre Hände jetzt warm? Dann komm, nimm mich noch einmal, hier fest und dort sacht. So ist es gut. Nein, das tut mir nicht weh. Rück hierhin, damit ich dich halten kann! Wie zart Sie sind, meine Freundin, wie schön, wie blond ...« Seine Finger schmeicheln, kreisen, locken, öffnen. Sie biegt ihm den Rücken entgegen, und er dringt mit einem langen Stoß in sie ein. Über seinen Nacken hinweg schlägt sie die Hand auf den Mund, um den Schrei aus Schreck und Lust zu ersticken.

Er stützt sich auf; sein Atem strömt ihr feucht ins Gesicht. Solche ... Nähe! Atem, Lippen, Zähne, Speichel, Haut, Schweiß. Seine Brust an ihrer. Sie könnte in seine nackte, weiße Schulter beißen, und alles, was *er* ist, durchstößt und durchrüttelt sie. Solche ... Fremdheit! Stumm und entrückt. Er vergeht, denkt sie, er vergeht ohne mich, und sie staunt, daß ihr Körper, der ihn erwartungsvoll aufgenommen, nun so viel beherrschter als seiner ist.

Wie kann sie das, was mit ihr geschieht, zugleich fühlen, ermessen und behalten? Sie muß doch auch wissen, wie seine Füße aussehen, seine Waden, seine Knie, die Form seines Nabels. Sie muß sich merken, wo er Haare hat und wo keine. Es gibt ja nur dieses eine Mal. Zuviel zugleich: Überraschung, Erfüllung und Verzicht ... Und zum unpassenden Zeitpunkt stellen sich auch noch Scham und Reue ein. Sie ist dabei, ihre Tugend an einen prinzipienlosen Mann zu verlieren. Er hatte ihr nichts versprochen; sie würde ihn nicht wiedersehen, und als eine entehrte, gefallene Frau ...

»Sie sind nicht mehr bei mir«, sagt er leise und hält inne, ein wenig außer Atem, beugt sich hinunter und küßt ihr die Tränen aus den Augenwinkeln fort. »Dites mon nom!«

»Doch, ich bin es. Alexandre ... Ich bin bei Ihnen. Lassen Sie nicht los!« Und sie drückt ihn an sich, bis er sich wieder bewegt, in ihr und fort von ihr, ein Männerkörper, der sie fast wie in wütendem Trotz herumstößt, sich spannt und mit einem Laut auf ihr niedersinkt, den sie aus seinem Mund vorher noch nicht gehört hat. Sie legt ihm die Arme um den Rücken, als fange sie einen erschöpften Schwimmer auf. Er ist angekommen und sie ihm entgegengegangen. Kleine Wellen lecken nach und verebben.

»Nicht rühren!« Er tastet mit einer Hand neben dem Bett, findet sein Hemd und zieht es herauf. Wie besorgt er ist, denkt Fanny, als er sie hochhebt – sie ist so leicht –, das Hemd unter sie und zwischen ihre Beine schiebt, ehe er sich von ihr löst. Wie besorgt und wie kundig! Ein Spurenvertilger. Es ist Blut dabei.

»Oh, liebste Freundin, wirklich ...!« Er drückt seinen Mund in ihre Hand, streckt sich lang auf dem schmalen Lager aus; eben noch ein springlebendiger Fisch, nun ein träger Körper, den es an ihre Seite geschwemmt hat. Männer sind wunderliche Tiere. Seine Fingerkuppen wandern gedankenverloren ihre Mitte entlang. Sie setzt sich auf und zieht das Laken über die Brust.

»Sie müssen jetzt gehen, Monsieur! Ich kann nicht ... ich bitte Sie!« Sie wendet die Augen nicht ab, als er aufsteht. Auch diesen Anblick wird sie sich merken. Schon ist er Vergangenheit. Ich muß nur Zeit verstreichen lassen, denkt sie, während sie ihm beim Ankleiden zuschaut. Von jetzt an werde ich darauf achten, daß die Zeit verstreicht. Dann muß es mit jedem Tag ein wenig leichter werden. Was tut er da? Er zieht dieses Hemd wieder an. Worin sollte er denn sonst nach Hause gehen? Kniet neben dem Bett nieder, legt die Arme um ihre Hüften und schaut ihr ins Gesicht. Schutzlos, nun auch er.

»Je vous aime – Frances. Wir sehen uns wieder! Ich wünsche es so sehr. Also wird es sein!«

»Ich wünsche es auch, aber ich weiß es nicht«, flüstert sie, »wie könnte ich ... Sie gehen fort, und ich bin gebunden. Sie dürfen mir nicht schreiben. Der Hof würde es niemals erlauben. Es ist zu spät!«

»Nein, liebste Freundin, es ist nicht zu spät. Nur für heute. Ich weiß, wo ich Sie finden werde, und ich komme zu Ihnen, wenn alles vorüber ist und wir in Sicherheit leben können.«

»Wir, Monsieur?«

»Ja. Sie und ich. An wen dachten Sie? Wir werden zusammen nach Frankreich gehen. Ich habe ein Haus, ein kleines Château mit Weinbergen und einem Wald. Dort ... oder in Paris, ganz wie Sie wünschen. Möchten Sie lieber in der Stadt leben? Ma chère amie, kein König kann uns dann mehr trennen; wir werden sehr glücklich sein ... sagen Sie etwas!« Noch nicht. Bitte noch ein Wort! Das richtige! Er nimmt ihre Hände, das Laken rutscht. »Haben Sie Vertrauen. Ich hole Sie als meine Frau, sobald ich kann. Ich verspreche es. Versprechen auch Sie mir, daß Sie warten werden.«

Sie beugt sich zu seinem Gesicht und küßt ihn, wie er sie am Nachmittag geküßt hatte, zum Abschied.

»Ich verspreche es.«

Ein winziges Päckchen wandert in ihre Hand.

»Goldborte?«

»Ach, Liebste!«

»Ich muß Sie hinunterbegleiten. Die Türe.« Fast drängt

sie ihn, kann ihn kaum noch ertragen. Er bricht ihr das Herz. Jetzt kein Länger und kein Mehr! Sie läßt sich wild küssen; schon nicht mehr die Seine. Unter der Straßenlampe dreht er sich zu ihr um, setzt den Hut auf, knöpft den Rock über das Hemd und geht dann schnell entlang des Staketenzaun der Stadt zu. Noch ehe seine Schritte verklungen sind, hat sie die Tür zugedrückt und den Riegel vorgeschoben.

Mrs. Montague, die ihr die Hand herzlich über den Frühstückstisch entgegenstreckt, findet Miss Burney ganz gefaßt, in grünem Musselin, fast wie immer. Allerdings hat sie ihr Fichu mit einer Brosche zusammengesteckt, die Mrs. Montague noch gar nicht kennt und die sie sich offenbar bis zum Tag ihrer Abreise aufgespart hat, eine Spange aus dunkelroten Korallen mit einer kleinen silbernen Fliege darauf.

»Die ist aber hübsch!« sagt Mrs. Montague, »französisch?« Doch Miss Burney tunkt ihre Nase in die Teetasse und hat offenbar nichts gehört.

Rawlins, die um sechs Uhr an die Türe klopft, findet die neue Dame bereits angezogen und das Schlafzimmer voll unerträglich frischer Luft.

*

Paris stinkt. Nicht, daß es in Bath nicht auch gestunken hätte; besonders im Sommer, wenn sich die warme Luft zwischen den Hügeln aufhielt und die Badegäste ans Meer flohen. Wenn das Eis in den Erdkellern schmolz, die Milch sauer wurde und eine stumpfe Haut aus Staub und Schweiß das Wasser in den Thermen deckte. Aber Paris riecht anders. Wie ein starker, anhaltender Afterwind, findet Madame Loutit, als der Reisewagen langsam durch die Vorstadt hineinschwankt. Bath war neu, luftig, aus gelbem Stein und von moderaten Ausmaßen. Paris ist alt, eng und hoch gebaut, schwarz verschimmelt, und es stinkt aus Senkgruben und Kloaken. In Bath sorgte eine Kurverwaltung dafür, daß tote Katzen nicht im Rinnstein liegenblieben. Hier lagert noch ganz anderes tot oder lebendig am Wegesrand, auf das Madame Loutit keinen zweiten Blick riskiert. Auch nicht auf den Herrn, der mit heruntergelassener Hose über der Gosse schwebt und mit gesenktem Kopf beobachtet, was sich hinter ihm entwickelt, während seine Begleiterin, eine hochfrisierte Dame in einer gestreiften Schürze und einer großen rotweißblauen Schleife auf dem Mieder, seinen Spazierstock hält und munter in die vorbeirollenden Wagen späht.

An der Zollstation von St. Denis, wo ihr Gepäck visitiert wurde, hat ein Cousin des Grafen, der Chevalier Auguste d'Arblay, die Reisenden erwartet, um sie sicher durch verdächtige Viertel rechts der Seine zu eskortieren, ein großer Herr in einem roten Uniformrock und mit einer d'Arblayschen Nase, der, soviel hat Miss Montague verstanden, als Husar Dienst in der königlichen Leibgarde versah. Er hat die Damen respektvoll begrüßt und zu ihrem Erstaunen die Herren umarmt und auf beide Wangen geküßt – ja François, es sind in der Tat fast 15 Jahre, daß man sich in Paris voneinander verabschiedet hat; nun brennt es an allen Ecken des Landes, es regnet Flugschriften gegen die Monarchie, und aus dem blonden Hänfling Auguste ist ein dicker Oberst geworden.

Miss Montague hat die Antwort auf seine Frage nach dem werten Befinden Madame Loutit überlassen und nur nach bestem Wissen gelächelt. Seit sie in Calais über die Laufplanke gegangen ist, hat sie das Gefühl, noch immer schwankend unterwegs zu sein. Die Franzosen sprachen ganz anders, als ihre Gouvernante es sie gelehrt, und auch die beiden Herren, deren Akzent sie in Bath so romantisch gefunden, waren weitgehend verwandelt, so zungengeschwind und verschwörerisch. Von Monsieur Loutit, den außerordentlich zu bewundern und, bei allem Respekt, ein wenig anzuhimmeln Cecily sich nicht versagen konnte und den sie für ihren Freund gehalten, fühlte sie sich vernachlässigt. Er hatte ihr bedeutet, daß man von nun an Französisch miteinander sprechen würde. Sie war froh, daß sich zumindest Madame Loutit nicht an diese Verordnung hielt, als sie durch das flache, offene Flandern nach Süden rollten und Miss Montague sich nicht genug wundern konnte über die grenzenlosen, vom Wind gestriegelten Kornfelder – kannte man hier denn keine Hecken und Mauern? –, die schnurgeraden Alleen und Kanäle, die dicken schwarzweißen Kühe und die eigenartigen Hauben der Landbewohnerinnen. Der Kaffee in den Relaisstationen schmeckte bitter, und vom Fuhrknecht bis zum Schankburschen fuchtelten alle mit den Armen, schossen sich Blicke zu und schnatterten über ihren Kopf hinweg, fast so, als sei sie nicht nur sprachlos, sondern auch unsichtbar. Sie würde das Zuhören ganz neu lernen müssen.

Hinter dem Tor von St. Denis sitzt der Chevalier d'Arblay auf und reitet der Reisegesellschaft in versammeltem Trab voraus. Je tiefer man in das Gewirr der schmutzigen Straßen hineinrumpelt, um so lauter hallt der Lärm der Räder und Stimmen, um so dichter scheinen die Gerüche zu quellen, kreuzen Gestalten, die Madame Loutits Auge in London nur gestreift hatte und deren Bild ihr in Bath fast abhanden gekommen war, den Weg der Kutsche: Bettelweiber in Lumpen, Latrinenleerer in schmierigen schwarzen Kitteln aus Segeltuch, zusammengesunkene Säufer und eine wogende, weiß und rot geschminkte Hure, die, mit den Pferden Schritt haltend, ihr Korsett aufhakt und der Reisegesellschaft ihre nackten Brüste entgegenstreckt. Miss Montague hat Gelegenheit, furchtbar zu erschrecken, ehe Monsieur Loutit den ledernen Vorhang herunterzieht.

»Diese Stadt ist auf Dreck gebaut«, sagt der Comte d'Arblay entschuldigend, »unterminiert von Kloaken und Gängen und weitläufigen Katakomben, ein unterirdisches, höchst prekäres Labyrinth.«

»Reif zum Abbruch«, pflichtet Monsieur Loutit bei.

»Es verschwindet so allerlei darin«, bestätigt der Comte. Miss Montague hat ihr Batisttaschentuch vors Gesicht gedrückt.

»Ech dinkt!«

»Nur noch ein wenig Geduld, Mademoiselle«, bittet Monsieur d'Arblay. »In Kürze kommen wir zu den Tuilerien, und dort wird sich Ihnen Paris von einer besser riechenden Seite präsentieren.« Aus weißem Stein, mit gefegten Stufen, Kuppeln, Kolonnaden, Rabatten, Springbrunnen und Statuen zwischen den gestutzten Bäumen. Als der Vorhang wieder hochschnellt, ist die Luft voll Pappelflaum.

Das Stadthaus der Familie d'Arblay steht ein wenig von der Rue Royale abgerückt hinter Mauer und Torbogen und einem mit hellen Platten gepflasterten Hof, über den nun die eisenbeschlagenen Räder knirschen. Steif und müde schält man sich aus der Karosse; der Comte reicht Madame Loutit seinen Arm und nimmt, an einem Spalier sich verneigender Dienerschaft entlangschreitend, nach acht Monaten in der Kur seine Freitreppe, seine Halle, seinen getäfelten Salon, seine Teppiche, Bilder, Möbel und sein Kaffeegeschirr aus Sèvres wieder in Besitz.

Sollte er bei seiner Abreise daran gedacht haben, sich im Ausland vorteilhaft zu verheiraten, so empfindet er nun kein Bedauern, daß ihm dies nicht gelungen ist. Noch immer in Gedanken mit Miss Burneys Nebelaugen und Bernsteinhaar beschäftigt, geniert es ihn sogar erheblich, Cousine Hannah als leicht zu erobernde Garantin eines sorgenfreien Lebens vorübergehend ins Auge gefaßt zu haben. Seine Rechnungen in Bath waren enorm gewesen. Vermutlich hatten diese englischen Krämer ihn betrogen. Nun, dann würde er sich in Zukunft eben ein wenig einschränken. Bisher hatte er sich noch nie einen Wunsch versagt, und es würde schwierig werden, zu entscheiden, wo er damit beginnen sollte.

Nachdem er Zeuge eines Gesprächs zwischen zwei älteren Herren im *Bär* zu Bath geworden war, hatte er endlich Zeit gefunden, seinen Freund François auf einem Angelausflug den Avon hinauf zu begleiten, und während sie am Ufer unter den Erlen saßen und mit den Ellenbogen auf den Knien ihre Schnüre bewachten, hatte François ihm bestätigt, daß Hannah Thrale eine Schlange sei, die damals in London ihre Mutter verraten und seinen guten Ruf zerstört habe, wobei er den Ernst seiner Rede dadurch unterstrich, daß er Cousin Alexandre die Seite seines Gesichts zuwandte, die nicht lächeln konnte.

»Das hättest du mir auch ein wenig früher erzählen können, mein Alter!« sagte der Comte am Ende. »Dann hätte ich meine Zeit bestimmt nicht mit Hannah Thrale vergeudet. Es gibt wahrhaftig charmantere Damen in Bath!« Er schaute in das grüne Wasser, legte zwei Finger über den Mund, und Miss Burneys Lächeln flog ihm durch den Sinn. Sehr viel charmanter, bei Gott, warum fiel ihm das jetzt erst ein? Er drehte sich wieder dem dunklen Profil mit der Narbe zu.

»Hast du etwa geglaubt, es ginge mich nichts an, in welche schreckliche Lage dich dieses Frauenzimmer gebracht hat? Du bist mein Vetter! Mit Verlaub, François, aber es ist mir höchst erstaunlich, daß du sie nach dieser Sache überhaupt in deinem Haus empfangen hast.«

»Es ist Madame Loutits Haus«, erwiderte der andere nüchtern. »Und es ist ihre Tochter. Außerdem dachte ich, daß du inzwischen Manns genug wärst, unerwünschte amouröse Attacken selbst zu parieren, oder?«

»Du hättest mich diesmal nicht herausgehauen?«

»Sei unbesorgt. Ich hätte dir den Prügel schon in die Hand gedrückt.« Monsieur Loutit schlug den Deckel des Picknickkorbs zurück, legte eine Flasche Claret und zwei

Weingläser vorsichtig auf die Böschung ins Gras. »Messer, Servietten ... Wo ist der Korkenzieher? Sagtest du nicht, du hättest ...? Alexandre, du bist wirklich ein Tropf!«

François hatte recht. Nicht nur sein Verstand, auch sein Herz hatte die beste Zeit in Bath verschlafen, und erst als Miss Burney ihm schüchtern ihre Gefühle gestanden, war er aufgewacht und hatte entdeckt, daß er ohne sie nicht mehr leben wollte. Zu spät, um ihren Entschluß zurückzunehmen. Nun hatte er, seit er sie am Royal Crescent zum letztenmal geküßt, nicht aufgehört, mit sich zu hadern, und für die Worte, die er gegen sich verwandte, hätte er einen Fremden glatt erschossen. Doch so blieben ihm nur die Vorwürfe, die Sehnsucht und ein schwindendes Interesse an den Menschen, die statt ihrer nun an seiner Seite gingen.

Als er Madame Loutit die Treppe hinaufführt, sie im Salon auf das Sofa komplimentiert, nach Kaffee – schwarz und stark! – und Sandkuchen läutet, als er Miss Montague die Aussicht auf den Boulevard, die Pfarrkirche der Madeleine und die Place Louis XV zeigt, den Chevalier Auguste d'Arblay und Monsieur Loutit auf das goldgerahmte Portrait eines gemeinsamen Urgroßonkels in einer maikäferbraunen Rüstung hinweist, ist er in Gedanken weder bei seinen Gästen noch bei dem wichtigen Grund, der ihn nach Frankreich zurückgeführt hat.

Er und Vetter François würden in den nächsten Tagen bei Monsieur Necker, dem ehemaligen Finanzminister Ludwigs XVI vorsprechen, einer noch immer höchst einflußreichen politischen Figur, um, wie angekündigt, ihre bescheidenen Kräfte mit der Reformbewegung zu vereinen, aber wie Monsieur d'Arblay heute mit den Händen auf dem Rücken am Fenster steht und über den inneren Boulevard schaut, fühlt er eine merkwürdige Beengtheit, fast einen Überdruß. Nie sind ihm der Dritte Stand, die Nation und die Verfassung gleichgültiger gewesen, und es hätte ihn vermutlich nicht einmal berührt, zu erfahren, daß der König am nämlichen

Tag die Parlamentsräte, die sich seiner Steuerreform widersetzt hatten, verhaften ließ und daß unweit seines Blickfelds, am Palais Royal, der Stein eines flüchtenden Absenders gegen eine Kutsche in der Cortège der Königin Marie-Antoinette prallte.

»Nieder mit der Österreicherin!« kreischte eine Frauenstimme. »Nieder mit der Wölfin!« Der Kolbenschlag eines Leibgardisten stellte die Ruhe wieder her, und die Kutsche glitt weiter durch die murmelnde Menschenmenge, eine goldene Nußschale auf trügerisch glatter See.

*

Wenn Frau von Zobeltitz Ihrer Majestät aufwartet, ist sie ganz Lächeln und Flüstern, so zart und ergeben, daß die zweite Beschließerin, wäre die Verwandlung der ersten vom Eisenfresser zum Speichellecker nicht gar so grotesk, am liebsten in ihren Ärmel gelacht hätte. Das Janusgesicht der »lieben Zobeltitz« verfinstert sich, sobald Ihre Majestät den Kopf senkt, damit Miss Burney die Kette im Nacken zuhaken kann und ihre nervösen Finger eine königliche Haarsträhne mit der Schließe verknüpfen. Es geschieht fast jeden Morgen, und jedesmal stürzt das Lächeln Frau von Zobeltitzens geräuschlos dröhnend wie ein Kartenhaus zusammen, nur um sich beim Heben des königlichen Kopfes wieder in die Wangen zu bohren, eine Pantomime von bühnenreifer Geschmeidigkeit.

Fanny muß Ihrer Majestät nicht das Hemd überstreifen. Dieses Privileg genießt das kräftige kleine Fräulein Tecklenburg, aber sie versucht die Luft anzuhalten, wenn Dutzende von Stoffknöpfchen in ihre Schlaufen gesteckt werden müssen – zu viele, um Ihrer Majestät am Ende nicht doch in den Nacken zu pusten; diesen runden, weißen, mit braunen Flecken gesprenkelten Nacken, der wie ein Sattel durch eine tiefe Falte vom Hals getrennt ist.

Erst das Chemise, dann die Schnürbrust, weiße Strümpfe übers Knie, Reifrock, Taschenbeutel, Kleid, Manteau, Schleppe, Fächer, Fichu, Halskette, lange Handschuhe, Brosche, Armreifen, Haube, Schuhe – und vier Stunden später wird alles wieder abgenommen, die Königin in ein Musselinzelt gehüllt. Der Friseur kommt, kreppt und kräuselt, brennt und flicht, und während Puderwolken wie ein Staubsturm in der Steppe den Kopf ihrer Majestät umkreisen, liest Miss Burney aus dem *Morning Herald* vor: Theater-Kritiken, Buch-Rezensionen, Predigten, etwas Cricket; keine Politik, keinesfalls! Das Lesen ist unterhaltsamer und weniger heikel als das Zuhaken der Halskette. Dann beginnt die Mittagstoilette. Gewänder wie schimmernde Krusten, schwer wie Theatervorhänge. Noch mehr Schmuck. Nach der ersten Woche weiß Fanny, daß sie es niemals richtig machen wird, nicht mit den Knöpfen und nicht mit der von Zobeltitz.

Ich habe mein Wort verpfändet, denkt sie, wenn sie abends die Kerze ausbläst. Ich habe Monsieur d'Arblay gehen lassen, weil ich mein Wort verpfändet hatte. An einen Menschen, der mich weder braucht noch schätzt. Für ein paar Handreichungen und viel, zum Verzweifeln viel, leere Zeit. Freiwillig bin ich in dieses Gefängnis gegangen. Ich selbst habe mich hineingestoßen; ich und dieser Ehrenwerte Charles Delville mit seinem lügenhaften Gerede von symbolischen Pflichten. Und Papa? Er war so stolz, sie bei Hofe zu sehen, und er erwartete so viel von ihr: sich hinzustellen, Luft zu holen und einen Wunsch zu äußern: Ihre Majestät, der Posten des Hofkapellmeisters, wenn's beliebt! Als ob sie bei Tisch um das Salz bitte. Papa zu enttäuschen, der alt und ein wenig verdrießlich geworden war, würde sie nicht übers Herz bringen. Doch der amtierende Meister dachte nicht daran, das Pult zu räumen. Sie mußte ausharren, aber in all den Monaten, die sich zu Jahren fügen sollten, schien sich keine Gelegenheit zu ergeben, und als der

Mann schließlich abtrat, ließ sie sie unerwähnt verstreichen. Sie lernte es nicht: den devoten Blick von unten und das Lächeln, das sofort verschwand, wenn Ihre Majestät abwinkte. Sie wurde ziemlich hochmütig, wenn sie diesen Blick bei anderen sah, besonders bei Damen von Stand, die Miss Burney gelegentlich fühlen ließen, daß ihr Vater kein Gentleman war.

Es war alles redlich empfunden, aber es brachte sie keinen Schritt voran, denn wo weniger empfindliche Damen nützliche Allianzen knüpften, schnitt Miss Burney stolz die Fäden durch. Sie war allein unter den vielen, und weder konnte sie sich an das Gebimmel der Glocke noch an die Whist-Partien mit Frau von Zobeltitz gewöhnen. Nur einer Sorge war sie ledig. Sie mußte keinen nackten Menschen berühren. Wenn Fanny die Kette zuhakte und die Strumpfbänder festknüpfte, trug sie seidene Handschuhe bis über die Ellenbogen.

Ihrer Roben entkleidet, war auch Königin Charlotte nur eine kleine, dicke Frau in den Wechseljahren; eine Frau mit rundem Rücken und krummen Füßen, die in das Hofzeremoniell ebenso stramm eingeschirrt war wie in die Verstrebungen ihres Korsetts.

»Ach ja, die Zeit, die Zeit!« sagte sie in ihrem platten Englisch zur zweiten Beschließerin. »Immer zu kurz, um etwas zu tun, und immer zu lang, um nichts zu tun.«

Eine Änderung zum Zweckmäßigen war nie erwogen worden. Dies hätte Seine Majestät, den König, irritiert, und er war schnell und nachhaltig zu irritieren. Zwar hatte er den Tag nach strenger Ordnung eingeteilt, doch stand er auch jederzeit an jedem Ort zu erwarten, inspizierte früh um sechs die Kinderzimmer, um sich zu vergewissern, daß seine Jüngsten zur festgesetzten Stunde gebadet wurden, oder nachts um elf seine Schafherden im Park, wo er wesentlich weniger störte.

Pünktlich ging die Familie jeden Morgen um acht zur Andacht in die Schloßkapelle; jeden Abend, wenn das Wetter schön war, zur Promenade auf die Terrasse und danach ins Konzert. Händel, wie immer. Anschließend Backgammon, wie immer. Nach jedem Aufstehen trank Ihre Majestät eine Tasse Schokolade, und vor jedem Schlafengehen defilierten die Prinzessinen durch das Ankleidezimmer, küßten ihr die Hände und tappten – auch sie – im Rückwärtsgang wieder hinaus. Fräulein Tecklenburg brachte die königliche Nachthaube, und Königin Charlotte empfing ihrerseits den Kuß Seiner Majestät, der sie bis zu den Bettvorhängen geleitete. Nun seltener auch bei ihr einstieg. Ihre Jüngste, Prinzessin Amelia, war drei.

Im Sommer zogen sie nach Kew, im Winter nach London und zu jeder Jahreszeit quer durch Britannien zu Staatsbesuchen – ein rastloses Hin und Her, das einen Troß von Wagen und Menschen über Land wälzte, denn George III war ein Monarch, der sich gern selbst versicherte, wie es seinen lieben Engländern ging, der sie überraschte, examinierte, ehrte und belohnte, den Bauern sagte, was sie anpflanzen sollten, die Soldaten paradieren ließ und die Eton-Schüler in Geographie abfragte. Er spielte Flöte und Clavichord, sammelte Uhren, Tabaksdosen, mechanische Geräte, Bücher und Bilder; er raffte und sortierte; er war in vielen Zweigen bewandert; er hätte einen glücklichen Landwirt abgegeben, doch er war ein glückloser und unbegabter König geworden.

Die Tatsache, daß er im großen Stil Amerika an die Amerikaner, Florida an die Spanier, Tobago und Senegambien an die Franzosen verloren hatte, bestärkte ihn in dem Glauben, daß er zu Hause und im kleinen Stil umfassend Kontrolle ausüben mußte. Er war fromm, geizig und leutselig, speiste frugal und gab ein gutes Beispiel. Doch auf geheimnisvolle Weise entglitt ihm alles. Zwar liebten die Leute »Farmer George«, wenn er durch Windsor oder Kew spazierte und sie mit einem Tippen an den Hut grüßte, aber die Londoner Cits lachten, und seine Söhne lernten in bester Tradition des Hauses Hannover, den Vater zu verachten und sich selbst zum Gespött zu machen. Seine Töchter, die George von der Gesellschaft und jeder sinnvollen Tätigkeit fernhielt, verzehrten sich nach neuen Gesichtern, nach Freiheit und unmöglichen Männern. Sie nannten die Upper Lodge von Windsor das Nonnenkloster.

Seit Indien sich als ein fruchtbares Feld der Ausbeutung und des Diebstahls erwiesen hatte, teilte Königin Charlotte den Reichtum der fernöstlichen britischen Statthalter in Form kostbarer Geschenke. Sie hatte einen schlechten Geschmack, liebte jedoch, unverschämt zu funkeln. Aus dem netten Frauchen ihres Souveräns, dem die Untertanen zu Beginn der Regentschaft als Königin der Herzen gehuldigt hatten, war mit der Zeit die Königin der Diamanten geworden, ein abfälliges Sprachspiel, bei dem sich die Witzbolde die englischen Namen für Herz- und Karodame zunutze machten.

Vor 25 Jahren hatte man Sophie Charlotte von Mecklenburg-Strelitz eine »liebenswürdige Erscheinung« genannt, was nur bedeuten konnte, daß sie häßlich und ein wenig beschränkt war. Sie hatte die Wahl, mit 17 Stiftsdame in Deutschland oder in England die Frau an der Seite des mächtigsten Mannes der Welt zu werden. Also nahm sie den Mann. Sie wußte, daß die Jugendliebe des Kronprinzen, die schöne Lady Lennox, mittels einer Hofintrige verscheucht worden war, und da er ein weicher, tugendhafter, linkischer Mann von der Anmutung eines Schafs war, gedachte sie ihn zufriedenzustellen und zu lenken.

Als George III die Prinzessin Charlotte am Tag ihrer Landung in Harwich zum erstenmal erblickte, stieß er einen gequälten Laut aus. Man verheiratete sie schleunigst, und zu beider Erstaunen gelang ihre Ehe. Er suchte sie so häufig hinter den Bettvorhängen auf, daß sie an seiner Treue keinen Zweifel haben konnte. Lenken aber ließ sich der König weder von seinem Premierminister noch von seiner Gemahlin. Er bildete sich schnell eine Meinung und war, einmal überzeugt, niemals eines anderen zu belehren: Frankreich, die Opposition und die katholische Kirche waren des Teufels; die abtrünnigen Kolonisten in Nordamerika toll gewordene Wilde; Händel war ein Genie, rohes Obst gesund, warmer Gerstenschleim die beste Medizin! Mr. Garrick, der einmal zu einer künstlerischen Darbietung nach Windsor zitiert worden war, mußte sich ohne Beifall, Honorar und Abendessen wieder verabschieden. Er hatte Shakespeare deklamiert. Sehr unklug. Shakespeare schrieb »blödes Zeug«. Viele interessante Freunde hatte George III nicht.

Königin Charlotte wußte, lange bevor sie den erstickten Laut aus der Kehle ihres zukünftigen Gemahls gehört hatte, daß sie eine gering geachtete Frau war, eine überflüssige Tochter, die man kaum vorteilhaft zu vermitteln hoffen durfte. Sie mochte unattraktiv sein, sie mochte sogar schwarzes Blut haben, aber sie war nicht lau; eine sittenstrenge Herrin und begabte Hasserin. Das protestantische Stiftsfräulein, das Sophie Charlotte nicht geworden, hatte weder Sinn für Hochfliegendes noch ein Auge für Schönheit. Sie trug, was zwei Generationen von englischen Königinnen vor ihr getragen und, wie es sich gehörte, auch nachts ein Schnürmieder. Möglicherweise liebte sie ihre Kinder, aber sie achtete darauf, daß keins von ihnen sie unaufgefordert ansprach. Das gehörte sich nicht. Sie wurden ihr fremd, sobald sie auf dem Schoß der Ammen, unter der Fuchtel der Tutoren und Gouvernanten waren, die Töchter in ihrem Boudoir mit einer Handarbeit, die Söhne auf See oder in Göttingen, und seit der Prinz von Wales volljährig geworden, hatte sie auch ihm durch seine Hofschranzen zu gehorchen. Es gab keine Wahl. Ihr Leben war Pflicht, und alle, die es teilten, hatten ebenfalls keine Wahl und kannten nur ihre Pflicht.

Da das königliche Paar selten ohne Gesellschaft war, hatte es Mittel gefunden, sich dem allgemeinen Umtrieb zu entziehen, indem beide taten, als seien sie allein, sähen niemanden und seien ihrerseits auch nicht zu sehen, eine spirituelle Abwesenheit, die sie nach einem Vierteljahrhundert im öffentlichen Dienst zur Vollkommenheit beherrschten. Dann küßte er sie auf die Wange, und sie sprachen Deutsch miteinder. Er nannte sie Frau König und sie ihn Herrn König. Meist geschah es in der Stunde des Auskleidens, die früher dem ehelichen Beiwohnen vorausgegangen und in der die Kammerfrauen nichts als flinke Hände waren; Hände, die wie aufdringliche Tiere weggestreift werden konnten, weil sie zu niemandem gehörten; niemandem, der beklommen, müde oder verfroren war; niemandem von Konsequenz.

Diese späte Stunde ist die schlimmste Zeit des Tages; wenn Fannys behandschuhte Finger nichts mehr zuwege bringen, wenn sich der königlichen Brust beredte Seufzer entwinden, das Kinn sich stumm reckt und über die Schulter das rote Gesicht derer von Zobeltitz grimmt: Tz!

Sie war tief gefallen. Die berühmte Miss Burney, die Freundin Mrs. Montagues, Dr. Johnsons, Mr. Sheridans und Sir Joshua Reynolds, deren Buch man gepriesen und deren Bekanntschaft man gesucht hatte, war eine Knöpfeschließerin, eine Taschentuchzusammenfalterin, eine Spitzenzurechtzupferin geworden; und eine ungeschickte dazu. Sie spürt, wie die Schwärze, durch die sie nach Sallys Tod gegangen war, sich wieder um sie sammelt. Doch diesmal würde sie den Kopf oben behalten. Betrübt und bleich sollte ihr Herr von Arblay sie nicht finden, wenn die Zeit gekommen war und sie in Sicherheit zusammen leben konnten. Und obwohl er nicht schreibt, nicht schreiben darf, glaubt sie unwandelbar an sein Versprechen.

Mrs. Montague schickt ihr gelegentlich Proben ihrer Korrespondenz mit Madame Loutit, Paraphrasen, aus denen hervorgeht, daß die Freundin L. sich »in den Wirbel der Ereignisse gestürzt«, die Herren der Familie »regsam ihre

Pläne verfolgten« und Miss Cecily keineswegs geneigt sei, nach Hause zu kehren. Anders konnte Mrs. Montague Miss Burney nicht mitteilen, daß in Paris das politische Fieber stieg und der Comte d'Arblay mit heißem Kopf mitten drin steckte.

Sie hat ihn immer im Sinn. Wenn sie scheinbar geschäftig ist, spielt sie in Gedanken, daß sie sich auf einer Bühne bewege; der ganze Hof ein Theater mit Narren und Schurken und sie in einer kleinen Rolle: die Kammerzofe. Dann ist das Gefälligsein, auch das Entgegennehmen kalten, herrscherlichen Schweigens nur ein Als-ob. Denn irgendwo unsichtbar im Dunkeln sitzt Alexandre d'Arblay und wartet auf das Ende der Vorstellung. Für ihn hebt sie das Kinn und lächelt. Sie sind so fern, denkt sie, aber ich weiß, daß auch Sie bei mir sind, und wenn Sie in diesem Augenblick ins Zimmer träten, dann fänden Sie mich nicht einmal überrascht, denn in Wirklichkeit sind Sie mir ja immer nahe.

Über solchen Gedankenbriefen wartet sie, schaut zu und läßt die Zeit verstreichen, denn noch gibt es keine Sicherheit. Überall in Frankreich herrscht Aufruhr. Der arme, dumme König Louis ließ sich weder von seinen Ministern noch vom Volk mehr helfen. Er hatte sich selbst die Kokarde an den Hut gesteckt und glaubte, an der Spitze einer Bewegung zu marschieren, die Frankreich retten würde, aber er war nur die Marionette des Adels und der Geistlichkeit geworden, die von ihren Privilegien nicht zu trennen waren. Das Wutgeschrei auf der Straße verstand er nur als ein ungezogenes Plärren. Er dachte noch immer, es ginge um die Brotpreise.

Wenn Fanny der Königin die Zeitung vorliest, suchen ihre Augen zwischen Theater und Sport die Meldungen aus Paris, und während der Kopf Ihrer Majestät gesalbt, gepudert und geziert wird, überfliegt ihre Beschließerin die Nachrichten über das Zusammentreten der drei Reichsstände in Versailles; den feierlichen Einzug des Adels und der Geistlichkeit – Goldtressen auf Samt, weiße Strümpfe, Kardinalslila, Bischofsrot – und das Erscheinen der Bürger durch den Seiteneingang in schlichten schwarzen Kleidern und schmucklosen Hüten. Sie liest die Flammenworte des Abbé Sieyès: »Was ist der Dritte Stand? Alles! Was ist er bis jetzt in der staatlichen Ordnung gewesen? Nichts! Was verlangt er? Etwas darin zu werden ...« Ein Volk! Ein Stand!

Zwischen all den fremden Namen und Titeln sucht sie den seinen und fragt sich, ob er dabei, ob er mit in diese leidenschaftlichen Debatten und Schwüre eingeschlossen sei und auf welcher Seite er streite. Sie kann sich ihn so nicht vorstellen. Sie kann sich ihn niemals anders vorstellen als in seinen farbenfrohen Röcken, mit einem amüsierten Lächeln – oder ohne Rock und Hemd, nur in seiner matten Haut, seine Augen, die ihre festhalten: Sagen Sie meinen Namen! Alexandre. Ich bin bei Ihnen. Lassen Sie nicht los ... An dieser Stelle des Gedankentexts fühlt sie ein Prickeln von ihrem Schoß aufsteigen, wie die Atemperlen eines kleinen Tiers vom Teichboden.

Bis er kommt, muß sie heil und gesund bleiben. Sie muß essen, um die langen, leeren Tage in Erwartung königlicher Befehle und die Fahrten in der Kutsche der ersten Beschließerin zu überstehen. Frau von Zobeltitz reist bei jedem Wetter mit offenem Fenster; allerdings bleibt nicht ihre, sondern die Scheibe auf der anderen Seite des Coupés heruntergelassen. Sie besteht darauf: »Fenster auf!« Es ist schließlich ihre Kutsche. Frische Luft ist sehr gesund. Die sollte sich Miss Berner getrost um die Nase wehen lassen. Es wäre ja noch schöner, wenn die Zweite der Ersten ihren Willen aufzwingen könnte! Frau von Hackenfranz hatte nie gewagt, sich zu beschweren.

Der königliche Troß rollt nach Oxford und Blenheim, Knole und Winchester, Bristol und Cheltenham und im Sommer an die Küste nach Weymouth. Überall flattern die Fahnen, schmettern Hörner, kratzen Fiedeln »God save the

King«, hochgemut und falsch, meistens aus dem Takt und öfter auch im Regen. Überall werden Ehrungen, Audienzen und öffentliche Festmähler zelebriert, denn George III möchte seinen lieben Engländern wiederum zeigen, daß er kerngesund ist und einen Stiefel vertragen kann.

Die königliche Familie tafelt; ihr Gefolge steht an den Wänden und beobachtet, wie die Gläser und Gabeln zum Mund geführt werden. Stunde um Stunde. Blicke gehen hin und her, Lider winken Zustimmung, wer für einige Minuten in die zweite Reihe zurücktreten und sich im Schutz livrierter Rücken und ausgespannter Röcke gegen ein Möbelstück lehnen darf. Sie stehen stumm und wie aus Wachs gegossen, im Kalten, im Warmen, die Ellenbogen auf die stählernen Körbe unter dem Brokat gestützt und die Brust hochgepfercht, unter weißer Schminke und pfundschweren Frisuren; festliche Staffage, die nichts zu feiern hat; die Damen mit gesenkten Fächern, die Herren mit leeren Händen: Beschließer von königlichen Instrumenten, Büchern, Gemälden, Pferden, Kutschen, Roben und Uniformröcken, Hofmeister, Erzieher, Gouvernanten, Sekretäre, Kaplane, Ärzte und Vorleser, Notenumblätterer, Türöffner, Dochtabknipser, Silberputzer, Billette-, Tablett-, Nachtgeschirr- und Kohlenträger. Königliche Dienstboten.

Neben Fanny steht Fräulein Tecklenburg und zu ihrer Linken Captain Fox Digby, der Oberstallmeister, ein Mann, der in seinen geräumigen Schnallenschuhen wie in zwei Futtertrögen zu wurzeln scheint. Eigenartig, daß sie kaum noch etwas fühlt. In den ersten Wochen waren es die Beine, die Füße, die anschwollen und schmerzten; dann zog es im Rücken, als würden dort elastische Stränge langsam zu eisernen Trossen gedreht. Sie aß und trank nichts, bevor es zu diesen Schau-Tafeln ging, denn sie durfte sich nicht von ihrem Posten rühren, und das vorsichtige inwendige Drücken, um herauszuspüren, ob sie sich nicht doch Tropfen für Tropfen mit dem fürchterlichen Drang füllte, war quälender als Hunger und Durst. Wie ein Asket versucht sie nun, ihre Beine und ihren Rücken zu vergessen, das Jucken im Haar unter die Kopfhaut zu ziehen, um sich in Gedanken kratzend Erleichterung zu verschaffen, und nur ihrem Atem zu lauschen, der über die Oberlippe streicht, ein und aus, ein und aus, während ihre Augen meist ohne Bedauern, oft mit Ekel, zusehen, wie sich die silbernen Deckel heben, unter denen weißes Fett gleißt und braune Soßen glänzen. Der Schinken glüht, als stecke er noch voller Leben, während der blaugraue Fisch auf der ovalen Platte das Maul voll spitzer Zähne aufreißt, als wolle er sich gegen seinen Tod empören. Eins seiner milchweißen Augen ist auf sie gerichtet; sein Rücken bildet eine schöne Kurve. Eben war er noch ein springlebendiger Fisch, ein glatter, kraftvoller Schwimmer ... In diesem Zustand ist sie schon einmal in den Knien eingeknickt und gegen die Schulter von Fräulein Tecklenburg gesunken, die sie mit dem Unterarm aufgefangen und festen Blicks geradeaus, wieder zurechtgerückt hat.

Auf Schloß Blenheim geht das Bankett in die fünfte Stunde, als Fanny ein Tupfen am Handrücken verspürt. Ohne sie anzuschauen, praktiziert Captain Fox Digby etwas Weiches zwischen ihre Finger, schiebt sich vor sie und schließt dann die Lücke zu Fräulein Tecklenburg.

Da steht sie und blickt eine leicht zerdrückte, warme Aprikose an. Nach langer Zeit haben zwei Augen sie und ihre Not gewahrt; nach einem vollen Jahr bei Hofe ist ihr eine menschliche Geste widerfahren. Ist es ein Wunder, daß die Nerven versagen und daß mit dem süßen Saft, der in ihren ausgetrockneten Mund beißt, sich ein brennender Druck hinter der Stirn zusammenzieht? Mit gesenktem Kopf, aber unbewegt und lautlos von langer Übung weint sie Captain Fox Digbys Rücken an.

Sie hatte gewartet, daß die Zeit verstriche und es mit ihr besser würde, aber natürlich war es nur schlimmer geworden. Monsieur schrieb nicht, und Monsieur kam nicht. Das war leicht zu erklären und kaum zu ertragen. Sie hatte sich gewappnet, hatte Frieden, sogar Anerkennung finden wollen, aber es war zu spät. Nun hatten sich die anderen von ihr abgewandt, und Frau von Zobeltitz machte ihr klar, daß weder ihre vergangenen Verdienste um die Jugend noch ihre gegenwärtigen Wünsche zählten, daß sie sich unterzuordnen habe, und wenn eine das Recht habe, sich zu erkälten und im Bett zu bleiben, nach Belieben auszugehen, Gäste an ihren Tisch zu laden oder die Kutschenfenster zu schließen, dann sei dies die erste Beschließerin der Roben und sonst keine. Im übrigen sei Grün eine Farbe, die Ihre Majestät verabscheue. Danach möge sie sich in Zukunft bei der Auswahl ihrer Kleider richten!

So bequemte Fanny sich einer Haltung an, die zu üben sie bereits bei der zweiten Mrs. Burney Gelegenheit hatte; die des halsstarrigen Gehorsams und des abgeneigten Schweigens. Sie trug nun Grau statt Grün, die Tarnung einer Maus, und legte sich mit Kopfschmerzen aufs Bett, wenn die Stunde des Kartenspiels schlug. Dies zumindest hatte man ihr leichtgemacht: Niemand behelligte sie mit einem Mitgefühl oder stellte Ansprüche an das ihre. Wann immer es die Zeit anderer erlaubte, schloß sie sich mit ihren Erinnerungen und ihrem angefangenen Roman ein, aber so wie der Comte d'Arblay ihr keine neue Nahrung reichte, blieb auch der Kuß auf die Feder unerwidert. Ich sitze alleine an meinem Schreibtisch, Monsieur, dachte sie, es ist nach elf Uhr in der Nacht, und versuche mir vorzustellen, was Sie gerade tun. Schlafen Sie? Ich habe Sie noch nie schlafen gesehen. Oder sind Sie bei Ihren Freunden – Royalisten, Girondisten, Jakobiner? Ich weiß nicht einmal, ob Sie für oder gegen den König sind. Sie werden sich doch nicht allzu weit vorwagen? Ich kann und darf Ihnen ebenfalls nicht schreiben, und das, was ich in Bath begonnen habe, will nicht gelingen. Wie es scheint, bin ich Ihrer sehr bedürftig …

Weil sie fürchtet, das Halbfertige zu verpfuschen, wenn sie weiter daran herumkratzt, bindet sie das Manuskript wieder zwischen die Deckel und vergräbt es in ihrem Portemanteau. Ein paar Abende lang bessert sie Säume aus, dann zwirbelt sie schon wieder die Feder um die Nase: ein neues Journal, blau mit einem roten Band. Wie betrübt auch immer, schreibend muß sie sich der Welt versichern, und wieder beginnt sie, Blicke, Worte und Gesten, die nicht unbedingt für sie bestimmt sind, einzufangen und zu horten. Die erste Tugend des Autors hatte Dr. Johnson es genannt: genaue Kenntnis des Themas und der Figuren erwerben!

Welch ein Feld öffnete sich hier für sie! Hatte der große Khan es nicht vorgemacht, als er sich über die Zensur hinweggesetzt und schnurstracks aus dem Parlament berichtet hatte? Es war eine Sensation; alle wollten es lesen: wortwörtliche Rede, nichts Erdachtes. Zeitgenossen, keine Romangestalten. Und hier war sie von den ersten umgeben! Sie mußte sie nur ergreifen, diese Gnädigen und Ungnädigen, die Schreihälse und die Schmeichler, die Verächter und die Liebediener. Wenn sie die Feder eintaucht, fühlt sie die alte Beglückung und, allein mit ihrem Kopf, gibt sie der Lust am Schauen, Zuhören und Deuten nach, einer Lust, die weder Vorsicht noch Diskretion kennt. Welch ein Buch könnte sie über ihr Leben bei Hof schreiben! Noch nie hatte ein Autor ähnliches gewagt. Wenn sie sich sehr weit davontragen läßt, und dies geschieht leider immer öfter, sieht sie schon den Titel vor sich: *Hofberichterstattung*! Rot auf Königsblau. Außerordentlich unberaten!

Und außerordentlich leichtsinnig! Sie glaubt, dieses neue Journal unbeobachtet zu führen. Sie irrt. Zu schnell hatte sie sich abgekehrt, zu lange auf Erlösung gehofft und darüber versäumt, sich Verbündete zu schaffen. Nun lebt sie in Unkenntnis der Wege, auf denen der Klatsch durch ihre begrenzte Welt kreist. Niemand hält sie am Ellenbogen fest, um ihr eine Warnung zuzuflüstern. Vor der eintretenden Rawlins das Schreibzeug unter die Näharbeit zu schieben weckt das Zofen-Interesse, das unter gleichgültiger, beflissener Miene zu hecheln beginnt; eine verschlossene Schublade? Immer besser! Solche Tricks erforderten die angemessene Antwort. Eine Nachbildung ist überflüssig. Rawlins versteht mit gebogenen Drähten umzugehen. Seien Sie wachsam, hatte Mrs. Montague gemahnt. In einer Gesellschaft, die keine anderen Künste kannte, als sich gegenseitig zu bespitzeln, hatte es Miss Burneys Zofe zur Virtuosin gebracht.

So ist Rawlins nun stets auf dem laufenden über die Vorgänge im königlichen Ankleidezimmer. Sie erfährt, was Prinz William zu Frau von Zobeltitz gesagt (»Machen Sie Ihre Kartoffelklappe zu, old Titz, und lassen Sie mich durch! Es ist mir egal, ob Ihre Majestät frisiert ist oder nicht! Den Höllenhund spielen, he, he, was, Zerbera?«) und was jene errötend darauf geantwortet hat (»Meiner Treu, Euer Hoheit, eine alte Frau so zu verspotten!«). Sie liest von Whist-Partien, die Miss B. mit Fleiß verloren hat, um die grimmige Frau zu befrieden, und über Kutschfahrten im Regen bei offenem Fenster, bei denen ihr dies nicht gelungen ist (»Wenn es Ihnen nicht paßt, Miss Berner, steigen Sie aus!«).

Miss B. hat Ihre Majestät beim Einstecken des Fichus versehentlich gekniffen, worauf die Königin geseufzt und die erste Beschließerin der Roben der zweiten hinter deren Rücken einen derben Knuff versetzt hat. Sieh an, Ihre Majestät schlief unter einem Federsack, einem sogenannten Plumeau, eine Vorliebe, die von ihrer ersten Beschließerin geteilt wurde, der die englische Art, sich zu betten, außerordentlich gegen die Natur ging (»Ein barbarisches Land, in dem man die Zudecke unter die Matratze stopft und ins Bett wie in eine Tüte kriechen muß, tz!«).

Die Vorstellung, daß Frau von Zobeltitz in eine Tüte passen könnte, war Miss B. offenbar ebenso buchenswert wie die Kunst, die die beiden zahmen Kröten der ersten Beschließerin beherrschten (»Sehen Sie mal, Miss Berner, ich kann sie zum Quaken bringen. Ich brauche nur zum Tisch mit der Schnupftabakdose zu gehen, und sehen Sie, so mit dem Deckel: klapp, klapp, klapp, und schon fangen sie an zu quaken. Da! Was sage ich! Artige kleine Burschen!«).

Rawlins unterhält sich gut bei ihrer heimlichen Lektüre. Es sind dieselben Rippenstöße und Zumutungen, die auch sie erfährt, wenn auch eine Etage tiefer. Und da sie eine vorausschauende und vollkommen skrupellose junge Frau ist, wartet sie geduldig auf das Außerordentliche im Alltäglichen, auf den Eintrag, der hervorglänzen würde und den weiterzutragen ihr Verdienst und Vergnügen sein würde.

Sie sollte nicht lange warten müssen. Miss Burney war ihres sehnsüchtigen Gedankentexts müde geworden. Sein Memorieren löste nicht länger das erregende Tiefseeprikkeln aus, und sie fühlte, daß es Zeit wurde, das Ereignis aufzuschreiben. Wie eine Biene in einem verblühten Garten sammelte sie noch einmal alles ein, was der liebste Freund ihr zurückgelassen hatte; was er getan und gesagt und was er hoffentlich noch tun und sagen würde. Der englische Hof, so las Rawlins, war für Miss B. nichts als eine Station auf ihrem Weg nach Frankreich und in die Arme eines geheimnisvollen Monsieur d'A. Die eingebildete Miss B. die Hure eines Franzosen? Eine Kollaborateurin? Eine Landesverräterin? Rawlins war begeistert und schlau genug, diese Neuigkeit nicht unter ihresgleichen herumzutratschen, sondern sie geradewegs zu der von ihr verehrten höheren Instanz zu tragen.

Bedauerlicherweise war Miss Burneys Aufmerksamkeit ganz auf das Geschehen in Frankreich und im königlichen Ankleidezimmer gerichtet, und obwohl sie ihre Zofe nicht mochte, fiel es ihr nicht ein, deren spitzer Nase zu mißtrauen. Miss B. hatte ihre Lektion in Niedertracht noch zu lernen.

Doch noch steht sie in Blenheim und lutscht mit vorgestrecktem Kinn hinter Captain Fox Digbys Rücken an einer Aprikose. Jetzt faltet sie den Fächer zusammen und stippt ihn sacht in seinen Rücken. Er schiebt einen Schritt beiseite, und wie der Mond, der hinter einer Wolke wieder erscheint, tritt sie in ihre Reihe zurück. Den Kern behält sie im Mund. Es wird sie niemand zum Sprechen auffordern.

*

Weil Frau von Zobeltitz sich unpäßlich gefühlt und gepflegt werden mußte, war die Kutsche der ersten Beschließerin der Roben hinter dem übrigen Gefolge, das den Heimweg nach London und zum St. James's Palace eingeschlagen hatte, nach einem Besuch auf Hever Castle zurückgeblieben. Miss Burney und Fräulein Tecklenburg saßen reisefertig auf den harten Bänken der Vorhalle, während dampfende Fleischbrühe, weiße Brötchen und Portwein-Karaffen vorbeigetragen wurden und hinter der Tür der leidenden Dame verschwanden. Nach zwei Stunden war sie dann erschienen, so herrisch und unangekränkelt wie immer, und hatte zum Aufbruch befohlen.

Der Kutscher, der die frierenden Pferde in der Zwischenzeit wieder ausgespannt und in den Stall zurückgeführt hatte, war mit Gefängnis und Deportation bedroht worden, doch nun ist man ebenfalls unterwegs auf der Straße nach Norden, die Pelerinen bis über das Kinn geknöpft und mit eisernen Kohlenbecken unter den Schuhsohlen. Es schneit. Um sie zu erwärmen, hat der Kutscher die beiden Grauschimmel zum Trab angespornt. Frau von Zobeltitz trotzt mit heruntergezogenen Mundwinkeln und blauroten Wangen dem hereinwehenden Gestöber; Miss Burney hält ihr Gesicht im Pelzmuff versteckt.

»Lassen Sie das Fenster unten!« sagt Frau von Zobeltitz warnend, als die Zofe sich am Griff zu schaffen macht.

»Aber Madam«, versucht Fräulein Tecklenburg es auf die heuchlerische Art. »Bei Ihrer zarten und angegriffenen Gesundheit wäre es doch höchst unklug, sich dem Fahrtwind auszusetzen.«

»So besorgt, Fräulein Tecklenburg?! Geben Sie sich keine Mühe! Das Fenster bleibt unten! Frische Luft ist sehr stärkend.«

»Dann lassen Sie mich den Platz mit Miss Burney tauschen. Ihre Augen sind von der Hinfahrt noch ganz rot und entzündet.«

»Besten Dank!« brummelt es hinter dem Muff. »Aber ich bleibe, wo ich bin. Mit dem Rücken zur Fahrtrichtung wird mir schlecht.«

Dreifaches beleidigtes Schweigen, während der Wagen die verschneite Straße entlangschwankt. Vor Einbruch der Dunkelheit müssen die Lichter von Southwark erreicht sein. Eis-Zotteln wachsen an Fannys Hutrand und Muff. Frau von Zobeltitz bewegt aufgebracht die Beine unter ihrem Plaid.

»Was soll das Gezimper!« bricht es schließlich aus ihr heraus. »Ich kann das nicht leiden, Miss Berner, ja! Nehmen Sie das Pelzding herunter. Frau von Hackenfranz hat den Wind auch aushalten müssen.«

»Ja«, entfährt es Fräulein Tecklenburg, »bis sie auf einem Auge blind war und das andere ...«

»Halten Sie den Schnabel, Tecklenburg, oder steigen Sie aus!«

Fanny läßt den Muff sinken und schaut Frau von Zobeltitz an. »Sie ist blind geworden? Von dem Fahrtwind? Das kann ich nicht glauben!«

»Ganz wie's beliebt, Miss Berner!« Frau von Zobeltitz wendet sich ab und betrachtet interessiert die kahlen Hecken auf ihrer Straßenseite, die dünn verschneiten Ackerfurchen und einen Bussard, der dort nach Raubvogelart an einer Maus zerrt und schlingt.

»Sehen Sie sich meine Augen an, Madam! Wollen Sie, daß ich auch krank werde? Ich schließe jetzt das Fenster.«

»Das Fenster bleibt offen, oder Sie steigen aus!«

Es geht hügelabwärts. Der Kutscher hat die Pferde gezügelt; ein Tasten und Tänzeln, als schritten sie übers Hochseil. Die Bremse kreischt am Rad. Hinter dem schweren Kopf derer von Zobeltitz zieht langsam ein eisernes Tor vorbei, dann eine doppelte Reihe gestutzter Linden, in deren schwarzen Kronen sich die kleinen Dickichte der Misteln ballen. Fräulein Tecklenburg schnüffelt gekränkt in ihrer Ecke. Es dauert nur einen tiefen Atemzug, dann greift Fanny nach der Schnur über ihrem Kopf und gibt dem Kutscher das Signal zum Anhalten.

»Kommen Sie, Fräulein Tecklenburg, wir steigen aus!« Sie öffnet den Schlag auf ihrer Seite, wartet nicht, bis der Lakai abgestiegen ist, um den Tritt herunterzuklappen, sondern springt in den unberührten Schnee. »Kommen Sie, keine Angst!« Schon ist sie um die Kutsche herumgelaufen, öffnet die andere Tür und streckt der Zofe ihre Hand entgegen. Ebenso lange hat es gedauert, bis Frau von Zobeltitz sich aufgeblasen hat.

»Was sind das für Frechheiten!« zetert sie nun los. »Steigen Sie sofort wieder ein, Berner!« Fannys Arm bleibt ausgestreckt.

»Ich habe die Wahl, mir in dieser Kutsche den Tod zu holen oder auszusteigen. Also steige ich aus.«

»Ich steige auch aus«, sagt Fräulein Tecklenburg in einem Anflug von Tollkühnheit.

»Dann raus mit Ihnen!« schreit Frau von Zobeltitz mit roter Kehle und bebenden Wangen, stößt das aussteigende Fräulein in den Rücken. »Raus, raus! Aufsässige, unverschämte Weibsbilder!« Und tobt auf deutsch weiter, während Fanny den Schlag von außen zudrückt.

»Es ist in Ordnung, fahren Sie weiter!« ruft sie der eingehüllten Gestalt auf dem Bock zu und winkt mit dem Muff.

Der Kutscher zuckt die Achseln, schnickt die Zügel, die Pferde ziehen an, und im sacht fallenden Schnee schleicht der Wagen auf hohen Rädern davon. Sie sind allein.

Ein solcher Moment der Freiheit! Der Despotin die Stirn geboten! Die Ketten abgeworfen für ein Strecken, ein langes Ausatmen und ein aufsteigendes Gejuchze, das auf seiten Fräulein Tecklenburgs sogleich in einen verzagten Seufzer mündet.

»Barmherziger Himmel! Was haben Sie getan, Miss Burney! Sie haben Frau von Zobeltitz erzürnt, und nun sind wir ohne Beistand hier ausgesetzt.« Fanny hakt das kleine Fräulein unter und schüttelt kameradschaftlich ihren Arm.

»Nein, nein, wir sind hier nicht ohne Beistand. Kommen Sie nur!« Es gibt keine Räderspuren im frischen Schnee, aber das Gittertor läßt sich aufdrücken, und die beiden marschieren in ihren nassen Seidenschuhen durch die Lindenallee auf das graue Haus mit den Tudorschornsteinen zu. Nach zwanzig Schritten ist es endgültig vorbei mit Fräulein Tecklenburgs Courage.

»Aber, Miss Burney, das geht doch nicht! Wir können doch nicht einfach fortbleiben. Frau von Zobeltitz ist inzwischen sicher umgedreht und sucht uns. Sie wird uns eine schreckliche Szene machen, aber sie muß uns doch mit zurück nach London nehmen! Was wird Ihre Majestät sonst sagen?«

»Frau von Zobeltitz kann uns hier in Chessington Hall suchen!« erwidert Fanny mit Festigkeit. »Auf keinen Fall werden wir an der Straße warten, ob es ihr gefällt umzukehren oder nicht.« Noch ist sie vor Triumph halb erstickt, aber verschiedene Bedenklichkeiten beginnen sich bereits anzuschleichen. »Kommen Sie, nur Mut!« redet sie sich und der anderen zu. »Gleich sind wir da. Im Trockenen, im Warmen, bei freundlichen Menschen. Hier vor uns liegt Chessington Hall, das Haus meiner Schwester, Mrs. Featherstone.«

Sie zieht die Glocke, und im Gewisper der fallenden Flocken warten sie schweigend und ohne sich anzuschauen unter dem Vordach, bis sich ein Licht hinter den schmalen Scheiben nähert und der Riegel zurückkracht. Betty öffnet, nun eine große Frau, Wikingertochter, in einem dunklen Wollkleid, weißem Häubchen und Schürze.

»Heilige Muttergottes! Es ist Miss Fanny!« Sie schiebt den schweren Vorhang mit dem Ledersaum beiseite, der die Halle vor dem scharfen Luftzug unter der Eingangstür abschirmen soll. Im Innern ist es fast genauso kalt wie draußen. »So eine Überraschung! Sie kommen ja richtig reingeschneit! Wo ist denn Ihr Wagen? ... Es sind alle zu Hause und in der Bibliothek. Gott sei Lob und Dank, bei diesem Wetter! Also, Miss Fanny, so was! Ich freu' mich wahrhaftig, Sie zu sehen. Sie waren ja schon so lange nicht mehr bei uns! Und so elegant! Wir sind alle gesund und munter. Nur Mulligan ist unter einen Postwagen geraten, und Henry ist auch nicht mehr bei uns. Ist einfach stocksteif von der Bank gefallen. Mr. Featherstone hat's sehr schwergenommen; 's waren alte Freunde, nicht wahr, aber sie waren auch beide schon verflixt wackelig auf den Beinen. Friede ihren unschuldigen Seelen! Ach, Miss Fanny, Sie ahnen ja gar nicht, wie mächtig stolz Mr. und Mrs. Featherstone waren, als sie hörten, daß Sie jetzt bei Hofe sind. Um Vergebung, Madam, wo hab' ich denn bloß meinen Kopf!? Darf ich den Damen die nassen Sachen abnehmen? Bitte nur einen Moment hier ans Feuer zu treten; viel ist's nicht, aber die Bibliothek ist schön warm. Ich geh' gleich voraus, wenn's beliebt. Oh je, oh je, oh je, das wird ja eine Freude geben!«

Fanny hat sich von Betty wohlwollend anstrahlen und mit zusammengeschlagenen Händen umrunden lassen, aber Fräulein Tecklenburg ist doch recht konsterniert von solch rätselhafter familiärer Rede zwischen Magd und Herrschaft. Nun nimmt das Mädchen die Lampe vom Tisch, klinkt einen Teil der Vertäfelung auf, schurrt in Pantinen und mit erhobenem Licht den dunklen Flur entlang. Noch ehe sie die Tür zur Bibliothek erreicht hat, hört Fanny das Spinett und gleich darauf die Stimme einsetzen, einen schmetternden Mezzosporan: »Vivi, tiranno! Vivi, tira-hanno, io t'ho scampato; svenami, ingrato ...«

»Sally!«

Betty fährt erschrocken herum. Die Arie hinter der Tür bricht ab.

»Aber das ist doch ... das kann doch ...«, flüstert Fanny kläglich und hält sich am Knopf einer schwarzen Stuhllehne fest. In der offenen Tür steht Mr. Featherstone, eine gebeugte Kontur gegen die Lampe in seinem Rücken.

»Miss Fanny ist gekommen, Sir«, sagt Betty eingeschüchtert, »und eine andere Dame.« Er tut einen unsicheren Schritt, als steige er über eine Schwelle, und streckt ihr die Hände entgegen, gekrümmt von der Gicht und nun nicht größer als sie selbst.

»Fannikin ist gekommen!« Er tritt zurück ins Licht, zieht sie mit sich. Beim Eintreten sieht sie ein junges, schlankes Mädchen von der Bank vor dem Instrument aufstehen. Es ist Sally mit ihren Kastanienaugen und dem Rabenhaar. Nur, daß sie nicht lacht und auf sie zustürzt, sondern sie ohne Bewegung, fast so, als erkenne sie sie gar nicht, unter geraden Augenbrauen anschaut.

Etwas ist nicht ganz so, wie es sein sollte. Es sind nicht Sallys Augenbrauen, und es ist auch nicht ihre unbesorgte, schlenkernde Üppigkeit. Verständnislos wandert der Blick durch dieses Trugbild – von der Polsterbank neben dem Kaminschirm zum Bücherregal und zurück zum Spinett. Hier haben wir zweifellos Schwester Louise, Grau im blonden, nun eher heufarbenen Haar, und hier Mr. Featherstone, durchscheinend vor Alter, in seinen zu groß gewordenen Kleidern. Und dort? Louise hat sich als erste gefaßt:

»Auf mein Wort, das nenne ich eine Überraschung! Fanny! Wo kommst du denn so plötzlich her? Wir hatten keine Ahnung! Weilt Ihre Majestät hier in der Nähe? Aber deine Schuhe! Bist du etwa zu Fuß gekommen? Ist alles in Ordnung?« Und als sie nur einen ratlosen Blick zur Antwort erhält: »Ach ja, freilich, du kennst Margaret noch nicht. Margaret, das ist deine Tante Burney, die berühmte Miss Burney, sollte ich wohl sagen. Fanny, das ist Sallys Tochter. Du erinnerst dich, daß ich dir damals schrieb ...«

»Wie siehst du deiner lieben Mama ähnlich!« sagt Fanny mit schwankender Stimme, als sie die Hand des Mädchens ergreift und sie zu sich heranzieht. »Sie war in deinem Alter, als wir beide in Leicester Fields ... Und deine Stimme, mein Kind! Ich war für einen Augenblick wirklich ... ach! Ach, nein!« Doch keine Tränen! Sie drückt verärgert das Taschentuch unter die Nase. »Verzeih mir, wie töricht von mir! Du bist die begabte kleine Peg mit der schönen Stimme. Deine Mama war so ... Sicher weißt du, daß du ihr ganzer Stolz und ihre Freude ...« Sie hat keine Worte mehr.

»Ich bin sehr erfreut, Sie kennenzulernen, Madam«, sagt das ernste Mädchen und knickst. Eine Pause. »Onkel Featherstone hat mit mir *Virginia* gelesen. Im letzten Herbst. Er sagt, Sie hätten es damals hier in Chessington geschrieben.« Ermutigendes Lächeln reihum, doch man wartet vergeblich auf mehr.

»Hat es dir gefallen?« Das hat sie noch niemals gefragt.

»Sehr gut, vielen Dank, Madam.«

»Du mußt nicht so förmlich sein, Peg!« sagt Mr. Featherstone schließlich, einer wachsenden Bestürzung gewahr. Du wirst deine Tante sicher Tante Fanny nennen dürfen.«

»Ja, bitte tu das!« erwidert Fanny, und da sie den Wunsch verspürt, die Nichte zu schütteln, wendet sie sich ab und führt endlich das verwirrte Fräulein Tecklenburg in den Kreis ihrer Familie ein. Schon schämt sie sich ihrer Enttäuschung und schenkt dem Mädchen zur Abbitte ein besonderes Lächeln: die Tochter ihrer lieben Schwester Sarah Harriet Bradshaw! Wie ernst das Kind ist, wie wachsam! Wie ungerecht zu erwarten, daß es ihrer zärtlichen, lustigen Sally mehr als gleiche! Daß es sich freuen soll, Tante Burney zu begegnen, die bisher kaum einen Gedanken an seine Existenz verschwendet hat! Wie anmaßend von dieser achtlosen Tante! Trotzdem lodert die Empörung über die Hinterlist der Natur noch eine Weile fort. Die Augen! Das Haar! Die Stimme! Und die Arie, mit der Signor Millico Sally einst betört ... Sie hofft, daß Peg seinen Namen nie gehört hat.

Louise hatte Fanny vor langer Zeit geschrieben, daß der Reverend Bradshaw seine Tochter nach Chessington Hall gebracht habe und sie seit Monaten darauf warte, daß er sich zeige und das Kind wieder an sich nähme. Danach hatten sie wenig voneinander gehört; von Peg war nicht mehr die Rede, und Fanny hatte unter der Last ihrer Trauer um Sally das kleine Mädchen fast vergessen. Nun wagt sie nicht zu fragen, wie und wo der Reverend sich befände und ob Peg in Chessington eine Heimat gefunden habe.

Louise, die während des Gordon-Aufstands ihr Ungeborenes verloren hatte, war nie wieder schwanger geworden, und Fanny vermutete, daß die kleine Halbwaise nicht die Tochter war, die sie sich gewünscht hatte. Vielleicht war Mr. Featherstone – Onkel Featherstone – der einzige Pfosten in der Brandung, an dem das verlassene Kind sein Boot hatte befestigen können – eine schwache, alte Stütze. Peg würde sich mit dem Erwachsenwerden beeilen müssen.

Nun, da sie sich gefaßt hat und wünscht, Sallys Tochter näher kennenzulernen, ist man natürlich viel zu beschäftigt, trockene Schuhe zu finden, das Feuer zu schüren, Stühle und Teetassen zu verteilen und sich an dem Rätsel ihres plötzlichen Auftauchens zu weiden, um dem Mädchen großartig Beachtung zu schenken. Louise hat schon lange keinen derartigen Skandal mehr vernommen. Es bedarf Fannys ganzen literarischen Witzes, um die Geschichte ihrer unerhörten Desertion, zu der sie das inzwischen restlos zerknirschte Fräulein Tecklenburg angestiftet hatte, so zu erzählen, daß ihre Beweggründe auf Verständnis und Mitgefühl bei den Zuhörern stoßen und ohne daß sie ihre Leiden bei Hofe in allen Einzelheiten auszumalen hatte. Denn nach Windsor oder St. James's müssen die zweite Beschließerin der Roben und die königliche Zofe zurückkehren; ein Bußgang, dessen Schrecken Miss Burney unter einem munteren Ton zu verbergen sucht.

»Ich muß Sie bitten, lieber Mr. Featherstone, morgen für uns beide reuige Sünderinnen anspannen zu lassen – falls das Wetter es erlaubt. Man wird uns bei Ihrer Majestät schon kräftig angeschwärzt haben, und je eher wir eintreffen, um uns von den Vorwürfen reinzuwaschen, um so besser.«

»Es versteht sich, daß wir Miss Tecklenburg und dich nach London zurückbringen«, antwortet Louise an seiner Statt. Sie wendet sich mit der Autorität der Älteren zu Fanny um, die neben ihr auf der Polsterbank sitzt. »Aber ich muß dir sagen, Schwester, daß dein Handeln sehr unüberlegt war. Du genießt große Privilegien und wagst es, sie wegen einer kleinen Mißhelligkeit wegzuwerfen.«

Diese Art von tadelnder Rede hatte Fanny bereits befürchtet, und da sie allmählich die Last der Ereignisse zu spüren beginnt, fällt ihre Antwort ein wenig prompter als geplant aus.

»Es gibt Grenzen menschlicher Geduld, liebe Louise, und ich wage zu behaupten, daß die deine, wenn du im Dienst der Frau von Zobeltitz stündest, schon seit geraumer Zeit erschöpft wäre.«

Der lieben Louise röten sich die Wangen.

»Du scheinst zu glauben, daß ich keine Vorstellung von Geduld und Pflichterfüllung habe. Ich kenne meinen Platz im Leben, aber du willst dich nicht dazu verstehen, daß Dienen und Unterordnung zu deiner Aufgabe gehören.« Sie lacht und legt ihre Hand auf Fannys Unterarm – »Einfach wegzulaufen! Du überraschst mich immer noch, kleine

Schwester!« –, aber beide wissen um die Unehrlichkeit der Geste. Louise ist nicht versöhnlich; sie will nur keinen Streit.

»Ich beklage mich nicht über das Dienen«, antwortet Fanny störrisch, »sondern über die Willkür. Diese Sache mit dem offenen Fenster. Schau dir meine Augen an! Ich sehe ständig wie ein krankes Huhn aus.«

»Frau von Zobeltitz ist wirklich sehr diktatorisch«, meldet sich das kleine Fräulein Tecklenburg hilfreich zu Wort.

»Gewiß, Madam.« Aber zurück zu Fanny: »Dennoch solltest du dankbar für eine solche Stellung sein! Du bist glänzend versorgt. Es fehlt dir an nichts, außer an der Zeit, deinen Neigungen nachzugehen. Darauf gibt es, meines Wissens, kein Recht, das sich einfordern ließe!« Und in die Luft, auch an die Adresse einer anderen gesprochen: »Wenn man nicht hat, was man liebt, muß man lieben, was man hat!«

Das Mädchen Margaret blickt stumm in seine Tasse mit dem geschweiften blauen Rand. Fanny kennt das Service; es gehörte zu Louises Aussteuer. Einiges scheint zu fehlen; der Deckel der Zuckerdose, eine passende Untertasse. Die Witwe Featherstone würde einmal nicht glänzend versorgt sein. Und das Kind? Die noch ärmere Verwandte? Fanny sieht das spinatgrüne, offenbar von Louise abgelegte Kleid, Haare, die nicht frisiert, sondern einfach unter ein Häubchen zurückgesteckt sind. Wo war Pegs Platz?

»Nun, sei es, wie es mag«, schaltet sich Mr. Featherstone, der Gute, ein, »wir freuen uns, daß Sie beide zu uns gekommen sind. Wie Sie sicher bemerkt haben, waren wir gerade bei unserem Nachmittagskonzert, und während Betty uns eine kleine Mahlzeit bereitet – es ist ja wohl noch Rinderzunge da, auch Gurken, ja? Und vom frischen Brot, hörst du! Schneid' nicht vom alten ab!« – dies um das Mädchen zu vertreiben, das sich schon länger unnötig mit dem Geschirr zu schaffen macht – »derweil wird Peg uns etwas vorsingen. Willst du dort fortfahren, wo wir unterbrochen wurden, liebes Kind?«

»Oh bitte«, sagt Fanny, den Finger hebend, »darf ich einen Wunsch äußern? Ich glaube, Peg, du kennst auch dieses Stück – das heißt natürlich, ich hoffe es. Würdest du einmal für mich aus Händels *Saul* Davids Arie ›So stolze Schönheit‹ singen?« Ohne daß Sallys Name gefallen wäre, wissen beide, daß soeben von ihr die Rede war, und mit schüchternem Lächeln, als grüßten sich zwei Fremde, die gerade eine gemeinsame alte Liebe entdeckt haben, nicken sie einander zu. Dann steht Peg auf und geht ans Spinett.

Wenn Fanny die Augen schließt, ist Sally ihr ganz nahe. In den kleinen, pitschenden Wellen am Strand von Lyme Regis wickeln sie sich die nassen Hemden unter der Brust zusammen und schwimmen nebeneinander hinaus ins Freie. Sallys Arme sind steinkalt und weiß wie ein Fischbauch; ihr schwarzes Nixenhaar wallt um den Kopf, als sie auf dem Rücken treibend »So stolze Schönheit« trällert; Mrs. Sarah Harriet Bradshaw, wie klingt das? – Keine Angst, mein Schäfchen, ich halte dich fest, wenn du nicht mehr kannst. – Siehst du, ich schwimme eben öfter als du. Das Baden macht stark! ... Sally, die starr vor Grauen und Kälte, das Kind an sich gedrückt, vergeblich gegen den Strom des Atlantiks anschwimmt, ihre weißen Arme in dem wogenden Meer; Sally unter den Wellen, die Augen voll Wasser ... sie ist ihr plötzlich so schrecklich nahe, als sei ein Vorhang zwischen den Lebenden und den Toten heruntergerissen worden.

Fanny hatte gehofft, dieses Schreckensbild, das ihr viele Jahre lang das Herz abgedrückt, aus ihrem Sinn getilgt zu haben, aber es ist noch immer da, und nun glaubt sie, in Pegs Stimme, die so forsch und klar, so frei und innig und überhaupt ganz anders als ihre trockene Erscheinung ist, eine Schärfe zu hören, die Meister Händel seinem David nicht eingeschrieben hatte.

»Sie einzig nimmt das Herz in Haft, die milden Sinns und sanfter Art.«

Glaubst du, daß ich sanfter Art bin? hatte Sally sie gefragt, und Fanny hatte geantwortet: Ja, das bist du. Aber Sally war nicht sanft, und Peg ist es auch nicht. Man hatte die eine bei Tante Dobson und die andere bei Tante Featherstone abgegeben, und sie hatten gelernt, sich zu schicken, arm, wie sie waren, und ohne Aussicht, von ihren Talenten leben zu können. Das konnte nicht einmal die berühmte Miss B. Ihre einzige Hoffnung war, daß ein respektabler Mann daherkäme, in dessen Hand sie ihr Schicksal legen mochten und der sie erhielt. Ein Mann wie der Reverend Benjamin Bradshaw, dessen Schutz so viel wert war wie ein Regenschirm ohne Stoff. Dies war die große Ungerechtigkeit des Lebens. Das Untätige, Unausweichliche, das Warten. Warten, daß etwas mit ihnen geschähe. Peg wartete auf das Erwachsensein und auf ihren Vater, Fanny auf Monsieur d'Arblay. Bis es soweit war, mußten sie stillhalten und alle ihren guten Geister in sich verschließen.

»Ist Tugend solchem Reiz gepaart, wer trotzt dann der Liebe Kraft?«

Und wer liebte die Störrischen, die stolzer Art und aufrührerischen Sinns waren? Die nicht lächelten? Die eine Tür zuschlugen, ohne zu wissen, ob eine andere sich öffnete? Sie hatte einen schweren Fehler begangen, als sie sich aufgelehnt und die zeternde Zobeltitz alleine nach London hatte fahren lassen. Ihre Majestät mußte zutiefst indigniert sein. Fahnenflucht! Würde man ihr Pardon gewähren? Oder sie in Zukunft die Nachtgeschirre leeren lassen? Von der ersten Beschließerin durfte sie nie wieder ein gutes Wort erwarten. Dennoch glaubt sie, richtig gehandelt und ihre Würde verteidigt zu haben.

Eine große Müdigkeit senkt sich auf ihre Schultern, und als die Tassen ausgetrunken und die Brotkrümel vom Schoß gewischt sind, bittet sie Louise, ihr ein Zimmer anzuweisen, in das sie mit nichts als ihrem Taschentuch, einem Schubladenschlüssel, einer silbernen Fliege auf einer Korallenbrosche und einem kleinen Flakon Lavendelwasser in der Tasche ihres Muffs hinaufsteigen wird.

»Du wirst bei Peg schlafen, Schwester«, sagt Louise. »Wir haben nur noch ein weiteres geeignetes Zimmer, in dem Betty gerade das Feuer anzündet. Der Westflügel ist im Winter abgeschlossen.« In Pegs Kammer brennt kein Feuer, die Bettvorhänge riechen streng nach Kampfer. Als Fanny ihre Kleider über den Stuhl breitet, gruschbelt es in der dunklen Ecke. Chessington Hall, von seinen angestammten Haustieren verlassen, scheint zahllosen unerwünschten Kreaturen Zuflucht zu bieten. Doch jetzt ist ihr zu kalt, um Empfindlichkeiten nachzugeben. Sie wirft eines der Kissen ans Fußende. Klamme Laken sind unter der Wolldecke festgesteckt und verströmen einen Geruch wie von alten, viel benutzten Spielkarten.

»Komm ins Bett, Nichte Margaret«, sagt sie mit klappernden Zähnen, und das Mädchen bläst die Kerze aus. Sogleich verdichtet sich die gruftige Kälte. Weiße Füße schieben sich unter Arme, tasten sich an Rippen heran. Vogelknochen, auf beiden Seiten alles ganz flach und schmal. In der Wand erscheint hellgrau ein Fenster.

»Es hat aufgehört zu schneien«, flüstert Peg. »Werden Sie morgen abreisen, Tante Burney?«

»Ja, wenn die Straße passierbar ist. Würdest du mich bitte Tante Fanny nennen? ... Was ist?«

»Mrs. Featherstone wünscht nicht, daß ich sie Tante Louise nenne.«

»Deine Mama und ich, wir standen uns auch näher«, sagt Fanny mit dem Gesicht zur Decke. »Erinnerst du dich an deine Mama?«

»Oh ja«, antwortet Peg leise. »Ich erinnere mich an das trockene Zimmer in unserem Haus, an das Feuer und wie Mama mit Ben auf dem Schoß davor saß. Er war ein bißchen krank und konnte den Kopf nicht heben. Ich erinnere mich, daß sie gesungen hat. Aber ich glaube, sie war auch oft traurig.«

»Ach, Kind!«

»Ist das wahr, was Sie gesagt haben, Tante, daß ich ihre Freude und ihr Stolz ...?«

»Ja, das ist wahr. So hat sie es mir geschrieben. Du hast auf dem Schemel gestanden und gesungen. Was war es noch? Irgendein Kinderlied. Ich werde dir den Brief schicken, wenn du versprichst, ihn mir zurückzugeben.«

»Als wir weggingen, hat Papa ihre Noten eingepackt. Das ist alles, was ich von ihr habe.«

»Du hast ihre Augen und ihr Haar und ihre Stimme, weißt du das nicht?« Stille.

»Wirklich?«

»Ja, wirklich!«

Sie drehen sich einander zu; steif in der Kälte und jede mit den Füßen der anderen vor der Brust. Fanny nimmt die dünnen Fersen in die Hand, und Pegs Zehen suchen die kleinen warmen Falten unter ihrem Busen. Sie drückt sie an sich.

»Tante Fanny?«

»Ja?«

»Ich träume so oft von diesem Wasser ...«

»Ich weiß, Kind. Das ist so. Sei nicht traurig. Wir können es nicht ändern. Wir können sie nur im Herzen behalten. Du bist jetzt bei guten Menschen.« In der sauren, kalten Luft scheinen die Sätze langsamer zu vergehen. »Bist du denn immer bei Mr. und Mrs. Featherstone?«

»Ja, immer.« Und Peg erzählt Tante Fanny, wie sie vor drei Jahren nach Chessington Hall kam, daß sie seither den Reverend Bradshaw weder gesehen noch von ihm gehört habe, einen Vater, auf dessen Kommen sie noch immer hoffte und von dem sie nicht glauben wollte, daß er verschollen und verdorben war; daß Onkel Featherstone sie

Lesen, Schreiben, Rechnen, Piquetspielen und Rosensorten unterscheiden gelehrt habe.

»Pompon de Bourgogne«, murmelt sie schläfrig, »Maiden's Blush, Félicité Parmentier, Reine Blanche.« Ein knappes Jahr lang war sogar ein Musiklehrer für sie ins Haus gekommen, bis Mrs. Featherstone diese Extravaganz unterbunden hatte. Nun übte sie für sich allein, und manchmal musizierten sie auch zusammen, Harfe und Spinett, kein sehr glücklicher Zusammenklang, aber Onkel Featherstone hört sie gerne, und sie muß ihm immer wieder seine Lieblingsarien vorsingen, Händel, Scarlatti und Paisiello. Natürlich war ihre Stimme nicht wunderbar, Tante Fanny war wirklich zu freundlich, aber, wenn sie sang, war sie glücklich und mit sich im reinen, wenn Tante Fanny verstand ... Ansonsten hatte sie sich im Haus nützlich zu machen. Möbel polieren, Zinn putzen, mit Betty die Wäsche falten. Peg kannte ihren Platz in dieser Welt. Er lag auf halbem Weg zwischen Findelkind und unbezahlter Dienstmagd.

Fanny zieht die Schultern hoch und zupft sich die Wolldecke in den Nacken, dort, wo Louises Nachthaube zu kurz ist. Sie summt etwas entfernt Bekanntes, was war es doch? »Make a cake, baker's man ...«, reibt Pegs Fersen wie kleine Äpfel in ihrer Hand. Wie zuverlässig warm war doch ein anderer Mensch, selbst ein ganz dünner, selbst in einem üblen Bett in einem kalten, alten Haus. Mit der Wärme kommt der Schlaf wie Nebel dahergeweht. Die Hände stehen still, und die Füße werden schlaff.

Am nächsten Morgen erscheint mit der trüben Wintersonne ein bis auf das königliche Wappen schmuckloser Zweispänner in der Auffahrt unter den Linden, dem Captain James Isidore Fox Digby, Oberstallmeister Seiner Majestät, George III, rahmenfüllend entsteigt. Er ist von vollkommener Verbindlichkeit und wird von Mr. Featherstone in der Bibliothek mit heißem Bier und den Resten der Rinderzunge erfrischt. Und während man sich über das Wetter austauscht, die Schneeschmelze, die bereits in der Nacht eingesetzt und Hoffnungen sowohl auf einen passablen Rückweg nach London als auch auf ein zeitiges Frühjahr weckt, wandern die Augen des Captain über die Bücherbretter, die verschlissenen Samtportieren von der Farbe eines sommerlichen Ententeichs, die klaffenden Fugen in der Vertäfelung, das dunkle Bild mit den engbestrumpften Kavalieren im Gartenlabyrinth der Hall über dem Kamin – ah, ein Hilliard, wenn er recht unterrichtet ...? –, nehmen seine Nüstern den Kellergeruch nach feuchtem Putz, schimmeligen Büchern und den untilgbaren olfaktorischen Hinterlassenschaften des Katers Henry wahr.

Diese Aufmerksamkeit ist ihm im Laufe der Jahre so selbstverständlich geworden, daß er, wenn er sich später einer Situation erinnert, Einzelheiten in seinem Gedächtnis vorfindet, die er glaubte gar nicht beachtet zu haben. Doch diesmal versichert er sich, daß ihm nichts entgeht, zumal er über ein dienstliches Interesse hinaus eine echte Vorliebe für die Zeugen eines Zeitalters hegt, das ihm um vieles glanzvoller und heldenmütiger erscheint als das gegenwärtige. Einen kleinen überflüssigen Spleen durfte sich auch ein so effizienter Mensch wie Captain Fox Digby leisten; und in seinem Fall waren es die Tudors. Wundervoll, wie lange sich manche ihrer Häuser auf den Grundmauern hielten! Diese würdige alte Schachtel war eine halbe Ruine, doch zugleich das Haus eines Gentleman. Und hier war die Dame, die Schwester der zweiten Beschließerin der Roben, die zurückzuführen er Order hatte.

Captain James Isidore Fox Digby, der seine Selbstsicherheit und guten Manieren mit dem ersten Atemzug in einem modernen, beheizbaren Herrenhaus in Devonshire inhaliert hatte, spricht voll Bewunderung von der Antiquität Chessington Halls, seinen elisabethanischen Schornsteinen und Fensterlaibungen, der originalen Faltentäfelung aus der Zeit des ersten Jakob und der Diele mit dem Feuerplatz aus der des achten Hein. Er vermag Mrs. Featherstone sogar ein ungläubiges Lächeln zu entlocken, einer Dame, die, so versteht es der Captain, der Hinfälligkeit ihres Heims mit einer Fassade persönlicher Festigkeit entgegenzuwirken sucht. Dann sind auch Miss Burney und Fräulein Tecklenburg reisefertig und stehen eingeknöpft in ihre Pelzkragen an der Türe, während die zurückbleibenden Damen die Schultertücher fester um sich ziehen.

»Mein liebes Kind!« sagt Fanny und drückt Pegs Hände. »Ich bin sehr froh, dich gefunden zu haben.«

»Aber das war doch nicht schwer, Tante Fanny«, erwidert die Nichte, und der Tante geht ein kleines Licht auf, daß das ernste Kind wohl doch über eine Portion Schalk verfügte; man mußte ihn nur zu finden wissen.

»Gute Reise, Schwester!«

»Du hast uns mit deinem Besuch eine große Freude gemacht«, fügt Mr. Featherstone hinzu. »Ich bin ein alter Mann und darf es dir ohne Umschweife sagen: Ich hoffe dich wiederzusehen, mein Fräulein, bevor ich endgültig die Augen schließe. Komm recht bald! Du sollst wissen, daß unser Haus dir immer offensteht.«

»Sie sind sehr freundlich, Sir, aber ich bin sicher, ich werde nun erst einmal meine Strafe absitzen müssen.« Fanny erscheint es bedeutungsvoll, daß Captain Fox Digby dazu keinen beschwichtigenden Kommentar abgibt. Es stand also noch schlimmer, als sie befürchtete.

Vor dem Einsteigen müssen verschiedene Mechanismen in den Röcken betätigt werden, um die Reifen unter die Achseln zu klappen; anders fänden drei Paar Knie, von denen die des Captain die gegenüber lagernden Stoff-Gebirge wie eine doppelte Deichsel teilen, in dem engen Coupé keinen Platz.

»Was spricht Ihre Majestät?« wagt Fanny schließlich zu fragen, nachdem sie die Auffahrt hinter sich gelassen haben. Captain Fox Digby wiegt das Haupt.

»Ihre Majestät ist befremdet, fürchte ich.« Fräulein Tecklenburg gibt einen Ton von sich, wie eine getretene Maus. »Sie können sich gewiß vorstellen, in welcher Verfassung Frau von Zobeltitz in St. James's Palace eintraf. Sie war heftiger erregt als üblich.« Er rückt an seinem Dreispitz. »Wie es scheint, sind Sie desertiert, meine Damen. Das ist ein schweres Vergehen. Allerdings, wenn ich so sagen darf, genießen Sie nun den Respekt der gesamten Truppe.«

»Dafür wird Frau von Zobeltitz um so zorniger sein«, jammert Fräulein Tecklenburg.

»Fassen Sie Mut, Madam!« Und an Fanny gewandt: »Erlauben Sie einem Veteranen und langjährigen Diener Seiner Majestät, Ihnen einen Rat erteilen zu dürfen: Werfen Sie sich Ihrer Majestät zu Füßen und sprechen Sie offen zu ihr, ohne zu klagen oder anzuklagen. Ihre Majestät ist nicht fühllos.«

Fanny blickt ihn unter ihrer Hutkrempe an. Captain Fox Digby war eigentlich noch nicht alt genug, um so onkelhaft mit ihr zu sprechen. Kaum über vierzig, mit einer kurzen Oberlippe, die sich gern ein wenig arrogant verzog, und großen Händen, die gefaltet in messinggelben Handschuhen wie ein halber Mond zwischen seinen Knien pendelten.

Als er noch königlicher Leibkutscher war, hatte er sich seinem Souverän nicht nur durch die Akkuratesse empfohlen, mit der er ein Achtergespann auf den Fuß genau vor Portalen und roten Teppichen zum Anhalten bringen konnte, sondern stärker noch durch einen raschen, schützenden Sprung, als eine Dame mit freundlichem Lächeln und unstetem Blick in Windsor versucht hatte, Seine Majestät beim Überreichen einer Bittschrift mit einem Obstmesser zu ermorden. Der Kutscher hatte ihr die Arme auf den Rücken gedreht, und jeder in der Eskorte schlug noch einmal zu. Allein Seine Majestät war gefaßt.

»Halt, ich bin unverletzt!« hatte er gerufen und seine Rockaufschläge zurückgeklappt. »Sehen Sie, die Weste, das

Hemd und eine gute Lage Speck haben die Waffe aufgehalten!« Und an ihn gewandt: »Tun Sie der Frau nicht weh, Fox Digby. Die arme Kreatur ist verrückt. Mit einem Obstmesser! Also wirklich! Das Ding schneidet keinen Pfirsich auseinander. Geschweige denn einen dicken Kerl wie mich.«

Seither war Captain Fox Digby Georges Mann für besondere Aufgaben – Aufgaben, die Beherztheit, kaltes Blut und zweifelsfreie Loyalität erforderten. Wo immer sich in der königlichen Entourage ein Abweichen von der idealen Linie andeutete, ein Schielen nach der Opposition, eine unangebrachte Neugierde auf Vorgänge außerhalb der vorgegebenen Pflichten, kreuzte der Oberstallmeister auf, um Näheres in Erfahrung zu bringen, wobei er darauf achtete, mit seinen großen Füßen nicht auf das zarte Pflänzchen entgegengebrachten Vertrauens zu treten.

Captain James Isidore Fox Digby wäre für George III gerne das gewesen, was ein Sir Francis Walsingham für Königin Elizabeth I war, der beste Geheimdienstmann Europas. Es kam ihm bei seiner Aufgabe zupaß, daß er über das Äußere eines freundlichen Riesen, Taktgefühl und ein wenig Humor verfügte. Er verstand sogar das Kunststück, sich dem Prinzen von Wales angenehm zu machen, der sonst nichts lieber tat als das, was der Partei seines Vaters schadete.

Doch so, wie George ein König sturen Sinns war, trug auch sein Diener Fox Digby zuviel deplazierten Ehrgeiz mit sich herum. Frau von Zobeltitz, die, was die Schlechtigkeit der Menschen betraf, mehr Phantasie als Miss Burney hatte, war von seinem Charme nicht beeindruckt und hatte eine ungünstige Meinung vom Oberstallmeister. Er war ihr ein wenig zu allgegenwärtig. Sie mißbilligte die glänzenden Augen, mit denen die Zofe Rawlins auf diesen Herrn blickte, und sie verachtete den unmännlichen, peinlichen Schrekken, den er einmal verraten, als er vor einer Maus zurückgezuckt, die im Vorzimmer der Upper Lodge hinter einer Scheuerleiste hervorgehuscht und ihm fast über die

Schuhe gelaufen war. Frau von Zobeltitz, der vor keinem Tier grauste, nahm sein Huch! zum Zeichen für einen durchtriebenen Charakter.

»Ein Fuchs, wo ihn das Hemd anrührt«, sagte sie zur zweiten Beschließerin. »Dem trau' ich nicht von zwölf bis Mittag. In Strelitz hatten wir mal einen Colonel bei der Schloßwache, der fürchtete sich vor Spinnen, und am Ende stellte sich heraus, daß er ein ganz Gewiefter war, einer, der seine Finger in jeden Pudding stecken mußte. Sie verstehen? Ja? So ein Leisetreter wie unser Oberstallmeister. Ich sage Ihnen, der zwirnt so manchen Strick, von dem wir nichts wissen!« Doch Miss Berner hatte, wie üblich, nur die Nase gehoben und war fortgegangen.

Da Frau von Zobeltitz keine Machtbefugnis über ihn hatte, begnügte sie sich damit, den Captain zu schneiden. Fox Digby erwiderte ihre winselnden Hohngeräusche mit untadeliger Höflichkeit. Es gab nichts, was sich über Frau von Zobeltitz zu wissen lohnte, aber hinter ihr stand die zweite Beschließerin der Roben, über deren Machinationen der Captain gerne besser Bescheid gewußt hätte. Wenn sie tatsächlich eine Kollaborateurin war, wie die kleine Rawlins behauptete, mußte er sie im Auge behalten und herausfinden, ob sie geheime Nachrichten nach Frankreich sandte. Der Oberstallmeister hatte schon so manche Laus aus dem königlichen Pelz gekämmt, und diese hier würde seinen kundigen Händen nicht entgehen. Er räuspert sich hinter dem gelben Ziegenleder.

»Um Vergebung, Madam, aber Sie sollten vielleicht auch Ihre Strategie gegenüber Frau von Zobeltitz überdenken. Mit obstinatem Ungehorsam ist kein Feind je bezwungen worden. Es wäre klüger, wenn Sie versuchten, sich ihr unentbehrlich zu machen«, und eine der gelben Pratzen gegen ihr Atemholen hebend, »Ihres eigenen Seelenfriedens zuliebe. Sie werden noch geraume Zeit in ihrem Schatten ausharren müssen.«

»Lehrt Sie die Erfahrung des Veteranen, daß der Feind mit Schmeicheleien bezwungen werden kann?«

»Ich spreche nicht von Unterwerfung; nur von einem ehrenvollen Waffenstillstand«, erwidert der Captain beschwichtigend. Fanny fühlt eine ungewohnte Scheu, fast Ablehnung. Ein Mensch hatte sie beobachtet und schien sich für ihren Seelenfrieden zu interessieren. Der Oberstallmeister hatte sie schon einmal mit einer angewärmten Aprikose aus der Fassung gebracht. Nun schaut er beide Damen an, aber er spricht nur zu ihr, und es gelingt ihm sogar zu erröten.

»Gestatten Sie mir, mich heute abend nach Ihrem Befinden erkundigen zu dürfen? Nach dem Tee?« Die Scheu weicht einer Beunruhigung. Ein Mensch? Ein Mann stand vor der Festung und blickte hinauf in das weiße Gesicht, das sich über die Zinne beugte. Ach, Miss Burney! Wie sehr Sie sich auch in diesem Menschen irren sollten!

*

Der König war verrückt geworden. Er war es seit Monaten, aber niemand wagte seinen Zustand anders als den eines nervösen Mannes zu nennen. Er fand keinen Schlaf; marschierte durch die Flure, stieß die Türen auf, redete stundenlang, atemlos, empört und in immer denselben Worten, bis seine Stimme brach. Er stellte seinen Haushofmeister zur Rede, warum seine Uhren, die ihn sämtlich umtickten, nicht aufgezogen waren; drehte ihm die Knöpfe vom Rock, redete sich in eine große Wut. Man war der Ansicht, daß er zuviel rohes Obst aß, daß er nicht im nassen Gras spazierengehen sollte, daß die Wasser von Cheltenham gegen seine Verstopfung wirken müßten. Er reiste zur Kur. Drei Pints am Tag hatten den gewünschten Erfolg, aber sein Gemüt blieb rastlos. Der König war nervös; er brauchte Ruhe.

Doch nun war es offenbar geworden und nicht einmal

mehr vor den Günstlingen zu verbergen, die bei den abendlichen Hauskonzerten das Publikum stellten. George III war auf den Cellisten zugeschritten und hatte ihn als den französischen König begrüßt, dessen Land sich in einem derart beklagenswerten Aufruhr befand, daß er sich erbötig machte, dem alten Erzfeind mit Truppen zu Hilfe zu eilen. Der Cellist hatte sich gut gehalten und keinen Einsatz verpaßt, aber die übrige Gesellschaft hatte das Konzert mit einer gewissen Atemlosigkeit verfolgt. Der König sprach und sprach; er hörte nicht zu. Als der Haushofmeister wagte, ihn am Ärmel zu zupfen um seine Aufmerksamkeit auf die Musik – Händel! – zu lenken, hatte Seine Majestät einen Wutanfall erlitten, war aufgesprungen, hatte den Mann am Kragen gepackt und geschüttelt. Der Bischof von Osnabrück hatte sich eingemischt und von seinem Vater einen sehr beschämenden Tritt empfangen.

Nun waren die Ärzte bei Seiner Majestät, und Königin Charlotte saß starr in ihrem Boudoir auf dem Bett und konnte weder von ihren Töchtern noch von ihren Gesellschafterinnen getröstet werden. Die Musiker waren auf unbestimmte Zeit entlassen worden. Es hieß, der Prinz von Wales sei auf dem Weg nach St. James's Palace.

Es war der falsche Zeitpunkt, sich Ihrer Majestät zu Füßen zu werfen und Abbitte zu leisten, aber die Königin selbst hatte, vom Erscheinen ihrer abtrünnigen Dienerinnen unterrichtet, nach ihnen geschickt, nein, nicht nach beiden, nach Miss Burney allein.

Captain Fox Digby und die Damen hatten lange, unbehagliche Stunden in der kleinen Kutsche gesessen, von Schneematsch und schließlich von einem umgekippten Langholzfuhrwerk auf London Bridge am Vorankommen gehindert. Doch kaum hatte sie ihren Umhang abgelegt, war Miss Burney schon zu Ihrer Majestät befohlen worden, war ohne Hut und Handschuhe losgetrabt, nicht ahnend, warum all diese erschrockenen Menschen in den Korridoren herumstanden, bis Cunningham seiner Herrin zuraunte, was das Flüstern und Starren zu bedeuten hatte: Der König war verrückt geworden.

Fanny hatte vor Königin Charlotte gekniet, in dieses Gesicht mit dem großen, weichen Mund und den geröteten Augen geblickt, das bleich vor Entsetzen war, und als füge der Schmerz der anderen ihrer eigenen Aufgewühltheit ein letztes, ein hauchfeines Gewicht zu, waren ihr die Augen übergeflossen, und sie hatte Worte über den Verlust und die Einsamkeit gefunden, die die Frau auf dem Bett die Hand vor den wimmernden Mund schlagen ließen. So hatten sie sich angeblickt und zusammen geweint, während die Damen des Gefolges ihre zitternden Kinnladen mit den Taschentüchern festhielten. Schließlich hatte sich die Königin die Augen getrocknet und ihr eine Hand, die noch kälter als die ihre war, auf den Arm gelegt.

»Sie haben mir geholfen, Miss Burney«, sagte sie einfach. »Ich habe nicht weinen können, bis Sie es taten. Es hat mir so gutgetan. Wir wollen jetzt nicht mehr über den gestrigen Tag sprechen. Das ist alles ohne Bedeutung. Ich möchte, daß Sie etwas für mich tun. Ich möchte, daß Sie zu den Gemächern Seiner Majestät gehen und mir von dort alles berichten, was die Ärzte zu tun und zu sagen haben. Sie sind von nun an meine Emissärin. Ich weiß, ich kann Ihrer Aufmerksamkeit und Ihrer Diskretion vertrauen.«

Es war eine bittende Geste und ein Gunstbeweis. Fanny, die verletzende Worte erwartet hatte, beugte sich tief über die Hand Ihrer Majestät, die ihren bloßen Arm berührt hatte. Ach, wie leicht ist ein Mensch durch das Zugeben eines Leids zu gewinnen und wie vollständig hatte Königin Charlotte die zweite Beschließerin der Roben überwältigt! Plötzlich war sie ein ganzer Mensch geworden, der sich einer Maskerade entledigt hatte, die ihm weder stand noch paßte. Sie war verzweifelt; sie flennte, wie jede dicke, häßliche Frau flennt; sie hatte Rotz und Wasser in sich. Es war ein Wunder.

Für Fanny brachten die folgenden Monate die Entdeckung einer neuen Verbindlichkeit. Immer hatte sie geglaubt, ihre Zuneigung nur unter wenigen Auserwählten teilen zu können und sich der übrigen Welt spröde zeigen zu müssen. Der Augenblick der Schwäche, den sie mit der Königin geteilt hatte, war nicht mehr zu tilgen. Er zog Freundlichkeit wie die Spur einer Schnecke nach sich. Und ebenso langsam wuchs eine Zuneigung zwischen ihnen, auf die beide nicht gefaßt waren. Nun konnte Fanny ihr tatsächlich mühelos dienen, und in dem Maße, wie die zweite Beschließerin lernte, mit ihrer Herrin zu leiden, gerieten andere Gefühle ebenfalls in Bewegung.

Nicht, daß Fanny dem Comte d'Arblay untreu geworden wäre, aber sie war nun nicht mehr jede freie Stunde in Gedanken bei ihm. Ich bin so sehr beansprucht, dachte sie, wenn sie fast schuldbewußt zu ihm zurückkehrte. Verzeihen Sie mir, lieber Freund, aber wenn Sie wüßten, welche Last mir auferlegt ist, wie groß die Sorgen und die Ungewißheit über den Zustand Seiner Majestät sind, wie sehr wir alle barmen und bangen, dann verstünden Sie, daß ich manchmal von den zärtlichen Bildern der Vergangenheit und den Hoffnungen auf die Zukunft abschweife.

In Wirklichkeit hatte sie genug von ihrer lähmenden Trauer, und Louises Worte – wenn man nicht hat, was man liebt, muß man lieben, was man hat – waren ihr nicht mehr aus dem Sinn gegangen. Das lebendige Gefühl, das sich auf Alexandre d'Arblay gerichtet und sie zugleich ihrer eigenen Wärme und Fülle versichert hatte, schien sich selbst verzehrt zu haben. Offenbar konnte man auch so weiterleben, ohne Nahrung, ohne Freundschaft und ohne schöpferische Kraft. Man mußte sich nur den Notwendigkeiten ausliefern, und sie trugen einen durch diesen Tag und den nächsten und immer so fort, bis die Zeit tatsächlich verstrichen war. Und man sich an bescheidenere Gefühle gewöhnt hatte.

Als zweite Beschließerin der Roben ist sie ihrer Pflichten

zwar nicht ledig geworden, aber als Emissärin Ihrer Majestät muß sie – zum Ärger der Frau von Zobeltitz – ihre Abende nicht mehr am Kartentisch verbringen, sondern steht im Vorzimmer des königlichen Schlafgemachs und nimmt die Nachrichten studierter Herren in Schwarz entgegen, die angesichts ihres Patienten dümmer und verständnisloser als Sonntagsschüler sind, denen man die Heilige Schrift auf aramäisch vorgelegt hat.

König George, der so bieder und leutselig gewesen, zeigt der Herzogin von Doncaster seine wackelnde Zunge; er beschimpft die Lakaien und nennt seinen Premierminister, der, aufgescheucht von der Nachricht königlicher Unpäßlichkeit, herbeigeeilt ist, ein trauriges Schwein. Zweifellos waren Seiner Majestät die Zügel entglitten. Seit der *Morning Herald* die Nachricht von seinem schockierenden Ausfall beim Konzert verbreitet hat, verlangt die Whig-Opposition die Einsetzung des Thronfolgers, und Mr. Pitt sucht sie mit besänftigenden oder glatt erlogenen Bulletins in Schach zu halten.

Denn George III gibt keine Zeichen von Verstand mehr von sich. Als Kranker ist er unter die Willkürherrschaft der Ärzte und des Prinzen von Wales gefallen, der im Palast die Regentschaft ausübt, ganz so, als bereite er sich schon darauf vor, in Kürze auch die Regierungsgeschäfte zu übernehmen. Der Thronfolger ist es, der bestimmt, daß sein Vater in absoluter Abgeschiedenheit zu verwahren sei und weder seine Gemahlin noch seine Töchter zu sehen bekommen dürfe. Gegen Erregungszustände sind kalte Bäder angebracht, und um das verwirrte, zornige, unflätige Gemüt ruhigzustellen, bleiben Musik, Gespräche und Spaziergänge verboten. Es ist alles sehr gut gemeint und befriedigt die sublimsten Haßgefühle des nächsten George.

Keiner der Herren mit den buschigen Perücken und den flatternden, weichen Händen weiß, was wirklich zu tun sei. Heute soll dieses helfen, morgen jenes. Der König schläft nicht und wird zur Ader gelassen. Man legt ihm heiße

Schröpfköpfe an die Brust und den Kopf, flößt ihm Brechmittel ein, auf daß mit der gelben Galle, die er herauswürgt, auch das Gehirnfieber austrete. Sein Puls rast, er spricht und spricht; mit rauher Stimme stößt er Verwünschungen und Zoten aus; man knebelt ihn. Er schwitzt und schäumt; die Dosis Laudanum wird erhöht, aber der Schlaf kommt nicht. Der König verfolgt die Herzogin von Doncaster und versucht, sie zu küssen; vier stumme Männer, Irrenhausknechte, schnüren ihn in eine Zwangsjacke.

Um den Haushalt zu verkleinern und den Patienten den Ohren und Blicken allzu vieler zu entziehen, siedelt die königliche Familie nach Kew über. Der Palast an der Themse ist bescheiden, ein dreistöckiges Backsteinhaus mit holländischen Giebeln, eigentlich eine Sommerresidenz und seit Monaten gründlich durchgekühlt. Niemand ist auf einen solchen Aufenthalt eingerichtet; es fehlt an Teppichen, Vorhängen und Kohlen. In aller Eile wird für den König der Speisesaal im Erdgeschoß ausgeräumt, ein Bett aufgeschlagen; die Königin bezieht zwei Zimmer im ersten Stock. Sie darf ihn nicht sehen, aber sie hört das Gepolter und Geschrei. Ihre Kleider müssen in Besenschränken aufgehängt werden. Die Entourage richtet sich in den Mansarden ein, von denen die meisten nicht einmal einen Kamin haben. Fanny hat Glück; dafür wurde in ihrer Kammer ein voller Nachttopf vergessen.

Zu viele Menschen teilen sich ein zu kleines Haus. Zu viele Hoheiten tauchen in den engen Fluren auf, vor denen die Kammerfrauen sich retirierend mit den Fersen in ihren Schleppen verheddern. Und jede muß jederzeit gewärtig sein, daß eine der Prinzessinnen oder Ihre Majestät selbst geflüchtet kommt, weil der König mit einem Kerzenleuchter in der Hand nachts plötzlich ihre Türen aufstößt und die Bettvorhänge auseinanderreißt. Er kann sich kaum auf den Beinen halten, der Speichel läuft ihm aus dem Mund, und er krächzt:

»Ich bin nervös! Ich bin nervös! Ich bin nicht krank. Wenn ihr nur wüßtest, was mir fehlt! Ich verfluche euch! Abschaum! Natterngezücht! Giftmischer! Ich bin nervös, aber ich bin nicht krank! Ich kann nicht schlafen, aber ich bin nicht krank!«

Danach werden zwei Wachen vor seiner Tür postiert, und für alle beginnen die langen, verzehrenden Tage und Nächte des Eingeschlossenseins in Kew. Fanny sitzt bei Ihrer Majestät und liest vor, oder sie schreibt in ihrer Kammer, drei Stiegen hoch unter dem Dach, am Ende eines mit leeren Reisekisten und Portemanteaus vollgestellten Korridors. Nebenan, nur durch eine Tapetenwand von ihr getrennt, kramt und schnarcht Frau von Zobeltitz. Es herrscht Waffenstillstand, aber sonst ist alles aus dem Gleis. Die Damen müssen sich selbst behelfen. Ihre Zofen und Lakaien sind in Windsor geblieben. Haare werden fix unter Häubchen versorgt, Brote im Stehen in den Mund geschoben. Kein Verlaß ist darauf, daß Waschwasser in der Frühe heraufgebracht wird, und wenn, daß es warm ist.

Auch der Morgentee ist auf der Strecke geblieben. Im Gerümpel eines lichtlosen Gelasses hat Fanny einen kleinen Kupferkessel gefunden, den sie mit ihrer Kanne, zwei Tassen, Löffeln und Teekiste im Wandschrank verwahrt. Ein Stück Zuckerhut auf dem Teller, eine Dose mit Makronen, ein Glas Himbeergelee und ein chinesischer Porzellantopf mit kandierten Früchten geben der Sache einen Anstrich von Vorratskammer. Und was Fanny zu Hause nie gelernt, erwirbt sie nun bei Hofe: die Kenntnis, mit Hilfe der Zunderbüchse ein Feuer im Kamin zu entfachen und auf einem Dreifuß Teewasser zum Kochen zu bringen.

Es ist keineswegs erniedrigend, sondern unerwartet tröstlich, inmitten des Verfalls der Etikette wenigstens nicht verdursten zu müssen. In der Morgendämmerung, wenn sie vor der Schlafzimmertür des Königs wartet und die Steinkälte des Korridors durch ihre Sohlen zieht, hat sie sich bereits mit Tee und Keksen gestärkt, und wenn es nicht so unschicklich wäre, hätte sie Königin Charlotte ihre neue Erkenntnis verraten: Der Mensch wird beweglich, wenn er für sich sorgen muß.

Doch die Königin kann sich nicht selbst helfen. Da sie nie die Triftigkeit einer Regel angezweifelt hat, der man sie unterworfen, beugt sie sich nun den Anordnungen ihres ältesten Sohns und seiner Schranzen, die sie daran hindern, ihren Mann zu besuchen und zu trösten. Den kurzen Weg treppab und treppauf legt Miss Burney für sie zurück, und noch bevor Premierminister Pitt Kenntnis davon erhält, wie sein unglücklicher Monarch die Nacht verlebt hat, reicht Fanny ihrer Herrin den Kampfersaft und wiederholt, was bereits durch mehrere Münder und Ohren gegangen ist:

»Seine Majestät war ruhig; er hat eine Stunde geschlafen; sein Wasser war rot – nein, kein Blut. Er fragt nach Ihnen, Ma'am. Er weiß, daß er der König ist. Die Ärzte sagen, er befinde sich in einem durchaus tolerablen, stabilen Zustand.«

»Warum darf ich ihn dann nicht sehen?« fragt die Königin und schaut an Miss Burney vorbei.

»Haben Sie Geduld, Ma'am!« sagt Fanny ratlos. Was blieb ihr anderes übrig? Auch die Königin war eine Frau, die zur Untätigkeit und zum Warten verurteilt war. Warten, daß andere entschieden. Warten, daß etwas mit ihr geschah.

»Ach, was soll aus mir werden? Was soll aus mir werden?«

Einer der Wachhabenden vor der Schlafzimmertür ist Captain James Isidore Fox Digby, zweifellos körperlicher Stärke, großer Hände und solider Füße wegen ausgewählt. Von ihm läßt sich der König am Arm nehmen und wie ein Kind zurück ins Bett führen.

»Kommen Sie, Sir, es ist weit nach Mitternacht. Ein wenig Schlaf wird Sie erfrischen!«

»Ah, Fox Digby, mein treuer Knappe! Diesmal will man mich vergiften. Stehen Sie mir bei gegen dieses Gezücht!«

Anders als Mr. Pitt, der sich um das Vereinigte Königreich

Sorgen macht, spinnt der Captain interne Ränke, und wenn der Posten und die zweite Beschließerin der Roben im Zwielicht des Wintermorgens voreinander stehen, wachend und wartend, hofft Mr. Fox Digby, daß die Worte, die er mit gedämpfter Stimme und unter dem Siegel der Verschwiegenheit spricht, die Dame in einen nützlichen Gewissenskonflikt stürzen werden. Wird sie nur Ihre Majestät damit behelligen? Oder wird sie sich verraten, indem sie versuchte, einen Monsieur d'A. in Paris vom Zustand des englischen Königs zu unterrichten?

»Nein, Madam, der König hat nicht geschlafen. Er ist nicht mehr er selbst … zeigt sich in indezentem Deshabillé … ehm, ehm. Seine Augen sind schwarz wie Tollkirschen; die Adern auf seiner Stirn treten dick und rot hervor. Er brüllt und redet, bis seine Stimme bricht. – Was er sagt? Wirres Zeug, fürwahr! Schimpfliche Verdächtigungen Ihrer Majestät, sie habe sich mit dem Prinz von Wales gegen ihn verschworen … Und sobald er wieder Luft schöpfen kann, raspelt und krächzt er weiter, neunzehn oder zwanzig Stunden lang.« So lange steht keine Wache. Nur Captain Fox Digby scheint immer da zu sein.

Keiner darf Kew verlassen. Briefe gehen nur unter dem königlichen Siegel hinaus. Wer immer den formellen Garten der Königin hinter dem Haus durchkreuzt, sieht an einem der Fenster im zweiten Stock eine Gestalt, die unbewegt herunterschaut. Und so sehnen sich die wenigsten nach einem Wandeln zwischen den Bosketten, wo die dünne Fontäne mit einem enervierenden, pieseligen Laut ins Becken fällt. Nur die zweite Beschließerin der Roben, die die tröstliche Wirkung eines Fußmarschs kennt, spaziert mit Billigung Ihrer Majestät abends durch die Eiben-Korridore und im weiten Bogen hinaus in die ungestutzte Lieblichkeit Kew Gardens. Das alte Dorf Kew, an dessen Anger die leerstehenden Residenzen königlicher Söhne grenzen, ist verbotenes Terrain; ebenfalls der Treidelpfad entlang der Themse, der durch eine Ziegelmauer mit einem eisernen Törchen, zu dem offenbar niemand den Schlüssel besitzt, getrennt ist.

Zwischen der Mauer und dem Garten der Königin erhebt sich auf einem Hügel ein alter Pavillon. Der Legende nach hat Elizabeth I dort einen Ohrring verloren. Dieser luftige Horst ist Captain Fox Digbys Seelenort, und wann immer Miss Burney den Garten betritt, kommt ihr dieser aufmerksame Herr bestimmt durch den Laubengang entgegen. Ein Pan lehnt dort mit schlaffen, weißen Beinen an einer Säule und hebt die Flöte zum Mund. Sie auch, Madam? Der abgestandenen Kälte des Hauses und seiner Bedrückung entflohen? Ach, solche Zufälle! Und solch wohltuende Seelenverwandtschaft!

Er bietet ihr seinen Arm. Wie gut ihm die blaue Windsor-Uniform steht! Im tiefer liegenden Kräutergarten, jenseits der Hecke, zwischen aufgeschossenem Anis und Fingerhut wandeln sie ungestört. Links streift der Rock, rechts der Stiefel Lavendel, Wermut, Eisenkraut und Rosmarin. Tröstliche Düfte füllen die Brust und lösen die Zunge. Die erste Beschließerin neidet der zweiten die Nähe zu Ihrer Majestät und läßt sie zur Strafe ihre Kleider ausbürsten und das Zimmer aufräumen, als sei sie deren Zofe!

»Beim Jupiter, was sind denn das für Sitten! Wo kommt die Person her? Muckleburg Strawlitter?« Darüber kann sogar Miss Burney lachen.

In Paris stürmt das Volk die Bastille. Adel und Klerus verzichten auf ihre Privilegien. Alle Abgeordneten der Nationalversammlung gehören damit dem ein und einzigen, dem Dritten Stand an. Necker ist wieder im Amt. Die Konstituante verabschiedet die Menschen- und Bürgerrechte, aber Louis XVI weigert sich, das Dekret zu unterzeichnen. Auf dem Land brechen Hunger-Krawalle aus. Der Pariser Pöbel bewaffnet sich. Im englischen Unterhaus schreit die Opposition die Partei des Königs nieder. Auch sie hat ihre

Quellen. Stabil? Tolerabel? Der Mann ist außer sich! Eine Staatskrise! Das Land braucht einen Regenten! George III vernimmt nichts von alledem. Ihm sind die Hände in einer Jacke aus Segeltuch auf den Rücken gebunden.

An einem Oktobermorgen schickt Königin Charlotte den Friseur fort. Keine Kräusel und kein Puder. Auch keine Reifen und Polster. Sie sitzt im Negligé am Fenster und schaut hinaus in den steten Regen, dreht an ihren Ringen und bittet Miss Burney, es mit den Theater-Kritiken kurz zu machen und ihr die Nachrichten aus Frankreich vorzulesen.

Auf diese Weise erfährt Fanny, daß die Pariser Marktweiber und die Nationalgarde nach Versailles marschiert sind, um Louis XVI zu zwingen, die Teuerung aufzuheben, die Bürgerrechte und die August-Dekrete, die Adel und Geistlichkeit von ihren Privilegien trennten, zu unterzeichnen. Die Weiber belagerten das Schloß und führten am nächsten Morgen die Abgeordneten und die königliche Familie im Triumphzug zurück nach Paris. Der König als Gefangener des Volkes in den Tuilerien. Tausende auf den Straßen. Es kam zu Ausschreitungen. Das flandrische Regiment verbrüderte sich mit der Nationalgarde. Die beiden Leibgardisten der Königin, Beauclerc und d'Arblay, wurden im Schloß von Versailles vom Pöbel gelyncht.

»Das ist ja abscheulich! Die armen Männer! Und der König – im Grunde doch gutwillig, freilich auch schwach ... man stelle sich vor! ... Miss Burney? Miss Burney, lesen Sie doch bitte weiter!«

An diesem Nachmittag wird der zweiten Beschließerin der Roben ein Urlaub gewährt. Fanny läßt sich zu Mrs. Montagues Adresse in Mayfair fahren, aber ihre Freundin ist nicht anwesend und wird auch nicht so bald zurück erwartet. Der Lakai, der Miss Burney die Tür öffnet, weiß nur, daß Mylady vor drei Tagen nach Frankreich gereist ist, um ihr Fräulein Tochter nach Hause zu holen.

*

Das Jahr vor ihrem Tod war für Madame Loutit erregend und genußreich. Wie hatte sie nur so lange von Paris fernbleiben können, in einem Provinznest, das so gähnend und schafsmäßig war, wie sein Name klang: Bath. Paris war erfüllt von einem Gären und Brausen; es war der Mittelpunkt der Welt, einer neuen Ordnung, Hort eines neuen Geistes der Aufklärung und des Fortschritts, Mekka und Jerusalem; mehr noch; der Ort aller Seligkeit auf Erden.

Die Welt kam zu ihr, und sie wiederum suchte die Welt in den Salons aristokratischer Damen, wo über Theater, Literatur und Malerei philosophiert wurde, aber mehr noch über die Rechte der Bürger und eine konstitutionelle Monarchie. Madame Loutit hatte zu allem eine Meinung, die sie rasch, furchtlos und mit ihrem unauslöschlichen horriblen Akzent äußerte. Man vergab ihr als Angehöriger einer Rasse, die bekanntlich ein wenig überspannt und außer der Reihe war; Engländer eben.

Sie machte wundervolle Bekanntschaften: Mr. Franklin aus Amerika, der blaue Augengläser trug und über Blitze sprach; Madame de Gouges, die ständig und überall ihre radikalen Ansichten in roter Schrift plakatieren ließ. Die Ansichten und die Dame gefielen ihr nicht, aber die Methode war reizvoll. Die junge Baronin de Staël-Holstein – barmherziger Himmel, braun wie ein Torero und ebenso schlagfertig! – kreuzte in einem blauweißrot gestreiften Kleid à la nation durch Paris. Es war unter dem Busen gegürtet und fiel ganz ohne Taille, bequem und kleidsam. Madame Loutit trennte sich daraufhin von dreien ihrer vier Unterröcke, zog ihre langen Handschuhe aus und den ersten Schlüpfer ihres Lebens an. Sie steckte sich eine Kokarde wie eine Blume an die Schulter, und obwohl ihre Arme nicht mehr so marzipanen wie die der Baronin waren, ließ sie die Ärmel bis über die Ellenbogen kürzen. Ah, man war ja gleich ein neuer Mensch! Keine Pomade mehr; Haarpuder war gänzlich démodé.

Mit Cecily fuhr sie zu den Sitzungen der Nationalversammlung nach Versailles, und selbstverständlich mischte sie sich auch in die Gesprächsrunden, die sich in den Cafés unter den Arkaden des Palais Royal zusammenfanden: Aristokraten und Hutmacher, Tabakreiber, Limonadenverkäufer, Studenten, Kaufmannsgattinnen, elegante Damen, Kurtisanen und Weißnäherinnen, alle redeten hier mit- und durcheinander, eine Laune und Freimütigkeit, die kaum einer je zuvor erfahren hatte. Ein junger Mann mit offenen Haaren war hier im Garten auf einen Stuhl gesprungen, hatte die Fäuste in die Luft gestoßen und nach dem bewaffneten Aufstand gerufen, nach der Republik, dem Ende der Schmarotzer, die das Volk aussaugten. Die Königin, die Wölfin, hatte den armen Leuten empfohlen, Kuchen zu essen, wenn sie kein Brot hätten. Nieder! nieder! nieder mit den Privilegierten!

Madame Loutit hatte den Kopf geschüttelt und die Lippen zu einem Schnäuzchen gespitzt. Die Rechte des Dritten Standes waren gut und schön, die Beschwerden der armen Leute über die Willkür der Fürsten gewiß nicht grundlos, aber man durfte das Kind nicht mit dem Bade ausschütten. Wer, wenn nicht die Bauern auf den Feldern und in den Weinbergen des Comte d'Arblay, erhielt ihren liebenswürdigen Gastgeber? Wie, um alles in der Welt, sollte der Graf sonst leben? Wer hatte Frankreichs Kultur zur Blüte gebracht? Doch nicht die Schuhputzer von Pont Neuf und die Fischweiber aus den Hallen! Und seit wann trug ein Gentleman derart geschmacklose Hosen bis hinunter zu den Knöcheln? Wohin trieb die Gesellschaft, wenn die Herren ihre Waden nicht mehr zeigen durften!?

Für ein Studium der Physik oder der Astronomie blieb, wie Mrs. Montague richtig vorhergesehen hatte, in diesen ausgefüllten Tagen wahrhaftig kein Platz. Und die Nächte gehörten der Gesellschaft, dem Theater, einem Konzert, einem Ball. Hester Loutit tanzte, so grau wie sie war, jede Regel der Schicklichkeit, die ihr ein solches Vergnügen in England untersagt hätte, mißachtend. Der Walzer war in die Reihen der Menuett-Schreiter eingebrochen, und Madame ließ sich von ihm davontragen – Flügel, Flügel! Monsieur hatte keine Einwände. Er folgte ihr noch immer interessiert mit seinen dunklen Augen, wenn sie sich im Arm des Vetters, den Kopf mit dem wogenden Haar bei jeder Schleife über dessen Schulter hin- und herwendend, lächelnd durch den Saal drehte. Und wenn er auch – anders als Alexandre, dessen Reformeifer sich vorwiegend im Tragen leichter Röcke, hoher Krawatten und offener Haare äußerte und der seinen Beitrag zur Revolution im atemberaubenden Herumspringen auf dem Tanzboden leistete –, wenn Monsieur Loutit sich auf diesem Gebiet auch aufs Zuschauen beschränkte, geschah es doch, daß er nach einem hitzigen Abend voller Wein und Gefunkel die Klinke ihrer Schlafzimmertür herunterdrückte, und Madame erwachte von der Berührung seiner Hand, die ihr das Hemd von der Schulter streifte und zärtlich ihre Brust umfaßte. Er zögerte, fühlte nach.

»Was haben Sie da?«

»Ich weiß es nicht.«

»Schmerzt es?«

»Nein – nur mein Arm ist ein wenig steif.«

»Seit wann?«

»Ein paar Wochen – zwei Monate.«

»Macht Sie das nicht ein wenig besorgt, meine Liebe?«

»Nicht besorgter, als wenn Ihre Hand mich nicht mehr fände.«

»Darf ich Sie trotzdem bitten, Monsieur Berry zu konsultieren?«

Sie richtete sich in den Kissen auf, legte ihm die Hände in den Nacken und zog ihn an sich.

»Ja, aber nicht jetzt. Vielleicht morgen, mein lieber Loutit.«

*

In Madame Loutits Gegenwart wagte Cecily kaum, sich in die Gespräche einzumischen. Gleichwohl fühlte sie, wenn der Comte d'Arblay oder Monsieur Loutit über die Errungenschaften der Revolution sprachen, die Worte des Beifalls auf ihren Lippen schweben, und ihr leicht entflammbarer Sinn steuerte weit über das hinaus, was alle drei zu tolerieren bereit gewesen wären. Bei einer von Madames Dienstagsgesellschaften – es mußte dieser Tag sein, da war sie eisern wie ein Kürassier und abergläubisch wie eine alte Zigeunerin – hatte Cecily neben dem Marquis de Condorcet gestanden und gelauscht, wie der gegen die Stimmen der übrigen von den Rechten der Frauen gesprochen hatte; nicht nur vom Recht, zu wählen und in der Nationalversammlung zu sprechen, sondern auch von der Gleichbehandlung in allen anderen Belangen. Gegen ›Hö hö hö!‹ und ›Poo poo poo!‹ und ›Sie wünschen offenbar, daß unsere Damen ihrer Weiblichkeit entsagen!‹ war er unbeirrt geblieben, hatte die Anwesenden aufgefordert, ihm einen triftigen Grund zu nennen, warum Frauen nicht die Freunde und Gefährten ihrer Männer sein sollten, und kaltblütig ein Ende der Tyrannei der einen über die anderen gefordert.

Cecily, die ähnliche Reden bisher nur aus Mrs. Montagues Mund gehört hatte – wenn auch nicht mit der gleichen Vehemenz –, fühlte Wärme und einen überraschenden Stolz auf ihre Mutter. Noch am selben Abend schrieb sie ihr, daß England nichts so bitter nötig hätte wie eine Revolution. Und weil auch sie endlich Zeugnis von ihrer Entschlossenheit ablegen wollte, geschah es, daß sie sich von Madame Loutits Seite gerissen fand, als beide keine drei Monate nach der Erstürmung der Bastille in einen Volksauflauf gerieten.

Eine Trommlerin schritt dem Haufen voran, und die Frauen – Marktfrauen und Handwerkerinnen in Schürzen und Schoßjacken mit blauweißroten Schärpen –, die ihr singend und schreiend folgten, waren mit Piken und Säbeln bewaffnet. Andere hatten Äste von den noch grünen Bäumen gerissen und trugen sie wie Gewehre über der Schulter. Eine derbe Gestalt mit hochgerollten Ärmeln und einer weißen Haube, die mit dem patriotischen Band umwickelt war, entdeckte die müßigen Passantinnen, fuhr zwischen sie und machte Anstalten, sie mit sich zu ziehen.

»Vorwärts, Bürgerinnen!« rief sie. »Wir gehen nach Versailles. Der gute König Louis wird uns Brot geben müssen!« Sogleich waren eine zweite und eine dritte da, die »Brot und Rechte!« schrien und von Madame Loutits Parapluie getroffen wurden. Cecily jedoch ließ sich mit lachendem Widerstreben gefangennehmen und von der Menge davontragen. Nur für ein kleines Stück, nahm sie sich vor, nur einmal mit Menschen, die wie sie von revolutionärem Übermut erfüllt waren, ihre Stimme erheben; einmal kosten, einmal nachgeben, dann würde sie wieder aus der Reihe schlüpfen und zurückeilen. Es war ein himmliches Getöse, das Klappern der Holzschuhe auf dem Pflaster, das spaßhafte, saftige Zusammenschlagen der Säbel, das untergehakte Vorwärtsdrängen der kecken Weiber und ihr einmütiges Geschrei.

»Brot und Rechte!« schrie Cecily, die noch keinen Tag in ihrem Leben Hunger gelitten hatte, aber ihr Wohlwollen war grenzenlos. Selbstverständlich mußte der König die Teuerung aufheben und die August-Dekrete unterzeichnen. »Nieder mit den Privilegien!« schrie die Tochter des Vicomte Montague. Sie war stolz, die Kokarde an der Schulter zu tragen. Eine Abteilung Berittener der Nationalgarde war zu ihrem Zug aufgeschlossen; zwei schwere Rösser zogen eine Kanone, und Cecily verdrehte den Kopf, ob der Chevalier Auguste d'Arblay sie vielleicht kommandierte. Unsinn, der Chevalier gehörte der königlichen Leibgarde an und war natürlich in Versailles.

Obwohl der Morgen sonnig gewesen, begann es nun zu

regnen. Keine der Frauen trug einen Umhang; es schien, als seien sie einfach, mit den Fäusten in die Hüften gestemmt, hinter ihren Marktständen hervorgekommen, um sich zu nehmen, was ihnen zustand. Unter den Schürzen hatten sie ihre Geldkatzen umgeschnallt. Die Frau zu ihrer Linken, die kaum älter als sie selbst sein konnte, ihre Blässe jedoch eher Mangel und Hunger statt dem Aufenthalt unter Sonnenschirmen zu verdanken schien, hatte ihr offenes Haar mit einem roten Kopftuch zusammengebunden und trug eine Kiepe auf dem Rücken.

»Wo kommt Ihr her, Bürgerin?« fragte sie und riß dabei interessiert die Augen auf.

»Ich bin Engländerin«, erwiderte Cecily, um nicht zu sagen, daß sie heute morgen das Stadtpalais des Comte d'Arblay verlassen hatte, um den kleinen Federhut zu kaufen, der ihr flott auf dem hochgesteckten Haar saß. »Mein Name ist Montague.«

»Na, dann tragt Ihr ja wenigstens einen französischen Namen«, sagte die andere wie zum Trost. »Es ist noch weit, Bürgerin Montague. Wollt Ihr einen Apfel?«

Daß es weit war, hatte Cecily inzwischen auch bemerkt. In den vergangenen Wochen waren Madame Loutit und sie diese Straße einige Male in Monsieur d'Arblays Kabriolett entlanggefahren. Im forschen Trab hatten sie Frauen wie diese mit Kiepen und Körben überholt, und Monsieurs Kutscher hatte sich einen Sport daraus gemacht, die Fußgängerinnen dabei so scharf zu bedrängen, daß diesen oft nur der Sprung in den Straßengraben Leib und Leben rettete. Zurückgelehnt im Polster war Cecily die Zeit rasch vergangen; nun trat sie selbst den schmutzigen Weg; und um sich gegen die junge Frau, die im Gehen ihre Kiepe vom Rücken rutschen ließ und ihr einen Apfel daraus reichte, erkenntlich zu zeigen, spannte sie ihren Parapluie auf.

»Und Ihr, Bürgerin?«

»Wir sind alle aus dem Faubourg St. Antoine, und ich bin

die Bürgerin Suzanne Roland. Heut früh haben wir auf dem Markt gehört, daß es in Versailles eine Verschwörung gegen die Revolution gegeben hat, nämlich, daß man uns aushungern will, und da war uns natürlich gleich klar, warum die Bäcker seit zwei Tagen kein Brot und kein Mehl mehr in die Stadt gebracht haben. Also sind wir zum Rathaus gelaufen, aber der Bürgermeister war für uns nicht zu sprechen. Und deshalb sind wir ohne Einladung durch die Tür gegangen und haben uns die Säbel und Piken geholt, damit der gute König Louis sieht, daß es uns ernst ist mit unserer Beschwerde.«

Sie hatte ihre Kiepe wieder aufgehuckt, und Cecily verstand, daß die Frau, die in Pantinen neben ihr hermarschierte, samt ihrer Ware nach Versailles unterwegs war. Sie zog ihr Ridicule auf und wollte ihr eine Münze geben.

»Laßt gut sein, Bürgerin!« sagte die andere. »Ihr seht mir nicht aus, als würdet Ihr von dem leben, was reiche Leute wieder ausgespuckt haben. Aber heute ist ein ganz besonderer Tag; heute wollen wir teilen. Und wir gehen nicht eher wieder heim, bis der König uns Brot und Rechte gegeben hat. Wenn Ihr zurück in Eurem England seid, könnt Ihr sagen, daß Ihr dabeigewesen seid, als die Marktfrauen von Paris die Revolution verteidigt haben ... macht nicht so ein Gesicht! Schadet ja nichts, daß Ihr keine von uns seid. Wir nehmen Euch mit. Ihr könnt meinetwegen das Schirmchen halten.« Sie schaute skeptisch in den straffgespannten roten Taft, der sich schwarz fleckte. »Viel nützen wird's uns allerdings nicht.«

Da wurde Cecily klar, daß sie längst zu weit gegangen war und für einen Apfel und bei ihrer Ehre mit nach Versailles laufen mußte. Sie bückte sich, raffte ihr Promenadenkleid und schlang einen großen, festen Knoten aus den Falten in der Mitte. Nun sah man zwar ihre Strümpfe, aber sie konnte richtig ausschreiten.

»Alsdann, on y va!« sagte sie entschlossen.

Sie erreichten die Stadt am späten Nachmittag. Müde und durchnäßt, eskortiert von so vielen Nationalgardisten, daß Cecily glaubte, in einem Heerzug zu marschieren, drängten sie sich in den Saal, in dem die Nationalversammlung tagte. Die Herren sprangen von den Sitzen, aber keiner wagte, sie aufzuhalten. Es war ein klein wenig genierlich, plötzlich neben den Deputierten zu stehen, die Cecily immer nur von der Galerie aus gesehen hatte, und sie wandte sich von Augen ab, die sie süffisant musterten. Du liebe Zeit, sie mußte einfach entsetzlich aussehen! Weiter vorn, wo die Frau mit der Trommel stand, wurde geschrien und gestikuliert; dann war die Sitzung unterbrochen, und Monsieur Maillard, der Sprecher, verlas ihre Petition: Niederschlagung der konterrevolutionären Kräfte, Brot für alle und die Unterzeichnung der August-Dekrete.

Cecily hielt sich an ihre Apfelfrau und an die große Derbe, die sie vor sehr langer Zeit auf einer Straße in Paris rekrutiert hatte. Lärmend und von der Wärme des Saals wiederbelebt, lagerten sie, da es keine Stühle für sie gab, in kleinen Gruppen auf dem Boden. Die Bürgerin Suzanne Roland verteilte ihre Äpfel, und die Derbe mit der patriotischen Haube, die eine Marie war, legte Cecily ein Stück Pastetenkruste in die Hand. Die Bürgerin Montague, die noch nie so weit gelaufen und noch nie so hungrig war, aß beides mit großer Dankbarkeit. Schon längst verstand sie kein Französisch mehr; nicht nur, weil sie am Ende ihrer Kraft war, sondern weil die Frauen über Dinge sprachen, die ihr fremd, und in Zungen, die in den Salons verpönt waren: über Arbeit, über Geld, über Hunger, über Krankheit, über Kinder und den Tod.

In der Rue Royale war man nun zutiefst beunruhigt. Warteten sie noch immer, daß sie zurückkam, oder hatten sie ein Suchkommando nach ihr ausgeschickt? Aber wie sollte man sie zwischen diesen Aberhunderten finden? Sie kannte hier niemanden, den sie ansprechen und um Hilfe bitten konnte. Wo würden sie die Nacht verbringen und wie zurück nach Paris gelangen? Sie glaubte nicht, daß ihre Füße sie noch einmal so weit tragen würden, aber die Frauen schien dies nicht im geringsten zu kümmern. Schließlich waren sie noch weit davon entfernt, überhaupt angehört zu werden. Einige erhoben sich aus einem unruhigen Nest und mischten sich laut und fingerfuchtelnd in die Debatte, andere hockten breitbeinig auf dem Boden, die Arme auf den Knien, den Kopf in den Rockschoß gesenkt und schliefen den hellen Schlaf der Kutscher und Marktfrauen, aus dem sie bei der kleinsten Störung auffahren würden, um ihre Geschäfte fortzuführen.

Der Regen hatte ihr revolutionäres Feuer nicht löschen können, und auch Cecily hielt fest an dem, was ihr an Enthusiasmus geblieben. Sie hatte sich eingereiht, um mitzustreiten und ohne zu wissen, worum es diesen Frauen, die laut über ihren Kopf hinwegredeten und sie kaum noch als eine der ihren behandelten, wirklich ging. War sie dabei, die Revolution zu verteidigen? Derangiert und stumm saß sie auf zuviel nassem Stoff und hatte außer ihrem Schirm nichts ins Feld zu führen. Dennoch würde sie jetzt nicht weichen. Was blieb ihr auch anderes übrig?

»Zum Schloß! Vorwärts, Bürgerinnen, zum Schloß! Wir wollen dem König unsere Wünsche vortragen!« Man rappelte sich auf, schulterte die Körbe, die Piken und die welken Äste, reckte die Säbel.

»Oh je, du liebe Zeit!« sagte die Bürgerin Roland und zog Cecily auf die Füße. »Da sieht man, wie's denen geht, denen es zu gut geht! Nun mal munter, Jungfer Zimp! Wir wollen zur Audienz schreiten!«

Untergehakt in langen Reihen, zogen sie im Dunkeln weiter. Fackeln flammten auf. An den Rändern ihrer Marschkolonne brach sich knäulende, wirbelnde, rempelnde Bewegung Bahn; Rotweißblau gegen Uniformröcke; weiße Hauben gegen bebuschte Helme. Schattenrisse vor hellen

Fenstern, empörte Schreie, ein Stein kam geflogen und tauchte wie in einen Teich. Getroffen heulte eine Frau auf, Piken fielen, trafen Köpfe und Schultern, krachten aufs Pflaster. Nieder mit den Feinden der Revolution! Dann standen sie vor dem Schloß.

»Was soll nun geschehen?«

»Wir schicken eine Delegation hinein«, erwiderte die Bürgerin Roland. »Und dann wollen wir mal sehen!«

Es war elf Uhr. In der Rue Royale ließ Monsieur Loutit das beste Kutschpferd vor das Gig spannen, faltete eine Pelerine auf dem Sitz zusammen, schob einen Kasten mit einem fest verschlossenen Napf Milchkaffee, einem belegten Weißbrot und einer kleinen Flasche Cognac unter den Sitz und machte sich hinter einem berittenen Reitknecht, der eine Laterne trug, auf den Weg nach Versailles. Noch immer marschierten Abteilungen der Nationalgarde nach Südwesten. Ihr Gleichschritt prasselte wie ein Hagelsturm über das Pflaster.

»Du achtest auf dein Haus, und ich fahre die Bürgerin Montague suchen«, sagte er zu Monsieur d'Arblay, als er sich in seinen Mantel hüllte und die Kruppe des Pferds mit der langen Peitsche antippte. Es hatte aufgehört zu regnen, aber die Luft war wie kalter Essig.

Die Frauen standen in tiefen Reihen vor dem Schloß und belagerten das Portal. Man hatte ihre Nachhut angegriffen; zwei, nein fünf, nein acht Frauen waren schwer verletzt worden. Von den Flandrischen, die sich gegen die Revolution verschworen und die Kokarde in den Schmutz getreten hatten. Wußte denn der König nichts von diesen Vorgängen? Er war den ganzen Tag auf der Jagd gewesen, und man hatte versäumt, ihn zu informieren. Das war die Schuld der Österreicherin, die die Konterrevolution angezettelt hatte. Die Frauen von Paris waren mit ihrer Geduld am Ende.

»Vorwärts, Bürgerinnen, wir geben ihr Bescheid!« Ein Dutzend begann, lief über den Kies, trappelte die Stufen hoch und drängte durch eine Flügeltür, Piken, Säbel und Äste. Nieder! Nieder! Nieder mit der fremden Königin! Niemand stellte sich ihnen in den Weg. Es war wie der Sog in einen Trichter; immer mehr stürmten nach; ein zornentbrannter Bienenschwarm. Cecily fühlte sich mitgerissen. Es waren so viele; sie gehörte dazu, aber das Geschrei war ihr vergangen. Im Schloß war es trocken, vielleicht sogar warm. Die Treppe hinauf, keine wußte, wo sie sich hinwenden sollten.

»Bleibt zusammen, Bürgerinnen!« schrien sie vorne, und alle marschierten aufs Geratewohl nach links, wo ihnen im Korridor, zwischen hohen Spiegeln und goldglänzenden Konsoltischen die Leibgarde entgegenkam. Die ersten stockten; es wurde wohl auch etwas gerufen; Cecily sah schwarze Hutkrempen und blanke Bajonette; vor allem aber sah sie die vertraute, blonde, breitschultrige Gestalt des Chevaliers Auguste d'Arblay in seiner roten Gardeuniform – goldene Epauletten waren so überaus kleidsam und respektgebietend –, der die Frauen aufgehalten hatte. Am letzten Dienstag waren sie einander in der Rue Royale begegnet, und er hatte, an die Ecke des Kamins gelehnt, mit ihr über die Königin gesprochen, in schlichten Hauptsätzen und in einer Tonart, die selbst höflichen und intelligenten Männern unterlief, wenn sie sich an sie wandten. Als sei sie erst fünf oder nicht ganz bei Trost. Sie nahm ihm das nicht weiter übel; er war so nett. Nein, Kuchen statt Brot hatte Ihre Majestät niemals gesagt; eine Propagandalüge der Sansculotten! Die Königin liebte das französische Volk. Sie war eine sehr aufopferungsvolle Frau, eine wahre mère de famille.

»Oh, Monsieur d'Arblay!« rief Cecily, »ich hatte schon damit gerechnet, Sie hier...«, und der Chevalier fuhr herum und suchte mit den Augen in der Menge das Gesicht zu dieser Stimme. Es war nur ein Lidschlag, lange genug, daß ihn ein Säbel in die Seite treffen konnte. Er drang nicht tief ein, doch die Pike, die eine furchtlose Frauenhand von unten durch seine Kinnlade stieß, tat es.

Monsieur Loutit lenkte das Gig langsam hinter den Reihen der Belagerer entlang. Ihre Gesichter unter den durchnäßten Hauben und dem strähnigen Haar waren alle nach vorn gerichtet und von dem Schein erleuchtet, der aus hundert Fenstern auf sie fiel. »Nach Paris!« skandierten sie und stießen ihre Piken aufs Pflaster. »Nach Par-is! Nach Par-is!« Er hielt an, als müsse er sich und den Schritt des Kutschpferdes neu in diesen Takt einordnen.

»Was ist geschehen, Bürgerin?« rief er zu einer Gruppe hinüber. »Hat der König unterzeichnet?« Sie drehten die Köpfe, musterten ihn respektlos und eine, die ein Schwertgehänge wie eine Schärpe über dem Mieder trug, rief lachend zurück:

»Freilich hat er das! Aber nun muß er mit uns kommen. Wir gehen nicht ohne ihn zurück nach Paris.«

Monsieur Loutit mußte Miss Montague nicht lange suchen; der Reitknecht stolperte fast über sie. Sie stand abseits, den Rücken dem Schloß zugewandt, in einem traurigen Federhut, mit einem Knoten im Kleid und hielt einen roten Taftschirm fest. Als er das müde Pferd parierte und ihr stumm die Hand hinunterreichte, klappte sie den Schirm zu, raffte den nassen Rock und stieg auf. Er faltete den Umhang auseinander, legte ihn ihr über die Schultern und schlug ihn fest zusammen, als stopfe er die Bettdecke um ein Kind fest. Sie schwieg und rührte sich nicht. Etwas war mit ihren Augen geschehen.

»Unter der Bank ist ein wenig Proviant«, sagte er auf englisch. »Sie sollten etwas essen.« Es hatte nicht den gewünschten Effekt. »Miss Cecily, es ist ja vorbei; ich bringe Sie nach Hause.« War dieses matte Einsinken als Zustimmung zu deuten? Er schlang die Zügel um die Bremse, zog die Kiste hervor und schraubte den Stopfen aus der Cognacflasche. Da wandte sie ihm endlich das Gesicht zu, legte ihre Wange an seine und drückte die Lippen auf die ernste Stelle, wo Narbe und Mundwinkel sich trafen. Dann fuhren sie zurück nach Paris.

*

Seit jenem Oktobertag des Jahres 1789, als Louis XVI die Bürgerrechte unterzeichnet und die Marktfrauen von Paris im Schloß von Versailles zwei Leibgardisten der Königin erstochen und aufgehängt haben, ist Miss Burney nicht mehr bei der Sache. Ihre Alltagsferne, die sie bisher unter nachgeahmter Geschäftigkeit verborgen hat, droht sie nun zu den unpassendsten Gelegenheiten zu überwältigen. Da steht sie mit einem Strumpf in der Hand und weiß nicht mehr weiter. Miss Burney! Miss Burney! Natürlich fragt Ihre Majestät nicht, woran es fehlt. Schließlich hat sie ihre eigenen Sorgen. Doch anders als der königliche Schmerz, der von Mr. Pitt, seinem Kabinett und einem Gutteil der Nation mitempfunden wird, ist Miss Burney mit dem ihren ganz allein.

Noch immer läuft sie zwischen der Schlafzimmertür des Königs und dem Boudoir Ihrer Majestät hin und her, denn das Privileg der Emissärin läßt sie sich von niemandem streitig machen. Wie es nach Captain Fox Digbys Worten scheint, ist Seine Majestät – trotz der Bemühungen seiner Ärzte – langsam auf dem Weg zu sich selbst zurück. Doch nun befindet sich Miss Burney in einem derart beklagenswerten Zustand, daß die Königin ihr immer häufiger die abendlichen Dienststunden erläßt. Sie hat solche Schmerzen in der Brust, fühlt solche Atemnot und Schwere, als erdrücke sie ein Mühlstein. Sie kann nicht schlafen und nicht essen; zieht sich am Treppengeländer hoch. Ein Arzt? Mr. Willis ist im Hause ... Nein, danke, kein Arzt! In den letzten Monaten hat sich ihr Zutrauen in die Kunst dieser Kaste wie Frühnebel in der Morgensonne aufgelöst. Und da Ihre Majestät zu einer Bequemlichkeit der Garderobe gefunden hat, die außerhalb Kews undenkbar gewesen wäre, bleibt auch der zweiten Beschließerin der Roben genügend Muße, ihrer eigenen stillen Qual nachzugeben.

Dann steht sie lange mit den Händen auf der Stuhllehne an ihrem Mansardenfenster, starrt auf die Kieswege und Rabatten vor dem Portal und fühlt die schwarze Galle steigen, die Kopf und Glieder durchtränkt. Wie Essig eine rohe Zwiebel, denkt sie; ich bin eine in Melancholie eingelegte Zwiebel. Das Bild ist ihr kein großer Trost.

Sie will nicht glauben, daß Alexandre d'Arblay tot ist. Er war kein Soldat, kein Leibgardist, und doch, welche Richtung hatte sein Leben in den zwei Jahren, fünf Monaten und zwei Wochen genommen, die sie nun getrennt sind? Sie weiß nicht, an wen sie sich wenden soll, um Gewißheit zu erlangen. Sie kennt nicht einmal die Adresse der d'Arblays in Paris. Mrs. Montague war auf und davon, und Miss Thrale, der einzige Mensch, der noch eine Brücke hätte schlagen können, hat nicht geruht, auf ihr Billett zu antworten. War Madame Loutit wohlauf? Sie hatte gehört, es gab einen tragischen Todesfall in der Familie d'Arblay... Madame Loutit war nicht wohlauf, und Miss Thrale war nach Frankreich gereist – ebenfalls ohne Miss Burney von ihrem Vorhaben zu unterrichten.

Wenn er lebte, warum enthob er sie nicht ihrer Angst? Mit einer einzigen Zeile aus Mrs. Montagues Feder? Und wenn er tot war, warum ließ ihre Freundin sie gleichfalls in dieser lähmenden Ungewißheit?

Fanny hatte Mrs. Montague in den letzten zwei Jahren nur einmal getroffen. Im ersten Winter saß sie an ihrer langen Tafel in Mayfair und mußte sich einige sehr spitze Bemerkungen über den Hof anhören. Der liebe Sir Joshua saß mit am Tisch und Papa an ihrer Seite, aber der Ehrengast zwar zweifellos ein dicker Mann, der aussah, als hätte er in seinen Kleidern geschlafen, und der sehr viel sprach, lachte und in einem fort mit seinem leeren Glas auf den Tisch klopfte: Mr. Fox, der Führer der Whigs. Mrs. Montague schien vollkommen vergessen zu haben, daß sie Fanny vor dem Umgang mit unerwünschten Männern wie diesem gewarnt hatte. Es war noch kein halbes Jahr her. Und nun labte sie sich selbst an seinen vaterlandslosen Reden.

Während Fanny die Serviette faltete und wieder glattstrich, hörte sie ihrer Freundin zu, die sich über den Prozeß gegen den Generalgouverneur von Bengalen, Warren Hastings, verbreitete, der eigenmächtigen und bestechlichen Wütens angeklagt war (»eine Schande für das Empire!«), über den Sklavenhandel (»eine Schande für die ganze Christenheit!«), Mr. Paines Ideen (»Die Erbfolge in der Monarchie bewirke, daß uns die Törichten, die Gottlosen und die Untauglichen regierten. Wie gefällt Ihnen das, Mr. Fox?«), Blakes visionäre Gedichte (»Könnte man das nicht ebensogut in Prosa sagen?«), Mrs. Siddons Darstellung der Lady Macbeth (»Ordentlich!«) und Mrs. Carters Neuralgien (»Stellen Sie sich vor, sie nimmt Schnupftabak dagegen und kaut grünen Tee!«).

Es geschah mit so viel Atemlosigkeit, daß Mr. Fox Mühe hatte, auch nur seine Zustimmung zu formulieren, und wenn es ihm trotzdem einmal gelang auszuschweifen, sorgte Mrs. Montague mit einem Wink dafür, daß Wein in sein leeres Glas gegossen wurde und Mr. Fox' Mund so lange stillstand, daß sie in die Bresche springen und siegreich ein neues Thema anstimmen konnte.

Fanny war seit vielen Monaten nicht mehr im Theater gewesen, und diese Tischgesellschaft, soviel war sicher, würde von Ihrer Majestät aufs schärfste mißbilligt, wenn sie davon erführe. Shakespeare und die Opposition. Sie fühlte sich wie ein kleines Mädchen, das man zum Spielen mit fremden Kindern geschickt hatte, die sich im Lauf des Nachmittags als eine Bande von Raufbolden erwiesen, und das plötzlich Lust bekam, auch einmal die Hand zu heben. Und obwohl es einem Verrat gleichkam, stimmte sie in die allgemeine Heiterkeit ein. Das Geräusch, das sie dabei von sich gab, klang wie ein Krächzen, so lange hatte sie nicht mehr gelacht. Von der Seite blickte Dr. Burney sie ein wenig befremdet an.

»Geht es dir gut, mein liebes Kind?« Daß er fragte! Sie hatte nicht mehr damit gerechnet. Und nun wußte sie nicht, was sie antworten sollte.

»Ach, Papa ... ja, es geht mir gut, aber ich habe so gar keine ... Aufgabe. Jeden Tag die Ärmel zuknöpfen – eine jede könnte das. Ich werde doch nicht wirklich gebraucht. Es gibt so viel leere Zeit, in der ich gern etwas Nützlicheres täte. « Sie sprach leise und nahm dabei mit aufmerksamen Blicken scheinbar teil am Tischgespräch.

»Aber, ich dachte ... davon hast du mir nie geschrieben! Ihre Majestät, ist sie denn nicht überaus liebenswürdig? Und die Stellung so ehrenvoll!«

»Oh doch, doch!« Sie sah ihn nicht an, drehte das Obstmesser in der Rechten. »Aber bedenken Sie, Papa, wenn ich diese Stellung quittierte, wäre ich so mittellos wie zuvor. Ich habe keinerlei Aussichten. Wohin sollte ich gehen?« Es war keine wirkliche Frage. In diesem ersten Winter bei Hofe hatte sie noch unbeirrt auf das Erscheinen von Alexandre d'Arblay gewartet, und in ihrem Schuldbewußtsein, Papa ganz unnötig zu prüfen, vergab sie ihm auch das konsternierte Schweigen. Erst das Zischen in seiner Stimme ließ sie den Kopf zu ihm hinwenden. Seine Oberlippe, Amors Bogen, war ihm im Geschäft des Gefallenmüssens längst abhanden gekommen, die Lachlust aus seinen Augen gewichen. Im vergangenen Jahr hatte er das Haus in Leicester Fields verkauft und war nach Chelsea gezogen, um in der Nähe seines einzigen festen Postens zu sein.

»Du wirst bleiben, wo du bist, Fan! Zweihundert Pfund im Jahr. Bei allen guten Geistern – fürs Ärmelzuknöpfen! Ich will nichts mehr davon hören. Mein liebes Kind, kannst du dir vorstellen, wie Mrs. Burney und ich in Chelsea leben? Drei Zimmer und ein Mädchen für alles.«

»Verzeihen Sie mir, Papa«, antwortete sie bestürzt. Ja, sie hatte versäumt, um Protektion zu bitten. Er war ihr böse. Und er würde sie auf keinen Fall in Chelsea willkommen heißen. Wie gut sie ihn verstand! Doch wie wenig er sie verstehen wollte! Sie war ihm fremd geworden, und ohne ihr Bescheid zu sagen, hatte er längst Abschied von ihr genommen. Schwimm los, mein kleiner Schwan? Ach, geh unter, mein armes Entlein!

Sie erwartete, traurig zurück nach St. James's Palace zu fahren; tatsächlich war sie erleichtert. Dort war Sicherheit. Dort war Stillstand. Nur wenn sie an Mrs. Montagues Getriller und den faßrunden Bauch von Mr. Fox dachte, der unter seiner verkleckerten gelben Weste gebebt hatte, fühlte sie, daß es die Erleichterung einer Kranken war, die zu ihrem Haferschleim zurückkehrte, nachdem sie unerlaubt Austern und Rheinwein gekostet hatte.

Nun, seit der Hof nach Kew gezogen war, hatte sie niemand mehr hinausgebeten. Und niemand war zu ihr hereingekommen. Papa grollte, ihre Freunde hatten sie vergessen, und der Comte d'Arblay war verschollen – tot oder treulos, was am Ende auf dasselbe hinauslief.

An einem dieser trüben Tage klopfte es an ihre Türe, und Captain Fox Digby, der den Weg über nachgiebige Stufen, an Stapeln von Koffern und Bügelwäsche vorbei auf den Dachboden gefunden hatte, bat, eintreten zu dürfen. Er mußte sich ein wenig neigen, um sie unter dem Türbalken hindurch anzusehen.

»Sir?«

»Es handelt sich um eine etwas delikate Angelegenheit, Madam. Ich habe vertrauliche Order von Mr. Pitt selbst, Rapport über den Zustand Seiner Majestät zu erteilen. Doch leider bin ich kein Mann des Wortes, und es gibt im ganzen Haus kein ruhiges Möbel, wo ich meine Notizen ordnen könnte. Ich hatte gehofft, mich hier ein wenig sammeln zu dürfen. Ihre Diskretion, Madam, ist bekanntlich über jeden Zweifel erhaben. Sie genießen bereits das Vertrauen Ihrer Majestät.«

»Sie sind weit heraufgestiegen, um sich zu sammeln.«

»Sie haben mich natürlich durchschaut, Madam. Ich suche auch den Beistand einer Dame, die für die Schönheit und Gewandtheit ihrer Sätze Berühmtheit genießt. Ob Sie wohl die Freundlichkeit besäßen, mir Ihre Feder zu leihen und bei der Abfassung des Rapports behilflich zu sein?«

Es war eine solch berechnende Schmeichelei, daß sie unwillkürlich lächeln mußte. Ihn hereinzubitten, in dieses Nest, das zugleich Boudoir und Schlafzimmer war, wo ihre Kleider an einem Nagel hinter der Tür hingen, die Serviette auf dem einzigen Stuhl, die Bücher auf dem Teppich, der Fächer auf dem Bett lagen, kurzum, wo das Durcheinander eines Menschen herrschte, dem die Ordnungsliebe über seiner Herzensbetrübnis abhanden gekommen war, erschien im höchsten Maße indezent. Doch sie trat zurück und wies stumm mit der Hand auf den Schreibtisch am Fenster. Sofort war das Zimmer von seiner Präsenz erfüllt. Dicker Uniformstoff, Männergeruch, knarrende Stiefel.

Man hatte sie aufgesucht und gebeten. Und wie der Königin, die sich ihres Trosts bedürftig gezeigt hatte, konnte sie auch Captain Fox Digby ihre Hilfe nicht versagen. So machte er es sich bald zur Gewohnheit, jeden Morgen, nachdem er von seinem Posten abgelöst worden war, bei ihr vorzusprechen und seinen Bericht, den er einem Abgesandten des Premierministers im Park durch ein heruntergelassenes Kutschenfenster abstattete, zu formulieren. Miss Burney war genötigt, sich ebenfalls jeden Morgen förmlich anzukleiden, die Bettdecke glattzustreichen und die blauen Teufel zu verjagen.

Natürlich dauerte es nicht lange, bis Frau von Zobeltitz in

der Tür stand und »Tz, also so was!« sagte, aber Captain Fox Digby vertrieb sie mit großer Autorität, indem er sich auf seine geheime Order berief, die eine diskrete und ständige Verbindung zur Emissärin Ihrer Majestät unabdingbar mache.

Die Minuten zwischen Pflicht und Aufbruch, die beide erst im Stehen, bald im Gegenübersitzen mit allerlei Reden verbrachten, wurden Fanny als die einzige Zeit des Tages kostbar, in der sie ihr Herz erleichtern konnte. Sie sprach über Frankreich und über jene liebe alte Freundin, eine geschätzte, eine überaus geschätzte Dame, die vielleicht ein wenig vage und unselbständig war und die erst kürzlich nach Paris gereist. Nun machte sich Miss Burney die allergrößten Sorgen über den Verbleib der geschätzten Person an diesem unruhigen Ort. Der Captain ging mit liebenswürdiger Bereitschaft auf das Thema ein.

»Paris ist so sicher wie London, Madam«, sagte er und drehte sich auf knackenden Stuhlbeinen von dem Tisch weg, in dessen Schublade Fannys *Hofberichterstattung* eingeschlossen war. Der Gedanke, daß in seiner greifbaren Nähe eine Schrift lag, die Captain Fox Digby für aufmerksames Zuhören und freimütigen Rat lobte, amüsierte sie so sehr, daß sie ihren Mund hinter dem Fächer verbergen mußte.

»Das heißt, so sicher, wie eine große Stadt sein kann; wobei Paris natürlich um ein Vielfaches regelloser und verworfener ist als unsere Metropole. Gottlob ist nun wieder etwas Ruhe eingekehrt. Sie haben gewiß gelesen, daß der König Louis die Bürgerrechte unterzeichnet hat.« Das hatte sie. »Sehen Sie, Madam, damit ist die Revolution beendet. Dies sind seine eigenen Worte, und, Sie werden sich auch erinnern, er hat hinzugefügt: Möge die Nation ihr glückliches Temperament wiedergewinnen, das sie in den Wirren ... etcetera, etcetera, jedenfalls etwas in dieser Art. Sofern Ihre geschätzte Freundin es nicht mit den Sansculotten hält ...«

»Oh, nein, nein, nein, gewiß nicht!«

»Dann wird sie auch keine Belästigung durch den Pöbel fürchten müssen. Auf mein Wort, Frankreich ist sicher!«

Frankreich war sicher. Sie am englischen Hofe. Und wo war Alexandre d'Arblay?

Das Teekesselchen wird auf den Dreifuß in die Glut gestellt, und je eher sie mit dem offiziellen Bericht zu Rande kommen, um so länger können sie in ihren Tassen rühren und plaudern. Sie glaubt diesen Mann durchschaut zu haben und ist eitel genug, die Freiheiten, die er sich herausnimmt, als ein Zeichen wachsender Bewunderung zu deuten. Er spielt mit ihrem Federmesser, blättert in den Büchern, kommentiert ihre Hauben, ihre Kleider – »perlgrau, mmh, etwas weniger Zurückhaltendes würde Ihnen wahrlich besser stehen, Madam« –, schält das heruntergetropfte Wachs vom Kerzenleuchter, und an einem Morgen, als der Herbststurm draußen die Blätter von den Bäumen reißt, spricht Captain Fox Digby von seinem Verlust. Sein Schmerz ist noch frisch, erst ein halbes Jahr alt. Eine Hornisse hatte die Kutschpferde seiner Frau Elizabeth in Panik versetzt. Sie war aus dem offenen Wagen auf die Stufen des Hauses geschleudert worden und auf der Stelle gestorben ... Ah, Miss Burney, die ehelicher Bande ledig war und niemals unter solchen Schicksalsschlägen geseufzt! Der Hinterbliebene findet Trost in der Heiligen Schrift und in Wesleys Predigten. Ob er so frei sein dürfe, ihr einen Band zur Lektüre zu empfehlen? Vielleicht könne man darin zur gemeinsamen Erbauung lesen. Sie neigt den Kopf zur Seite. Gewiß würde niemand etwas Unschickliches darin erkennen, wenn sie allein mit einem Herrn auf ihrem Zimmer ein frommes Zwiegespräch führte ...

Als er sich an diesem Vormittag verabschiedet, braucht er lange, um seine Handschuhe anzuziehen, und noch ein wenig länger hält er die beiden Finger fest, die Miss Burney ihm reicht.

»Was für eine zarte Erscheinung Sie sind, Madam! Ich

fühle mich in Ihrer Gegenwart wie ein Büffel.« Sie lächelt. Waren die großen Tiere nicht besonders empfindsam und verletzlich. Ließe sich dieses hier zähmen? Streicheln? Oder blieb man klüger auf Distanz? Oh, Miss Burney, Vorsicht vor diesen Hufen!

Am Abend klopft der Herr noch einmal an und reicht ihr ein in ein feines Taschentuch gewickeltes Büchlein durch die Tür. Als sie es ausgepackt hat, ist er schon wieder verschwunden. Sie tritt ans Fenster und schaut auf den Kiesweg, wo sich der Captain mit langen Schritten entfernt, sein hochzufriedenes Gesicht ihr abgewandt. Er hat Miss Burney nicht die Predigten Wesleys überreicht, sondern eine Sammlung klassischer Liebesbriefe, eingeschlagen in irisches Leinen – weiße Spitze, ein Hauch von Bergamotte, ein Monogramm: E.F.D. –, das Taschentuch seiner Frau. Die Geste erscheint ihm von geradezu tudoresker Raffinesse und Eleganz, aber sie hinterläßt bei der Adressatin einen zwiespältigen Eindruck: Wollte er dieses Buch gemeinsam mit ihr lesen? Hier etwa, tête-à-tête in ihrer Mansarde, wo zwei Paar Knie fast zusammenstießen, wenn sie einander gegenüber saßen? Er auf dem Stuhl, sie auf dem Bett! Liebesbriefe? Liebesworte? Aus seinem Mund – aus ihrem Mund; mit niedergeschlagenen Augen in ein Buch gesprochen? Und dann ein Verstummen, ein Blick? Eine ausgestreckte große, warme Hand: Meine liebe, verehrte Miss Burney, schon lange wollte ich Ihnen ...

Sie faltet das Taschentuch zusammen und legt das Buch ungeöffnet beiseite. Erst einen Tee und dann ein wenig Selbstbefragung. Wenn man nicht hatte, was man liebte, mußte man wohl lieben, was man hatte.

*

Frankreich war sicher; die Revolution zu Ende. Auguste war tot, aber besonnene Kräfte hatten einen Sturm auf das

Schloß in Versailles verhindert. Von der Galerie in der königlichen Reithalle bei den Tuilerien verfolgt der Comte d'Arblay die Sitzungen der Konstituante und spendet mit raschelnden Manschetten Beifall, wenn sein Vetter Loutit von der Fraktion der gemäßigten Royalisten spricht – François, so klar und verständig wie immer! Eine konstitutionelle Monarchie würden diese Herren auch ohne ihn zustande bringen.

Für ihn wird es Zeit, nach London zu reisen, um Mademoiselle Frances Beurnie heimzuführen. Er bezahlt seine Spielschulden, borgt Geld an anderer Stelle zu schlechteren Bedingungen und schwört seinem Spiegelbild Besserung. Er mußte sich einschränken! Vielleicht sollte er seinen Koch zurücklassen, wenn er nach London fuhr. Bald wäre er ein verheirateter Mann. Er seufzt:

»Ah, mon ange!« Länger als zwei Jahre war er ihr fast treu geblieben. Auf Maskenbällen hatte es einige galante Scharmützel hinter den Vorhängen gegeben, und auf dem Polstermöbel eines dunklen Zimmers hatte er einen Reifrock gehoben und war von einer entschlossenen kleinen Hand ins Ziel geleitet worden, doch im Herzen war er Mademoiselle Beurnies weißer Ritter geblieben. Nun wollte er künftig viele Stunden an ihrer Seite statt in liederlicher Gesellschaft verbringen. Vielleicht könnte er François bitten, seine Güter zu verwalten. Er war sicher, daß die künftige Madame d'Arblay seine Vorliebe teilte und das Stadt- dem Landleben vorzog.

Wie viele Männer, die einmal ihre Liebe erklärt hatten, glaubte auch Monsieur d'Arblay sein Äußerstes getan zu haben. Er sehnte sich nach einem Brief, einem Zeichen aber da sie eine Gefangene der englischen Politik war, hatte er sich mit dem gegenseitigen betrüblichen Schweigen abgefunden. Zwar war die Geliebte fern, aber sie hatte ja sein Wort, und so grübelte er auch nicht nach Wegen, auf denen er ihr beruhigende Nachrichten hätte schicken können.

Ah, mon ange. Sie hörte keinen dieser zärtlichen Seufzer. Und natürlich auch die anderen nicht; daß der Engel nicht viel mehr als sein Hemd besaß und Monsieurs letzte Schneiderrechnung schwindelerregend ausgefallen war. Dennoch – er war nicht der Mann, der sich gerne Sorgen machte. Schon beim nächstenmal mochte sein Blatt gewinnen. Daß sie nicht reich, nicht standesgemäß war – wer krähte danach? Er hatte richtig gewählt und war zuversichtlich, daß Mademoiselle Beurnie ihm ihrerseits treu ergeben war.

Doch dann, nach Augustes Tod, begann er schlecht zu schlafen. Er träumte, daß die liebste Freundin in einem nächtlichen Schloß ohne Ausgang nach ihm suchte. Die schwarzen Spiegel der Fenster blickten sämtlich auf einen leeren Innenhof, wo er stand und eine brennende Fackel hochhielt. Er sah sie nicht, aber er wußte, daß sie es war, deren geisterhaftes, kleines, grünes Licht durch alle vier Flügel huschte. Er drehte sich um sich selbst und folgte ihm mit den Augen. Er begann zu rufen: Hier! Hier! Ich bin hier, mon amie! So laut, daß seine Stimme sich hallend an den Mauern brach. In diesem Augenblick erlosch ihre Kerze. Als Monsieur d'Arblay erwachte, fühlte er, daß es höchste Zeit war, sich auf den Weg zu machen.

Sein Aufbruch wurde durch eine Nachricht von Miss Thrale beschleunigt, die sich für Ende Oktober ankündigte. Es war zu begrüßen, daß diese Tochter sich endlich entschlossen hatte, Madame Loutit beizustehen. Solche Krankheiten waren Frauensache. Er hoffte, ihr allenfalls auf der Straße nach Calais zu begegnen. François würde ihn bis dort begleiten und, nachdem er sich eingeschifft hatte, die Reisekutsche wieder zurückführen. Die *Pollyanna* segelte am letzten Tag des Monats.

Er hatte Mrs. Montague geschrieben, sie in seine Pläne eingeweiht und um ihre Gastfreundschaft gebeten. Doch kaum war der Brief abgesandt, traf Mrs. Montague selbst in

Paris ein und bat um die seine. Paris war sicher. Es war ganz und gar überflüssig, sich jetzt noch um die Tochter Sorgen zu machen, deren revolutionärer Übermut seit dem Weibermarsch auf Versailles einen grausamen Dämpfer erfahren hatte. François hatte sie gerettet, und nur durch ihn hatte er erfahren, wie Auguste zu Tode gekommen war. Ihm hatte sie auf der Heimfahrt nach Paris anvertraut, was sie auf dem Korridor vor dem Zimmer der Königin erlebt, und seitdem mit keinem anderen Menschen mehr darüber gesprochen. François hatte ihn schließlich fast ärgerlich gebeten, nicht weiter in sie zu dringen. Er quäle sie nur immer wieder aufs neue… Ah, François, Beschützer der Erschrockenen! Mit ihm als Hauses Hüter durfte er die Damen zurücklassen und beruhigt nach London reisen. Man konnte es der guten Lady nicht oft genug sagen: Die Revolution war vorbei; der König in den Tuilerien; Miss Montague in Sicherheit; und kompetente Köpfe kümmerten sich darum, das große Werk der Verfassung in Gang zu setzen.

Mrs. Montague, die nur mit ihrer Zofe, zwei Lakaien und dem Kutscher gereist ist, beansprucht etwas mehr Platz als das bescheidene Zimmerchen, von dem zunächst die Rede war. Und selbstverständlich kann Monsieur d'Arblay seinen Gast nicht stehenden Fußes verlassen. Er verschiebt seine Abreise um zwei weitere Tage und fühlt sich plötzlich wie von allen Teufeln gehetzt. Warum hatte er so lange in Paris herumgetrödelt, so viel ein- und wieder auspacken lassen; er sollte längst unterwegs sein! Am Ende würde er die liebste Freundin verpassen.

Er hatte häufiger an sie gedacht als an alles andere Näherliegende – aber noch nie mit dieser Furcht. Es war so wenig, was er wirklich von ihr wußte. War sie am Ende gar nicht beständig? Zweifelte sie an ihrer Wahl? Er versucht, sich ihr Gesicht zurückzurufen, doch wenn er die Augen sieht, ist der Mund unklar, und wenn er die Nase hat, ist das Kinn verschwunden. So ist sie ihm zugleich präsent und verborgen. Sie geht neben ihm durch die Brunnenhalle von Bath; sein grünes Leuchten. Hatte sie versprochen, daß sie auf ihn wartete? Das hatte sie gewiß! Er war kein ganz so virtuoser Erinnerungskünstler wie Miss B., aber ihm fallen Zeichen und Blicke ein, die ihm ihre Gefühle hätten verraten können, ehe die bitteren Worte fielen, daß es, wenn er abgereist sei, auch für sie keinen Grund mehr gäbe, in Bath zu bleiben ...

Bath! In dieser sommerlichen Nacht, als sie sich ihm bedingungslos, fast wortlos ergeben! Er denkt mit aufwallender Liebe und verläßlich wiederkehrender Erregung an den zarten Körper auf dem schmalen Bett, nackt, bis auf die weißen Strümpfe. Charmant! Und dann drängt sie ihn geradezu aus der Türe, als schäme sie sich. Er hätte sie so nicht verlassen dürfen. Wieviel erfüllter wäre sein Leben, wenn er beizeiten um sie geworben hätte, anstatt sich in Hannah Thrale zu täuschen! Er hätte einen Weg ... er hätte früher ... An dieser Stelle schiebt Monsieur d'Arblay regelmäßig die Vorwürfe beiseite, mit denen er sich seit zwei Jahren herumplagt. In wenigen Tagen, in einer Woche vielleicht würde er vor ihr stehen. Ja, sie war beständig; sie wartete; er war ganz gewiß. Und doch schien er langsam den Verstand zu verlieren.

Mrs. Montague bietet an, für den Comte in London nützliche Verbindungen zu knüpfen. Sir Joshua Reynolds, dem Titel nach Hofmaler, obwohl er kaum jemals ein Mitglied der königlichen Familie portraitiert hat – diese Ehre war dem schrecklichen Gainsborough in überreichem Maße zugefallen –, wird gebeten, ein Treffen mit Miss Burney auf gesellschaftlicher, neutraler Ebene zu arrangieren; vielleicht in seinem Atelier? – und, mit Verlaub, ohne daß der Hof umgehend davon erführe. Die Einzelheiten überläßt sie ganz seinem Scharfsinn und seiner Diskretion. Den Brief läßt Monsieur d'Arblay in das Futter seines weinroten Rocks einnähen, und zwar auf der Stelle über seinem Herzen.

»Bist du nun soweit?«

Im Hof in der Rue Royale wartet der Reisewagen. Helle Wolken mit grauen Unterseiten quellen über den Himmel; der Wind fegt welkes Laub durch die Toreinfahrt. Am Fenster haben die Damen Aufstellung genommen, fertig zum Winken. Der Kammerdiener schiebt Fußwärmer und Pelze ins Coupé. Dann ist auch der Comte bereit, seine Abschiedsküsse zu verteilen. Erst der kleinen Miss Montague auf ihre Grübchen (»bon voyage!«); dann der großen Mrs. Montague, die ihr altes Hündchen auf dem Arm trägt, die blau geäderte, topasschwere Rechte (»Alles Gute, Monsieur! Meine Empfehlung an Sir Joshua!«); und schließlich Madame Loutit, deren langes Gesicht so hager geworden ist, die Augenlider so müde. Ihre Wangen unter den seinen fühlen sich trocken und heiß an.

»Madame, ich hoffe, Sie bei guter Gesundheit anzutreffen, wenn ich zurückkehre.« Sie lächelt.

»Da bin ich ganz zuversichtlich, lieber Cousin. Grüßen Sie mir das fröhliche alte England – und natürlich meine Freundin Burney. Ob sie Sie überhaupt wiedererkennen wird, ohne Zopf und Puder?«

»Ich hoffe, sie wird mich nicht allzu verändert vorfinden. Mein Herz immerhin war beständig. – Was darf ich Ihnen aus der Heimat mitbringen?«

»Ihre Frau, Monsieur. Ich würde sie gerne noch einmal sehen.« Er verbeugt sich, das lockige, braune Haar fällt ihm ins Gesicht. Er wirft es zurück, ein Blick in die Runde; dann stülpt er sich den Dreispitz auf.

»Wir können, François!«

»Vier Tage«, sagt Monsieur Loutit zu Madame, »und nur bis Calais. Sie sind wirklich sicher, daß Sie ohne mich …?« Noch nie waren sie so lange voneinander getrennt.

»Ganz sicher. Wir sind Frauen, aber keineswegs schwach und wehrlos, nicht wahr, Mesdames?« Doch dann zieht sie ihn an sich. »Adieu, liebster Loutit!« Er sieht das vertraute

Gesicht und die Woge ihres grauen Haares unter dem kleinen Perlen-Kopfputz. Ihre Augen, die das alte Strahlen verloren haben, schauen in seine und dann auf seinen Mund, als bäten sie um einen Kuß. Schnell berührt er ihre Wangen, küßt ihre kalten Finger, nicht wissend, was sie fürchtet: daß es auch ein Abschied für immer sein könnte.

»Adieu, meine Liebe! À tout à l'heure.« Er wendet sich um, streift die Handschuhe über und taucht in die Kutsche. Der Kammerdiener klettert neben den Reitknecht auf den hinteren Außensitz. Rasseln und Hufschlag, eine dunkle Hand reckt sich grüßend aus dem Schlag. Dann biegen Pferde und Wagen aus dem Hof. Die drei Frauen stehen schweigend am Fenster. Der Lakai am Tor drückt die Schultern zurück und hebt das Kinn unter ihrem Blick.

»Gut«, sagt Madame Loutit, ohne ihn zu sehen. »Dann werde ich nach Monsieur Berry schicken lassen.« Sie wendet sich zu Mrs. Montague um. »Ich danke Ihnen, liebe Freundin. Morgen also.«

*

Durch Middlesex Street knattert ein Trommelwirbel – rumms! Pause. Und noch einer – rumms! Dann setzen die Sackpfeifen ein, die Trompeten: ein greller, rumpelnder Marsch. Das Tor der East India Company schwingt auf; schwarze Eisenstäbe mit goldenen Spitzen. Dahinter liegt ein dunkler, weiter Hof, der von Speichern und Kontoren hoch umstanden ist. Auf von Seepferden getragenen Wappenschildern heben Elefanten ihre Rüssel, springen Tiger unter Palmen, werden Rahsegler in die Ferne geblasen; halbnackte Schwarze tragen Lasten auf dem Kopf: Tee, Elfenbein, Seide, Sandelholz, Kupfer, Pfeffer, Opium, Gewürze.

In zwei Wochen wird die *Grosvenor* nach Madras und Kalkutta auslaufen, und heute ist der Tag der Anmusterung.

Die Werber vor den Ginbuden im Londoner Eastend haben das Blaue vom Himmel herunter gelogen; den Einfaltspinseln sogar Hämmerchen in die Hand gedrückt, mit denen sie die Edelsteine aus den versprochenen Schatzhöhlen Indiens klopfen würden:

»Kommt und seht die Welt, Männer! Macht euer Glück! Auf großer Fahrt mit der East India Company! Den Tüchtigsten eine Chance! He, du da – ja du! Komm her! Du siehst mir aus, als wärst du aus dem Holz geschnitzt, aus dem die rechten Seeleute sind. Hierher, Männer, die nächste Runde geht auf die Company!«

Nun drängen sie sich durch Middlesex Street, aus Kellern und elenden Schlafhäusern, zwischen schwarzrußigen Backsteinmauern immer der Musik entgegen, in klaffenden Schuhen und räudigen Hüten. Der Winter ist schon da. Sie schlagen die Arme um sich, blasen in die Fäuste. Ein schrecklicher, unbeirrter Regen geht nieder. Doch bald würde ihnen warm werden, schön warm. Ja, es war schön warm in Bengalen. Und es gab schöne Mädchen dort, sehr schön und willig. Ein Drittel von ihnen würde umkommen an Cholera, Wundbrand und Fieber, von Deck gespült, von der Rahe geweht, mit dem Schiff zerschellt, ertrunken, ausgepeitscht oder einfach vom Skorbut zernagt, zu Tode erschöpft, im Zwischendeck liegengelassen, wo nicht einmal genug Luft war, um eine Kerzenflamme zu nähren, und dann, hopp, über Bord, den Fischen zum Fraß! Geschwätz! Latrinenparolen! Wer sagte denn das? In fünf Jahren würden sie als reiche Pinkel zurückkommen mit der Seekiste voller Gold und Silber, Perlen und Schildpatt und einem Bombay-Kakadu auf dem Arm!

Der Comte d'Arblay hatte das Rollen der Trommeln und das Schrillen der Pfeifen gehört, dem Lärm jedoch keine Bedeutung beigemessen, und, sich über die Bedenken seines Kutschers hinwegsetzend, diesen angewiesen, durch die Versammlung grauer Lumpenkerle vor dem East India

Haus einfach langsam hindurchzufahren. Er wollte von Ost nach West, um Sir Joshua sein Empfehlungsschreiben zu überreichen. Nun steckt er mittendrin, gestrandet in einem Leiberfluß, der wie treibendes Holz gegen seine Türen rempelt und seine Pferde nervös macht. Geduld! Er verschränkt die Arme, lehnt sich ins Polster und mustert die vorbeiziehenden Gesichter. Er sieht Dreck, der so fest an den Männern hängt, als sei er in die Falten ihrer Wangen und Stirnen eingewachsen. Er sieht Kranke und Krumme, zu alte und zu junge. Er glaubt sogar, eine Frau zu sehen. In Frankreich hatten Leute wie diese ihrem König heimgeleuchtet; hier zogen sie wie Rindvieh zur Schlachtbank. Ach, diese Engländer! Hatten allesamt Fischleim in den Adern!

In Dover wäre er am liebsten auf sein Pferd gestiegen und spornstreichs nach London galoppiert. Statt dessen mußte er einen Reisewagen und eine Eskorte heuern, die ihn vor Straßenräubern schützte. Wahrscheinlich hatten sie ihn wieder übervorteilt, diese englischen Krämer! Während er gemächlich nordwärts rumpelte, gab er sich abwechselnd Anfällen von Unrast, schlechter Laune und dem wundervollen Strom hin, der ihm durch den Leib fuhr, wenn er daran dachte, daß er sich der liebsten Freundin mit jedem Schritt näherte. Statt vor einer königlichen Residenz, stand er jedoch nun vor dem Haus der allergrößten Krämer in Middlesex Street.

Die Werber haben in der Frühe noch einmal Gin ausgeschenkt, um ihren Kandidaten genügend Feuer im Kampf um eine Koje auf der *Grosvenor* einzublasen. Einer von ihnen, in einem Rock, der wohl noch vor kurzem den Rücken eines besseren Herrn deckte, steht am Straßenrand und stößt die Arme in die Luft, als dirigiere er eine störrische Musikkapelle:

»Vorwärts Hodge, alle Schätze Indiens für dich! – Vorwärts Mac, auf einen Kerl wie dich haben sie gerade noch gewartet! – Tummelt euch, Freunde, wer zuerst kommt, verdient zuerst! Ein gutes Schiff, die *Grosvenor*! Na los, Bradshaw, beweg dich!«

Der Kutscher hatte es kommen sehen, aber der Franzos' wußte es ja besser und mußte mitten in den Schlamassel hineinfahren. Die beiden Pferde schnauben und beginnen, rückwärts zu schieben. Ein betrunkener Kerl stolpert und sucht Halt am Geschirr.

»Ho, ho, sachte, sachte!«

Zu spät. Einer der Männer ist schon gefallen. Das Handpferd in seiner Bedrängnis scheut, reißt die Vorderhufe hoch und findet keinen festen Platz, sie wieder niederzusetzen. Eisen trifft auf Nachgiebiges, stößt an einen Kopf.

»Verdammt! Geht doch zurück Leute, geht zurück!«

Der Comte d'Arblay stemmt seine Tür gegen das Gedränge auf und springt auf die Straße. Mit einem Ellenbogenstoß schafft er den Betrunkenen aus dem Weg, packt das scheuende Pferd am Zaumzeug und zwingt seinen Kopf herunter. Sachte, sachte! Dann hat sich endlich auch sein Reitknecht durchgewühlt, zieht den Mann zwischen den Hufen hervor und stellt ihn auf die Füße. Barhäuptig und bleich lehnt der an der Kutsche, eine große, dünne, fast buckelige Gestalt in den Resten eines schwarzen Rocks. Blut läuft aus dem welligen, grauen Haar über das rechte Ohr. Monsieur d'Arblay reicht ihm sein Taschentuch.

»Ich bedauere außerordentlich, Sir; Sie sind hoffentlich nicht ernsthaft verletzt.« Der andere hebt den Kopf und versucht seine wilden, hellen Augen an dem Sprecher zu befestigen. Ein Geck – ein Franzmann – hat sich wohl verirrt! Die Kameraden, mit denen er seit Wochen das Quartier in einem stinkenden Keller geteilt hatte, schieben an ihm vorbei, und er mußte weiter. Er mußte einen Platz auf diesem vermaledeiten Schiff ergattern. Bei seinem Werber stand er bis über den Hals in der Kreide. Es war das Ende. In London konnte er nur noch verrotten.

»Heda, Bradshaw, die Schätze Indiens! Rappel dich auf,

Mann!« Er stößt sich mit der Schulter vom Wagen ab. Da ist noch ein Rest von dem Gentleman, der er niemals ganz war, in der zerrütteten Erscheinung, die Erinnerung an eine Verneigung, eine großartige, fließende Handbewegung:

»Nicht der Rede wert, Sir. Man steckt im Leben so manchen Knuff weg.« Der Comte drückt ihm die Münze in die Hand, die er in seiner Rocktasche greifen konnte.

»Äußerst großzügig, Sir. Gottes Segen! Habe die Ehre!« Und macht sich auf Storchenbeinen davon, fast herausfordernd, das parfümierte Taschentuch des Comte an die blutende Schläfe pressend, fort durch das schwarze Gittertor mit den goldenen Spitzen.

Die Musik verstummt; eine Stimme beginnt brüllend Namen herunterzulesen; der Zweispänner rollt weiter, durch Bishopsgate und Holborn, Long Acre entlang und nach Leicester Fields. Von Mrs. Montague weiß der Graf, daß Mademoiselle Beurnie einmal hier gewohnt hat, und er mustert neugierig die Fassaden. Das Gelbe? Das Schmale? Das mit dem Fächer-Oberlicht? Sein Ziel ist Sir Joshua Reynolds stattliches Haus am anderen Ende des Platzes.

Der alte Herr empfängt ihn äußerst wohlwollend: Ah, aha, aha! Ein Freund der lieben Mrs. Montague. Natürlich, sie hatte in Bath von Monsieur d'Arblay gesprochen. In Bath? In Bath war der Comte dieser freundlichen alten Eule schon einmal begegnet; er wußte nur nicht mehr, wo, und Sir Joshua konnte ihm zu seinem tiefsten Bedauern nicht auf die Sprünge helfen.

*

Der Hof und die Einfahrt des Stadtpalais in der Rue Royale sind an diesem Morgen mit Stroh ausgestreut worden, um Hufschlag und Räderrollen zu dämpfen. In der Küche hat die weibliche Dienerschaft mit gesenkten Köpfen Mullbinden aufgewickelt. Keine sprach. Madame Loutit geht langsam am Arm ihrer alten Freundin im Salon auf und ab. Die Stunde, da Monsieur Berry erwartet wird, ist längst überschritten, und Madame Loutit, stumm und halb erstickt vor Angst, läßt sich endlich von Mrs. Montague zu einem Stuhl führen, von dem aus sie den Hof überblicken kann. Sie hebt ihren rechten Arm wie einen gebrochenen Flügel.

»Dürfte ich Sie bitten, für mich ein paar Worte an Monsieur Loutit und an meine Tochter Hannah niederzuschreiben. Ich fühle mich außerstande.«

Mrs. Montague hat versprochen, ihr beizustehen, wenn Monsieur Berry kommt, um den schmerzenden, lähmenden Knoten aus ihrer Brust zu schneiden. Es ist das weiße Gesicht, das so alt geworden ist wie das ihre, die englische Stimme und die Freundschaft einer vernünftigen Frau, die Madame Loutit helfen, die Beherrschung zu wahren. Sie will diesen entsetzlichen Tag hinter sich bringen, solange François auf Reisen ist und ehe Hannah in Paris eintrifft und das Haus mit ihrem Unbehagen füllt.

In Madames Schlafzimmer war ein Tisch ans Fenster gerückt, mit einer alten Matratze, einem Kopfkeil und einem Laken bedeckt worden. Nun wird es Nachmittag, und das Licht schwindet. Man würde mehr Lampen brauchen. Dann biegt die Kutsche des Arztes endlich durch den Torbogen und hinter ihr eine zweite. Nach dem kleinen Monsieur Berry erscheinen noch drei Herren mit Taschen, und aus der zweiten steigen vier in schwarzen Röcken, von denen zwei eine Kiste zwischen sich tragen.

»Mein Sarg!« krächzt Madame in einem letzten Versuch, ihr Grauen zu meistern.

»Nein, nein, es ist das Sägemehl«, murmelt Mrs. Montague und führt sie vom Fenster weg. Wie unzart, wie überaus rücksichtslos von diesen Männern, in solcher Zahl und mit ihren Folterwerkzeugen durch den Vordereingang hereinzumarschieren! Sie hatte nichts ... oh doch, sie hatte bestimmt etwas gegen die Franzosen.

»Warum so viele, Monsieur?« fragt Madame, als der Arzt sich vor ihr verbeugt. »Wir waren doch übereingekommen, daß Sie und Ihr Assistent die Operation vollziehen würden. Von sechs oder sieben anderen hatten Sie nie gesprochen.«

»Es sind weitere Assistenten, Madame. Außerordentlich kompetent und hilfreich in diesen Angelegenheiten. Ich darf Ihre Begleiterin bitten, uns dann zu verlassen.« Er verbeugt sich gegen Mrs. Montague.

»Aber Sie sagten, es handele sich nur um einen kleinen Eingriff, eine Routine-Operation.« Der Arzt schaut sie unbewegt an.

»Routine? – Selbstverständlich, Madame, ein Routine-Eingriff. Dennoch muß ich darauf bestehen, daß lediglich meine Assistenten und ich ...«

»Nein, bitte!« fleht Madame Loutit. »Davon war nie die Rede.«

»Ich bleibe bei Ihnen, liebe Freundin!« sagt Mrs. Montague fest. Monsieur Berry zuckt die Schultern.

»Ich kann mich um Sie nicht kümmern.«

»Das besorge ich schon selbst«, erwidert sie. »Kommen Sie, meine Liebe, gehen wir hinauf. Ich helfe Ihnen.«

Die beiden Frauen steigen voran; sieben Männer folgen ihnen. Madame Loutit sitzt auf dem Tisch. Der Operateur reicht ihr ein Glas mit einer milchigen Flüssigkeit.

»Was ist das?«

»Es wird Sie beruhigen.« Sie trinkt es in einem Zug aus, betupft ihren Mund und reicht Mrs. Montague dann das Taschentuch.

»Eiswasser? Kompressen? Verbände?« Die stumme Zofe weist auf die Schüsseln, das Tablett mit den Mullbinden und rennt hinaus. Mrs. Montague schnürt Madame das Mieder auf und hilft dem kraftlosen Arm aus seiner Hemdhälfte. Ehe die Herren die Kiste mit dem Sägemehl neben den Tisch schieben, die schwarzen Überröcke ablegen, ihre Taschen öffnen und die Instrumente entblößen, muß Madame Loutit sich auf dem Tisch ausstrecken. Monsieur Berry stützt ihren Ellenbogen, bettet ihren Kopf und legt ihr ein kleines Gazetuch über das Gesicht. Vier Männer treten an das Kopf- und Fußende. Monsieur Berry schaut sich nach Mrs. Montague um.

»Hierher mit der Lampe, Madame!« Dann spricht er nur noch mit Blicken zu den übrigen, mit einer Geste, die um Madames rechte Brust einen Zirkel beschreibt, der von einem Kreuz durchschnitten wird; dann ein Nicken. Madame Loutit versteht. Sie hat mit offenen Augen unter der Gaze gelegen. Jetzt stemmt sie sich zitternd auf die Ellenbogen.

»Nein, nicht! Nicht alles! Sie sagten, es sei nur ein Knoten, nur ein kleiner Eingriff, Monsieur Berry – nicht alles, nicht meine arme Brust!«

Er drückt sie auf den Tisch zurück.

»Beruhigen Sie sich Madame! Wir tun unser möglichstes. Bleiben Sie jetzt liegen. Schließen Sie die Augen! Wir sind schnell. Es ist bald vorbei.« Der Arzt breitet das Tuch wieder über ihr Gesicht, er schaut die Männer der Reihe nach an. Zwei legen ihre Hände um Madame Loutits Knöchel; der dritte hält ihr Handgelenk, der vierte streckt ihren rechten Arm. Als der Assistent ihre Brust umfaßt, zuckt sie zusammen. Monsieur Berry nickt, setzt die Lanzette an und treibt sie hinein. Die Gaze hebt sich in einer Blase über ihrem gellenden Schrei, sie fällt in den offenen Mund zurück, als Hester Loutit Atem holt für den nächsten.

Mrs. Montague fühlt, wie der Schrei ihr Innerstes zu verflüssigen droht, aber sie hält die Augen offen und die Lampe hoch. Trotz der Kälte im Zimmer hat der Mann, der neben ihr Madame Loutits Arm in die Höhe reckt, Schweiß auf der Oberlippe. Sie riecht seinen Männergestank. Der Stahl ist scharf, aber das Fleisch widersetzt sich. Nach dem ersten halben Bogen wechselt der Operateur die Hand und stößt erneut zu. Ein zweiter blutiger Halbmond öffnet sich.

Stahl schabt über Knochen, Blut quillt über die Seite, tränkt das Laken und rinnt in die Kiste mit dem Sägemehl.

»Eiswasser! Los, Mann!« Der Schwall trifft nicht nur das klaffende Fleisch, sondern auch Monsieur Berrys Hosenbeine.

»Abklemmen, abklemmen! Was machen Sie denn da?!« Er schneidet schnell, das Blut kommt in Stößen. Das Zimmer ist von Madame Loutits Schreien wie mit Metallsplittern gefüllt.

»Den Haken, rasch!« Er streckt die Hand aus, bohrt und hebelt; ein blutiger Klumpen gleitet aus der Masse und fällt neben den Tisch. Madame Loutits Stimme erstirbt. Sie ist ohnmächtig geworden, denkt Mrs. Montague, die noch immer das Taschentuch in der linken Faust hält, lieber Gott, endlich, und läßt die Lampe ein wenig sinken.

»Hierher das Licht!« schreit Monsieur Berry. »Abbinden, Sie sollen das abbinden!« Der Assistent, der ihm schon das Wasser über die Hose gegossen hat, hantiert zitternd mit den Fäden; ein Instrument fällt klappernd zu Boden. Das Tuch über Madame Loutits Mund hebt sich nicht mehr. Monsieur Berry läßt das Messer sinken. Er atmet tief; wischt sich mit dem Handrücken über die Braue und schmiert dabei einen blutigen Striemen auf die Stirn. Dann zieht er Madame die Gaze vom Gesicht. Ihr Mund steht noch offen, aber die Augenlider sind so fest zugepreßt, als seien sie im Tod mit den Wangen verwachsen.

*

Der November in England ist ungewöhnlich mild; mit roten und gelben Blättern, einer frischen Brise und dem Geruch nach Nüssen und Erde. Fanny, die Ihre Majestät einem Nachmittagsschlummer überlassen hat – eine Neuerung, die in Windsor als ganz unerhört aufgenommen worden wäre –, nimmt ihren großen Schal und läuft, den formellen

Garten meidend, zur Vordertür hinaus, vorbei an der Orangerie und über den Wiesenweg, wo zu beiden Seiten die Schafe des Königs weiden.

Sie hat mit der Morgenpost einen Brief von Sir Joshua Reynolds erhalten, aus dem sie nicht klug wird und den sie nun auf einem Sonnenfleckchen im Park noch einmal in Ruhe und ohne den Beistand Captain Fox Digbys lesen will. Sir Joshua wurde langsam wirklich etwas sonderbar und geheimniskrämerhaft. Sie läßt sich im Windschatten des Hügels, der das alte Eishaus umschließt, auf einer Bank nieder und entfaltet den Bogen.

»Meine liebe Miss Burney«, schreibt Sir Joshua, »seit dem letzten Winter im Hause von Mrs. Montague habe ich nicht mehr das Vergnügen Ihrer Gesellschaft genossen. Ein Mann in meinem Alter tut in der Regel wohl daran, seine Schritte nicht vorwitzig aus dem Haus zu lenken, aber nun wird mich eine besondere Mission in den nächsten Tagen nach Kew führen. Es wäre mir eine große Ehre, wenn Sie an höchster Stelle um die Erlaubnis nachkämen, mir am Freitag vor der Dinnerstunde für einen kleinen Bummel um den Dorfanger herum Ihren Arm reichen zu dürfen. Wenn es Ihre Zeit erlaubt, könnten wir anschließend in den *Drei Schwänen* eine kleine Erfrischung zu uns nehmen. Mein Wagen wird Sie um zwei Uhr am Hauptportal erwarten. Ich werde so frei sein, einen Freund mitzubringen, der sich danach verzehrt, Sie zu treffen. Ich bin, liebe Madam, Ihr gehorsamer … etc. etc.«

Wer dieser Freund sein könnte, ist Fanny unerfindlich. Vermutlich ein ebenso zerstreuter Künstler wie Sir Joshua, der auf seine alten Tage *Virginia* entdeckt hatte. Du liebe Güte! Sie steckt den Brief zurück in ihre Rocktasche und schwingt den Schal um die Schultern. Ein frischer Wind hat sich erhoben, der tief im Park die Bronzeglocken des Pagodenturms rührt, ein Klang, der sie weiter unter die großen, leuchtend gelben Bäume lockt, hin und her, dort, wo die

Sonne in dunstigen Bahnen auf die Rindenwege scheint und das welke Laub mit ihren Schritten auffliegt. Vor ihr liegt der See; unter den überhängenden Zweigen rudern kleine Enten still und flink umeinander, als gelte es, etwas aufzuführen. Sie bleibt stehen, um ihren selbstgenügsamen, friedlichen Betrieb zu betrachten. Solche Tage, mit der Wärme im Gesicht und der Glut hinter den geschlossenen Lidern, solche letzten Tage, ehe sie für einen weiteren Winter in dem kalten Backsteinhaus begraben sein würde. Doch wo sollte sie leben, wenn nicht in irgendeinem Zimmer in der Nähe Ihrer Majestät? Es war ihr Platz. Dr. Burney hatte ihr zu verstehen gegeben, daß er sie in Chelsea nicht gebrauchen konnte. Fanny war losgeschwommen und nicht untergegangen. Doch selbst wenn er sein Boot nicht fortgesteuert hätte, würde sie nun nicht mehr einsteigen wollen. Drei Zimmer in Chelsea ... An einen anderen Ort versucht sie nicht zu denken. Es ist vorbei. Sie sind tot, Alexandre d'Arblay, hatte sie in ihrem letzten Gedankenbrief geschrieben. Tot für mich, aber statt Ihrer kann ich nur mich selbst betrauern. Sie wendet sich ab und schlägt den Weg zur Pagode ein.

Ach, diese Wehmut, die mit dem Duft der Erde, dem Licht auf den nassen Wiesen und dem Klang der chinesischen Glocken noch einmal in ihr aufsteigt! Sie hebt den Kopf und sieht durch ihre Tränen den König auf sich zuschreiten. Natürlich ist das unmöglich. Der König ist krank. Er befindet sich im Speisezimmer von Kew Palace, im Gewahrsam von Herren in schwarzen Röcken und stummen Kerlen mit schmutzigen Halstüchern. Doch genauso kommt er ihr nun entgegen. Seine Majestät, grau und hager, ohne Perücke und mit kurzgeschorenem Haar. Der Rock hängt ihm in Falten von den Schultern, und neben, hinter ihm im Schatten bewegt sich ein Troß von Gestalten – sie dreht sich auf dem Absatz um und rennt; rafft den Rock und rennt, verfolgt vom Scharren vieler Füße und seiner krächzenden Stimme:

»Miss Burney, halt! halt! Miss Burney, bleiben Sie stehen!«

Lieber Himmel, hilf! Sie hat ihn nicht gehört. Nicht diese Stimme! Der König ist krank; er schreit und schlägt um sich; zeigt der Herzogin von Doncaster ...

»Miss Burney, bleiben Sie doch stehen!«

Stehenbleiben? Um's Leben nicht! Auch wenn der Atem pfeift und die Knie nachgeben wollen. Keine Deckung, kein Seitenpfad, schon kommt der See wieder in Sicht.

»Miss Burney, zum Kuckuck! Wir sind doch nicht in Ascot! Bleiben Sie endlich stehen!« Und nun erheben sich auch andere Stimmen:

»Bleiben Sie stehen, Madam, der König echauffiert sich!«

Da fängt sie sich an einem Baumstamm auf und dreht sich schwer atmend um. Auf unsicheren Beinen ist er hinter ihr her. Sie knickst.

»Warum laufen Sie denn weg, Miss Burney?«

»Um Vergebung, Sir, ich habe Sie nicht erkannt.«

»Was? Schon wieder nicht?« Er scheint ganz er selbst zu sein, und doch nicht ganz. Niemals hat sie den König unrasiert gesehen, und niemals hat er so gerochen. Wie altes Brot. Doch seine runden, blassen Augen sind klar. Er tritt auf sie zu, legt ihr lächelnd die Hände um die Schultern. Sie hält die Luft an, betet: lieber Gott, nur nicht das! Er pickt einen Kuß auf jede Wange, tritt zurück. Sie atmet vorsichtig aus.

»Wie geht es Ihnen, Sir?«

»Wie geht es Ihnen, Madam? Ich freue mich ganz außerordentlich, Ihr freundliches Gesicht zu sehen, nachdem ich allzu lange in diese finsteren Mienen habe starren müssen«, erwidert er, ohne sich umzuwenden. Daher entgehen ihm auch die steifen Oberlippen der beiden Herren, aus deren Mitte er herausgetreten ist. Nicht, daß es ihn interessierte. »Kommen Sie, Miss Burney, lassen Sie uns ein paar Schritte zusammen gehen! Ist dies Ihr Weg? Zur Pagode? Vortrefflich! Nehmen Sie meinen Arm! Na, was-was? Recht so!« Ganz geheuer ist ihr dies alles nicht. Die schnelle Rede, die fahrigen Bewegungen, die nassen Lippen, die heisere Stimme; so hatte der Schrecken einmal begonnen.

»Und doch schien Seine Majestät glücklich zu sein, einen Menschen zu sehen, den er nicht zu seiner Qual und seinem Herumgestoßensein gehörig erkannte«, sagt Fanny später zu Captain Fox Digby, als sie zusammen im Kräutergarten sitzen. »Er riß sogar einen Witz über einen seiner Ärzte, Mr. Willis, der, wie Sie sicher wissen, Pfarrer war, ehe er sich der Medizin zuwandte. Seine Majestät fragte ihn nach dem Grund, und Mr. Willis antwortete, schon unser Herr Jesus Christus sei ausgezogen, um die Kranken zu heilen. ›Richtig‹, sagte Seine Majestät, ›aber er hat keine 700 Pfund dafür eingesteckt.‹« Captain Fox Digby lacht und reibt sich die Hände.

»Brillant! Ja, so erkenne ich ihn wieder. Das sind wunderbare Neuigkeiten, überaus beglückend. Sie haben natürlich Ihrer Majestät schon davon berichtet ...«

»Gewiß, gleich, als ich vom Spaziergang mit Seiner Majestät zurückkehrte.«

»Ich muß nicht fragen, wie die Nachricht aufgenommen wurde ...«

»Oh, es hat sie tief bewegt. Ich fürchte, wir waren beide ganz aufgelöst. Solche Aussichten ...«

»Gleichwohl würden Sie mir eine große Freude machen, wenn Sie für mich noch einmal Ihre Unterhaltung wiederholten. Ihr Erinnerungsvermögen ist sprichwörtlich, Madam, und Sie wissen, wie sehr mir das Wohlergehen Seiner Majestät am Herzen liegt!«

»Das will ich gerne tun«, erwidert Fanny geschmeichelt. »Lassen Sie mich nachdenken. Es war so viel und vieles davon so überraschend. Fast schien es, als wollte er in der kurzen Zeit, in der ihn die Ärzte und Pfleger seinen eigenen Weg gehen ließen, zuviel sagen. Er sprach zunächst davon, wie sehr ihm in den Monaten seiner Krankheit die Musik gefehlt habe. Ach, er versuchte sogar, mit seiner gequälten Stimme eine Händel-Arie zu singen, und bat mich einzustimmen ... mich, die ich so vollkommen unmusikalisch bin.«

»Ah, ich sehe, Sie hatten einen heilsamen Einfluß auf ihn. Die vollständige Wiederherstellung seiner Gesundheit und die Aussicht auf Freiheit müssen seinen Geist erhoben haben!«

»Nun, er sagte mir, daß er sich wieder ganz gesund fühlte. So wohl wie nie. Das war sicher übertrieben. Aber er hatte auch die Freundlichkeit, sich nach meinem Befinden zu erkundigen. Und, Sir, dies bleibt natürlich ganz unter uns, er sagte, er wisse durchaus, daß Frau von Zobeltitz mir das Leben sauer mache, aber ich solle die alte Zerbera gar nicht beachten. – Sie können sich nicht vorstellen, wie gerührt ich war, als Seine Majestät stehenblieb, die Hand auf die Brust legte und sagte: ›Ich halte zu Ihnen, das verspreche ich. Verlassen Sie sich auf mich: Ich bin Ihr Freund.‹ Er selbst war so erregt, daß die Ärzte schon wieder gelaufen kamen mit ihrem ›Kommen Sie, Sir, lassen Sie die Dame nun weitergehen ...‹, und Seine Majestät rief: ›Nein, nein, nein, nein, nein! Fort mit Ihnen! Ich habe noch mehr zu sagen!‹, so daß sie wieder zurückfielen.«

»Wie überaus gewinnend!« murmelt der Oberstallmeister. »Zu denken, daß es Menschen gibt, die sich einem solchen Mann in unlauterer Absicht näherten!«

»Oh ja, abscheulich!« Fanny erinnert sich an eine Frau mit Obstmesser. »Aber nun scheint Seine Majestät ja dem Leben wiedergeschenkt, und alle, die die Regentschaft befürwortet haben, werden schweigen müssen, Gott sei Dank! Er war schon fast wieder der alte, so aufgeräumt und gütig, und er sprach mit soviel Wärme. Auch über meinen Vater. Daß der Posten des königlichen Kapellmeisters rechtmäßig ihm gebühre, statt diesem armseligen Musikanten, der ihn zur Zeit innehabe. ›Oh, pfui und abermals pfui!‹ rief er, ›für 20 Pfund in Chelsea! Ist das alles, was ein so verdienstvoller Mann erwarten kann? Aber keine Sorge, auch darum werde ich mich selbst kümmern!‹« Fanny schweigt. Die Sonne ist über ihre Bank hinweggewandert, und sie beginnt zu frieren. Wie herrlich wäre es, welche Genugtuung, Papa mit einer solchen Nachricht zu überraschen, aber war des Königs Rede am Ende nicht doch wirr und sprunghaft gewesen? »Er hatte das alles in seinem kleinen Notizbuch niedergeschrieben«, fügt sie wie zu ihrer Rechtfertigung hinzu.

»Ein Notizbuch?«

»Ja, er zog ein kleines Buch aus dem Rock, in dem er alle seine Gedanken und Pläne festgehalten hat. Er hat mir daraus vorgelesen und mich mit seinen Vorhaben bekannt gemacht. Es ging dabei auch um ein Revirement im Kabinett. Soviel Vertrauen ist natürlich keineswegs mein Verdienst«, fügt sie hinzu und schlägt die Augen nieder, »sondern nur ein Zeichen seiner abklingenden Nervosität. Ich war nur zufällig gerade zur Stelle.«

»Ei, potz!« ruft Captain Fox Digby, da werden sich einige Herren aber umschauen! An wen denkt Seine Majestät?«

»Ich bitte um Vergebung, Sir, wenn ich Ihnen gegenüber in diesem Punkt verschwiegen sein muß. Ich habe es versprochen. Nur soviel: Seine Majestät hat mir ein Papier gezeigt, eine neue Aufstellung seiner Minister. Er meinte, man habe ihn schändlich hintergangen, und er nannte die Namen derer, die, wie er sagte, ihre Quittung erhalten werden, und wiederholte mehrere Male, er gedenke künftig mit eisernem Besen zu regieren. Ich nehme an, er meinte, mit fester Hand.«

Der Oberstallmeister holt tief Luft, doch er spricht nicht.

»Seine Majestät hatte sich dabei leider in beträchtlichen Ärger hineingesteigert. Sie erinnern sich, wie heftig er in einem fort redete, als er besonders elend war, ganz so, und deshalb schloß sein besorgter Troß wieder zu uns auf, und Mr. Willis bat mich zu gehen. Diesmal gab Seine Majestät nach. Er versicherte mir noch einmal, daß er mein Freund und Beschützer sei, und, tatsächlich, Captain« – sie kichert hinter der erhobenen Hand –, »er küßte mich zum Abschied auf beide Wangen, als sei dies die übliche Form des Grußes bei Hofe.«

»Nun, er scheint tatsächlich noch ein wenig derangiert zu sein«, erwidert der Oberstallmeister uncharmant, und Fanny lauscht überrascht einer galligen Note nach. Befremdlich! Hatte sie zu viel von sich gesprochen und zu wenig von ihm? Aber der König hatte seinen treuen Knappen Fox Digby gar nicht erwähnt. Sollte der Veteran, der sich immer seines Vertrauens erfreut hatte und der in den schlechten Zeiten unermüdlich vor der Tür des Krankenzimmers ausgeharrt hatte, ein Lob erwartet haben? Sie erhebt sich, stark verkühlt.

»Sie werden sicher einen Rapport für Mr. Pitt abfassen wollen. Bitte verfügen Sie über meinen Schreibtisch. Für mich wird es Zeit, Ihre Majestät für das Dinner anzukleiden. Guten Abend, Captain Fox Digby.«

*

Fannys Begegnung mit dem König war auf einen Dienstag gefallen, und in der glücklichen Aufregung hatte sie Sir Joshuas Brief vergessen. Erst am nächsten Morgen erinnert sie sich seiner Einladung und bittet die Königin um eine freie Stunde.

»Sir Joshua Reynolds? ... Ah, Sir Joshua. Ein Freund von Ihnen, Miss Burney? Ich habe keine Einwände. Ein kleiner Ausflug wird Ihnen guttun. Frau von Zobeltitz wird mir vor dem Dinner aufwarten. Ich werde Sie nicht brauchen. Nehmen Sie sich Zeit bis zum Abend. Fox Digby kann Ihnen einen Passierschein ausstellen lassen.«

Captain Fox Digby bereut seit 24 Stunden, sich gegenüber Miss Burney einen solchen Schnitzer erlaubt zu haben. Es war nicht im Interesse der Nachforschung, wenn die verdächtige Person ihren Mund wie eine gekränkte Auster verschloß. Und so trägt er heute sein bestes Lächeln, als Miss Burney ihn in der Wachstube im Pförtnerhaus von Kew um einen Paß bittet, der ihr am Freitag das Haupttor öffnen würde.

»Sie wollen uns verlassen, Madam?«

»Nicht endgültig. Ein Freund – Sir Joshua Reynolds – erwartet mich.«

»Sir Joshua selbst, verstehe; sublimer Künstler! Übrigens ein Landsmann von mir: Devonshire – ha, ha. Er ist, glaube ich, als Präsident der Akademie kürzlich zurückgetreten.« Fanny ist keine, die leicht vergibt; sie faßt sich kurz.

»Sir Joshua – sublim? Tatsächlich?«

»Ah, gut, wie auch immer. Wann brechen Sie auf, und wann dürfen wir Sie zurück erwarten?«

»Ist denn das von Bedeutung?« Er schweigt. »Zwei Uhr«, sagt sie ungnädig, »Ihre Majestät hat mir Urlaub bis zum Abend gewährt.«

»Ausgezeichnet!« Er lächelt, als habe er ihren schnippischen Ton nicht bemerkt, tunkt schwungvoll die Feder ein, kratzt seine Unterschrift aufs Papier, streut Sand darüber, wedelt, faltet, siegelt und überreicht den Schein mit einer kleinen Verbeugung. »Ich wünsche Ihnen einen schönen Tag, Madam!« Auch er würde ihn zweifellos genießen.

»Danke, Sir!«

Es gibt etwas, das sie vergessen hat, als sie am Freitag mittag den Weg zum Haupttor einschlägt. Für ihren kleinen Ausflug ist sie gerüstet; sie hat sogar einen Schirm dabei, obwohl der Tag freundlich, wenn auch so windig ist, daß sie um Haar und Hut fürchtet. Seit Wochen war wieder einmal ein Friseur bemüht worden, der ihr blondes Haar zu einer eleganten Verwehung aufgekräuselt hat. An Sir Joshuas

Arm will sie nicht im Häubchen gesehen werden. Aber etwas anderes ist nicht in der Reihe; etwas, das sie sonst niemals vergißt und immer bei sich trägt. Ihre Korallenbrosche mit der silbernen Fliege steckt am Fichu, das Fläschchen Lavendelwasser im Ridicule, ein paar Münzen, ein Taschentuch und der Schlüssel. Sie bleibt stehen. Sie hat vergessen, ihre Schublade abzuschließen. Ach, und wenn schon! Es wird keiner... Sie macht einen Schritt und bleibt wieder stehen. Am Ende der Allee ist das Haupttor von Kew schon in Sicht. Wenn sie jetzt... sie käme noch immer pünktlich. Lächerlich, niemand würde es wagen, ihre Schubladen aufzuziehen und das Journal... Sie dreht sich auf dem Absatz um und marschiert zurück.

Nicht erst seit sie das Gespräch mit Seiner Majestät in der *Hofberichterstattung* protokolliert hat, zweifelt sie an der Ehrbarkeit ihres literarischen Unternehmens. Ein wenig Klatsch über das flotte Leben der Prinzen mochte zur Veröffentlichung geeignet sein, nicht aber die politischen Pläne Seiner Majestät. Der König hatte ihr im Park seine neue Kabinettsliste vorgelesen. Er mochte derangiert sein, aber er war nicht der Mann, der seine Meinung änderte. Lord Salisbury saß bereits auf einem abgesägten Ast, ohne es zu wissen, Lord Elphinstone desgleichen; das Kriegsministerium stand vor einem kompletten Revirement. Fanny hatte alles mit fliegender Feder festgehalten. Die Königin war auf die Namen dieser Herren nicht erpicht, doch es gab zweifellos andere, die es sein mochten. Es war Leichtsinn; sie mußte diese Seiten herausreißen und verbrennen. Jetzt!

Sie nimmt den Weg durch die Laubengänge und die Hintertreppe zu den Mansarden. Die Stufen ächzen; über ihr schwingt sich das Geländer ins Dunkle hinauf. Im Korridor stößt sie scheppernd gegen einen stehengelassenen Putzeimer und fährt zusammen. Noch macht sie sich nicht wirklich Sorgen. Erst als sie die Hand auf den Türknauf ihrer Kammer legt und hört, wie drinnen ein Stuhl gerückt wird, fühlt sie, wie ihr vor Schreck die Kraft aus den Gliedern weicht. Unschlüssig und bange steht sie vor ihrer Tür und wartet auf einen rettenden Gedanken. Der Schlüssel steckt von außen, wie üblich. War Frau von Zobeltitz zu ihr hineingegangen?

In der Mittagsstille hört sie vertraute Stimmen im Haus; das berstende Gelächter Prinz Williams, der sich offenbar einer bescheideneren Person mitteilt; nur sein Gewieher klingt bis auf den Dachboden. Nein, es ist nicht die Zobeltitz; die unterhält sich im Nachbarzimmer mit ihren Kröten. Fanny hört den Deckel der Schnupftabakdose klappern ... Also mußte es Captain Fox Digby sein. Warum auch nicht! Sie selbst hatte ihm angeboten, über ihren Schreibtisch zu verfügen. Sie dreht den Knauf und öffnet die Tür.

Es ist der Captain, aber er sitzt nicht über einem Rapport für Mr. Pitt, sondern steht mit dem Rücken zum Schreibtisch und vor der offenen Schublade, als erwarte er sie. Das Geschepper hat ihn alarmiert. Aufgeschlagen auf dem Tisch liegt ihr blaues Journal, die *Hofberichterstattung*. Sie tritt auf ihn zu und streckt die Hand aus. Närrin! denkt sie, barmherziger Himmel, was bin ich für eine Närrin!

»Bitte, Sir, ich glaube, das gehört mir!«

»Nicht mehr, Madam. Ein interessantes Dokument und glänzend geschrieben, mein Kompliment. Aber Sie werden keine weitere Gelegenheit finden, Informationen zu sammeln und weiterzugeben.« Sie starrt ihn an. »Ich wundere mich allerdings, Sie schon wieder hier zu sehen. Sollten Sie das vergessen haben?« Er schlägt das Heft zu und wiegt es in der Hand.

»Captain Fox Digby, darf ich fragen, was Sie in meiner Schublade zu suchen haben und wovon Sie eigentlich sprechen?«

»Aber Miss Burney, das wissen Sie bestimmt ebenso gut wie ich. Sie glauben doch nicht, daß ich Sie mit allem, was in diesem Heft und in Ihrem Kopf steckt, durch das Tor von

Kew gehen lasse! Ihr Passierschein enthält meine Anweisung, Sie festzuhalten.« Noch immer verbreitet der Captain eine gewisse Behaglichkeit, nur seine Oberlippe scheint ein wenig kürzer geworden zu sein.

»Was unterstellen Sie mir? Glauben Sie, ich würde etwas nach außen tragen? Etwas über den Hof ... Das ist doch völlig unsinnig! Wem sollte ich denn etwas verraten?« Er legt an, zielt und trifft:

»Sie stehen nicht etwa in Verbindung mit einem Herrn in Paris?«

»Oh – eine solche Niedertracht! Zu glauben ...! Das sind meine privaten Aufzeichnungen. Sie haben das alles gelesen?! Und ich habe Ihnen vertraut! Was sind Sie nur für ein Mensch!« Sie versucht, nach dem Heft zu greifen. Er entzieht sich mit einer schlichten, hämischen Gewinnergeste, streckt den Arm aus und hält es über seinen Kopf.

»Nicht ganz. Zu wenig Zeit. Ich gestehe, daß Rawlins Vorarbeit geleistet hat. Sie geben also zu, daß Sie Informationen nach Paris weitergegeben haben, Madam?«

»Das habe ich nicht! Was denken Sie sich!«

»Ich denke, daß Sie eine Kollaborateurin sind, Madam. Wissen Sie, was das bedeutet?« Sie gibt noch nicht alles verloren, tritt einen Schritt zurück, und als sie spricht, ist ihre Stimme so gefaßt, wie man das von einer Frau erwarten kann, zu deren Füßen sich gerade der Erdboden aufgetan hat.

»Captain Fox Digby, Sie befinden sich in einem großen Irrtum. Ich stehe mit niemandem in Verbindung, weder in Paris noch sonstwo. Dies sind meine privaten Aufzeichnungen. Ich habe sie« – wie oft hat sie das schon gesagt, doch niemals war es zutreffender als jetzt – »in meinen Mußestunden und nur zu meiner eigenen Unterhaltung verfaßt. Bitte geben Sie mir das Journal zurück!« Sie richtet sich auf. »Ich mache Sie darauf aufmerksam, daß ich nicht schutzlos bin. Ich genieße das Vertrauen der Königin, und Seine Majestät hat mich seiner Unterstützung versichert. Er ist mein Freund.«

»Seine Majestät ist mein Auftraggeber«, sagt der Captain kalt. »Ich habe die ehrenvolle und angenehme Pflicht, ihn vor skrupellosen Gestalten wie Ihnen zu beschirmen.«

»Aber das ist entsetzlich! Sie irren sich, ich war niemals illoyal. Die Gesundheit Seiner Majestät war mir immer ...«

»Was nicht gar! Seien Sie unbesorgt, ich werde Seiner Majestät dieses Dokument in seinem Zustand nicht vorlegen. Aber die Königin wird Kenntnis davon erhalten.« Noch einmal getroffen. Kenntnis von ihrem sommersprossigen feisten Nacken und ihrem platten Akzent; von ihrer Beschränktheit, ihrer Schwäche und ein wenig auch von ihrer Güte, vom frivolen Geschwätz ihrer Söhne und dem schulmeisterlichen Gebell ihres Gatten. Sie wird Kenntnis von der Ungeheuerlichkeit erhalten, daß Miss B., nachdem sie dem englischen Hof ihr Jawort gegeben, sich einem hergelaufenen Franzosen an den Hals geworfen, daß die Hände der zweiten Beschließerin, die der Königin jeden Tag die Strümpfe anziehen, Unaussprechliches berührt, daß sie ein gefallenes, ehrloses Weibsstück ist, eine Verräterin, die von einem Leben jenseits Kew und St. James's und den Schikanen einer Frau von Zobeltitz träumt ...

»Nein!« schreit sie. »Ich flehe Sie an! Tun Sie's nicht!« Als sich die Tür des Nebenzimmers öffnet und eben jene breit heraustritt. Unter dem Arm trägt sie ein Glaskästchen und auf ihrer ausgestreckten Rechten eine braune Kröte. Das Tier sitzt ganz behaglich, haufenartig weich die Hand ausfüllend und den Kopf in die fleischige Gabel von Zeige- und Ringfinger gestützt. Der Captain, der sich kalten Blutes Attentätern in den Weg wirft, der wirkliche und vermeintliche Kollaborateure wie Ungeziefer verfolgt, fühlt sich dem Anblick leibhaftiger Krabbeltiere nicht gewachsen.

»Huch!« In eklem Schreck läßt er den Arm fallen. Die *Hofberichterstattung* klatscht neben ihm auf die Dielen.

»Was ist denn das für ein fürchterlicher Lärm, Miss Berner!« sagt Frau von Zobeltitz entrüstet. Fanny springt vor, greift das Journal, ehe Fox Digby den Fuß darauf setzen kann, stolpert zurück, reißt die Tür zu und dreht den Schlüssel herum. Von innen rattert es.

»Aufmachen! Aufmachen!« Sie drückt das blaue Heft an die Brust.

»Oh, Frau von Zobeltitz, helfen Sie mir! Der Captain ist hinter mir her. Er will mir das Liebste wegnehmen.« Sie weiß schon gar nicht mehr, was sie sagt. Aber die von Zobeltitz ist über den Mann und seine Machenschaften bereits längere Zeit im Bilde und so ungerührt wie das Geschöpf auf ihrer Hand.

»Eijeijei, der Captain! Hab' ich's Ihnen nicht gesagt, Miss Berner. Dem Fuchs ist nicht zu trauen. Aber Sie wollten ja nicht hören. Immer stolz! Ja, tz!« Sie reckt das Kinn in ironischer Nachahmung Bernerschen Hochmuts. »So, und jetzt sucht die Maus ein Löchlein, wie?«

»Bitte!« sagt Fanny »Ich muß es irgendwo verstecken!« Frau von Zobeltitz schaut sie aus ihren wimpernlosen, geschnitzten Augen an. Sie unterhält sich bestens. Es? Das Liebste? Das Poesiealbum? Miss Berners Jungfernkränzchen?

»Da auf der Fensterbank liegt der Schlüssel für das Tor zum Treidelpfad. Wenn Sie Glück haben, steht meine Kutsche noch draußen. Seine Hoheit, Prinz William, hat sie sich heute morgen ausgeborgt, der Schwerenöter. Wenn Sie Pech haben, sitzt Mrs. Jordan noch drin.« Sie lacht, daß Kehle und Wangen beben. »Ich gebe Ihnen zehn Minuten, Miss Berner, dann lasse ich den Fuchs aus dem Bau.«

Fanny fliegt, hinein in die Zobeltitzsche Kammer, zur Fensterbank, die Stufen hinunter und durch den Garten, hin und her zwischen immergrünen Mauern, ein Irrweg, findet dann doch das Törchen. Sie stochert im Schloß und reißt an der Klinke. Das Gitter öffnet sich. Zehn Schritte flußabwärts hält der Zweispänner, den die erste Beschließerin der Roben mit der zweiten teilt, wenn es ihr gerade paßt. Mit soviel Würde, wie sie nach dieser Hetze noch aufbringen kann, tritt sie an den Schlag; der Lakai springt vom Rückbrett und klappt die Stufe herunter.

»Nehmen sie die Straße nach Dover«, sagt sie, »rasch!« Und steigt ein. Die Kutsche zockelt über den engen Pfad – lieber Gott, es darf jetzt keine andere entgegenkommen! – und biegt auf den Dorfanger ein. Da ist das Haupttor, und da wartet die dunkelgrüne Kalesche von Sir Joshua. Bei aller Hast, ihn kann sie nicht ohne ein Wort stehenlassen. Sie gibt das Zeichen zum Anhalten, winkt aus dem Fenster nach dem Lakai.

»Eine Nachricht für den Herrn im Vierspänner dort. Miss Burney bedauert und bittet um Vergebung. Sie ist außerstande, ihre Verabredung einzuhalten.« Sie zögert. »Sagen Sie Sir Joshua Reynolds, daß es ein Notfall ist und daß wir nach Chessington Hall fahren. Nur das, und rasch!« Sind die zehn Minuten schon um? Schließt die Zobeltitz gerade ihre Türe auf? Wo wird der Captain sie zuerst suchen? Im Haus? Im Park? Sie schaut zur Kalesche hinüber, durch deren offenes Fenster der Lakai spricht. Sie erkennt Sir Joshuas grauen Kopf und hinter ihm den Umriß eines zweiten Mannes mit langem Haar. Der Freund. Dann ist der Diener zurück, springt auf, und der Kutscher läßt die Peitsche über den Pferderücken schnalzen. Fort, nur fort!

*

Fanny hat keine Antwort erwartet, und es dauert geraume Zeit, bis die Herren, von denen der eine fast taub ist, der andere sein Englisch fast vergessen hat und keiner von beiden weiß, wo Chessington Hall liegt, den Sinn ihrer Nachricht erfaßt und geteilt haben; bis der Ältere ruft: »Folgen Sie dieser Kutsche, Blackwell!« und der Jüngere sich stöhnend die Hand vor die Stirn schlägt.

Vier Pferde laufen schneller als zwei; doch nur, wenn sie wissen, wo es hingeht, und Sir Joshuas Kutscher befindet sich, bezüglich Aussehen und Ziel des Wagens, dem er folgen soll, auf hoher See. Er lenkt sein Gespann in die angegebene Richtung, doch als sie aus dem Dorf hinaus sind und Kew Road einschlagen, hält er an und schickt den Reitknecht ans Fenster, damit er genauere Direktiven erhalte. Nun ist einer der Herren fast blind, und der andere hat nicht aufgepaßt, als die Kutsche der Dame in ihrer Nähe hielt. Sie war braun, nicht wahr, oder eher dunkelblau? Die Livree des Lakais war grün, der Kragen rot, oder umgekehrt? Es ist zum Verzweifeln, und so kreuzen sie schließlich weiter Richtung Süd, Südost, in der Hoffnung, ein königliches Wappen auf einem Schlag zu entdecken oder, erst einmal auf der Landstraße, einem Wirt oder einem Postillon zu begegnen, der ihnen den Weg nach Chessington Hall weisen würde.

Captain Fox Digby, der keinerlei Direktiven erhalten hat, hegt indessen eine etwas genauere Vorstellung von dem Weg, den Miss Burney genommen. Die Bemerkung der vor Schadenfreude glänzenden Frau von Zobeltitz noch im Ohr, die ihn fast eine halbe Stunde in der Mansarde hatte schmoren lassen, daß die zweite Beschließerin glücklich davongerollt sei, marschiert er stracks zu den Stallungen und läßt ein schnelles, starkes Pferd satteln. Es war ihm zur Gewohnheit geworden, sich in die Gedankengänge derjenigen, auf die er es abgesehen hatte, einzufühlen. So reitet er zügig aus dem Haupttor von Kew: nicht über die Brücke und dem unter einer grauen Wolke liegenden London zu, denn in einer derart kompromittierenden Situation zu ihrem Vater zu flüchten würde Miss Burney nicht wagen, sondern in die entgegengesetzte Richtung. Er ist sicher, daß sie sich flußaufwärts und nach Süden gewandt hat, zu dem Landsitz, auf dem sie schon einmal Unterschlupf gesucht hatte, und wenn Captain Fox Digby sich auch nicht mehr an den Namen der Bewohner erinnert, so vergißt er doch kein Haus aus dem 16. Jahrhundert mit Tudor-Kaminen, originaler Faltwerkfüllung und einem echten Hilliard in der Bibliothek. Auf der Kew Road spornt er den Braunen zum Arbeitsgalopp an, und in diesem stetigen Tempo überholt er hinter Richmond einen dunkelgrünen Vierspänner, der vor einer Relaisstation hält.

Fanny bereut inzwischen, so hastig und feige gehandelt zu haben. Es wäre vernünftiger gewesen, in den Park zu laufen, das Journal in einem der vielen Tempelchen und Lauben oder einfach in einem Rhododendronbusch zu verstecken und, mit der Wahrheit auf ihrer Seite, sich Königin Charlotte zu Füßen zu werfen. Sie würde ihr glauben, daß sie keine Kollaborateurin war. Aber würde sie ihr auch ihren Fehltritt und die Indiskretion ihrer Aufzeichnungen verzeihen? Sie war die Emissärin Ihrer Majestät, die ihr vertraut hatte. Nein, die Königin war nicht fühllos, nicht kalt, was anderer Frauen Tugend betraf, und sie hatte sie enttäuscht. Würde sie das Journal von ihr verlangen? Eher sterben! Vielleicht wäre es sicherer gewesen, in Sir Joshuas Kalesche Zuflucht zu suchen? Hätte der Captain es gewagt, sie von der Seite zweier ehrwürdiger Gentlemen zu reißen, von denen einer der offizielle Hofmaler war?

Statt dessen war sie geflohen, weil die Wahrheit eben doch nicht ganz auf ihrer Seite war. Das Journal, das sie im stillen die *Hofberichterstattung* genannt, hatte sie ja nicht nur des Vergnügens und der Süße ihrer Erinnerung halber geführt, sondern weil sie mit dem Gedanken gespielt, einen Teil davon – einen unverfänglichen Teil – zu veröffentlichen. Ihr schlechtes Gewissen hatte sie, vorbei am Nächstliegenden, so schnell und so weit fort wie möglich getrieben. Für alle, die sie in Kew zurückgelassen hatte, mußte dies das Eingeständnis ihrer Schuld sein. Captain Fox Digby, der Mann, den sie für ihren Freund – gütiger Himmel! für ihren Verehrer – gehalten hatte, würde ganz ohne ihre Hilfe einen entsprechenden Rapport formulieren, der ihren Fall besiegelte. Die *Hofberichterstattung* war gerettet, aber sie war verloren, ihre Laufbahn als zweite Beschließerin der Roben zu Ende.

An ihrem Fenster zieht das herbstliche Surrey vorbei, friedlich ausgebreitet unter einem hohen Himmel, der von graublauem Lichtgeriesel erfüllt ist: neue Landsitze mit weißen Säulenfassaden am Ende langer Auffahrten, Ziegelmauern, sanfte Hügel und große Bäume, dann ein Weiler mit eingesunkenen Dächern. Ein kleines Mädchen, rotbeschürzt und einen Zweig in der Hand, hütet die Gänse. Eine Schankwirtschaft; auf den Bänken im Windschatten der Hauswand sitzen ein paar Unverdrossene mit ihren Bierkannen.

Nie hat sie ein anderes Land gekannt; immer erschien ihr dieses als der natürliche Rahmen ihres Lebens. Nun ist sie aus allem herausgefallen. Sie zieht die Scheibe auf, nur einen Spalt, damit der Fahrtwind ihr das heiße Gesicht kühlt. Ein ehrloser Abschied; wie konnte sie Papa jemals wieder unter die Augen treten ... schrecklich blamiert und so arm wie zuvor. Nur das Journal ... vielleicht. Wenn dies die Freiheit war, schien die Knechtschaft das erträglichere Übel.

Die Tür von Chessington Hall steht weit auf, wie um den letzten Sonnenstrahlen Einlaß in die kalte Halle zu gewähren, und Fanny tritt über die Schwelle. Liebes, altes Chessington, vertraute Schale, schützende Hülle! Eine Standuhr holt rasselnd Atem: Bong! Halb vier. Sie steht still und lauscht, das blaue Heft mit dem roten Band noch immer an sich gedrückt.

»Betty?« Der Wind fährt zur Tür herein, bringt das Feuer unter dem großen Steinbogen zum Flackern und treibt den Rauch in die Halle. Tief im Haus fällt klappend etwas zu.

»Betty? – Mr. Featherstone? Ist niemand ...?« Die Uhr tickt und tackt. Vom Vorplatz hört sie das Stampfen der Pferde, das Gespräch des Kutschers mit dem Lakai. Wie lange würden sie bleiben? Sie weiß es nicht. Sie zieht die Nadeln aus dem Hut, legt ihn auf einen der Stühle und lüftet das Haar mit beiden Händen. Schneller Hufschlag klingt von fern, aus der Nähe, dann das Schnauben und Schütteln eines Pferds, das aus dem Galopp durchpariert wird. Ein Reiter springt ab.

»Miss Burney?«

»Soeben hineingegangen, Sir.« Klirrende, dienstliche Schritte. Captain Fox Digby steht dunkel im Türrahmen und verbeugt sich.

»Vortrefflicher Sport, Madam. Sie sind flott gereist, aber wie Sie sehen, können Sie nicht gewinnen. Nicht einmal mit Hilfe der alten Zerbera.« Er schenkt ihr ein säuerliches Lächeln und zupft sich die gelben Handschuhe von den Fingern. »Darf ich jetzt um das Dokument bitten, das Sie so getreulich an Ihren Busen heften?«

»Nein!« Eine tapfere Maus, die einen Kater anzischt. »Sie haben kein Recht, das zu verlangen. Es gehört allein mir!« Captain Fox Digby hebt eine Augenbraue.

»Ihr Nein gilt mir wenig, Madam. Ich mache Sie darauf aufmerksam, daß ich äußerst ungern Gewalt anwende, Ihre obstinate Weigerung, meinen Wünschen zu willfahren, wird mir jedoch keine andere Wahl lassen.« Der Captain ist gestiefelt und bewaffnet an die 180 Pfund schwer, doch erstaunlich behende. Als Fanny einen Ausfall zur Tür wagt, um durch die Täfelung in den finsteren Tunnel zu entwischen, der in die Bibliothek führt, wo sie mit dem winzigen Vorsprung, den die Ortskenntnis ihr schenkt, hofft, das Journal verschwinden zu lassen, wegzustopfen, hinter die Bücher zu werfen, springt er ihr in den Weg.

»Gemach, nur gemach, Miss Burney! Wir haben jetzt lange genug gespielt. Her mit dem Heft!« Sie weicht zurück gegen die Wand, tastet sich in die Nische, wo das Feuer auf dem Rost brennt. Er tritt unter den Mauerbogen, nun braucht er nur noch abzuwarten.

»Also!«

»Gut«, sagt sie und löst die Klammer ihrer Arme. »Auch wenn Sie mir nicht glauben; auch wenn Sie mich verachten: Ich bin nicht treulos! Ich bin keine Kollaborateurin! Ich habe meine Pflichten nicht vernachlässigt! Ich habe Ihrer Majestät loyal gedient. Genau wie Sie, Sir, aber in *alles* habe ich mich nicht schicken können.«

»Hört, hört!« sagt der Captain und klopft an eine Zinnschüssel auf dem Sims über seinem Kopf. Seine Oberlippe ist auf die Größe eines Wurstzipfels zusammengeschnurrt.

Sie legt die Hand über das blaue Heft. »Hier! Ja! Das ist mein Vergehen! Ich habe alles aufgeschrieben. Was bleibt einem Menschen denn übrig in dieser Unfreiheit, dieser Freundlosigkeit? Ich war leichtsinnig und töricht, ganz sicher, doch ich bin keine Verräterin. Sie aber sind ohne Gefühl und ohne Ehre. Sie täuschen die Menschen, schleichen sich in ihr Vertrauen, wühlen in ihren Schränken. Sie verraten die Freundschaft; selbst das Andenken Ihrer Frau, alles, was edel und freimütig ist. Das ist verächtlich! Und am Ende haben Sie alles zerstört – mich zerstört. Nur weil ich mein Herz erleichtert... weil ich das Leben anders nicht...«

Vor dem Haus gibt es Aufruhr. Noch mehr Rösser sind angekommen; noch mehr Klirren, Schnauben und Gerassel, dazwischen erregte Stimmen:

»Wer? Wo? Sie müssen lauter sprechen, junger Mann, äcchh! Kommen Sie, Sir!« Die beiden unter dem Kaminbogen aber lassen einander nicht aus den Augen.

»Ihre Skrupel in Ehren, Madame, ich tue nur meine Pflicht! Würden Sie jetzt *bitte*!«

»Nein, Sie verstehen es nicht.« Fanny senkt den Kopf, klappt die Seiten wie einen Fächer auseinander, als wolle sie vor der Auslieferung noch einen Blick darauf werfen – schließlich lehrt die Erfahrung, daß das Geschäft nicht so einfach ist, daß man ein wenig nachhelfen muß –, und als er auf sie zutritt, mit zwei Fingern winkt, legt sie letzte Hand an und läßt ihr Journal behutsam ins Feuer gleiten.

»He! Da soll doch ...!«

Schnell schlägt sie den Rock fest um die Beine, schnippt mit der Fußspitze nach, befördert das Heft tiefer, ungreifbar, zwischen die flammenden Scheite. Gelbe Lohe schlägt die fettig-schwarze Mauer hinauf. Das rote Band verkräuselt, die Seiten leuchten (»Ein Gebet für den König ... Windsor, den ... entsetzlicher Abe ... Kew, den 2. November ...) und zerfallen. Sie kann die Augen nicht abwenden.

»Mademoiselle Beurnie!«

Die Stimme ist wie eine Hand, die ihren Nacken berührt. Den Feuerschein noch in den Augen, sieht sie den Umriß eines schlanken Mannes in der Tür. Ein Mann in einem engen Rock, mit offenen, lockigen Haaren und dem Hut in der Rechten. Er legt die Finger über den Mund. Er ist gekommen. Der Augenblick, der das Ende der Verbannung bedeutet, der Augenblick der Erlösung, mit dem sie so oft in Gedanken gespielt, den sie so oft vorgekostet hat, bis er wie ein Tropfen reinen Glücks nur so und nicht anders schmecken konnte, dieser Augenblick ist vergangen, ehe sie ihn genossen hat; gefallen in ein Faß voll Bitternis.

»Monsieur«, sagt sie, »ach, jetzt! Und hier.« Der Tropfen sinkt heil bis auf den Grund, und sein Geschmack geht durch die Bitternis wie Wein durch Wasser. Sie tritt an Captain Fox Digby vorbei, als habe er ihr niemals im Weg gestanden und geht zitternd auf ihn zu. Er schließt sie in die Arme, flüstert an ihrem Ohr:

»Frances – endlich! Ma chère amie, Sie sind es wirklich! So lange ... Ich habe Sie wieder!« Und sie antwortet:

»Ja, Monsieur, endlich! Ach, wenn Sie wüßten ...« Legt den Kopf an seinen Hals und bricht in Tränen aus.

*

Es trifft sich, daß zu diesem opportunen Zeitpunkt, da das Liebespaar sich umarmt und der Unhold vor dem Kamin aus der Zeit Heinrichs VIII und der Asche seiner gemeinen Tat steht, die Bewohner von Chessington Hall aus verschiedenen Winkeln ihres unübersichtlichen Heims treten, um Sir Joshua Reynolds, dem einzigen – und leider nicht ganz zuverlässigen – Zeugen des Finales Gesellschaft zu leisten. Nur Betty fehlt, und keiner weiß, wo sie steckt, nun, da gerade sie gebraucht würde, um hinter Captain Fox Digby die Tür ins Schloß zu drücken. Welch ein Abgang! (Immerhin weiß der Mann, wann eine Sache verloren ist und wie er sich zu verabschieden hat.) Welch eisige Höflichkeit, die seine lodernde Enttäuschung verbirgt! Welch allerknappste Verneigungen! Statt des Hausmädchens wirft Miss Bradshaw krachend den Riegel vor, kaum daß der Stiefelabsatz des Captains die Schwelle überschritten hat.

Und nun, da das Umarmen und Weinen bereits einen Anfang genommen, werden auch Nichte Peg und Schwester Louise, Mr. Featherstone und sogar Sir Joshua von der aufgelösten Miss Burney der Reihe nach geküßt und gedrückt. Die Bewohner von Chessington Hall kommen nicht so schnell über ihr Erstaunen hinweg, daß der ausländische Herr, der nach kontinentaler Mode durchaus au fait auftritt, nach Vorstellung der Featherstones sein Haar jedoch schockierend freizügig trägt, der Verlobte ihrer Verwandten Fanny sein soll, und dies seit zwei und einem halben Jahr. Mr. Featherstone, ein höflicher Gentleman der alten Schule, bittet den Comte d'Arblay gleichwohl umgehend und ernsthaft, Chessington Hall als sein Haus zu betrachten, bis er seine Braut heimführen würde, eine Einladung, die mit wenigen Worten und anmutigen Verbeugungen akzeptiert wird.

Als man glücklich miteinander beim Tee in der Bibliothek sitzt, entlockt Mrs. Featherstone, die es wie üblich ein wenig genauer wissen will, ihrer Schwester die Gründe ihres unzeremoniellen Auftauchens, und Sir Joshua, der vorgebeugt auf seinem Sessel schwebt und die Hand hinter das Ohr gelegt hat, ruft ein ums andere Mal sein »Ah, aha, aha! Beim Jupiter, das nenne ich kühn! Wer hätte das gedacht! Ein braver Entschluß, auf mein Wort!« Und derlei mehr. Bis selbst ihm auffällt, daß die Pausen länger werden, das Schweigen um ihn sich verdichtet, die Featherstones auf die Stuhlkanten rücken, Mrs. Featherstone die Nichte Margaret bittet, ihr im Boudoir beim Sortieren des Stickgarns zur Hand zu gehen, Mr. Featherstone Sir Joshua einen Gang durch den Garten vorschlägt, wo *Quatre Saison*, eine ganz außergewöhnliche Damascena, wohl zum letztenmal in diesem Jahr erblüht ist ... bis man also Fanny und den Comte d'Arblay endlich alleine läßt, damit das Wunder endlich ausgekostet werden kann, damit er ihr endlich zu Füßen sinken und sie seinen Kopf nehmen und sie sich endlich so küssen dürfen, wie sie es in Gedanken viele Male vorher getan haben.

Und obwohl sie einander so viel zu erklären haben, finden sie sich am Ende fast stumm und überwältigt vom Ansturm der Gefühle. Monsieur d'Arblays Auftauchen in einem Augenblick, da ihr Buch brannte und sie unterging, erscheint Fanny von solch wundervoller und lebenschenkender Pracht, daß sie nicht versteht, wie sie so lange von den mageren Portionen eines pflichterfüllten Daseins hatte zehren können. Und wenn sie nun die Hände um sein Gesicht legen und ihn offen ansehen darf, empfindet sie nicht nur das vorausgeahnte Glück, das sich als Augen, Haut und Lippen, Atem und Worte spüren läßt, sondern unter seiner Oberfläche auch ein unerwartetes köstliches Strömen, so als sei ein Teil ihrer Person aus einem endlosen Winterschlaf erwacht.

Noch aber ist der Tag nicht bestanden. Die zweite Beschließerin der Roben muß nach Kew Palace zurückkehren, um dort in aller Form ihren Abschied entgegenzunehmen oder einzureichen, je nachdem, wie Captain Fox Digby seine Karten ausgespielt hat. Was ist das nun für ein Einsteigen und Fortrollen! Ganz anders, als zu Beginn dieses Nachmittags. Das Journal verloren, aber sie selbst gerettet.

»Courage, mon amie«, hatte ihr der Comte zugeraunt und noch einmal ihre Hände gedrückt, ehe sie das Wagenfenster hochschob, »nur ein letzter Schritt, und niemand auf der Welt kann uns mehr trennen!« Als sie durch die herbstliche Allee fuhr, fiel ihr ein, daß Mrs. Montague sich mit ähnlichen Worten empfohlen hatte, als sie vor einer Ewigkeit an einem Junitag vor dem Tor von Windsor Castle aus ihrer Kutsche gestiegen war. Weder damals noch jetzt fühlte sie sich besonders mutig. Immer hatte sie ja gesagt, und die Dinge waren geschehen. Nun würde sie zum erstenmal vernehmlich nein sagen, und sie fand es so wenig erschreckend, daß sie sich fragte, warum sie es nicht schon früher einmal probiert hatte.

Nachdem sie der Königin an diesem Abend Schuhe und Strümpfe abgestreift hat, richtet sie sich auf und bittet mit der Entschlossenheit einer Reisenden, die sich bereits zwischen Brückengeländer und Fluß befindet, um eine Unterredung. Nun steht es gänzlich außer Frage, daß eine königliche Ankleiderin so mir nichts dir nichts den Dienst quittiert. Eine wahre Beschließerin der Roben bricht entweder standesgemäß unter der Last ihres Amtes zusammen oder wird langsam von ihm erdrückt.

Miss Burney versucht erst gar nicht, ihre Schmerzen in der Brust, ihre Atemnot, ihre Schlaflosigkeit, ihre ganze elende Verfassung als Grund für ihr Abschiedsgesuch vorzuschieben. Der Königin könnte es einfallen, sie zur Kur nach Cheltenham zu schicken, wo doch nur eine grundsätzliche Umkehr der Lebensumstände helfen kann. Und auf gar keinen Fall wünscht die Beschließerin weitere Rencontres mit dem Oberstallmeister. So bleibt ihr nichts anderes übrig, als Ihrer Majestät so viel Wahrheit zu gestehen, wie bekömmlich scheint, wobei private Aufzeichnungen und heimliche Sehnsüchte selbstverständlich keine Erwähnung finden.

»Frau König« ist seit der Begegnung Miss Burneys mit »Herrn König« in Kew Gardens und dem innewohnenden Versprechen auf baldige Gesundheit so weich und glücklich gestimmt, daß sie ihrer Beschließerin nahezu vergibt, einen völlig unerwünschten Ausländer heiraten zu wollen. Und Fanny, die ihrerseits so erleichtert ist, daß sie nach der Audienz in den dunklen Park läuft, um dort eine ehrwürdige Blutbuche zu umtanzen, beherrscht ihre Ungeduld und erklärt sich mit Freuden bereit, auf ihrem Posten auszuharren, bis eine Nachfolgerin gefunden sei.

Erstaunlicherweise macht Captain Fox Digby in den folgenden Wochen keine Anstalten, Miss Burney bei Ihrer Majestät anzuzeigen, ob aus Gründen eines Meinungsumschwungs oder um einen Skandal, den er zwar anzetteln, aber nicht belegen konnte, zu vermeiden, wagt Fanny nicht herauszufinden. Der tägliche Rapport an Mr. Pitt wird nun in der Wachstube geschrieben, zwischen knallenden Türen und befehlenden Stimmen, und man sieht Miss Burney erst wieder durch Kew Gardens spazieren – unschicklich beschwingt, wie Frau von Zobeltitz zu beanstanden hat –, nachdem der Captain nach Windsor abgereist ist, um den Umzug der königlichen Familie vorzubereiten.

Als sich der Zug von Equipagen und Gepäckwagen aus dem Haupttor von Kew hinausbewegt, wird auch Fannys Portemanteau zum Ausgang gebracht, wo sie Sir Joshua in seiner Kalesche erwartet, um sie diesmal durch weniger Konfusion nach Chessington zu befördern. Der Abschied von Ihrer Majestät hatte beide noch einmal angegriffen. Königin Charlotte und Miss Burney, die zusammen so ansteckend weinen konnten, hatten einander Gesundheit und Gottes Segen gewünscht, und die Königin, die keine sehr spendable Dame war, hatte ihrer scheidenden Dienerin eine Schatulle mit einer kleinen silbernen Tabatiere überreicht, die »God save the King« zirpte, wenn man ihren Deckel hob.

Es war ein Fräulein von Bethmann, das in diesem Winter aus Deutschland eintraf, um Miss Burney zu ersetzen, eine junge Dame, deren Familie in Geldgeschäften eine gewisse Reputation erworben und die selbst von praktischem Verstand, neben minderen Künsten, wie dem Arrangieren von gepreßten Blumen auf schwarzem Karton, ein System zur Sprengung der Spielbank von Bad Homburg zu beherrschen glaubte. Frau von Zobeltitz, die sich zunächst vor Wohlwollen kaum zu lassen wußte, war ihr im Whist bald hochverschuldet unterlegen. Allerdings endete die Karriere der neuen zweiten Beschließerin der Roben, als Captain Fox Digby Eintritt in ihren privaten, kleinen Roulette-Zirkel fand, aber zu diesem Zeitpunkt war Miss Burney bereits Madame d'Arblay und den Umtrieben des Hofs entrückt.

Nachdem man ihr den Abschied gewährt, hatte sie ihrem Vater einen langen Brief geschrieben, und Dr. Burney, der nun endgültig die Hoffnung auf einen Posten als Hofkapellmeister begraben mußte, hatte lange geschwiegen, bis er kurz, ja, kränkend auf ihre Heiratswünsche antwortete. Er hatte durchaus etwas gegen einen Schwiegersohn, der eindeutig kein Engländer und möglicherweise ein Vertreter von Prinzipien war, die die Regierung zu erschüttern und jede soziale Ordnung zu zerstören vermochten. Nicht einmal ein zweiter Brief des Comte d'Arblay, in dem dieser sich als Befürworter einer konstitutionellen Monarchie und nicht unvermögender Mann präsentierte, der seiner Tochter ein Leben in Sorglosigkeit und Eleganz anbot, war geeignet, ihn restlos umzustimmen. Dr. Burney schickte Fanny eine billige Volksausgabe der *Musik in Rußland und Polen* mit einer Widmung zu ihrem Hochzeitstag und erkrankte, als es soweit war. Sie vergab ihm.

So sind es Mr. Featherstone, weiß und leicht wie eine Motte, der Fanny am letzten Tag des Jahres 1789 in der kleinen Kirche von Chessington ihrem Bräutigam zuführt, und Schwester Louise, die vom Geld Monsieur d'Arblays im Salon das Hochzeitsfrühstück ausrichtet. Der Graf trägt Schwarz für die verstorbene Madame Loutit, eine nie erprobte Farbe, die ihn, wie er überrascht feststellt, außergewöhnlich gut kleidet, und Fanny etwas Schlichtes in zweierlei grüner Seide und mit keinem anderen Schmuck als einer silbernen Fliege auf einer Korallenbrosche.

Von ihren Freunden sind nur Sir Joshua und Mr. Sheridan erschienen. Aus Paris hat Mrs. Montague in einer mannshohen Kiste zwischen einem Fuder Stroh zwei Dutzend Flaschen Champagner, Jahrgang 1774 – »Virginia«! –, anliefern lassen. Nach dem ersten halben Dutzend ist allen zum Lachen und Weinen zumute, denn sie kennen einander nun so lange, und die liebe Miss ... Madame d'Arblay werden sie vielleicht nicht mehr wiedersehen, sobald sie einmal nach Frankreich entschwunden ... Mr. Sheridan, der so bewegt und betrunken ist, daß er in der wundersam tirilierenden Miss Bradshaw die verstorbene Mrs. Sheridan zu sehen und zu hören glaubt – »Sposa son disprezzata« –, muß vom Comte d'Arblay vor die Tür geführt werden – »Und Sie kenne ich auch, Sir. Ich hab' Sie schon irgendwo mal gesehen!« –, ehe das Fest entgleitet.

»Peg, liebes Kind, ich bin nicht ganz sicher, ob diese kleine Arie dem Anlaß entspricht ... sei so gut und sing uns etwas Passenderes vor, etwas Heiteres ... wie wäre es mit *Greensleeves*? Damit kann man gar nichts verkehrt machen!« Für Mr. Featherstone ist es ein doppelter Abschied. Peg wird Fanny nach Paris begleiten, und Mr. Featherstone hofft, daß er so lange durchhält, bis Mrs. Montague sie wieder auf seiner Schwelle abliefern wird.

Der Reisewagen steht in der Auffahrt, Koffer, Körbe und das in Sackleinen verpackte Bild der Tudor-Kavaliere im

Garten von Chessington Hall auf dem Dach; das Geschenk der Featherstones. Noch vor Dover holt sie ein wildes Wetter ein. Es wird eine stürmische Überfahrt. Fanny, auf erstaunlich seefesten Beinen, sieht in der Entfesselung der Elemente eine Metapher für ihr eigenes überströmendes Herz. Von einer kleinen Außenbank am Decksalon, in dem der Comte d'Arblay mit bleichen Kiemen darniederliegt, beobachtet sie voll Lust und Schauder den schwingenden Bug mit den prallen Dreiecken der Vorsegel, die Gischtschauer, die dort aufspringen und über den Planken niedergehen; sieht den Baum des Großsegels krachend vorüberfahren und die Männer in den Teerjacken, die ihn mit Leinen und Zügen bändigen; hört die Kommandos vom Steuer und ihre Gegenrufe, die das ganze Geflatter und Gestricke offenbar über Wasser halten, und läßt unter ihrem schweren Mantel die Tabatiere quinquilieren.

Was Frau von Zobeltitz wohl gerade trieb? Krötenpflege? Oh, daß sie entkommen war! Daß sie hier mit offenen Augen im sausenden, kalten, nassen, salzigen, schneidenden Wind saß; ganz wie es ihr beliebte! Auf der Straße nach Paris kommt ihnen Miss Thrale in einer Extrapost entgegen, ohne daß einer von ihnen dessen gewahr würde.

Das Palais in der Rue Royale trägt keine äußerlichen Zeichen von Trauer. Monsieur Loutit, dem an schwarzem Krepp nichts liegt, hat vor Ankunft der frisch Vermählten das Haus mit Blumengirlanden schmücken lassen. Er empfängt sie heiter am Fuß der Treppe. Das Entsetzen, das ihn heimsucht, wenn er an seine Rückkehr aus Calais denkt, als Mrs. Montague ihm an dieser Stelle entgegentrat und er, bevor sie sprach, wußte, daß Hester tot war, der Anblick ihrer Wunde und ihres Gesichts, sind keine Eindrücke, die er mit den anderen Hausbewohnern zu teilen gedenkt. Sie wolle ihn schonen, hatte Madame Loutit ihm in ihrem letzten Brief durch Mrs. Montague ausrichten lassen; aus Liebe. Aus Liebe hatte sie ihn ungewarnt verlassen. Nicht einmal ein Abschied war ihm vergönnt gewesen.

Er war nicht der Mann, der sich deswegen jede Nacht betrank; er hatte Ziele, die seine Aufmerksamkeit erforderten, und er zog die englische Art, starke Gefühle hinter einem gefaßten Äußeren zu verbergen, leidenschaftlichen Bekundungen vor. Niemand außer Cousin Alexandre schien den traurigen Zorn zu bemerken, der ihn umgab und in dem er sich wie ein Schwimmer unter Wasser bewegte.

Niemand sonst? Cecily Montague litt mit ihm, nicht, weil sie Madame Loutit ebenfalls geliebt hätte, sondern weil er ihr auf jenem langen, kalten und völlig unromantischen Weg zwischen Versailles und Paris so weit wie kein anderer entgegengekommen war.

Auf dem Kutschsitz gewiegt und in der wärmenden Nachbarschaft seiner dunklen Gestalt, hatte sie ihm erzählt, wie die Pike dem Chevalier Auguste d'Arblay in den Kopf gefahren, und er hatte sich ihr zugewandt, mit der freien Hand ihre Stirn an seinen Mantelkragen gedrückt, und sie durfte so laut und so lange weinen, bis ihr ein wenig leichter war. Danach hatte er ihr den keuschen Kuß auf den Mundwinkel zurückgegeben, und nur Miss Montague und ich wissen seitdem, daß sie eines nicht allzu fernen Tages, wenn Monsieur Loutit seine Verlassenheit überwunden hat und nach London reist, um mit Miss Thrale Erbschaftsangelegenheiten zu regeln, einen Antrag erhalten wird, der keinen heimlichen Schrecken birgt und den sie nicht abzulehnen gedenkt.

Nicht nur Louis XVI und Captain Fox Digby hatten sich getäuscht, als sie die französische Revolution für beendet erklärten. Zwei Jahre später war der Comte d'Arblay zwar all seiner Schulden ledig, aber auch seines restlichen Vermögens, seiner Häuser, Ländereien, Kutschen, Pferde und Sèvres-Kaffeetassen. Er rettete seinen Kopf, den fliederfarbenen Rock, den er an dem Abend trug, als die Nationalgarde mit Kolbenschlägen Einlaß in der Rue Royale verlangte, und eine Reisetasche mit ein paar Stücken des Familienschmucks zwischen dem gestärkten Leinen. Man warf ihm vor, bei der peinlichen Aufstellung seiner Güter einen Weinberg unterschlagen zu haben. Er hatte ihn wohl vergessen, und es tröstete ihn kaum, daß andere wegen geringerer Vergehen auf die Place Louis XV gekarrt wurden, die nun Place de la Révolution hieß, weil dort die Guillotine die Reihen derer lichtete, die einer falschen Klasse angehörten oder einer falschen Meinung anhingen.

Monsieur und Madame d'Arblay verließen Calais mit der nächtlichen Flut Richtung England. Es war ein offenes Boot, und sie teilten die Bänke mit anderen ebenso fassungslosen Emigranten, von denen einige mit gänzlich leeren Händen reisten. Madame trug in ihrem Portemanteau außer einer kleinen Korallenbrosche und einer silbernen Tabatiere, die »God save the King« spielen konnte, ein zwischen zwei Kartondeckel geschnürtes Romanmanuskript mit hinüber; die Geschichte einer klugen Frau, die, weder jung noch wohlgeboren, ihr Geschick in die Hand nimmt.

Nachbemerkung

Fanny Burney hat gelebt, aber nicht so, wie ich es mir vorstelle. Sie war Vatertochter, Bestsellerautorin, Beschließerin der Roben am Hof König Georges III, und sie hat den Comte d'Arblay geheiratet. Diese Geschichte hätte nicht ohne ihre Briefe, Tagebücher, ihre Werke und die Biographien von Kate Chisholm, Sarah Kilpatrick, Claire Harman und Hester Davenport geschrieben werden können. Dennoch stimmt sie mit der biographischen Wahrheit – wenn es sie denn gäbe – nicht überein. Historische Figuren haben darin ihren Charakter oder ihren Namen geändert, Bücher ihren Titel, Schauplätze ihr Gesicht, Ereignisse ihre Folge; viele Gestalten aus Burneys Familien- und Freundeskreis fehlen, dafür treten andere auf, die es nie gegeben hat. Und natürlich war Fanny Burney selbst eine andere: nachweislich produktiver, zweifellos ehrbarer, verbürgt kurzsichtig, unbeirrt monarchistisch und den Konventionen ihrer Zeit strenger unterworfen, als ich es mir wünschte. Deshalb habe ich mir die Freiheit genommen, Miss B. neu zu erfinden.